国家社科基金
GUOJIA SHEKE JIJIN HOUQI ZIZHU XIANGMU
后期资助项目

历史与性别

——儒家经典与《圣经》的历史与性别视域的研究

History and Gender

Studies of Confucian Classics and the Holy Bible
in History and Gender Horizon

贺璋瑢 著

人民出版社

国家社科基金后期资助项目
出版说明

  后期资助项目是国家社科基金设立的一类重要项目，旨在鼓励广大社科研究者潜心治学，支持基础研究多出优秀成果。它是经过严格评审，从接近完成的科研成果中遴选立项的。为扩大后期资助项目的影响，更好地推动学术发展，促进成果转化，全国哲学社会科学规划办公室按照"统一设计、统一标识、统一版式、形成系列"的总体要求，组织出版国家社科基金后期资助项目成果。

全国哲学社会科学规划办公室

目　录

序　言……………………………………………………………… 1

第一章　性别视角的先秦神话与《圣经·创世记》的比较 …………… 1

　一、说不尽的女娲 …………………………………………… 3

　二、夏娃的被造 …………………………………………… 15

　三、两则关于男人女人创世叙述的比较 …………………… 18

第二章　先秦殷周及春秋时期与早期以色列社会性别意识的比较 …… 38

　一、殷周社会结构的变迁对性别关系的影响 ……………… 38

　二、《尚书》、《诗经》与《易经》的正统性别意识 ……………… 47

　三、春秋时期民风民俗的沿革与《易经》的生命意识 ……… 55

　四、从女性在政治与宗教生活中的参与看《旧约圣经》的性别意识 … 74

　五、从婚姻家庭生活看早期以色列社会的性别关系 ……… 91

　六、西周春秋时期与早期以色列社会性别关系的比较 ……… 131

第三章　春秋战国时代的儒家经典与新约的性别意识的比较……… 135

　一、孔子、孟子与荀子的性别意识 ………………………… 136

　二、《礼记》、《易传》与郭店楚简《六德》中的性别意识 ……… 152

　三、从《四福音书》看耶稣的性别意识 …………………… 197

　　四、保罗书信的性别意识 ……………………………………… 223

　　五、比较文化视野下的对儒家经典与《新约》的性别意识的比较 …… 247

第四章　儒家经典和圣经中的智慧对于现代人类生活的"光照" …… 263

　　一、欧美女性主义和性别研究的简短回顾 ………………… 263

　　二、今日中国在性别问题上面临的窘境 …………………… 306

　　三、儒家经典和圣经中的智慧对于现代人类生活的"光照" ……… 310

附录一　《黄帝四经》的性别意识及其哲学基础 ………………… 327

附录二　《老子》哲学的性别意识探略 …………………………… 343

附录三　思想史中女人的位置与角色的断想——以先秦诸子为例 …… 359

参考文献 …………………………………………………………… 375

后　记 ……………………………………………………………… 381

序　言

　　显然,本书是从历史与性别的视域对先秦的儒家经典与犹太教、基督教的经典《圣经》做一番探讨,其所关注的主要是儒家经典与《圣经》中关于"性别意识"即对性别的观念及看法。

一、何谓"性别意识"?

　　在英语中,性与性别有所不同,"性"是"sex",性别则是"gender"。有学者把"sex"译为"生物性别",把"gender"译为"社会性别",前者指的是人生而有之的生物性别,即指婴儿出生后从解剖学的角度来证实的女性或男性特征,包含第一性征和第二性征;后者指的是由社会文化形成的有关男/女角色分工、社会期望和行为规范的综合体现,也可视为社会文化赋予人的生物性别的意义。"gender"一词原意仅指词的阴阳性,现在则成为女性主义批评的核心概念。而性别意识(gender consciousness)或社会性别意识则是指对社会性别关系的自觉认识。

　　不难理解,生物性别是天生的,一个人生而为男人或女人,是不可改变的(现代人或许可以通过变性手术来改变自己天生的性别,但这是极少数人的行为,因而不在本书的讨论之内),男女两性在生理层面上的差异构成了生命的丰富性,却不构成男女社会等级的高低。而社会性别与生理性别虽有关联,但并不主要由生理性别所决定。可以说,"社会性别"是后天的,是后天文而化之的结果。把男女看成是两个独特类别的观念,在很大程度

— 1 —

上不是出于"自然"、而是出于"文化"。一个男人被教导成为男人，一个女人被教导成为女人，这是社会的、传统的、心理的、宗教的各种因素"文而化之"综合发生作用的结果，是性的社会关系的产物。男人是"被男人"的，女人是"被女人"的。一言以蔽之，社会性别乃由建构而成。

正因为如此，在人类历史上，男人和女人从小就得到不同的关于性别的教导和规训，如在中国文化中，男人应该刚健勇猛，女人应该温柔娴静等，而且生而为男人比生而为女人更有价值，男人应该对家庭、社会与国家承担更多的责任与义务，女人应多料理家务和服侍男人等。如果一个男人或女人没有按照社会对于上述性别气质与性别价值判断的界定来行事为人，或许就会被视为人群中的异类或异端，就会遭遇到"真不像个男人"或"真不像个女人"的指斥与谴责，而这是伤害男人或女人的自尊心最为有力或有效的指斥与谴责，"真不像个男人"的男人或"真不像个女人"的女人或许就会被打入"正常男人"或"正常女人"之外的异类。因此，就"性"(sex)与"社会性别"(gender)的关系来说，后者决定了前者的意义。

由此可见，正是随着人类历史的演化，随着社会、文化与制度层面上的"性别"的出现，个人才被历史、传统、社会渐渐地"文而化之"成不同的"社会性别"。正如存在主义女哲学家西蒙娜·德·波伏娃(Simone de Beauvoir)的名言："女人并不是生就的，而宁可说是逐渐形成的。"①这句名言曾赫然印在《第二性》的扉页上，可见其在这本被称为有史以来讨论妇女问题最健全、最理智、最充满智慧的一本书书中的分量。当然，社会性别既非内在的，也非固定或一成不变的，它既是与社会交互影响的产物，也会随着时间和文化的不同而改变。

应该看到，有关男女两性的探讨是自有人类以来的世界上的许多民族都存在的一个普遍的话题，也是一个跨时空、跨国界的共同话题。男与女如同生与死一样，是属于人的永恒的奥秘、永恒的斯芬克斯之谜，是世世代代的各地各方的人类总要面对的问题，因而在许多民族的文化中都有对男人、

---

① 西蒙娜·德·波伏娃：《第二性》(全译本)第二卷，陶铁柱译，中国书籍出版社1998年版，第309页。

女人的看法,以及"何为男人"和"何为女人"的思考、见解与论述,这些思考、见解与论述我们可以将之称为"性别意识"。而性别意识又被视为一个强有力的意识形态手段,通过它可以加强、复制和合法化那些在生物学性别基础上的差别和不平等。因此,性别意识作为文化当中的一个重要因素是值得人们给予特别关注与考量的。

虽然有关社会性别和性别意识研究的理论是 20 世纪下半叶欧美女性主义研究深入开展的产物,而且有关性别的研究也是近十几年来学术界的"显学",但若仔细考察各个民族的历史与文化现象,性别意识实则是一个既古老又常新的话题。在汉语语境中,"性别"一词本身就带有社会身份的含义,它既是个体身份的一种标志,也是社会秩序的基本成分,因此儒家的经典中在论及男女时,常常要同时论及父子、君臣等关系。"从根子上讲,古代人们生活的基础和认同的单位,最初还是家庭和家族,所以很多伦理价值上的观念和维护秩序的制度,都是从家庭、家族、宗族这里引申出来的,其合理性来自人们对于身边的家庭、家族和宗族的认同,并由此渐渐放大,而成为普遍伦理和国家制度的。"①

中国从西周开始就是一个典型的宗法制社会,所谓宗法制社会,"乃是指以亲属关系为其结构、以亲属关系的原理和准则调节社会的一种社会类型……在这个社会中,一切社会关系都家族化了,宗法关系即是政治关系,政治关系即是宗法关系。故政治关系以及其他社会关系,都依照宗法的亲属关系来调节和规范"②。正因为如此,在这样一个宗法制社会里,男女两性的关系,常常会具体化到夫妻关系的探讨中(儒家的经典中就常以夫妻关系来指代男女)。夫妻关系在儒家看来先于所有别的关系,并被视为人类关系之端,正如《易传·序卦》云:"有天地然后有万物,有万物然后有男女,有男女然后有夫妇,有夫妇然后有父子,有父子然后有君臣,有君臣然后有上下,有上下然后礼义有所错。"

翻开《圣经》,第一篇就是《创世记》,而在上帝整个的创造活动中,男人

---

① 葛兆光:《古代中国社会与文化十讲》,清华大学出版社 2002 年版,第 51 页。
② 陈来:《古代思想文化的世界——春秋时代的宗教、伦理与社会》,生活·读书·新知三联书店 2002 年版,第 3 页。

和女人都是由达到创世高潮的上帝的直接行动造成的(上帝在创造的第六日造男造女,此前已造好了水里的鱼、空中的飞鸟和地上的动物等),后世的人们在诠释圣经中的两性关系时不断要追溯到《创世记》,追溯到上帝造男造女的言说以及亚当、夏娃的故事中所蕴含的深意,如耶稣和保罗在其对人的教诲中就常常如此。

二、性别意识研究的意义

性别问题是永远不过时的,对它的关注与研究,对于我们今天的现实社会生活仍有一定的意义,其意义主要体现在:

第一,在认识论上,提供了一种新的视角,即"性别的"视角,它从性别切入的角度给人们提供一种思考历史、哲学与宗教、反思传统、观察当下的生活中的以往没有被注意或被忽视的视角。因此,在历史、哲学、思想或宗教领域中引入性别的视角,可以引起人们对以往的历史、哲学、思想及宗教研究中的"性别"维度的缺失的关注与重视。令人不解的是:有关"性别"的问题过去常常不在学者们的研究视野之内,"性别研究"似乎难登学术的"大雅之堂",但这个问题以及与这个问题紧密相连的有关两性关系、性、身体、欲望等却关系到人们最深刻、最私密化的生活,也是深深困扰现代人的所在。令人欣慰的是,在当今人文学科的研究中,许多学者越来越重视对这些领域的研究,如法国思想家福柯轰动一时的学术著作《性经验史》,就是从与男女两性关系极为密切的性问题着手,探讨权力与话语、知识之间的联系,揭示了权力运作的特点。越来越多的人认识到柏拉图的身心二元论对西方哲学传统所形成的广泛而深刻的影响,许多女性主义的理论流派,如精神分析女性主义、后现代女性主义、生态女性主义等对西方传统哲学的"男性化"有许多深刻的批判,基督教的女性神学则对早期的教父思想或中世纪的天主教神学对两性关系的阐释也进行了深刻的批判。中国思想史中这种从两性关系、性、身体、欲望等维度,从传统的源头上去反思和审视的研究也已经开始且日益引起人们的重视。尽管目前的研究现状似乎还不尽如人意,但毕竟有了开始和一定程度的深入。

第二,对传统思想的研究与反思,并不等于完全否定传统、放弃传统。不可否认,无论是儒家的经典还是《圣经》,都有许多生命的智慧,有许多仍然可以为今天的人们所运用的教导与原则,只要人类男女之间的性别关系还要延续,人类的生命还要延续,这些性别关系相处的教导与原则、这些生命的智慧就不会过时。阅读经典,正是为了从以往的经典中寻取智慧的亮光。当然,以今天的眼光来看,经典中(无论是先秦的儒家经典还是圣经)不可避免地带有以男性为中心的父权文化的痕迹,而这正是需要我们在阅读经典时仔细加以甄别的。

第三,既然"性别"是一个超越时代和地域、超越种族、民族与宗教信仰等的话题,我们对此做"比较"的研究,可以帮助我们打破不同文化间的壁垒,了解不同地方与民族的男人女人们是怎样从过往的历史走到今天来的。而且,比较研究还可以帮助我们认识与反省不同的文化、不同的传统、不同的信仰对不同人群的性别观念或行为方式的影响,从而帮助我们深化对人、对不同性别的男人女人以及对人类生存方式的理解,进而确立更符合儒家的"仁"和更符合上帝的心意的价值观和行为准则。

第四,性别问题由来已久,且从来就不是孤立的个人问题,它总是与集体、家族、宗族或阶级、种族、民族、国家甚至地理环境等问题密切相关;而且人类社会中每一个政治的、经济的、宗教的、社会的,甚至军事的变化都会对男性与女性的观念、行为与角色的定位等有影响。在今天这个全球化的时代和多元文化的语境里,社会上的方方面面业已发生和正在发生的变化对人们的性别意识所造成的冲击显而易见,这种冲击业已体现在男人女人对自我或对异性的心理或意识中。了解过去与今天,当然是为了明天,为了在一个全球化和多元化的时代建立男女之间的更为积极的建设性的伙伴关系,为了在家庭和社会中营造更为和谐的生存环境,为了建立一个女人和男人都能在其中享受到自己作为性别的人的自由的、快乐的、更为和谐与公正的社会。

三、儒家经典与圣经的历史与
性别视域的研究意义

当今的世界是越来越全球化了,在这样的时代,西方、东方都谈不上是世界的中心,人们早已是放眼全世界,放眼全球了,可以说我们已经处在各种文明的交汇融合的时代,在这种时代和文化背景下从历史与性别视域来考察最为悠久的两大文明传统,即中华文明与希伯来——犹太文明以及基督教文明系统的经典中相关的最早言说,对于我们理解不同境遇中的性别传统以及人们的生活方式是有意义的,毕竟历史是一条切不断的滔滔之流。

当代著名的天主教神学家汉斯·昆在《世界宗教寻踪》中译本的"序"中提出了世界有三大宗教河系之说,他认为:"在近东,从游牧部落的原始宗教中,发展出了起源于闪米特地区的、有先知品格的第一大宗教河系……其中,犹太教是以色列的'父性的'、盟约的、律法的和先知的宗教;从犹太教中脱胎而来、脱颖而出的基督宗教则是一种奠基于对基督或者救世主耶稣的信仰之上的宗教……在东方,与闪米特——先知型诸宗教相区别,是起源于印度的、有神秘品格的第二大宗教河系……与上述两者相区别的是远东的起源于中国的第三大宗教河系,就这一河系而言,处于中心地位的既不是先知,也不是神秘家,而是圣贤,这是一个具有智慧品格的河系。"①汉斯·昆在此已经将犹太教——基督宗教与中华文明传统最核心的特征表述得很清楚了,即犹太教是以色列的"父性的"、盟约的、律法的和先知的宗教,从中脱颖而出的基督宗教则是一种奠基于对基督或者救世主耶稣的信仰之上的宗教,而中华文明则是具有一种圣贤智慧品格的文明。或许有了对《圣经》与儒家经典这两种圣典之源的如此了解,可以帮助我们更加深刻地理解这两种文化系统的性别意识之言说的源头,由儒家文明和犹太——

① 汉斯·昆(孔汉思 Hans Kung):《世界宗教寻踪》中译本序,杨煦生、李雪涛等译,生活·读书·新知三联书店 2007 年版,第Ⅱ—Ⅲ页。

基督教文明所确立的伦理和宗教的基本原则也是不同民族之文化对话、商谈与互补的基础。

直到今天，中国先秦的儒家经典和圣经的性别言说以及对于性别的思想和观念谁也不敢说已经过时了，相反，它们仍然在人们的日常生活、在男人和女人两性关系的实际相处中起作用，仍然在继续发挥影响……

四、关于经典的说明

本书中作为基督教经典的主要文本是《圣经》。圣经虽是一部宗教经典，但其中记载的许多历史内容，都得到现有考古发现的印证，所以学者大都认为它同时也是一部历史书。

先秦的儒家经典主要指《尚书》、《诗经》、《易经》、《论语》、《孟子》、《荀子》、《礼记》、《易传》与《春秋》（即《春秋左传》、《春秋公羊传》与《春秋谷梁传》）等。这些经典大部分成书年代当是先秦，它们比较全面深刻地反映了先秦时期社会的经济、政治、军事、文化艺术、教育、风俗等社会现实以及儒家的道德人伦等思想。

除上述传世文献外，出土文献如郭店楚墓竹简等，也是笔者所要依据的文献资料来源，20 世纪的考古发现，尤其是其中的甲骨文、金文、简帛佚籍的发现，给先秦秦汉典籍的整理以及上古文明的研究带来了新的契机。考古发现不仅证明了先秦秦汉的许多传世古籍并非全伪，有些书的形成年代甚至还可往前提。

为什么笔者将关于儒家的性别意识的探讨主要放在先秦的儒家文献上，而不涉及汉代以后的儒家文献，这是基于以下考虑：

第一，先秦的儒家文献已经涵括了儒家在性别意识方面的主要内容，已经大致确定了儒家在性别意识方面的思考路径与言说方式，汉以后的儒家文献只不过是在此基础上对这些内容做了进一步的引申、发挥，并无根本的改变。人们今天在讨论中国的传统文化中有着正统地位的关于性别的看法与观念时，所依据的仍是这些先秦的儒家经典。

第二,上述先秦的儒家文献作为经典在中国的历史和文化的传统中影响深远,它们历来是读书人的必读之书和科举为仕的必考之书,而且,由于历代知识分子的教化,民间的普罗大众对这些经典中有关性别意识方面的内容也有或多或少的了解,在某种程度上,可以说这些内容业已内化为中国人的心理意识或潜意识,并作为一种文化传统的力量,影响了世世代代甚至包括今天的男男女女在内的人们对两性、对两性关系的认识、思考与生活。

第三,本人不才,学力不逮,不能胜任对包括先秦儒学、汉唐儒学、宋明理学等在内的所有儒家经典与文献关于性别意识的考察,人生而有涯、知也有涯、思更有涯,或许,有限的人生只能做有限的研究,清楚自己的研究在什么地方应该"止而退",这不是出于"聪明",而实实在在是出于"无奈"。

"嘤其鸣矣,求其友声"①,恳乞同道诸君不吝赐正。

---

① 《诗经·小雅·伐木》。

第一章　性别视角的先秦神话与
《圣经·创世记》的比较

本章主要探讨中国文化传统与基督教关于人类的产生、男人、女人以及男人与女人的关系即性别问题的由来之源头。

为什么探讨先秦儒家经典中的性别意识要从先秦神话开始？在某种意义上，神话或许是一把钥匙，它能开启一扇大门，一扇历史与生命的厚重大门，使生活在今天的人们对古人、对自己生命的根有一种贴近的理解与参悟。换言之，每个民族的神话都是其历史、文化与生命之根，都是该民族的哲学、艺术、宗教、风俗、习惯乃至整个价值体系的源泉。透过神话，人们能确实触摸到自己文化深处的某些东西，就像埃及人关注死亡，从而有了金字塔；巴比伦人关注现世幸福，从而占卜、巫术格外发达一样。神话不仅只是"神话"，而且也是"人话"。人是在"神话"中开始自己探索世界和人生的起源（包括两性关系和族群关系等的起源）及归宿之途的，并在这种"探索"中对其存在及其意义提出了"是什么"和"为什么"等根本性的问题。所以"神话叙述之后总是隐藏着历史真实。神话是一个族群的神圣活动，是世代相承的集体记忆，因此，只有现实地影响了族群命运的事件、物品、制度、习惯和社会现象，才能进入神话"①。而且，在某种程度与意义上，这种历史真实、这种集体记忆好似"基因"的传承业已融入了我们现代人的血脉与生命之中。因而了解神话、了解古人，或许也能帮助我们更好地认识或了解今天的我们。

著名宗教学者马林诺夫斯基说得好："神话在一个原始社会里，就是说

---

① 尹荣方：《神话求原》（王小盾所作序），上海古籍出版社 2003 年版，第 2 页。

在其活生生的自发形式下面,并不仅仅是讲述出来的故事,而是一个有生命的实在。它并不属于发明之类,如我们今天在小说当中读到的那种东西,它是一个有效的、活着的实在。由此,人们相信神话产生在那些最遥远的时代,而且自那时以来,继续不断地影响着世界和人类的命运……这些传奇故事并非由于无用的好奇心而得以在生命中保留原状,它们并非发明出来的故事,也非对于实在的记述,然而对于当地的人民,这些传奇故事却是一种更有力、更重要的自发真实的表现。正是由于这种表现,人类的现实生活、它目前的活动和它未来的命运都被确定了。"①

近几十年来,随着考古学研究的发展,尤其是人类学研究的发展,对上古社会是否一定经历了由母系氏族社会到父系氏族社会的转变提出了许多挑战。具体到中国的历史上来,中国的上古社会是否也一定经历了"母系社会"②,至今仍有争议。人们既可以从神话传说中辨认上古社会的女性风貌,更可从考古发掘的材料中去寻找上古女性的蛛丝马迹。

不过,笔者在此要加以说明的是:中国的神话传说所反映的时段与考古材料所反映的时段,并不具有时间上的先后关系,因为中国的神话传说被记录整理于"理性化"的战国和鬼神迷信极为流行的汉代,因此神话传说有后人加工的痕迹,它并不能真正反映原始社会的真实面貌。可以说神话文本并不与有关上古叙述的口传神话画等号。从思想史的角度看,神话传说或许只是提供了与考古材料、文献资料不同的另外一种资料上的来源。

----

① 转引自荣格、凯伦伊:《论神话的起源和基础》,《外国美学》第 11 辑,商务印书馆 1995 年版,第 439 页。

② 母系社会本是 19 世纪人类学家提出的特指女性占据社会统治地位的社会形态。1861 年,巴霍芬发表了《母权论》,接着摩尔根出版了《古代社会》,恩格斯则著有《家庭、私有制和国家的起源》,他们相继提出了原始社会曾存在过母系社会或母权制的观点,尽管有争论,但这种观点逐渐被学术界普遍接受。近年来,由于人类学和考古学的发展,学界对史前是否存在过母系社会或母权制的问题产生疑问,因而展开了热烈的讨论。持肯定与否定之说的都大有人在。有学者认为,问题的关键在于如何理解"母系制"或"母权制"的术语,如果说,母系或母权是指女性的政治权力,那么,也许确实没有足够的证据能够证明史前存在过这样的制度;但如果说,母系或母权是指母亲法则,或者是指女性在社会和宗教中占有突出的地位,那么在某些原始人中间存在母系或母权制则是可以肯定的。目前学者们对该问题还没有达成共识。在没有更多的证据推翻恩格斯等人的观点之前,笔者在本书中仍采用人类原始社会存在过母系社会的说法,因此笔者赞同这种观点,即母系社会不一定是指女性在政治上的统治权力,它可以是指母亲法则,或者是指女性在社会和宗教中占有突出的地位。

至于《圣经·创世记》中关于上帝造人、上帝造男造女的言说，或许在中国人的眼中也有"神话"的成分，但又不能简单地将之只当成神话来看待与理解，基督教的根基是建立在独一真神的启示上。对历代的基督徒而言，《圣经》是上帝的启示，整部《圣经》是约四十余位作者们在上帝的保守与带领下、在圣灵奇妙的运作与感动下、在 1600 多年间写下的文字，是"人被圣灵感动，说出神的话来"①。《圣经》本身的成书就是一个奇迹。这些文字虽是人写下来的，但在相信圣经所言是神的话语的人眼中，这部经典有它的神圣性与权威性，因为上帝藉着这部经典将真理、将人内在生命的奥秘、将两性关系的处理与对待启示予人。

一、说不尽的女娲

（一）关于女娲的记载与神迹

提起神话，就不免要提到神话中的男神和女神。一个值得注意的现象是：无论是否存在过"母系氏族社会"，在许多民族的神话与宗教中，都是先有女神崇拜而后才有男神崇拜，"古代地中海世界至印度和西欧均有不少女神的形象，这是唯一的考古学上证据，显示这些早期的人怎样对他们所倚靠的力量和生命之源作出幻想"②。母性之神的宗教无疑是人类历史上最古老并存在的最长久的宗教。在中国，大约是形成于新石器时代的红山文化遗存中就有作为祭祀之用的女性陶塑像。1983 年，考古工作者在辽宁牛河梁红山文化遗存里还发现了女神庙，显然女神庙是作为祭祀场所用的，而在女神庙主室两侧发现的群像中，还有一尊接近真人大小的彩塑女神像，这尊彩塑女神像或许就是被当时人祭祀的主要对象。

不过，原始女神虽活现于许多民族的神话世界里，但在现存的文献资料

---

① 《圣经·彼得后书》1:21。本书中所采用的《圣经》经文全引自中国基督教协会 2007 年版新标点和合本。该版圣经采用"神"版，凡是称呼"神"的地方，也可以称"上帝"——笔者注。

② 萝特：《性别主义与言说上帝》，杨克勤、梁淑贞译，香港道风书社 2004 年初版，第 61 页。

中,中国的原始女神却屈指可数,觅其佼佼者不过几位而已。女娲无疑是中国原始女神中最著名的一位,她在中国的原始女神中有着最为重要的地位,因而笔者对上古中国性别意识的最初溯源就不得不从女娲开始。

女娲的故事,在中国可谓是老幼皆知。

《山海经·大荒西经》①:"有神十人,名曰女娲之肠,化为神,处粟广之野,横道而处。"

《楚辞·天问》:"登立为帝,孰道尚之?女娲有体,孰制匠之?"(汉代学者王逸注:"传言女娲人头蛇身,一日七十化。")

《说文解字》十二:"娲,古之神圣女,化万物者也。"

女娲的神迹最常为人们乐道的有三,即抟黄土造人、炼石补天、为人类设立了婚姻制度,因而女娲又被视为"媒神之祖"。不过,先秦文献对女娲的记载多半都是三言两语,女娲的上述神迹多半见于秦以后,如汉代的文献《淮南子》、《史记》以及宋代著名的类书《太平御览》等文献中,且多半也是零星半爪,不见有完整的文本。

《淮南子·说林训》②:"黄帝生阴阳,上骈生耳目,桑林生臂手,此女娲所以七十化也。"(高诱注:黄帝,古天神也;始造人之时,化生阴阳。上骈、桑林皆神名。)

《淮南子·览冥训》:"往古之时,四极废,九州裂,天不兼复,地不周载,火滥炎而不灭,水浩洋而不息,猛兽食颛民,鸷鸟攫老弱。于是女娲炼五色以补苍天,断鳌足以立四极,杀黑龙以济冀州,积芦灰以止淫水。

苍天补,四极正,淫水涸,冀州平,狡虫死,颛民生,背方州,抱圆天。"

----

① 《山海经》是现存唯一保存中国古代神话资料最多的著作,学者们对其成书的时代有种种说法,但大都认为其成书于春秋战国时代,秦汉以后虽有所增益,但并没有改变其古神话的性质。李申先生在《中国儒教史》(上卷)第6页云:"《山海经》一般认为成书于战国时代,但《山海经》所反映的意识,却不是战国时代的主导意识,而是上古流传下来的、某一时期的主导意识。"袁珂在《中国古代神话》第21页则说,《山海经》"原题为夏禹、伯益作,实际上却是无名氏的作品,而且不是一时期一人所作。内中五藏山经可信为东周时代的作品;海内外经八卷可能作成于春秋战国时代;荒经四卷及海内经一卷当系汉初人作。里面所述神话,虽是零星片断,还存本来面貌,极为珍贵"。

② 《淮南子》又称《淮南鸿烈》,是西汉淮南王刘安召集门下宾客集体编撰而成。《淮南子》虽是西汉的作品,其书的旨意是"纪纲道德,经纬人事",反映了编撰人的观念与意图,但其中所涉及的许多内容与材料却是先秦时代早已有的。

《太平御览》①卷七八引《风俗通》："俗说天地开辟,未有人民,女娲抟黄土造人,剧务,力不暇供,乃引绳于泥中,举以为人。"②

《路史·后纪二》："女娲祷祠神,祈而为女媒,因置昏姻,以其载媒,是以后世有国,是祀为皋禖之神。"

从上述着墨不多的记载中,以今天女性主义的视角来看,我们大致可以推断出:女娲不仅是一位创世女神、始祖女神、全能女神,而且还是一位为人类设立了婚姻制度与主管婚姻的女神。女娲或许"代表着父权制文明尚未确立时的全能女神信仰,那时的女神不仅是崇拜的中心,而且是宇宙秩序和自然和谐的代表。女娲补天和立地四极的情节,表明她也代表着远古时期人力工程和科学方面(包括知识、技能和经验)的最高成就。作为人类的创造者,宇宙的灾难性错误的纠正者,女娲也就相当于所谓'救世主'(the savior of universe)"③。

除了女娲的创世神话外,中国还有盘古的创世神话,"自从盘古开天地,三皇五帝到如今",这句话在中国可谓妇孺皆知。关于盘古的神话资料主要见于《艺文类聚》④卷一引《三五历记》和清代马骕《绎史》卷一引《五运历年记》,但盘古的神话究竟产生于何时至今仍没有定论。国内外有不少学者认为盘古的名字既不见于考古文物,又不见于先秦文献,他们甚至认为盘古的创世故事非中国所固有,而是来自印度。⑤ 也有学者认为盘古神话来自于中国西南部的少数民族。还有学者认为"盘古神话的起源甚早……盘古神是古人在神话亳土、薄姑五色土、社神的基础上,进一步发展为创世主神的"⑥。按此说法,"盘古"神的本像应是女神。所以盘古究竟来自何方? 盘古神话是否

---

① 《太平御览》是宋代一部著名的类书,以引证广博见称,对后世影响很大。《太平御览》中保存了大量古代的佚书遗文,它所引用的古书,十之七八今已亡佚,所以这就更显《太平御览》中所保存的材料之珍贵。

② 《风俗通》的作者是东汉大学者应劭,他注《史记》《汉书》时,常用"俗说"一词,可见他是很注意从民间的传说中汲取材料的。

③ Bettina L.Knapp,*Women in Myth*,State University of New York Press,1997,p.185.

④ 《艺文类聚》是唐初编辑的一部大类书,它根据1400多种唐以前的古籍,分门别类,摘录汇编,内容相当丰富,包括政治、文学、自然知识等各个方面。而《三五历记》是三国时代徐整所作。

⑤ 吕思勉于1939年专门写有《盘古考》一文,载于《古史辨》第七册(中),该文对此说做了详细论证。

⑥ 王辉:《盘古考源》,《历史研究》2002年第2期。

比女娲早出？盘古究竟是男神还是女神？都还没有定论。但女娲神话的早出则是不争的事实。女娲神话的早出无疑显示了她在当时的主导者地位。女娲的抟黄土造人身体可化生万物（肠化也好、腹化也罢）的神话表层结构，实则隐含了由女性孕生繁殖后代的生理表象与生命真相。

在中国的神话与传说中可以找出许多女人无夫而孕的内容，人们常将此类神话归于"感"生神话一类，如传说中的五帝都是由其母感异物而生，即所谓"圣人无父，感天而生"。五帝究竟是哪五帝，其说不一。《易传·系辞下》以太暤伏羲、神农炎帝、轩辕黄帝、唐尧、虞舜为"五帝"；《世本·五帝谱》、《大戴礼·五帝德》、《史记·五帝本记》以黄帝、轩辕、帝喾、尧、舜为"五帝"；《帝王世记》以少昊、颛顼、高辛、尧、舜为"五帝"。"五帝"的名称虽有不同，但他们的出生却有一个共同点，即均由其母"感生"而出。以《周礼·天官·小宗伯》、《楚辞·远游》、《楚辞·惜颂》王逸注所讲的"五帝"即东方太暤伏羲、南方炎帝、西方少昊、北方颛顼、中央黄帝为"五帝"为例，伏羲是因其母亲华胥氏履大人迹而生，炎帝是因其母亲女登感神龙而生，少昊是因其母亲女节感流星而生，颛顼是其母亲女枢感瑶光而生，黄帝是因其母亲附宝感雷电而生。顺便一提的是，"感"字在中国文化传统中是最常见的性关系之隐语，是最意味深长的一个用字。在上述五帝的母亲孕育繁衍后代的过程中，似乎并没有具体男性的出现，男性在最初的神话叙事中不是空缺，便是拟物化或虚无化了。这是为什么呢？

《管子·君臣》："古者未有君臣上下之别，未有夫妇妃匹之合，兽处群居，以力相征。"

《庄子·盗跖》云远古时代"知其母，不知其父"。

《列子·汤问》①："长幼侪居。不君不臣；男女杂游，不媒不聘；缘

---

① 据说列子为战国郑人，《列子》一书，旧题为其所撰。最早对《列子》一书的记载是西汉晚期刘向的《列子书录》，据说这是刘向对《列子》一书加以整理编纂而成。东汉初的班固修撰《汉书》时，在《艺文志》中载有仅四字的一个条目——"列子八篇"，列子系指称其人，八篇系指称其文。这证明，信史所载列子则有八篇文章，而《列子》一书也曾流行于世。至晋代，张湛著有《列子注》一书，即今刊行于世的《列子》通行本。不过，历来有许多学者认为张湛注的《列子》为赝品，绝非先秦列子之所撰，也绝非刘向、班固所见到或经整理过的书稿。但尽管如此，张湛所注的《列子》虽为赝品，却又并非完全作伪，书中仍然保留了相当部分列子的思想和春秋战国时期道家学派和阳朱学派的思想，仍有较高的学术价值。袁珂在《中国古代神话》第20页认为，列子里的神话资料仍是相当有价值的。

水而居，不耕不稼。土气温适，不织不衣……"

《吕氏春秋·恃君览》："昔太古尝无君矣，其民聚生群处，知母不知父。无亲戚兄弟夫妻男女之别，无上下长幼之道，无进退揖让之礼，无衣服履带宫室蓄积之便，无器械舟车城廓险阻之备。"

《淮南子·本经训》："男女群居杂处而无别。"

上述古籍中所描述的"太古"或"古者"的情形；或是如有些学者所描绘的母系氏族社会的情形；或是如有些学者虽不承认有母系氏族社会，但还是肯定女性曾一度在社会和宗教中占有突出的地位的情形；它或许就是女娲抟黄土造人的神话故事形成的深层结构。

晚清学者刘师培在其《论小学与社会之关系》一文中，提出了"姓"字的起源是受姓于母的论点，他还以神农姜姓，黄帝姬姓，帝舜姚姓，大禹嬴姓等都从女旁来阐明以姓维系一个氏族，显然是以母为源，与母系制相关。《说文》曰："姓，人所生也。"人所生，实际就是女所生，即"姓"从女来。传说上古有八大姓，姜、姬、妫、姒、嬴、姞、姚、妘。而这些大姓无一例外地皆从女旁。

著名的荷兰汉学家高罗佩先生也持这种观点，他在其《中国艳情——中国古代的性与社会》中提到家族姓氏的"姓"字时说："从东周开始，这个字就由两部分组成，左边是'女'，右边的写法表示'出生'。人们常常引证这个字来证明中国古代社会是母权制，因为它显然表明人们是根据母亲的姓氏来为孩子命名的……两千多年以来，人们一直不变地用这个字（即姓——笔者注）来表示家族姓氏，这是已深入中国人潜意识的对母权制的持久记忆的一个标志。"①

其实，对女神的崇拜，或者说人们潜意识中的的"对母权制的持久记忆"都与最早的女性生殖（也有称为孤雌繁殖的）崇拜分不开。自有人类以后，世界上各地各方的人类就一直在探寻一个亘古之谜：人是从哪里来的？于是，有关性与生殖的话题成为世界上许多民族的神话、宗教与传说的重要

① 高罗佩：《中国艳情——中国古代的性与社会》，吴岳添译，台北风云时代出版股份有限公司 1994 年版，第 24 页。

母题,于是就有了许多与性——生殖崇拜相关的礼俗与庆典。

远古人类不像后人那样认为人必须经由男女两性结合才能生殖繁衍。人们起初并不了解男性在生育中的作用,只知道女性具有繁殖功能,所以生殖崇拜最初或许产生于先民对生命孕育于母腹、产生于女性生殖器这一现象的直接观察,所以它最初表现为女性生殖崇拜。远古时代的女性生殖崇拜常常表现在母性女神被雕刻成裸体、怀孕、丰乳、巨臀等女性性征比较明显的塑像这一事实上。20世纪以来,"考古学家们在西起西班牙东至西伯利亚的整个亚欧大陆区域连续发现了二三万年以前的女性雕像。著名的奥地利的威林多夫维纳斯和孟通维纳斯是用石灰石和滑石刻成的。全裸体的造型表现出极度夸张的女性肉体特征:巨腹、丰乳、和突出刻画的生殖器部位;法国列斯朴格维纳斯用象牙雕成,全裸体,女性身体的表现特征为:颀长、无乳房、夸张的细长颈部、鼓腹、丰臀、双腿合一为锥状"①。就中国的考古发现而言,1979年,在辽宁省西部东山嘴、牛河梁地区红山文化遗址中发现了约5000年前的多件陶质女性裸体小像,小像的一个显著特征就是对女性的臀部、腹部、乳房等处的夸张处理,如臀部肥大、腹部隆起、阴部还有三角形记号,这是十分明显的女阴生殖性崇拜。另有一件红陶裸女塑像的残部,呈现出双手交叉捧腹的模样,肚腹浑圆。② 又如青海乐都湾原始墓地掘出的绘有裸体女像的彩雕壶,壶的腹部即为女像身躯,乳房、脐、阴及四肢祖露,且双手捧腹,明显是为了突出女性的生育功能。

在我国考古发现的原始人的彩陶器具的绘画形象中,鱼纹、蛙纹、叶形纹、花卉纹、瓜纹等均是表现女性生殖崇拜的纹样。将这种象征图案刻在器具上,正是女性生殖崇拜的反映。与女性生殖器崇拜相联系的物象还有许多,诸如石榴、湖泊、水井、溪谷等,总之,古人对外形轮廓与女阴相似,或内涵相通、声音相谐的熟悉的动植物、天生物均加以膜拜。在此基础上,古人进而用各种象形符号代表女性生殖器,譬如,倒三角形、圆形、圆中加点、棱形、椭圆形、钻石形等。

---

① 吴光正:《女性与宗教信仰》,辽宁画报出版社2000年版,第21页。

② 参见郭大顺、张克举:《辽宁省喀左县东山嘴红山文化建筑群址发掘简报》,《文物》1984年第11期;《光明日报》1986年7月25日有关报道及新闻照片。

远古的人们还很自然地就把对女性生殖功能的崇拜延伸到对土地的崇拜中。"当农业正在发展时,母性女神的崇拜便是把改变人类生活形态的土地的神圣感表达出来。"①当时的人们祈望女性具有旺盛的生育能力,就如同大地生长出草木、鲜花一样,所以他们常将"大地"喻之为"大地母亲",大地成为了女性和母亲的象征。于是,世界上的许多民族中就有了地母神之类的信仰与神话。

《管子·水地篇》云:"地者,万物之本原,诸生之根菀也;美恶、贤不孝、愚俊之所生也。"女娲抟黄土造人或许也表现了原始先民的这种土地崇拜、土地生出万物的观念。古籍中也有"女娲地出"②之说,地出即是土出之意,女娲因而也是大地之神,大地之神用泥土造人自然是可以理解的。对大地的崇拜实则也是对女性及女性生殖器的崇拜。我们从"地"字的字型也可清楚地看出这一点,"地"从"土"从"也",而"土"地在先民的心目中是生育万物的母亲;而"也",许慎的《说文》解释为"女阴也",可见"地"就是将"土地崇拜"与"女性生殖崇拜"合而为一的结果。古人祭祀土地,就在于报答其生养万物、给人所带来的恩泽。

对土地的祭祀,后来发展为"社稷"。《礼记·郊特牲》云:"社祭土而主阴气也……社,所以神地之道也。"可见祭土、祭社,实际上都与先民对女性生殖、对母性力量的神秘认识密切相关。正如高罗佩所指出的;"女人——母腹——土地——创造力之间的结合,要比男人——男性生殖器——天——创造力之间的结合更为久远。前一种结合或许可以追溯到太古时代,那时人们还不懂得性交是女人怀孕的唯一原因。"③由此,我们是否可以说,女娲抟黄土造人,实则是女子单性生育观念的隐喻表现。正如有学者指出的"感生"或"知母不知父"的传说并不能证明中国原始社会曾经存在群婚,"只能反映远古人类对于性和生育之间的关系缺乏生理常识"④。

---

① [英]凯伦·阿姆斯特朗:《神的历史》,蔡昌雄译,海南出版社2001年版,第14页。

② 王明:《抱朴子内篇校释》,中华书局1985年版,第154页。

③ 高罗佩:《中国艳情——中国古代的性与社会》,吴岳添译,台北风云时代出版股份有限公司1994年版,第26页。

④ 瞿明安:《中国原始社会乱婚说质疑》,《民族研究》2001年第4期。

当然,随着对生育现象的了解与认识的深入,人们迟早会认识到男性在生殖中的作用。如果说鱼纹、蛙纹、叶形纹、花卉纹、瓜纹等均是表现女性生殖崇拜的纹样的话,那么,原始人的器具上的鸟纹、蜥蜴纹、蛇纹、龟纹等均是表现男性生殖崇拜的纹样。这几种动物的头部像阴茎前端,俗称"龟头",都是卵生,易与男性的睾丸形成联想。如果说原始人早期曾用鸟、蜥蜴、龟等性情比较温和的动物象征男根;后来为了强调男根的威风和雄伟,又选择了蛇、虎、狮、野牛等凶猛的动物,甚至于以"山"来象征男根。

从女性生殖器崇拜发展至男性生殖器崇拜,一方面,反映了原始先民对人类生育与繁殖认识过程的深化,人们逐渐意识到生育子女是两性结合的结果;但另一方面,它也反映了父系制逐步确立以后的生育观念,即随着男性在社会生产和日常生活中所发挥的越来越大的作用,人们显然以为男性在生育中肯定也起了主导的作用。

在距今三千年前新疆呼图壁岩画中,有男女交媾的场面,表现出先民对男女性爱的崇拜,岩画的画面中对男性生殖器的处理比较夸张,显然表现出对男性生殖器的推崇。在近半个世纪以来的考古发掘中,中国的很多地方还出土了许多件用陶、石、木、玉和铜等制成的阳具模型,它们被称为陶祖、石祖、木祖、玉祖和铜祖等。这些陶祖、石祖、木祖、玉祖和铜祖等是男性阳具最为写实的物象,它们为上古男性生殖器崇拜的存在提供了足够的实证。

不仅中国存在着有关生殖崇拜的原始艺术,在世界各国的历史上,有关生殖崇拜的原始艺术也比比皆是,其中古代印度文化所表现出来的生殖崇拜尤其强烈,令人感到震惊:表现男女结合情景的塑像堂而皇之地供养在神殿中,展示男女交媾姿态的浮雕肆无忌惮地镶嵌在宏大庙宇的石墙上,象征女阴的磨盘状石刻和象征男根的圆柱形石头毫无掩饰地组合在一起。由此可见,在古代人类的心目中,性与生殖活动是一件不可小觑的神圣、崇高与庄严的大事。

人类由女性生殖器崇拜发展到男性生殖器崇拜,其意义非同小可。正是男根崇拜对"种"的推重,为以后父系氏族社会的最终确立提供了血缘根据,由此而产生了祖先崇拜。甲骨文和金文告诉我们,祖先的"祖"字,最早的象形字写作"且",即男性生殖器的象征。《礼记·檀弓上》引曾子的话云:"夫祖者且也。"由于石制和陶制的"且"是在祭祀祖先时用的,后又加"示"旁变成了"祖"字。郭沫若先生在《甲骨文字研究·释祖妣》一文中明确指出,"祖"初文作"且",酷似男性生殖器;"牝"之初文作"匕",形似女性生殖器。"且""匕"二字分别代表男女祖先。因此,"祖妣者,牡牝之初字也"①,郭还说:"然此有物焉可知其为人世之初祖者,则牝牡工器也。故生殖神之崇拜,其事几与人类而俱来。"②

从女性生殖器崇拜发展至男性生殖器崇拜,人们逐渐认识到其实男女两性在生殖中的作用是缺一不可的,随之也就有了对偶神的崇拜。

(二)伏羲女娲的对偶神之说

与其他民族、尤其是与古希腊的女神相比较,女娲的形象无疑比较"呆板"和"单薄",人们只知其神迹,却不知其爱情或性关系的任何事迹。也许是为了弥补以上的缺憾,在有关女娲的神话中,后来又有伏羲、女娲是对偶神之说,这种对偶神之说尤其反映在汉代伏羲、女娲的画像中。有学者认为以伏羲、女娲兄妹制嫁娶的传说恰恰证明了这就是从原始群婚经对偶婚向一夫一妻制的过渡。③

闻一多在其《伏羲考》中认为,在绝大部分的先秦典籍中不会同时提及伏羲与女娲,也不见有伏羲、女娲是夫妇的记载,似乎女娲神话和伏羲神话分属于两个独立的系统。另据汉代人王逸在《天问章句·序》所言,屈原的《天问》,是根据楚先王之庙及公卿祠堂中所绘天地、山川、神灵及古贤圣、怪物行事的图画所作,即所谓"仰见图画,因书其壁,呵而问之"④。而屈原在《天问》中问到女娲,却没有问伏羲,可见楚国庙堂壁画中也许本来就没有伏羲的形象。

从西汉开始,宫室的壁画上开始出现伏羲、女娲分列的人首蛇身图,陈履生的《神话主神研究》一书将汉代伏羲、女娲的画像搜罗殆尽,在该书中

---

① 《郭沫若全集·考古编》第一卷,科学出版社 1982 年版,第 36 页。
② 《郭沫若全集·考古编》第一卷,科学出版社 1982 年版,第 40 页。
③ 参见郑本法:《伏羲的传说与原始婚制变革》,《甘肃社会科学》2001 年第 6 期。
④ (宋)洪兴祖撰、白化文等点校:《楚辞补注》,中华书局 1983 年版,第 85 页。

他提出:"楚先王庙壁画中只有女娲而无伏羲。到了西汉,鲁灵光殿壁画'伏羲鳞身、女娲蛇躯',他们始出于同一画面……伏羲、女娲并列的确是在西汉前期,但这时二神还只是并列而未交尾。现存的洛阳卜千秋西汉(末年)墓中壁画伏羲、女娲仍分列于画面的两端,处相对的位置。东汉以后,伏羲女娲的形象大量出现于绘画之中,且常作交尾之状,才比较明确地反映了他们对偶神的关系。"①在东汉的这类画像中,伏羲与女娲常以人首蛇身、且下身交互缠绕的形象出现,伏羲手举日或规,女娲则手举月与矩。这种形式的伏羲、女娲的石刻画像与墓葬砖画,在山东、河南、陕西、四川、湖南等地都有发现。

有学者对"为什么从汉代起女娲的形象总伴随着伏羲,且多表现为造型艺术中的人首蛇身交尾形象"的问题,给出了"女性主义观点"的解释,即这种配偶神的出现体现着汉帝国时代流行的价值观念即神圣王权。在高度父权制的社会背景之下,世界由一位女神独自创造的说法难以维系下去了。"然而,和伏羲在一起,女娲还能以'配偶和助手'(consort and helper)的角色保持她在神灵世界的一席之地。"②这种解释不无道理。人们或许不常注意到:颇具民间特色的神话故事的口述传统如同童话故事的口述传统一样,讲故事的人大多是女性,是老奶奶和母亲之类的人,她们会对小孩子们讲"在很久很久以前……"的故事,而且故事的中心多半是围绕着某个女主人公展开的,不管她是聪明智慧、善良、勇敢还是愚昧、富有心计还是怯懦,女性都是很久很久以前口传故事的中心或主要人物。可一旦当神话能被记录且能被进行加工改造时,情况就会有所不同。以今天女性主义的视角来看,后人(主要是男人或男人中的智者哲人)对神话所进行的加工改造无疑带有"父权制文化的意识形态"痕迹,即神话叙述会被进行历史化和道德化的改造和处理。显然独立的女神崇拜已逐渐失去同情式的理解并不被全盘接受。正是随着汉代以来父权制的强化,女娲作为独立创世女神的神话才会被伏羲、女娲的共同创世神话所代替,甚至被"盘古"之类的男神独立的创

---

① 参见陈履生:《神话主神研究》,紫禁城出版社1987年版,第17页。

② Alan k.l.Chan, *Goddesses in Chinese Religion*, *Goddesses in Religions and Modern Debate*, University of Manitoba, 1990, p.9.

世神话所代替,而对女娲作为主神的崇拜也随之解体。

由上可见,伏羲、女娲是对偶神之说可能较迟才出现(甚至迟至汉代才出现)。不过,由于出土文献研究的新进展,如长沙子弹库楚墓帛书甲篇的释读成功,似乎给人们提供了一份完整的伏羲、女娲创世的神话文本,该墓葬的年代约为战国中、晚期之交①,从而将伏羲、女娲对偶神话最早记载的上限提前到了先秦时代。董楚平先生在广泛吸收古文字学家研究成果的基础上,对长沙楚帛书甲篇做了新的解读,撰写了《楚帛书"创世篇"释文释义》。② 董先生还在《中国社会科学》上发表了《中国上古创世神话钩沉——楚帛书甲篇解读兼谈中国神话的若干问题》一文。为了行文方便,现将董楚平先生列在该文中的"楚帛书甲篇释文"抄录如下③:

> 曰故(古)大熊包戏(伏羲),出自□霊(震),居于睢□,厥□渔渔,□□□女。梦梦墨墨,亡章弼弼。□每(晦)水□,风雨是於。乃取(娶)□□子之子,曰女坒(娲),是生子四。□是襄而戋,是各(格)参化法逃(度)。为禹为契,以司域襄,咎而步廷。乃上下联(腾)传(转),山陵丕疏。乃命山川四海,熏(熏、阳)气百(魄、阴)气,以为其疏,以涉山陵、泷、汨、益、厉。未有日月,四神相戈(代),乃步以为岁,是惟四时:长曰青干,二曰朱四单,三曰白大橪,四曰□墨干。
>
> 千有百岁,日月发生,九州丕塝(平),山陵备蚨(恤)。四神乃作,至于覆(天盖),天旁动,扞蔽之青木、赤木、黄木、白木、墨木之精。炎帝乃命祝融,以四神降,奠三天,□思敦(保),奠四极,曰非九天则大蚨(恤),则毋敢蔑天灵,帝夋乃为日月之行。
>
> 共攻(工)□步十日四时,□神则闰,四□毋思,百神风雨,辰祎乱作,乃□日月,以传相□思,又宵又朝,又昼又夕。

董先生还根据以上释文,将其大意表述如下:

> 在天地尚未形成,世界处于混沌状态之时,先有伏羲、女娲二神,结

---

① 湖南省博物馆:《长沙子弹库战国木椁墓》,《文物》1974年第2期。
② 董楚平:《楚帛书"创世篇"释文释义》,《古文字研究》第24辑。
③ 楚帛书甲篇原文参见董楚平:《中国上古创世神话钩沉——楚帛书甲篇解读兼谈中国神话的若干问题》,《中国社会科学》2002年第5期。

为夫妇,生了四子。这四子后来成为代表四时的四神。四神开辟大地,这是他们懂得阴阳参化法则的缘故。由禹与契来管理大地,制定历法,使星辰升落有序,山陵畅通,并使山陵与江海之间阴阳通气。当时未有日月,由四神轮流代表四时。四神的老大叫青干,老二叫朱四单,老三叫白大橪,老四叫墨干。

一千数百年以后,帝夋生出日月。从此九州太平,山陵安靖。四神还造了天盖,使它旋转,并用五色木的精华加固天盖。炎帝派祝融以四神奠定三天四极。人们都敬事九天,求得太平,不敢蔑视天神。帝夋于是制定日月的运转规则。

后来共工氏制定十干、闰月,制定更为准确的历法,一日夜分为宵、朝、昼、夕。

如是最终完成了创世神话。董先生在文中指出,楚帛书甲篇"是很标准的创世神话,在现有的先秦传世文献与出土文献中,还没有比它更完整、更明确的创世神话……是我们今天所能看到的先秦时期惟一完整的创世神话"。不仅如此,它"更富有中华文明的固有特色,又带有楚文化的地域特征"。董所指的中华文明的固有特色即是具体指"伏羲与女娲,不但先天地而存在,而且天地也是靠他们所生的四子而营造出来。这里,宇宙似乎像个家庭,一切都从婚姻开始……中国传统文化的根本特征是宗法制度突出,家庭观念特强。帛书甲篇一开始就显露出中国文化的这一根本特征"①。

我们在此姑且同意董楚平先生的观点,即伏羲、女娲是对偶神一说本是先秦时代就已有了的神话。不过,从女娲为一位独立的创世女神、始祖女神到伏羲、女娲的共同创世的神话,或许反映了随着从母系氏族社会到父系氏族社会的转变,反映了远古时期存在过的独立的女神信仰已经逐渐被淡忘、被改写的情形。当然,也不难看出:无论是女娲的创世神话还是伏羲、女娲的共同创世的神话都蕴含了一个生育的观念,前者蕴含了女性的单性生育的观念,它或许反映了人们最早对"人是从哪里来的"这一问题的思考,而

---

① 楚帛书甲篇原文参见董楚平:《中国上古创世神话钩沉——楚帛书甲篇解读兼谈中国神话的若干问题》,《中国社会科学》2002 年第 5 期。

后者则反映了人们对这一思考的深入。

　　历史的解释总是有多重视角的,除了上述解释以外,笔者以为,在伏羲、女娲的对偶神神话背后其实还蕴涵了中国古代的智者哲人们对于性别与阴阳关系的认知,这种认知还不能简单地以"父权制文化的意识形态"痕迹一笔带过。正是这后一个神话,其实又与儒家经典如《易经》中的阴阳观念联系起来了。

　　若将伏羲、女娲的具有中国特色的创世神话与圣经中《创世记》的创世神话作一比较,或许对我们更清楚的认识伏羲、女娲的性质有所帮助。

二、夏娃的被造

(一)《圣经·创世记》中上帝的造男造女

　　《圣经·创世记》中关于人类的由来与中国文化传统中人类之由来的讲述完全不同,《创世记》完整地讲述了天地万物以及植物、动物与人类的由来。"创世记"这一词,是从希腊文译出,原文的意思是"起源"。在希伯来文中,创世记中的第一个单词是"在起初"之意,这说明了这卷书从一开始就是要告诉人们关于包括人在内的万物(除了神以外)的起源。长久以来,尤其在基督教世界中,创世记的最初几章被公认为是关于人类的起源及两性关系的由来的唯一标准答案。神学家圣·奥古斯丁不厌其烦地为《创世记》写注释,除了在《忏悔录》和《上帝之城》中提及《创世记》之外,他还写了3本创世记释义,宗教改革家马丁路德则认为创世记的最初几章毫无疑问地是整部圣经的基础。由此可见《创世记》在《圣经》中的重要地位。

　　由《创世记》可知:上帝创造的工作,是逐步推进的,即依着物质的世界(光、天、地与海)—生命的系统(植物、动物)—人的顺序来进行,显然,包括男人和女人在内的人类的产生是由达到创世高潮的上帝的直接行动造成的(上帝在创造的第六日造男造女,此前已造好了水里的鱼、空中的飞鸟、地上的动物等),人是上帝创造的最高和最后的杰作。正因为上帝的造男造女,才有了男人和女人之间的性别关系。

在《创世记》的第一章和第二章中,分别讲述了两个上帝造人的故事。在第一个故事中,上帝同时造了男人和女人,经文是:"我们要照着我们的形像,按着我们的样式造人,使他们管理海里的鱼、空中的鸟、地上的牲畜和全地,并地上所爬的一切昆虫。神就照着自己的形像造人,乃是照着他的形象造男造女。神就赐福给他们,又对他们说:要生养众多,遍满地面,治理这地;也要管理海里的鱼、空中的鸟,和地上各样行动的活物。"①这第一个故事在《创世记》第五章中还有提到:"亚当的后代记在下面。当神造人的日子,是照着自己的样式造的;并且造男造女。在他们被造的日子,神赐福给他们,称他们为人。"②

如果说上帝造人且同时造男造女的第一个故事突出体现了上帝与世界的关系的话;那么上帝先造男人、后造女人的第二个故事则突出体现了上帝与人、人与世界的关系,而且这个故事也许在内容上比第一个故事更详细、更丰富、也更生动。上帝在创造天地万物的前五天中,常伴随有"事就这样成了"和"神看着是好的"的评语,当耶和华神用地上的尘土造出第一个人,并"将生气吹在他鼻孔里,他就成了有灵的活人,名叫亚当"③后,却没有再出现类似的评语。耶和华神把亚当安置在伊甸园中,并交代了亚当应当注意的事项后,紧接着就做了一个决定:"那人独居不好,我要为他造一个配偶帮助他。"④

当亚当为耶和华神用土所造成的野地各样走兽和空中各样飞鸟都命了名后,"耶和华神使他沉睡,他就睡了;于是取下他的一条肋骨,又把肉合起来。耶和华神就用那人身上所取的肋骨造成一个女人"⑤。对于这段经文中的"造"字,美国女性主义神学家玛丽琳·黑基(Marilyn hickey)从希伯来语言学的角度对此有一个精彩的解释,她说:"《创世记》2章7节讲上帝用

---

① 《圣经·创世记》1:26—28。
② 《圣经·创世记》5:1—2。
③ 《圣经·创世记》2:7。
④ 《圣经·创世记》2:18—19。
⑤ 《圣经·创世记》2:21。

地上的尘土造男人时,希伯来语的'造'是 yester,这个词的意思是'像陶匠那样捏塑或挤压成型。'而《创世记》2 章 22 节讲到创造夏娃时,却用了一个完全不同的词,'banal'意指'精巧地形塑'(skillfully formed)。可见她不是像男人一样是被挤压出来的而是由上帝精心制造的。"①当耶和华神造好夏娃后,就领她来到亚当面前,当时亚当欣然惊叹:"这是我骨中的骨,肉中的肉,可以称她为女人,因为她是从男人身上取出来的。因此,人要离开父母与妻子连合,二人成为一体。"②

显然,耶和华神并没有用造亚当的尘土来造一个新的受造物,而是用亚当身体中的最靠近心脏的一根肋骨来造了世界上的第一个女人,并使他们二人"成为一体"。由此可见,圣经强调人类是一个群体的存有(being-with),两性的结合即人类的婚姻制度是起于神、起于上帝的亲自安排和设置,而非起于人类。

(二)关于亚当、夏娃的历史真实性

依照《圣经·创世记》,显然,亚当、夏娃是人类的始祖,是世界上的第一个男人和第一个女人,但他们是否是真实的历史人物?是真的有血有肉、有名字,并能和上帝交谈的活生生的人?换言之,《圣经·创世记》的记载是神话传说还是曾经有过的实际情形,这或许是圣经学者与相信进化论的科学家争论不休的话题之一。对此话题,在笔者看来,可以暂且将之"悬置"起来,这是因为:创世记的记载未曾表明它就是一种历史事实的直接记录,而且我们今天以人的有限理性和有限的技术手段已无法考证此记载的真实与否,当然这并不意味着关于亚当、夏娃的历史真实性的讨论就没有意义。

恰恰相反,笔者以为,对于亚当、夏娃的历史真实性的理解不在于圣经的记载是否属实可信,而在于我们是否对人的有限理性持怀疑态度,在于我们是否认定人的理性的权限有一定的限制。或许人的理性只能应用于一般

---

① Marilyn hickey,*Women of the word*,*Harrison House*,Oklahoma,U.S.A , 1981,p.83.
② 《圣经·创世记》2:23—24。

的可以为其所认识的知识范围,而不能应用于特殊的超乎人的理性范畴的如神启的知识、如上述《圣经·创世记》中的言说,因为若是以人的理性来评判圣经的记载,人的理性就会不受约束的高抬自己,圣经的历史性在人的眼里就会简单地被视之为没有根据的神话故事,而这样做的结果或许会封闭了我们自己认识神圣真理的任何可能性。

无疑,人类自身的处境及其有限的思考与理解能力,使其对"无限"的理解很难超出经验的范围,然而,《圣经·创世记》的第一句话"起初神创造天地",已经将上帝确认为一个无须论证的宇宙之源,确认为创世活动中惟一的主体,他说有就有了,他说成就成了。上帝的话语是断言,而不是逻辑的论证。或许这样的创世活动比其他信仰或文化中的创世神话更加不可思议,但《创世记》中关于天地万物及人类由来的神学叙述却将人们的思维方式引向了一条超越认知理性的思路,因而显示出其意义所在。不是么,即使今天的科学理论和宇宙假设,也难以评判和论定《圣经·创世记》中的创世叙述。

或许,当我们无法确定圣经的记载是神话传说还是真的无误无缪时,当我们的研究对象已无法运用我们已有且已习惯的研究方法来进行研究时,我们与其作轻率的否定性的结论,不如持谨慎小心的态度,让我们的理性谦卑柔和下来,闭上我们的嘴巴,张开我们的耳朵,打开《圣经》认认真真地读读,仔细聆听神的话语,体会神的心意,神究竟要藉着这些话语启示我们哪些关于生命的真义,而对于生命真义的领会与理解将有益于我们自己生命的成长。如果我们只是凭借人的有限理性对《圣经》作出轻率否定的话,或许在超越的神圣的启示面前我们就什么都得不着。

三、两则关于男人女人创世叙述的比较

将上述两则创世叙述以及两则创世故事中所揭示的诸如神与人的关系、两性的相互关系等进行一番比较,或许对我们更清楚的认识伏羲、女娲的性质有所帮助。

（一）神与人的界限

1.两种神话所体现的或清晰或含混的神与人的界限

女娲的神话或者女娲与伏羲的神话（按照董楚平先生的观点，伏羲、女娲是对偶神一说本是先秦时代就已有了的神话）表明女娲、伏羲，既是神，也是始祖，他们是神还是人？ 或者他们亦神亦人？ 神与人的界限一开始就是不清晰、不明了的，不像《圣经·创世记》所讲述的，耶和华神是创造主，人类的始祖亚当、夏娃是受造者，创造者永远是创造者，受造者永远是受造者。神是神，人是人，人与神之间有一个不可跨越的鸿沟。而且人既是上帝的受造者，因而人与其他生物一样，无法摆脱自然本性的限制；相对于无限的上帝，人永远是一个有限的存在，人之上永远都有一个超越的存在，神与人的界限或关系一开始就摆明了。

在《圣经·创世记》中，不仅一开始就摆明了神与人的关系，而且也摆明了人与自然的关系，天地万物既然与人一样，都出自上帝的创造，因而"自然"不能成为人类的崇拜对象。人与自然的关系，被人与上帝、受造与创造的关系所涵盖。就人与自然的关系而言，人是代为管理者，是受上帝之托而代为"治理这地"及"管理海里的鱼、空中的鸟，和地上各样行动的活物"。因此，人切不可以自然的主人自居，对自然随心所欲、为所欲为，而是要很好地承担起神的托付，行使好"治理"与"管理"之责。《圣经·创世记》中所启示的这种人受上帝之托而管理自然的这种使命正是今天流行于欧美的生态神学的神学理据。

在女娲、伏羲的创世神话中，却含有人与自然的含混互证或者人对自然的依赖关系，人与自然的关系不甚明了，这两位神的神格以及出自他们的代表四时的四个儿子的神格，好似出自人们对自然界的观察之后的对其含混的表述，深究下去，在这种含混的表述中蕴涵了中国古人对于阴阳意识的认知。

2.女娲伏羲的神话所蕴涵的阴阳意识

《淮南子·精神训》云："古未有天地之时，惟象无形，窈窈冥冥，芒芠漠闵，鸿濛鸿洞，莫知其门。有二神混生，经天营地，孔乎莫知其所终极，滔乎

— 19 —

莫知其所止息,于是乃别为阴阳,离为八极,刚柔相成,万物乃形。"高诱注:
"二神,阴阳之神也。"高诱注《淮南子·览冥训》时也说:"女娲,阴帝,佐虑
戏氏者也。三皇时,天不足西北,故补之,师说如此。"此处的"虑戏氏"即是
指"伏羲氏"①,"佐"即"辅佐"之意。高诱注女娲为"阴帝",清楚地说明了
女娲的神格乃阴气之神。高诱在此还特地强调这不是他个人的想法,乃
"师说如此"。想必这"师说"由来已久。从高诱注还不难看出,神不孤生,
因为"二神",乃指"阴阳之神也"。如果说女娲的神格乃阴气之神,女娲是
阴气的喻指;那么伏羲的神格当是阳气之神,伏羲是阳气的喻指。伏羲的原
型是"太阳神",何新先生在其《诸神的起源》第一章中对此有专门的论证。

《左传·昭十七年》曰:"陈,太暤之虚也。"杜预注:"太暤,伏羲氏,风姓
之祖也。""姓"照《说文》的说法,"生也",那么伏羲是生于风的,风即"气"
意,所以《说文》"羲,气也"。女娲传说也是风姓,《太平御览》卷七十八引
《帝王世记》:"女娲氏亦风姓,承庖牺制度,亦蛇身人首,一号女希,是为女
皇。"希、羲音同,所传达的或许也是"气"的远古信息,因此女娲伏羲当含有
阴气、阳气之意,中国的阴阳概念或许是我们理解女娲伏羲二神的基础,换
言之,女娲伏羲二神的背后有着中国人特有的对于阴阳的思考与理解。

神话学学者尹荣方在其以人类学视野所著的《神话求原》中指出:"早
期人类缺乏抽象词汇,他们往往用表示具体存在物的名词来表示较抽象的
概念这种看法,与人类学家对原始思维的看法完全一致……'阴'与'阳'是
非常抽象的概念,古代先民从自然物、自然界气候等变化中抽象出这两个概
念后,试问如何才能恰如其分地向他人表达出它的内涵呢?最好的办法也
即最传统的办法就是'立象',立象可见意,即通过具体的'图像'来表达其
抽象的意思。"②上述见解不无道理。女娲伏羲的神话实则是阴阳概念的具
象化或符号化。伏羲、女娲之举规、矩,也即是表示他们规天矩地,以定方
圆,开天辟地的神性。

不过,尹荣方先生在此所讲的"早期人类"不一定是原始人,因为原始

---

① 伏羲又有"伏牺、伏戏、包羲、庖牺、庖羲、虑戏、虑牺、宓羲、羲皇"等名,均是古史上所记载
的伏羲一名的不同写法。

② 尹荣方:《神话求原》,上海古籍出版社 2003 年版,第 39、41 页。

人的抽象思辨能力有限,他们不可能抽象出一个"阴阳二神"来,所谓"阴阳二神"明显是文明时代的智者哲人们在原始人的口耳相传的神话基础上对之进一步改造加工或抽象的结果。中国文字的产生约有四千年左右的历史,最初只有极少数人如巫史之类的人识字用字,直至晚周时代,随着周天子王室势力之衰微,王官之学渐渐流散到民间,识字读书之人才渐渐多了起来,中国大规模记录神话,恰是从这一时期开始,到六朝告一段落,此后虽仍有记录,但都不再成规模。显然,能记录口传神话且对神话进行加工改造的人多半都是男人,而且是男人中的智者哲人们。因此,"阴阳二神"明显带有智者哲人们对神话进行加工改造的痕迹。

众所周知,在中国思想史上,阴阳观念起源甚早,据对甲骨文的考证研究,早在商周时代就有了关于阴阳的记载,《诗经》、《山海经》、《尚书》等文献中均有原始的阴阳概念的出现。其最初和最基本的含义乃是指日光的向背与有无,或气候所给予人的冷暖之类的感觉,后来逐步被抽象而赋予普遍的意义。《国语·周语》①上曾记载西周末年的周太史伯阳父以阴阳二气的升降的变化来解释地震发生的原因。伯阳父在解释地震发生的原因外,还把自然界的阴阳的失序失调与人类社会中国家的兴亡联系起来了。《左传·昭公元年》②中则耐人寻味地把男人的疾病与近女色过度相联系。徐复观先生认为这段记载中的"女,阳物而晦时","是开始以阴阳比拟男女,犹之当时以水火比拟男女一样"③。在《左传·昭公二十一年》、《管子》、《礼记》等中还有将日食、月食与阴阳相联系的表述。

虽然西周、春秋时期的学者、思想家都有论及阴阳,不过,当时阴阳概念的使用比较含糊,并且只是在自然的范围内使用,因而阴阳一词多出于主管天象星占之类的史官之口。到了战国时代,阴阳的观念更加普遍。诸子百

---

① 《国语·周语》云:"夫天地之气,不失其序。若过其序,民乱之也。阳伏而不能出,阴迫而不能烝,于是有地震。今三川实震,是阳失其所而镇阴。阳失而在阴,川源必塞。源塞,国必亡。"

② 《左传·昭公元年》云:"晋侯求医于秦,秦伯使医和视之,曰:'疾不可为也。是谓近女……公(晋侯)曰:'女不可近乎?'对曰:'节之……天有六气,降生五味,发为五色,征为五声,淫生六疾。六气曰阴、阳、风、雨、晦、明也。分为四时,序为五节,过则为灾。阴淫寒疾,阳淫热疾,风淫末疾,雨淫腹疾,晦淫惑疾,明淫心疾。女,阳物而晦时,淫则生内热惑蛊之疾。今君不节、不时,能无及此乎?'"

③ 徐复观:《中国人性论史·先秦篇》,上海三联书店 2001 年版,第 457 页。

家各派思想家在其论述中都或多或少有谈到阴阳,并用阴阳来解释天、地与人,尽管其对阴阳的理解和表述各有不同,但可以肯定的是,阴阳的观念在此时已被引入社会生活领域与哲学思考领域,成为中国哲学和中国文化特有的概念和范畴。不仅如此,战国时代的学者还开始了将自然界的各种事物及性质如日月水火、动静刚柔等和人类社会中的各种人事如男女君臣等归类于阴阳的工作,当然这项工作直到西汉的董仲舒时甫告完成。

正是从春秋战国时代开始,阴阳二气和阴阳交合的观念就常被用来解释万物和人类的产生。在当时的人看来,人的躯体和生命秉赋由天地阴阳二气生成,因为人也是自然界的一个组成部分。如《管子·内业》所云:"凡人之生也,天出其精,地出其形,合此以为人。"阴与阳的交合在人类社会的表现就是男女的交合,汉代交尾的伏羲、女娲图像,其传达的信息正是阴阳交合的观念,而汉代也正是阴阳学说比较盛行之时。《淮南子·览冥训》云:"故至阴飂飂,至阳赫赫,两者交接成和而万物生焉。众雄而无雌,又何化之所能造乎?所谓不言之辩,不道之道也。"简言之,阴与阳的交合,天与地的交合,男与女的交合,转化为神话意象,也就是伏羲、女娲的合体形像。所以,伏羲、女娲的交尾图像可以视为阴阳概念的具象化或符号化。

3.《圣经·创世记》所蕴涵的基督教的神学观念

《创世记》所揭示的是:人从存在的那一刻开始,便处于神人关系之中,神是创造主,人是受造物,不是先有人,再有神人关系;而是神人关系决定了人的存在与人的本质。正如 20 世纪基督教最重要的神学家卡尔·巴特(Karl Barth)所认为的,人与上帝的关系是人的最重要本性,要成为一个人就是要与上帝相关联。而且,创造者与受造者之间有本质的区别,他们之间永远有一条不可跨越的界限,创造者永恒是创造者,受造者永恒是受造者,神是神,人是人,上帝永远在天上,而人则始终在地上,人与其他生物一样,永远都是神创造的有限的存在。

不仅如此,神人关系也决定了人与人之间即两性之间的关系,决定了他们同是上帝的受造物,同是有限的存在,同样需要与"上帝关联"。而且,上帝之所以要造出两个不同的性别来,自有其美意在其中。

(二)两则创世叙述所揭示的两性关系的逻辑起点的不同

伏羲、女娲的创世叙述与《圣经·创世记》中的创世叙述揭示了两类两性关系的逻辑起点的不同。在先秦的中国,伏羲、女娲的"神格"既然是阴阳概念的具象化或符号化,而阴阳概念又属于出自自然的抽象概念,由此可见两性关系的逻辑起点是自然本体论,即本乎阴阳。所以在中国的古籍中就常以阴阳来指代男女,所以在中国的思想史语境中探讨两性的关系就一定会涉及到对阴阳的探讨,并且要从对阴阳的探讨入手,离开对阴阳的探讨,对两性关系的探讨就会不着边际,就会落入空泛。

而《圣经·创世记》所揭示出的是:不管男人女人,都为上帝所创造,人要按照上帝的旨意行事。上帝的旨意是绝对命令、是最高原则。众所周知,《圣经》是由两本"约"即《旧约全书》和《新约全书》合在一起所组成,"约"即神与人所立之约之意。既然是神为人所立之"约",就有神对人之行为的约束,即人所当遵守的约定,更有神对人的祝福与应许,当然祝福与应许的前提是人的守约。所以,不论男女,首先他们是与上帝关系中被造的存有。上帝是绝对的"他者"①,而男之于女,女之于男则是相对的"他者"。而且,上帝创造的,并非男人和女人而已,更包括了他们的相互关系,这种相互关系的处理与对待也要按照上帝的教导。因此其两性关系的逻辑起点是神本体论,即本乎上帝与人的关系。因此在基督教的语境中探讨两性的关系一定要涉及到上帝与人的关系的探讨,而且要从上帝与人的关系的探讨入手,离开对上帝与人的关系的探讨,对两性关系的探讨同样也会不着边际,从而落入空泛。

(三)《圣经·创世记》中上帝的造男造女的启示

《圣经·创世记》中上帝的造男造女给了我们什么启示呢?

---

① 基督教历代的思想家,从中世纪的经院学者安瑟伦(Anselm,1033—1109)、托马斯·阿奎那(Thomas Aquinas,1225—1274)直到 20 世纪的基督教思想家卡尔·巴特(Karl Barth,1886—1968)、海因里希·奥特(Heinrich Ott,1929—)等,总是不厌其烦地论证上帝这位"他者"及其存在方式。可参阅海因里希·奥特(Heinrich Ott)的《上帝》中译本,香港社会理论出版社 1990 年版,第 35—46 页。

上帝不言,也许我们只能以人的有限智慧来领悟其中的深意。在上帝造人的第一个故事中,男人和女人都是由达到创世高潮的上帝的直接行动而同时被造,倘若我们将神的决定("我们要……造人,使他们管理……")、神的创造("神就照着自己的形象……造男造女")和神的祝福("要生养众多,遍满地面,治理这地;也要管理……")放在一起,就可看出男人女人都是按上帝的形象和样式同时被造的。请注意:在这上帝造人的第一个故事中,上帝是同时造男造女,被创造的人是群体,而非单独的个人,而且,上帝将管理一切的权柄交给了复数的人,即《圣经·创世纪》第 1 章第 26 节所提到的"他们"。

"同时被造"本身就表明了男人女人拥有一模一样的本质与同等的人性,且都具有崇高与尊贵的地位。男人女人不仅"同时被造",而且还同时赋予了"治理"和"管理"的责任,即"治理这地"与"管理海里的鱼、空中的鸟,和地上各样行动的活物"。同时被造与同时赋予治理和管理之责本身就表明女人在上帝的眼中,与男人一样,不是一个卑微的存在。既然如此,她也就与男人一样,有可能与上帝建立起一种亲密融通的关系,因而在内在的精神追求上,有一种超越自身的可能性。古希腊哲学中将男人与精神、与超越的世界等同,将女人与肉体、与世俗的世界等同,从而否定女性有精神追求与超越的可能性。可见,在上帝造人的第一个故事中,两性在世俗生活与属灵追求中全然平等,他们无分高低,角色相若。

我们又当如何领会与理解蕴含在上帝造人的第二个故事中的深刻含义呢?历来的人们对此都有不同的解释,尤其在中世纪的天主教会传统中对男人与女人的关系定位起关键作用的是第二个故事,在教会中的一些坚持男尊女卑观念的解经者们看来,从男女被造的次序上就已经表明了男女的秩序与等级,因为亚当是首先被造,然后夏娃才被造,她被造的理由和目的是完全为了亚当。换言之,上帝之所以造女人,仅仅是因为那个男人亚当"独居"不好;而且夏娃是从亚当的肋骨所出,因而是男人的变异与正常状态的偏离(这正与亚里士多德的"女人是不完全的男人"的观点相吻合)。同时这也说明,女人是由男人而出,也是为男人而被造的,正如保罗所说,"起初,男人不是由女人而出,女人乃是由男人而出。并且男人不是为女人造的,女人乃是为男人造的。"①既然女人被造的理由与根据都在男人那儿,因此"男人是女人的头"②。

当然,保罗的上述话语并不是要为男人统治女人找神学根据,而是针对初期教会的实际情形有所指的(本书第三章对此将有专门阐述)。但西方中世纪的许多神学家们(尤其是中世纪早期的教父们)却热衷于顺着保罗的话头对上帝造人的第二个故事加以发挥,从而造成了中世纪天主教会的女性观中歧视女性的成分逐渐占了主导地位,夏娃成了身体、性欲与罪孽的代名词,对人类的犯罪负有最主要的责任,这种观念对人们关于女性及两性关系的看法产生了根深蒂固的影响,这也是为什么现当代的女性神学对此多有批评的原因所在。

笔者以为,在上帝造人的第二个故事中,我们或许可从以下几方面去理解:第一,男人和女人的被造过程确实有象征意义。的确,上帝是先造亚当、后造夏娃,而这个后造的夏娃没有像造亚当一样用尘土而造,而是"由男人而出",这个先后的次序与"夏娃是从亚当的肋骨所出"的事实确实表征出了男性在两性关系中的主导角色。但这个主导角色是与责任相联系的,这就是为什么尽管"不是亚当被引诱,乃是女人被引诱,陷在罪里"③。夏娃先食禁果,亚当是因夏娃给他吃禁果而犯禁的,保罗还是清楚地表明:罪是由亚当一人进入世界的。④ 亚当之所以要负上全责,就是因为他在两性关系中的主导角色使然。

第二,两性关系中男性的主导角色似乎有点类似于中国传统社会中的"男主外,女主内",因为不管是以游牧经济为主还是农业经济为主的上古社会,男人谋取生活资料的劳动在上古时代是很重要的,体力、力量的重要性本身就决定了男性在家庭和社会上的主导角色,但这个主导角色并不一定就与男尊女卑划等号,因为上帝造男人和女人,原是要他们互相配合,他们在角色和功用上是彼此互补的。因为上帝造夏娃的用意很清楚,"我要

① 《圣经·哥林多前书》11:8—9。
② 《圣经·哥林多前书》11:3。
③ 《圣经·提摩太前书》2:14。
④ 参考《圣经·罗马书》5:12—16。

为他造一个配偶帮助他"。需要说明的是,一般人常常把"帮助"一词理解为一个配角的角色,但在《圣经》中,"帮助"一词的出现有许多含义。如"我们的心向来等侯耶和华;他是我们的帮助,我们的盾牌"①。这里的"帮助"与"盾牌"是并列的,含有保护的意思。又如摩西的儿子曾说:"我父亲的神帮助了我,救我脱离法老的刀。"②这儿的"帮助"更有"拯救"之意。上述两个例子中的"帮助"都是从上帝而来,有人统计,在《旧约》中,"帮助"一词出现了21次,其中有15次说神是人的帮助者,因而"帮助"的含义不可轻看,或许这个词本身就表达了上帝超越的属性,即上帝既是他,也是她;既是父亲,也是母亲。回到上帝造夏娃的故事中,上帝是要这个女人以伴侣的身份而不是别的什么身份如仆人、下人、奴隶的身份来帮助男人。可见,在上帝造人的第二个故事中,男女的不同与互补是不言自明的,他们之间应是一种亲密的生活中既有主次之分、又互相配合与合作的关系,与上帝造人的第一个故事相比,两性在世俗生活与属灵追求中依然是平等的,无分高低,但他们的彼此角色已有所不同。

第三,如前所言,上帝是从亚当的身上最靠近心脏的部位取一根肋骨造夏娃,夏娃是亚当的"骨中骨,肉中肉",他们骨肉相连,这表明亚当与夏娃的生命是完全合一的,这个完全合一是指灵性上、精神上以及肉体上的完完全全的合一。他们都是上帝形象的彰显。值得注意的是:上帝是独自为亚当预备配偶(当时亚当正在沉睡)的。上帝为什么趁亚当熟睡时为他预备配偶?值得深思。从《圣经·创世记》中可以看出夏娃的被造完全出于上帝,而亚当本人在女人受造出现的整个过程中完全处于被动地位,上帝造了夏娃后,将她带到亚当跟前,要他俩过共同的生活。当上帝把夏娃领到亚当面前时,亚当对上帝为她所预备的配偶欣然接纳,他向上帝扬声欢呼"这是我骨中的骨,肉中的肉,可以称她为女人"。显然,亚当、夏娃都是上帝的创造物,神让他们彼此接纳对方,而他们的结合即人类的婚姻是在人尚未犯罪前上帝亲自设立的,因而两性的结合即婚姻有神圣的意义。而当亚当欣然

①《圣经·诗篇》33:20。
②《圣经·出埃及记》18:4。

接受上帝赐给他的配偶夏娃后，紧接着的经文就是："因此，人要离开父母与妻子连合，二人成为一体。"①这句话在《圣经·创世记》中一共出现了4次，除《旧约》中的《创世记》的这一处以外，《新约》中的《马太福音》、《马可福音》与《以弗所书》中都有提到。

《圣经·马太福音》中耶稣在法利赛人以"休妻"的问题来试探他时说："那起初造人的，是造男造女，并且说：'因此，人要离开父母，与妻子连合，二人成为一体。'这经你们没有念过吗？既然如此，夫妻不再是两个人，乃是一体的了"②

《圣经·马可福音》中耶稣引用上述经文的背景与《马太福音》是一样的，所不同的是，耶稣在说完"但从起初创造的时候，神造人是造男造女。因此，人要离开父母，与妻子连合，二人成为一体。既然如此，夫妻不再是两个人，乃是一体的了"③的话后，还补充了一句："所以，神配合的，人不可分开。"④

《圣经·以弗所书》中保罗在论到丈夫和妻子的彼此相爱时，也引用了这段经文，"丈夫也当照样爱妻子，如同爱自己的身子；爱妻子便是爱自己了……为这个缘故，人要离开父母，与妻子连合，二人成为一体"后，也补上一句"这是极大的奥秘"⑤。

若细细咀嚼圣经中的"人要离开父母，与妻子连合，二人成为一体"的话语，似有深意。婚姻显然是基于"离开"、"连合"及"成为一体"。"离开"不是说人在有婚姻之后，可以"不理"或"抛弃"父母，而是指在社会上建立一个新的组合，即宣布某个男人已离开自己的父母，与妻子建立一个新的家庭，过自立的生活，它以一种关系（丈夫/妻子）取代了另一种关系（父母/子女），因而在家庭的各种人际关系中，应以丈夫和妻子的关系为首要。而且，婚姻不仅仅是一种两个人的关系的建立，同时它也属于社会结构的一部

---

① 《圣经·创世记》2:24。

② 《圣经·马太福音》19:4—6。

③ 《圣经·马可福音》10:6—8。

④ 《圣经·马可福音》10:9。

⑤ 《圣经·以弗所书》5:28—32。

分,结婚总是涉及整个社会的,也要得到公众和社会的认可,所以夫妻要离开父母另组新家。而且,"离开"先于"连合",所以婚姻应在性生活之前。

还请注意:在许多父权制的社会中,男人一生与他们的父母有割不断的联系,甚至婚后还住在一起,如中国古代社会的家庭与家族,父母与子女的关系在儿子成婚后也往往比夫妻之间的关系还要重要,而圣经所强调的是夫妻间彼此依存的重要性,强调的是"离开父母,与妻子连合",夫妻的关系远比婚后子女与父母的关系来得重要。

"离开"与"连合"不可分,"连合"是指男女双方的相互委身,这是婚姻中的一个庄严的承诺,这种承诺只可在夫妻彼此终生属于对方、在双方长久一生的关系中表达出来。"连为一体"除了指夫妻的性关系或肉体的结合外,还指夫妻在生活、生命的各个层面中的全面的相互结合与分享,它必须以清楚明确的实际行动表明出来,被连为一体的夫妻拥有的不再是某个男人或某个女人的个体的生命,而是已连为一体的生命。他们不再是两个分开的人,而是一个完整统一的人。他们要共同承担他们生命旅程中所有的苦难与悲伤,也共同分享他们生命旅程中所有的幸福与快乐,这或许就是婚姻的本质,也是神创造人的美意所在。人无法更清楚地强调这种"成为一体"的本体尊严,男女一起构成人类的合一,其中必有上帝的祝福。因而,这种"成为一体"如同保罗所说"是极大的奥秘"。

也正因为如此,婚姻才成为上帝与旧约以色列先民订立盟约的一个主要象征。《圣经》中多处宣扬夫妻之间要彼此忠诚、恩爱和睦,如《圣经·箴言》云:

> 你要喝自己池中的水,
> 饮自己井里的活水。
> 你的泉源岂可涨溢在外?
> 你的河水岂可流在街上?
> 惟独归你一人,
> 不可与外人同用。
> 要使你的泉源蒙福,
> 要喜悦你幼年所娶的妻。

她如可爱的麀鹿,可喜的母鹿。

愿她的胸怀使你时时知足,

她的爱情常常使你恋慕。

我儿,你为何恋慕淫妇?

为何抱外女的胸怀?①

《圣经·传道书》告诫人们要珍惜夫妻在世上共同生活的福分。"在你一生虚空的年日,就是神赐你在日光之下虚空的年日,当同你所爱的妻快活度日,因为那是你生前在日光之下劳碌的事上所得的份。"②许多先知总是规劝人们专爱自己的妻子,如先知玛拉基说:"耶和华在你和你幼年所娶的妻中间作见证……所以当谨守你们的心,谁也不可以诡诈待幼年所娶的妻。耶和华以色列的神说:'休妻的事和以强暴待妻的人都是我所恨恶的。所以当谨守你们的心,不可行诡诈。'这是万军之耶和华说的。"③

由此来看,婚姻是起于上帝而非始于人类,从《圣经·创世记》可清楚地看出婚姻与家庭的主要目的:一是传递上帝的形象,因为上帝乃是照着自己的形象造男造女。二是管理全地、即由上帝所造的的除人以外的其他受造物。三是如果把男人、女人和神的关系看成是一个三角形的话,男人和女人无疑处在三角形下方的各取一端的位置,而上帝是在三角形的顶端的位置,丈夫和妻子彼此平行交流沟通,他们与上帝也彼此上下交流沟通。四是男女同居,生儿育女,相伴相携,在共同的生活中得到快乐和满足。可见,就婚姻与家庭而言,爱情的伴侣、婚姻、性关系、生儿育女等,这些事在上帝的计划中都是相辅相成、井然有序,这或许就是上帝造男造女的美意所在。

(四)两则神话系统中"爱"的模糊与凸显

1.两性之爱在中国神话中的缺失

除了女娲外,先秦文献中提到的女神较为著名的还有西王母等。有关西王母的最早记载,见于《山海经》:

---

① ·《圣经·箴言》5:15—19。

② 《圣经·传道书》9:9。

③ 《圣经·玛拉基书》2:14、15—16。

《西山经》："又西三百五十里，曰玉山，是西王母所居也。西王母其状如人，豹尾虎齿而善啸，蓬发戴胜，是司天之厉及五残。"

《海内北经》："西王母梯几而戴胜杖，其南有三青鸟，为西王母取食，在昆仑虚北。"

《大荒西经》："……有大山，名曰昆仑之丘……有人，戴胜，虎齿、有豹尾，穴处，名曰西王母。"

学者们大体认为，上述记载比较接近于西王母神的原型，但这些记载所描绘的是一个远离人性、威严狰狞的兽形神。她外无女人娇媚之容，内无母性仁慈之爱。《庄子》中有一处很简略地几乎是一笔带过地提到西王母（"夫道，有情有信，无为无形，可传而不可受，可得而不可见……西王母得之，坐乎少广。"①），西王母在其笔下是得道之人。不过，到了《淮南子》有了"羿请不死之药于西王母"②的神话，西王母又从威严狰狞的兽形神一变而为美丽的吉祥女神。

《山海经》中记载的女神还有魃。如《大荒北经》："蚩尤作兵伐黄帝，黄帝乃令应龙攻之冀州之野。应龙畜水，蚩尤请风伯雨师，纵大风雨。黄帝乃下天女曰魃，雨止，遂杀蚩尤。魃不得复上，所居不雨。叔均言之帝，后置之赤水之北。叔均乃为田祖。魃时亡之。所欲逐之者，令曰：'神北行！'先除水道，决通沟渎。"魃的命运很惨，当她的神力被耗尽，无法再返天庭后，结果沦落为人类痛恨的对象——旱魃。她所到之处，人们为了避免旱灾，便要举行仪式驱除女魃，驱除女魃的仪式是："所欲逐之者，令曰：'神北行！'"先除水道，决通沟渎。所谓"神北行"，就是让女魃向北去，即到神命令其所到的赤水以北去。魃在上述文字中犹如一个具有悲剧命运的女巫形象。

又如女神精卫，《北山经》："又北二百里，曰发鸠之山，其上多柘木。有鸟焉，其状如乌，文首、白喙、赤足，名曰精卫，其鸣自詨。是炎帝之少女，名曰女娃，女娃游于东海，溺而不返，故为精卫，常衔西山之木石以湮于东海。"精卫填海的神话除了表现出一种坚韧不拔的毅力外，更多地是表现出

---

① 《庄子·大宗师》。
② 《淮南子·览冥训》。

徒劳无益的努力与无奈。有着与精卫类似经历溺水而死的女神还有湘妃、宓妃等，她们给人留下的均是一种凄美的形象。

又如日神羲和与月神常羲两位姐妹女神，《大荒南经》："东南海之外，甘水之间，有羲和之国。有女子名曰羲和，方日浴于甘渊。羲和者，帝俊之妻，生十日。"《大荒西经》："有女子方浴月。帝俊妻常羲，生月十有二，此始浴之。"羲和常羲姐妹俩，都是帝俊的妻子，羲和生了十个太阳儿子，而常羲生了十二个月亮女儿。

《山海经》的《海外西经》和《大荒西经》中还有巫术女神女丑之尸的记载，如《海外西经》："女丑之尸，生而十日炙杀之。在丈夫北。以右手鄣其面。十日居上，女丑居山之上。"《大荒西经》："有人衣青，以袂蔽面，名曰女丑之尸。"这些记载全是有关女丑之尸和十日之神之间的对立冲突，结果残忍的十日烤死了这位无法自卫的女神，据说她死时还用其袍袖遮住其脸，表示她实在抵抗不住太阳的毒辣的烈焰。女丑之尸的行为事迹同样抹上了的悲壮色彩。

由上可见，上述有关先秦女神的记载均较简略，寥寥几字、十几字就过去了，《山海经》中对西王母的记载就算是多的了。而如此简略的"记载"中不见有女神们的感情生活，给人的总体感觉是这些女神们全都清心寡欲，患有"集体性冷淡"或"集体性压抑"。她们全都静穆凝重、内敛与深沉。

与上述中国女神的"集体性冷淡"或"集体性压抑"不同，人们熟知的希腊神话中的女神则个个妩媚动人，她们有人类的七情六欲和喜怒哀乐的感情，且个个精力充沛，个性鲜明独特，为了爱情她们毫不掩饰地嫉妒、愤怒乃至疯狂，其行动更多地是听从生命本能的呼唤，因而各有其精彩的故事，而且她们的故事充满了人性，不管哪个世代的人读到这些故事时都会被感动。不信，去看看希腊女神的雕像，她们个个都栩栩如生、仪静体闲、柔曲健美、庄严姝丽。与之相较，我们难以见到中国的上古女神类似的雕像，她们难以与希腊文明中的女神相媲美。先秦古籍中的女神也不见有丰富多彩的个性，以及跌宕起伏、令人心动的戏剧化的爱情故事或爱情场景，爱情故事在中国先秦的神话中几近空白。可以说，女神与爱、与异性的性关系是疏离的。

不过,《楚辞·天问》中提到了"帝降夷羿,革孽夏民,胡射夫河伯而妻彼雒嫔?"说的是"帝降夷羿"之后,羿射瞎了河伯的眼睛并夺取了他的妻子雒嫔女神的事情。雒嫔即是宓妃,传说她本是伏羲的女儿,因为在洛水渡河淹死,因而做了洛水的女神。袁珂先生在《中国神话传说》中栩栩如生地描写了羿与雒嫔的爱情故事,但他也不得不认为,"霸占雒嫔做妻子的这种传说,原不大可靠,所以诗人屈原才发出了这种疑问,为了谨慎一点,我们姑且相信羿和雒嫔(就是宓妃)间只有过一度恋爱的关系,而且到羿射中河伯左眼之后,这关系也就在形式上中止了"①。

讲到羿,不能不提羿的妻子姮娥②。据《淮南子·览冥训》:"譬若羿请不死之药于西王母,姮娥窃以奔月,怅然有丧,无以续之。何则?不知不死之药所由生也。"高诱注:"姮娥,羿妻,羿请不死之药于西王母,未及服食之,姮娥盗食之,得仙,奔入月中为月精。"不死之药虽能使姮娥成仙奔月,却使她与羿的关系、她的婚姻从此断送。可怜她成了月宫里的寂寞佳人。在中国神话中,当然也有涉及爱情的珍稀片断,如《山海经·中次七经》所记载的"帝女之尸":"又东二百里,曰姑瑶之山。帝女死焉,其名曰女尸,化为䔄草,其叶胥成,其华黄,其实如菟丘,服之媚于人。"郭璞注:"为人所爱也。传曰:人媚之如是。一名荒夫草。"帝女死后,其尸化为"䔄草",具有"服之媚于人"的巫力。"䔄"与"瑶"同音,因此此处的帝女可能就是后来民间传说中的"瑶姬",即"巫山神女",据说她常和凡人在梦中相爱并交媾。依照《山海经》的说法,服食䔄草可使服食者在异性心目中变得妩媚动人,而依照《太平御览》卷三九九所引《襄阳耆旧传》的说法,怀着艳欲服下瑶姬之草,则会在梦中发生与瑶姬幽会的奇遇,但这毕竟是梦中而不是现实生活中所发生的爱情。

有学者认为战国宋玉笔下的《高唐赋》、《神女赋》中的高唐神女,是中国的爱与美之神。有关高唐神女的材料,只见于《高唐赋》和《神女赋》。《高唐赋》记载了楚怀王在巫山游览,在梦中与巫山神女的一夜情,后来楚

---

① 袁珂:《中国神话传说》,中华书局1985年版,第193页。
② 姮娥即是嫦娥。

怀王的儿子楚襄王也来巫山游玩,想重温先父的美梦,但这次神女在他面前炫耀了自己的美丽之后却没有满足他的要求,弄得楚襄王神魂颠倒、抱撼而去。《神女赋》以大半篇幅夸张神女的美貌、形体和情态。不过,高唐神女也不能与希腊的爱与美之神阿芙洛狄忒相比,她没有故事,且太过隐形和幻化,她与楚怀王的一夜露水情也只是发生在梦中,给人一种如幻如恍、不真实的感觉。

古籍中的女神尽管缺少爱,却不缺少生殖。《楚辞·天问》中有关女歧神的寥寥数字,"女歧无合,夫焉取九子?"女歧即是民间传说中的九子母,汉人王逸注:"女歧,神女,无夫而生九子也。"清人丁晏笺:"女歧,或称九子母。"《汉书·成帝记》载:"元帝在太子宫,生甲观画堂。"颜师古注引应劭的话曰:"画堂画九子母。"丁晏认为:"《天问》本依图画而作,意古人壁上多画此像,西汉去古未远,应氏(应劭)之说是也。"这至少说明无夫而孕的九子母信仰在屈原的时代至少在楚国是流行的。

前面曾提到传说中的五帝以及夏、商、周的祖先都是其母无夫而孕、"感"生于神的,如果夏的祖先禹的诞生取"母生说"也可归入这一类,《史记·殷本记》说商的祖先契是其母简狄吞玄鸟卵而生。《史记·周本记》说周人的始祖弃是其母姜嫄践巨人迹而生。这些女祖神都没有经历过人间的爱与性的生活。而希腊神话中除了智慧女神雅典娜的诞生是由父亲单独生出来的以外,则少有类似的女性的"感生神话",其神话中的神也好、英雄也好,大多是通过男女两性或男神与女神、或神与人交媾而生。

细想起来,希腊神话中的女神除了敢爱敢恨、各有其精彩的故事外,她们还地位显赫,掌管着人间许多的事务和一些关键的职能,甚至还掌管诸如智慧、正义、自由、和平与战争、命运、音乐、狩猎、丰收、爱情与青春等,而中国的女神们就没有她们的希腊同行们这么幸运,她们的职能有限,不可能经常和深入地介入人间的日常生活事物,她们大都是像不食人间烟火、远离凡尘、虚无缥缈的影子。

2.两性之爱在《圣经·创世记》中的体现

在上帝造人的第二个故事中,上帝造男造女的过程其实是挺诗意的。首先,上帝体恤亚当的孤单和需要,于是决定为亚当造一个配偶。其次,上帝造女的过程挺特别,他不是象造亚当一样直接地从泥土中造出夏娃,而是在亚当沉睡时从亚当的身上最靠近心脏的部位取一根肋骨造夏娃。再次,当亚当醒来时,上帝亲自领她——女人来到那个男人——亚当跟前,亚当对这个上帝给他的女人从心底发出了惊叹和欣然接纳,"这是我骨中的骨,肉中的肉"①。

奥古斯丁在其《上帝之城》中曾就"上帝为什么不同时造亚当、夏娃,而要用亚当的一根肋骨造夏娃"的问题给出了一个解释:"人类从一个个体中繁衍出来,为的是使人类能够保持和谐……上帝使人类从一个人中衍生出来,为的是表明上帝有多么重视众多之统一。"奥古斯丁还说:"上帝只造了一个人,但并没有让这个人独居……要记住我们所有人都是来自一个祖先,没有任何东西能比记住这一点更适宜防止或医治不和……人们由此得到告诫,要在众多的人群中保持团结。还有,女人是用男人的肋骨造出来的这一事实,十分清楚地象征着夫妻之间应当具有何等骨肉之亲。"②不难看出,奥古斯丁在此强调的是男女两性的亲密关系,而不是从属关系。神学家托马斯·阿奎那也曾就此问题给出了一个解释:"神没有从男人的头造出女人来辖制他,也没有从男人的脚造出女人来由他践踏,神却从男人的肋旁造出女人,与之平等,在他的臂下受保护,贴住他的心受疼爱。"③

笔者以为,这两位大思想家所言极是,他们的用意或许是想传达出这样的意思:早在上帝创世时,上帝所创造的男人女人本来就是相依相伴、骨肉一体的亲密关系。

(五)"看"的文化与"听"的文化

如前所言,中国先秦的各类女神,大都缺乏活力、缺乏女性的柔媚气质与性魅力,她们与爱情无缘、与性无缘,她们多被塑造为"半人半兽"的形象

① 《圣经·创世记》2:23。

② 奥古斯丁:《上帝之城》(中册)第 12 卷第 28 章,王晓朝译,道风书社 2004 年初版,第 164 页。

③ 转引自亨利·布洛谢(Henri Blocher):《创世启示——创世记一——三章深度解释》,潘柏滔、周一心译,台北中华福音神学院出版社 2000 年 5 月初版,第 134 页。

（如女娲是"人面兽身"；西王母是"其状如人,豹尾虎齿而善啸,蓬发戴胜。是司天之历及五残"；精卫是"其状如乌,文首,白喙,赤足"的鸟儿),她们多了威严、神秘甚至恐怖,却少了个性、人性与心灵性情的丰富性。其世俗生活与凡人相去甚远,读她们的故事,你会感觉多了沉重与庄严甚至压抑,却少了轻松与快乐。

　　中国先秦的神话虽缺少爱情的内容,缺少心理及情感的描述,这即是说体现在神话中的两性关系,比较淡漠、沉闷与压抑,但中国先秦的神话中却不乏生殖的描述,不乏女性生理及行为的性描述,出现在神话中的这种倾向对中国思想史产生了很大的影响。我们稍微留意一下便可发现:先秦以来的中国思想史中不乏涉及"夫妇之道"的大量内容,却少有涉及关于两性之间的"爱情"的探讨,少有涉及"夫妇之爱"的探讨。儒家虽有"仁者爱人"之说,但此处的"爱"作为"仁"的一个规定是指源自家庭成员间并扩展至社会成员之间的亲昵与情感联系,其内涵主要是指"孝爱",即孔子所说的"君子务本,本立而道生。孝悌也者,其为仁之本与!"①此种"孝爱"建立在一个人对其父母兄弟的情感之上,它既非男女两性间的浪漫之爱,也不是神对于人的神爱。与中国思想史中缺乏爱的讨论相对照的是,希腊哲学讨论了欲爱(eros)、情爱(philia)与圣爱(agapa),基督教的信仰更是离不开"神圣之爱"对于两性之爱的启示。

　　诚然,先秦文学如《诗经》、《楚辞》中也不乏爱情的描写甚至色情的文字,中国后代的文学如《肉蒲团》、《金瓶梅》等对男女之间的情欲性事也有很露骨的描写,但中国的哲学史或思想史中却缺少对爱情的讨论。正是因为与《圣经·创世记》上帝造男造女所带给人们的启示不同,或许可以说,中国的哲学或思想缺失在信仰的层面上,认信来自神的关于两性关系的绝对启示,这就使得中国历来的思想家对两性关系的思考大多建立在冷静、实际与功利的基础上,这在先秦儒家或其他诸子百家的或显或隐的性别意识中,也明显地体现了这种思考的倾向。即这种思考既不会像希腊古典哲学那样将男人与灵魂、理性相联系,将女人与身体、感性相联系,从而使两性关

---

　　① 《论语·学而》。

系处于一种紧张对峙的张力中;也不会像希伯来人的信仰那样使得两性关系的处理处于一种超越的原则的启示之下。要强调的是,中国历来的思想家对两性关系的"冷静"思考也体现在人们将此种思考与对宇宙天地阴阳的观察和思考联系了起来。

为什么有如此不同? 为什么在中国的文化传统中会缺失来自神的关于两性关系的绝对启示?

笔者以为,这或许与中国文化在"开端"时就比较注重"看"相关。中国神话对中国思想史的影响并不像圣经那样对西方文明的影响那么长久和深远,如果说西方文明的源头之一可以追溯到圣经、追溯到希伯来——犹太宗教文化传统的话,而中国哲学的源头则更多地可以追溯到《易经》、追溯到对龟甲的占卜,甚至追朔到更早的三皇五帝的传说那儿去。冯达文认为:"三皇虽被奉为神,但他们也不以创世者或先知的形象出现。实际上人们更多地把他们视为圣人,他们是以农业文明的最早开创者而被尊崇的。五帝的形象则体现了农业文明进一步的发展……五帝中,黄帝使百物得以命名并使之得以成为财用,颛顼是黄帝的努力的继承者,帝喾依日、月、星辰的运化制定历法以使百姓生活有序化,尧则制定统一的刑法以为万民的仪则。五帝之中舜更为老百姓的事业而死于荒野。显见,这五帝为农耕与农业社会生活秩序的缔造者。他们不是以某种特殊的神力,而是以勤勉的德性,受到推崇的。三皇、五帝的传说,预定了先秦乃至中国古典文明的理性走向。"①

占卜在中国起源很早,殷商时代更是盛行对龟甲的占卜,殷人凡事都需占卜问上帝,"人与神的沟通方式,是靠烧灼甲骨之后呈现出来的裂纹"②。只是这个"上帝"是由殷人的祖先神升格而来,因而具有祖先神的色彩,不同于《圣经·创世记》中创造了天地万物与人的创造者——上帝。"甲骨文资料没有显示,"'帝'或'上帝'为创世者"③。占卜的程序是先要将龟甲钻凿,再将其烧灼,烧灼后会出现各种裂纹,占卜的人要仔细观看裂纹的方向、

---

① 冯达文:《中国古典哲学略述》,广东人民出版社 2009 年版,第 4 页。
② 冯达文:《中国古典哲学略述》,广东人民出版社 2009 年版,第 5 页。
③ 冯达文:《中国古典哲学略述》,广东人民出版社 2009 年版,第 5 页。

颜色等,然后再予以解释。显然,这个过程是先看然后再判断的过程,这无疑是一个比较理性的过程。

西周以降,中国文化在整体上是礼乐文化,礼乐文化当然理性的色彩更重。而这种理性更是基于"看",即《易传·系辞下》所云:"仰则观象于天,俯则观法于地,观鸟兽之文与地之宜。""仰则观"、"俯则观"都是"观",即通过人的眼睛去看待自然,在"观"的经验积累的基础上去解释自然,并使自己的生活方式与自然协调起来。这与基督教文化、与《圣经》中强调的"听"不太一样,"听"是要听来自神的声音、神的启示,在"听"的过程中要放弃自己的判断。《旧约》中常常强调以色列人要"侧耳而听",《新约》中耶稣也常常强调:"有耳可听的,就应当听!"①

也许可以说,在某种意义上,中国的文化是强调"看"的文化,"看"的地位高于"听",所谓"百闻不如一见"。希伯来——犹太文化则是强调"听"的文化。"看"的文化强调的是人自己的思维与判断,"听"的文化强调的是人对神的信仰与对神的完全交托,其凸显的当然是信仰。正因为如此,"中国远古即便有上帝信仰,其意旨也还是以'看'来领受。'看'离不开占卜者的经验与猜测,此依然预示着理性的走向"②。

---

① 《圣经·路加福音》14:34。
② 冯达文:《中国古典哲学略述》,广东人民出版社 2009 年版,第 5 页。

第二章　先秦殷周及春秋时期与早期
以色列社会性别意识的比较

本章主要探讨先秦殷周及春秋时期与圣经的旧约时代以色列社会的性别关系,并在此基础上作出两个社会的性别意识的比较。先秦殷周及春秋时期对中华民族而言、旧约时代对以色列民族而言,均是比较重要的历史时期,两个民族均是在本民族的这个重要的历史时段中、在不同的历史背景中,形成了其主流的或正统的关于性别的意识形态,而且这种主流的或正统的关于性别的意识形态一旦形成,其对后世的影响无疑非常的深远。

一、殷周社会结构的变迁对性别关系的影响

(一)殷周之际社会制度与结构的变迁简述

公元前一千多年,地处西隅的周灭掉了中原的殷,建立了周王朝。周王朝的社会制度和结构与殷商相比较,发生了一系列重大的改变。王国维先生曾说过:"中国政治与文化之变革,莫剧于殷周之际。"①

首先,宗法制度的确立。宗法的"宗",从"宀"从"示"。"宀"表示房顶,"示"则指神主。因此,"宗"的本义指宗庙。所谓宗法,就是宗庙之法。

---

① 王国维:《殷周制度论》(此论著收入《观堂集林》卷十),见洪治钢主编《王国维经典文存》,上海大学出版社 2003 年版,第 169 页。

宗庙之法的本质是一种规定宗族组织关系的社会制度,其所反映的实质是现实社会中的宗族组织关系。

西周时期宗法制度的核心内容之一,便是嫡长子继承制。商代的王位继承并没有确立嫡长子制度,其王位继承既有传子者,也有传弟者,传子者中,又有传长子和传幼子多种。王国维先生在《殷周制度论》中提到:"商之继统法,以弟及为主,而以子继辅之,无弟然后传子……商人祀其先王,兄弟同礼。"①这说明当时尚未有嫡庶之别,而且不仅是王室,诸侯以下亦然。继承制度的不确定,容易造成统治阶级内部争权夺利的斗争,从而引起政治上的不稳定和动乱。商代中期的九世之乱,其根源即在于此。据《史记·殷本记》:"帝乙长子曰微子启,启母贱,不得嗣。少子辛,辛母正后,辛为嗣。"这说明商末可能才出现妻与妾、后与妃的分别。在总结历史的经验与教训后,西周的统治者决定在新兴王朝推行王位的嫡长子继承制。"自是以后,子继之法,遂为百王不易之制矣。"②

正是因为嫡长子继承制的实行,才有了为稳固贵族阶层的内部秩序而确立的嫡庶之别与嫡庶之法,即嫡庶之制。对此,古人有相当清楚的认识,如《吕氏春秋·慎势》云:"先王之法,立天子不使诸侯疑焉;立诸侯不使大夫疑焉;立嫡子不使庶孽疑焉。疑生争,争生乱。是故诸侯失位则天下乱,大夫无等则朝廷乱,妻妾不分则家室乱,嫡孽无别则宗族乱。"正是由于嫡长子继承制的实行,导致了宗法制度的产生。"商人无嫡庶之制,故不能有宗法……周人嫡庶之制,本为天子诸侯继统法而设,复以此制通之于大夫以下,则不为君统而为宗统,于是宗法生焉。"③根据宗法制度的规定,嫡长子传子继统,并且世代由嫡长子承继,他所传下来的这个宗族系统就是大宗,其内部拥有传宗继祖权力的嫡长子,就是宗子,也被称为宗主,是族人共同尊奉的对象。这种"尊奉"中既包含有对祖先的崇敬,也有出于政治的需

---

①　王国维:《殷周制度论》(此论著收入《观堂集林》卷十),见洪治钢主编《王国维经典文存》,上海大学出版社2003年版,第171页。

②　王国维:《殷周制度论》(此论著收入《观堂集林》卷十),见洪治钢主编《王国维经典文存》,上海大学出版社2003年版,第172页。

③　王国维:《殷周制度论》(此论著收入《观堂集林》卷十),见洪治钢主编《王国维经典文存》,上海大学出版社2003年版,第173页。

要。小宗则是相对于大宗而言,指非嫡长子的其他庶子所建立的宗族。

大宗的宗子,在宗族中享有最大的权力,他对于整个宗族,世世代代拥有统帅的权力,因而常被称为"百世不迁之宗"。小宗的宗子,对于本族也有统帅的权力,但其权力只对五服以内的族人(即同父、同祖、同曾祖、同高祖的兄弟)才有效;而高祖以外所传下来的兄弟,则不再奉他为宗子,小宗因此又被称为"五世则迁之宗"。按照宗法制度的规定,一个庶子,同时最多只有一个大宗和一个小宗。由此可见,大宗是世代不变的,小宗则随着血缘关系的逐渐疏远而不断更新,这种宗法制度所维护的,是大宗宗子的绝对权力。维护嫡长子的崇高地位,是西周王朝宗法观念制度得以创建的基础和核心,通过在宗族内部大宗与小宗的区分以及对大宗宗子地位的维护,西周王朝从而建立起君权至上的等级政治体制。

其次,婚姻制度的改变。先要说明的是,商周时期虽然已经进入阶级社会,但原始婚姻形态仍然有所遗留是学者们的共识。有学者认为,透过殷代甲骨文中"余子"或"余弗其子"类卜辞,可以看出殷代尚有母系氏族女子婚后"不落夫家"的习俗存在。① 商周社会大量存在的"姑舅表婚"的婚姻形式,是氏族时代舅权在当时仍有相当势力的表现,这种婚姻的最显著特征是择偶时的舅家优先权。② 不过,商代婚制与周代婚制有明显的不同已是不争的事实。商代可能有族内婚和族外婚两种婚制。族外婚的女子来自方国、诸侯,她们嫁于商,带有某种政治联姻的性质。但据学者考证,这种婚制在商代并不占主要地位。③ 就族内婚而言,有学者通过对甲骨卜辞中被称作"妇"或"多妇"的贵族女性的卜辞材料的分析,认为有些多妇"在未婚前是商王的姐妹或女儿辈;婚后才成为妇……商王可以和自己的姐妹辈结婚,说明当时实行族内婚"④。《礼记·大传》:"虽百世而昏姻不通者,周道然也。"孔疏:"殷人五世以后可以通婚","周道……异于殷也。《魏书·高祖

---

① 参见胡新生:《商代"余子"类卜辞所反映的原始婚俗》,《山东大学学报》1997 年第 1 期。

② 参见薛平:《论"姑舅表婚制"的历史存在》,《西南师大学报》1999 年第 1 期。

③ 曹兆兰在《金文与殷周女性文化》中提及,据日本学者岛邦男根据甲骨卜辞的统计,以地名为"妇某"名者(族外婚的标识),约占他统计的 80 位妇名的 1/4。北京大学出版社 2004 年版,第 30 页。

④ 转引自曹兆兰:《金文与殷周女性文化》,北京大学出版社 2004 年版,第 30 页。

记》：'夏殷不嫌一姓之婚，周制始绝同姓之娶。'"①

王国维先生在《殷周制度论》中说："商人六世以后，或可通婚；而同姓不婚之制，实自周始。"②周代的婚姻严格实行"同姓不婚"的外婚制和从夫居的一夫一妻多妾制（这即是"天子一娶十二女"、"诸侯一娶九女"，一嫡多妾的媵妾婚制③）。实行外婚制的好处使得人们既避免了直系血缘间的婚姻，保持了人丁的兴旺；又使得异姓间相互利益，起到加强政治或军事联盟的作用。

再次，礼制的建立。西周开国以后，鉴于商人丧失政权的历史教训，周人充分认识到礼对维护以周天子为中心的宗法制度与社会秩序的深远意义，传说周公"制礼作乐"④，周人在对"殷礼"的继承和扩充改造的基础上建立了规模空前的"周礼"。而"周礼"的目标指向就是确立血缘与等级之间的同一秩序，由这种同一的秩序来建立社会与国家的秩序。"周礼"最为核心的内容就是"长幼有序"与"男女有别"。"亲亲尊尊长长，男女之有别，人道之大者也。"⑤把这些原则放大到国家，就是"王道之大者也"。

"男女有别"是周代礼乐文化的重要组成部分，也是周代才产生的有关男女两性的意识形态。"男女有别"首先是"别"在"内"与"外"的区分上，即婚姻中的"男女辨姓"，只有辨姓，才能贯彻"同姓不婚"的外婚制。由于外婚制的实行，不同姓的男女组成了夫妇，围绕着婚姻关系，就有了家族内与外、亲与疏、主与次的区分。站在男性中心的立场上，妻子一方的父母与丈夫一方的父母不可相提并论，依此类推，表兄弟与兄弟、姨与姑、舅舅与伯

---

① 转引自曹兆兰：《金文与殷周女性文化》，北京大学出版社 2004 年版，第 30 页。

② 王国维：《殷周制度论》，见洪治钢主编《王国维经典文存》，上海大学出版社 2003 年版，第180 页。

③ 媵妾婚是西周春秋时期贵族婚礼的重要内容，但关于媵妾婚的含义学者们有不同认识。有学者认为所谓媵妾婚就是侄女随姑母一同出嫁，是当时贵族解决节人事而众子嗣难题的最佳方案，同时也是消弭妻妾间矛盾的有效手段。参见刘兴均：《"侄从媵"考》，《四川师大学报》1995 年第 2 期。也有人认为媵和侄娣从嫁属于两种内涵完全不同的礼制，媵婚只是列国间互赠礼品的友好交往活动，而并不是以女陪嫁的婚姻行为。参见陈筱芳：《论春秋时期的媵制》，《西南民族学院学报》1999 年第 2 期。

④ 《左传·文公十八年》云："先君周公制《周礼》。"《礼记·明堂位》云："武王崩，成王幼弱，周公践天子之位，以治天下。六年，朝诸侯于明堂，制礼作乐，颁度量，而天下大服。"

⑤ 《礼记·丧服小记》。

父叔父、外甥与侄儿等均不可相提并论,这是因为:凡属"同姓",即父系一族的亲族,其亲疏主次的地位要高于母系一族的亲族。这即是说,父系一族的亲人是"内",而母系一族的亲人是"外",由此人的感情与价值要偏向自己的"同姓",女子终究要嫁人,要归到其他"姓"那里,对其而言,在其出嫁以后,最重要的亲人已不再是自己的父母兄弟姐妹,而是她们的丈夫和儿子。

"男女有别"其次是别在家庭内部的性别角色分工上,重新安排男女在家庭与社会中的秩序和地位是"制礼作乐"的一个重要措施和环节,由此衍生的"男女有别"的性别角色界限突出标志了男女的角色分工和行为规范,而这种行为规范无论对男人还是女人都是具体而面面俱到的。

就男女的角色分工而言,第一就是要划定男性与女性各自的领域与范围,即所谓男主外女主内。所谓"主外",是指男要主外事,即谋生计、治农桑;所谓"主内",是指女要主内务,事生养、务蚕织。普通男女百姓的这种分工在周礼中用天子诸侯每年开春时籍田劝农,王后、夫人亲蚕劝桑的示范式的仪式固定与强化。就居于政治的上层君王与诸侯等而言,主外即治理国家,主内即担负后宫与家庭的管理之责。正如《易经·家人·彖》云:"家人,女正位乎内,男正位乎外;男女正,天地之大义也。"这清楚表明女人的活动领域与范围是在家中。

从《诗经》所反映的西周春秋的社会情况来看,成年男子一般被称之为"士",与成年女子的"女"相互对应,"士"即武士,"女"即家庭妇女。《诗经》中的成年男性,或是稼穑狩猎的"农夫"和"氓",或是赳赳武夫,或是"室家君王",他们的活动领域与范围遍及经济、军事、政治等诸多方面,他们可以在这些领域大显身手,且"立德、立功和立言"。即《左传·襄公二十四年》所云:"大上有立德,其次有立功,其次有立言。"而"女人"则被局限于"采采卷耳"、"采采芣苢"等辅助性的采集劳动和"薄浣我衣"、"缝裳"、"治丝"等家务劳动。《国语·鲁语下》云:"好内,女死之;好外,男死之。"《左传·昭公二十五年》云:"为君臣、上下,以则地义;为夫妇、外内,以经二物。"这些说法都清楚地表明了男外女内的性别角色分工,其外内有别的社会意义相当明确。考古发掘也为男女的上述分工提供了有力的证据,据对西周中期至东周初期墓葬的分析，人们发现，"一般说来，男贵族和士兵都随葬兵器，女贵族则很少见随葬兵器的"①。

《国语·鲁语下》记载了公父文伯之母的一番话，详细而全面地介绍了自王及于庶人各级人士与其配偶间的角色分工的"古之制"，她说："是故天子大采朝日，与三公、九卿祖识地德，日中考政，与百官之政事，师尹、维旅、牧、相宣序民事。少采夕月，与大史、师载，纠虔天刑，日入监九御，使洁奉禘、郊之粢盛，而后即安。诸侯朝修天子之业命，昼考其国职，夕省其典刑，夜儆百工，使无慆淫，而后即安。卿大夫朝考其职，昼讲其庶政，夕序其业，夜庀其家事，而后即安。士朝而受业，昼而讲贯，夕而习复，夜而讨过无憾，而后即安。自庶人以下，明而动，晦而休，无日以怠。王后亲织玄紞，公侯之夫人加之以纮、綖，卿之内子为大带，命妇成祭服，列士之妻加之以朝服，自庶人以下，皆衣其夫。社而赋事，蒸而献功，男女效绩，愆则有辟，古之制也。"

公父文伯之母且还一再强调，"寝门之内，妇人治其业焉"，至于关乎于"民事"、"神事"、"官职"和"家事"的"外朝"与"内朝"之事，则非女流之辈"所敢言也"。先秦以来，家庭中的这种性别分工和女性的劳作模式在中国的社会中一直是长期如此延续的。

对上述周代与商代有所不同的地方，王国维先生早有论述，他说："周人制度之大异于商者：一曰立子立嫡之制，由是而生宗法及丧服之制，并由是而有封建子弟之制，君天子臣诸侯之制。二曰庙数之制。三曰同姓不婚之制。此数者皆周之所以纲纪天下。其旨则在纳上下于道德，而合天子、诸侯、卿、大夫、士、庶民以成一道德之团体。周公制作之本意，实在于此。"②王认为，礼制的建立，"使天子诸侯大夫各奉其制度典礼，以亲亲、尊尊、贤贤，明男女之别于上，而民风化于下，此之谓治，反是则谓之乱。是故天子诸

----

① 转引自赵东玉、李健胜编著：《中国历代妇女生活掠影》，沈阳出版社2003年版，第18页。

② 王国维：《殷周制度论》，见洪治纲主编《王国维经典文存》，上海大学出版社2003年版，第181页。

侯卿大夫士者,民之表也;制度典礼者,道德之器也。周人为政之精髓,实存于此。"①即使在今天看来,王的上述看法也是很精辟的。王所列举的立子立嫡之制及由是而生的宗法丧服之制、庙数之制与同姓不婚之制,的确构架了中国宗法社会的组织结构、行为准则和基本伦理观念,当然也包括构架了对待与处理两性关系的基本原则与规范。

(二)从金文、甲骨文看殷周之际制度与结构的
变迁对性别关系的影响

"到商代中期特别是盘庚迁殷后的殷商晚期,金文、甲骨文的大量产生及后来的发展,使我们看到了成熟的、系统的文字所记载的历史。这原始'现场直记'的地下材料,较之屡经改造加工、转写整理的传世文献,可信的程度自无庸置疑。"②从金文、甲骨文中人们可以对殷周之际制度与结构的变迁对两性关系所带来的变化有更具体和清楚的了解。

通过对金文、甲骨文的解读,有学者指出,商代的女性较之后世的女性,有着更高的社会地位。这表现在:经济上,许多上层女性有一定的财富,她们独立经营田产,有的女性如妇好③、妇妌④等,甚至有着雄厚的经济实力,商代最大的司马戊鼎重 875 公斤,仅次于司马戊鼎的司马辛鼎重 117.5 公斤,这些稀世珍品,上面铸以女性的名号,如"母戊"、"母辛",说明她们属于女性所有或与女性相关。

政治上,在古代,尤其在上古,"国之大事,在祭与戎"。从当时的祭祀、占卜、作巫、为小臣(一种官职)等方面来看,有许多贵族女性广泛地参与了国家的多项政治与宗教活动,如妇好就经常领受王命主持往祭、侑祭、燎祭

---

① 王国维:《殷周制度论》,见洪治钢主编《王国维经典文存》,上海大学出版社 2003 年版,第 181 页。

② 曹兆兰:《金文与殷周女性文化》,北京大学出版社 2004 年版,第 2 页。

③ 妇好是商王武丁之妻,曹兆兰在《金文与殷周女性文化》中第 4 页中说:"据初步统计,有关妇好的刻辞共有 300 多条,其资料之丰富,事迹之突出,是甲骨刻辞中女性之最",而且这些刻辞还可以与已经发掘出的墓的遗址遗物互相印证。

④ 妇妌是殷王武丁之后,祖庚或祖家的生母。有关妇妌的刻辞共有 200 条左右,据说妇好掌军事,妇妌掌农业,因此她与农业生产有关的卜辞比较多。

之类的祭典;军事上,贵族女性还能领兵打战,妇好就是一位杰出的军事将领,她不仅为其丈夫商王武丁出谋划策,并亲自率兵出征,多次屡建战功。妇妌也可以征集带领军队、领兵打战。还有一些女性担任地方守备之责。在殷代金文和甲骨文中,有一群被称作"妇"的女性(甲骨文中有时统称其为"多妇"),她们中有的可能是商王及其兄弟的妻妾,有的可能是大臣、诸侯、方伯的妻妾,有的可能是子辈的妻妾,有的可能是商王已婚的姐妹,这些人在当时的社会生活中也很活跃,她们广泛参与了经济、政治、军事、宗教等各类活动,如经营封地、参加祭祀、带兵打战,担任地方行政长官,参与占卜、作巫祝等。

尤其值得指出的是,当时的女性叮用私名直接标明自我,不似后代的女性常在自己的姓氏前标上夫性。有的女性在家庭中还有一定的地位,死后可以得到丈夫及他人的祭祀,尽管这一类的女性较少。①

上述种种,说明殷商时期的女性不管是在家庭还是在社会上均还有一定的地位。为什么会如此? 有学者认为这与殷商时期母系社会的痕迹还多少有所保留有关。当然,仅从这个角度来看似乎还不够,这个问题还有待学者们深入地探索以及地下考古更多的发现。

进入西周以后,由于社会制度与结构的改变,由于宗法制度的确立、外婚制的实行和礼制的建立,女性在社会和家庭中的地位较之商代明显发生了不利的变化。如前所言,商代实行的可能有族内婚和族外婚两种婚制,而且还可能以族内婚为主。在族内婚下,嫁出去的女人由于夫家、娘家同属一族,其居住地与生活环境都无什么大的改变,这使得"多妇"们能享有与本族男子相近的权利。尽管商代的女性继承权究竟怎样,尚不得详知,但从甲骨文中可隐约推知;从"多妇"们拥有领地、参与祭礼、在政治、经济、军事等方面都表现得生气勃勃的情形推知,"有些女性在官职、领地、财产等方面的继承权似乎与男性差别不太大,可以完全肯定的是,起码不像周代差别那么大。女性婚前婚后的方国氏族没有改变,特别是可以由出生方国氏族与

---

① 以上材料可详细见之于曹兆兰:《金文与殷周女性文化》第一章,北京大学出版社 2004 年版。

男子共享部分财产、官职(特别是领地土田等不动产)"①。

与此相对照的是,周代"同姓不婚"的外婚制和从夫居的一夫一妻多妾制的实行,无疑对女人的处境和在家庭中的地位带来了很大影响。因为如此一来,就使得女性特别是贵族女性不能享有本该与男性兄弟一样的在官职、领地、财产等方面的所应享有的继承权,她们只能在出嫁时以嫁妆的形式分得少量的财产。当她们从娘家嫁到丈夫的家族后,又要"按照丈夫的等级(贵贱、亲疏、长幼)和自己的婚育等级(妻妾之分、生子与否、生子早晚)就位,从而取得身份。"②她们逐渐从属于自己的父亲、丈夫和儿子,在经济上也没有了独立的如田产等不动产之类的财产,而且媵妾婚制也使得她们在家庭内部陷于一种困窘状态之中。

政治上,王后贵妇们的权力空间和生活范围已大大收窄。西周早期王后贵妇们中事迹最突出的昭王王后王姜,金文中有多篇铭文提到她曾随王出行,并派遣作册官去抚恤母国、慰问父兄之事。此外,她还有派遣使者、赏赐大臣的权力等。但所有这一切,都是她受命于王,代王行令,并非她自己可以决策的,她的活动能力与权限比起殷商时代的后妃妇好、妇妌等,是大为逊色。③ 如前所述,殷商甲骨金文中有众多的"妇",她们可以统领军队、主持祭祀、经营封地、担任地方行政长官等,而西周王姜之后的贵妇人们就少有这种荣幸了。在此时的金文中,再也难以看到类似殷商时代的贵妇人那样频繁地参与政治、外交等社会活动了。

又如在家庭中,女性地位在家庭中的变化可从以下两个方面反映出来。首先,殷商时代的女子可用私名直接标明自我,到了西周,女人的称谓也有了改变,"常见的称谓结构模式是:嫁入王室的称作'王某',如'王姜';嫁入公室的称作'公某',如'公姒'、'公姑';嫁给庚的称作'庚某',嫁给颜的称作'颜某',嫁给矩的称作'矩某'。总之,前一字是'夫方信息',即夫的称号、官职及族名等;后一字是'父方信息',是得之于父族的姓。这种称谓十

---

① 曹兆兰:《金文与殷周女性文化》,北京大学出版社 2004 年版,第 167 页。
② 曹兆兰:《金文与殷周女性文化》,北京大学出版社 2004 年版,第 63 页。
③ 关于王姜的详细铭文材料可参考曹兆兰:《金文与殷周女性文化》第二章的第(一)部分。

足地体现了西周宗法社会男权至上的特质。"①

其次,殷商时代的女性还有单享祭祀的,这一点可反映女性在家庭里的地位。祭祀无论在商代还是周代,都是头等大事,从何人得以享祭和从享祭情况的分析,就可以看出人的社会地位之如何。商人祭祖,以父系祖先为主线,但对他们历代的先妣,也给以独立的祭祀,即单祭。曹兆兰在《金文与殷周女性文化》一书中根据殷周金文列表统计,殷商晚期女性享祭者的身份有四,即母、妣、妇、姑,以母、妣为主,尤其以母最多,母单祭的,共有 90 人次。妣单祭的共有 21 人次。妇(指儿媳)单祭的,共有 3 人次。姑(指婆母)单祭的,共有 1 人次。单祭与合祭(两人或两人以上享祭的,称为合祭)之比是 93.5∶6.5,这个时期是以单祭为主、合祭为辅,说明在某种程度上,女性在享祭上保持着一点相对的独立性,这与周代是不同的。② 到了周代,情况发生显著变化,此时女性享祭者的身份有母、妣、姑三种,妇不再享祭。单祭、合祭人次比例为 65.0∶35.0,女性单祭比例由殷晚期的 93.55% 锐减至 65.0%,而合祭比例由殷晚期的 6.5% 大增至 35.0%,享祭方式由殷晚期的单祭为主,演变为西周的合祭大增,直至东周的大合祭为主,女性在享祭时丧失了最后的一点独立性。③ 女人只有跟随丈夫一道,才能受到子孙的祭祀。

由上可见,随着殷周之际社会制度与结构的变迁、随着嫡长子继承制度的确立、随着外婚制和一夫一妻多妾制的实行,确实对女性的婚姻和在家庭与社会上的地位带来了与前相比颇为不利的重大变化与影响,这种变化与影响奠定了此后相当长的历史时期内两性关系的基本格局。

二、《尚书》、《诗经》与《易经》的正统性别意识

进入西周以后,传世的文献逐渐多了起来,"随着理性的不断开启,逐

---

① 曹兆兰:《金文与殷周女性文化》,北京大学出版社 2004 年版,第 78 页。
② 参见曹兆兰:《金文与殷周女性文化》,北京大学出版社 2004 年版,第 44—49 页。
③ 参见曹兆兰:《金文与殷周女性文化》,北京大学出版社 2004 年版,第 199—200 页。

步地形成了中国古典文明最早又是影响古典文明基本走向最为深远的一批文献"①。尤其到了春秋战国时期,诸子百家兴起,在诸子百家的文字记载中也渐渐多了有关女性、两性关系以及两性关系与国家社稷之间的关联的认识。本节着重探讨的是《尚书》、《诗经》、《易经》等文献中所反映的西周春秋时期主流或正统的性别意识。

(一)《尚书》、《诗经》的正统性别意识

1.女祸说

女祸说历来被视为儒家轻贱女性、宣扬"男尊女卑"的"证据",许多学者在论及儒家的性别观时首先就会提及这一"证据"。所谓"女祸说",顾名思义,是指由女人造成的一切祸害,小至败事惑人,大至毁家亡国,广而言之,凡因女子而招致的各种祸害都可归于"女祸"。最早明确将"女祸"二字连用的是欧阳修的《新唐书·玄宗本记》,该本记形容唐代早期诸帝"再罹女祸",迄玄宗又竟再"败以女子"。新唐书成书于北宋,但"女祸"即女人会引起灾祸的观念却早在先秦时就已有之。在先秦的《尚书》、《诗经》、《国语》与《左传》等文献中,时常可以读到许多探讨国家盛衰及兴亡原因的文字,其中"女人会引起灾祸的观念"尤其引人注目。笔者且先试举几例相关记载:

据《尚书·牧誓》②云,周武王在伐商战前的誓师大会上明确地说:"王曰:'古人有言曰:'牝鸡无晨;牝鸡之晨,惟家之索。'今商王受,惟妇言是用……今予发惟恭行天之罚。"这里的牝鸡系指商纣王宠妃妲己。周武王在此明确将商朝灭亡的原因归为"惟妇言是用"。显然,这段话是指妲己没有安分守己而干预了政治,而政治在周武王看来本是男人的份内之事,所以他要"恭行天之罚"。此后,这一说法被许多人接受,牝鸡成为祸国女子的

---

① 冯达文:《中国古典哲学略述》,广东人民出版社 2009 年版,第 78 页。
② 关于今古文《尚书》的真伪,历来就有许多说法。不过,学者们大多承认《尚书》中所反映的大致是战国以前的史事,春秋及其以后的先秦著作中广泛地存在着征引《尚书》的情况。据陈梦家先生《尚书通论·先秦引书篇》统计,在《论语》、《孟子》、《左传》、《国语》、《墨子》、《礼记》、《荀子》、《韩非子》、《吕氏春秋》9 种书籍中,征引《尚书》就达 168 条之多。也许《尚书》中的各篇成书有先后之分,但完全否定《尚书》,将它全然视为一部伪书恐怕是说不过去的。

代名词。武王灭商后,为了表示对那些干预政治的女性的痛恨,还将苏妲己的头挂在高台上,上挂小白旗写道:"祸商者此女也。"

又如《诗经》中的《大雅·瞻卬》云:"哲夫成城,哲妇倾城。懿厥哲妇,为枭为鸱。妇有长舌,维厉之阶。乱匪降自天,生自妇人!匪教匪诲,时维妇寺。"这里的妇系指周幽王宠妃褒姒。汉代人郑玄作注释:"'哲',谓多虑也……丈夫阳也,阳动,故多谋虑则成国;妇人阴也,阴静,故多谋虑乃乱国。"《小雅·正月》云:"赫赫宗周,褒姒灭之。"这两则材料也是明确将周朝灭亡的原因归为女人,而且明显地将男人与"动"的性质相联系,男人的"动"带来多谋,其结果是"成国";将女人与"静"的性质相联系,女人的"动"同样带来多谋,但其结果却是"乱国"。所以,女人若多谋、"妇有长舌"的话(褒姒犯了与妲己同样的忌讳),则灾祸就必降临。《大雅》对哲夫哲妇不同功能的说明,充分显示了当时的主流社会之意识形态对女性的偏见:长舌妇干政,乃国之不祥。男人主动,女人主静,不能有长舌,这以后成为中国文化中特有的对男性气质、女性气质的一种判定。

《国语·晋语》[①]云:"昔夏桀伐有施,有施人以妺喜女焉。妺喜有宠,于是乎与伊尹比而亡夏。"屈原在《天问》中发问:"妺喜何肆,汤何殛焉?"尽管屈原的发问有为妺喜鸣不平的因素,但他的发问本身说明了当时的人们也是以"女祸"来理解夏王桀的灭国的。

《尚书·周书·召诰》云:"吾不可以不监于有夏,亦不可以不监于有殷。"这说明周人以及春秋时期的人已初步具备了以史为鉴的观念,在总结历史的经验与教训时,人们注意到从夏桀与妺喜、商纣与妲己、周幽王与褒姒以及《国语》中披露的大量春秋时期的史实,似乎可以看出女性与政治、与国家的兴亡有某种关联,尤其是君王的好色、君王的婚姻选择与政治成败

---

① 《国语》是我国最早的国别史,它分别记载了西周末年至春秋时期周、鲁、齐、晋、郑、楚、吴、越八国的史事。司马迁在《报任少卿书》中提到"左丘失明,厥有《国语》"。历史上常有人将《国语》与《左传》的作者都归为左丘明。宋代的朱熹和宋以后不少的学者对此说提出异议,他们认为二书虽然一部分文字相同,但从记载史实的角度看有不少冲突之处,而且二书在文笔风格方面也存在着明显的差异。今天虽无法确指《国语》的作者,但从其体裁上分析,可能它是属于某人所"编"而不是所"作"。有学者认为《国语》的编者很可能是战国前期某位熟知春秋历史并且有机会接触各国原始史料的学者。

之间有一定的关联。

显然,这类历史经验的总结是站在男性的立场上,男性所写的历史不去谴责沉迷于女色的君王,不去追究君王自身的责任,而是把所有的责任一古脑儿的推到女人的身上,从上述对妹喜、妲己与褒姒的表述中,人们不难看出父权制的文明社会意识形态与所谓"女人祸水论"之间的端倪,与女娲相比,妹喜、妲己与褒姒已经成了以男性为中心的文明社会在诠释女色亡国观念时的反面教员。如《左传·昭公二十八年》①云:"夫有尤物,足以移人,苟非德义,则必有祸。"矛头指向是女人迷惑、引诱了君王,女人是导致君王失国、政治落败的最主要的原因。笔者以为,这类具有性别偏见的经验总结很难有历史的"公正"可言。在《尚书》、《诗经》这些经典中,上述女人是祸水的性别意识对后世影响深远,如女人在《水浒传》、《金瓶梅》等男性文本中常常被视为放荡、邪恶、愚蠢和可恶的尤物,形成了普通中国男人心理意识深处对女性的某种恐惧、憎恶的集体心理焦虑。女性即使被想像为美如天仙,其美貌也难以与美德相关,在中国的传统文化中,"红颜"总与"祸水"、与卑贱淫荡等品格界定密切相关。

2.女人不能参与政治

根据前引《尚书》、《诗经》等的材料,其所强调的"女祸说"自然会导致一个结论:即女人不能参与政治。这正是其特别要强调的。

如前所述,商代女性在国家政治生活中曾扮演过重要的角色。西周早期,贵妇人参政,也依然有迹可寻,如武王之曾祖母大姜、祖母大任、其母大姒都曾协助其夫,参谋军国大事。武王伐纣时,还声称自己有十位同心同德的辅臣,《尚书·周书·泰誓中》中武王曰:"予有乱臣十人,同心同德。""乱臣"在此是治臣之意,十人即是帮助武王统一天下的干将,这十人当中就有武王的母亲大姒(文母)。曹兆兰在《金文与殷周女性文化》中还通过西周的金文,讲述了周昭王的王后王姜随王出行、抚恤母国、遣使赐臣与代王行令等事迹。

---

① 《左传》是《春秋》三传之一,是我国古代最早而又详细完备、叙事生动的以《春秋》为纲的编年史,一般认为成书于春秋末年,孔子曾以《春秋》为课本教授其弟子,因而大致可以断定《左传》当是成书于先秦。

但从《尚书》、《诗经》等文献来看,从周代开始,社会主流的意识形态已开始反对女性对政治的介入和对社会公共生活事物的参与。《诗经》中的《大雅·瞻卬》明确地说:"妇无公事,休其蚕职。"如果说西周初年,直到周昭王时,贵族女性如周昭王的王后王姜等在政治上还比较活跃的话,"但是王姜相比殷商时代的后妃妇好、妇妌,仍是大为逊色"。而且,"在之后的金文中,再也难以看到后妃们如此频繁的政治、外交等社会活动"①。

女人不能干政在春秋时代的诸侯那里得到支持,春秋时期的诸侯盟约中也屡屡规定"毋使妇人与国事"。《左传·桓公十五年》云:"谋及妇人,宜其死也。"据《春秋谷梁传》载,僖公九年(公元前 651 年),齐恒公邀诸国结盟,在"葵丘之会"上,与各诸侯达成了"毋使妇人与国事"的共识。②

在《国语》的《优施教骊姬谮申生》、《申生伐东山》、《骊姬谮杀太子申生》等篇章中,作者用生动的语言表现了骊姬乱政的极度无礼和晋献公宠信妇人无视骨肉之情和君臣之义的失德行为。屈原在其《离骚》中说:"闺中既以邃远兮,哲王又不寤。怀朕情而不发兮,余焉能忍与此终古。"由此隐约可见屈原对"闺中"妇人迷惑"哲王",致令国事败坏、贤士失意的愤懑之情。屈原的上述话语可能表达了他对楚怀王宠信夫人郑袖的不满。

总之,从《尚书》、《诗经》、《国语》等文献来看,从周代开始,社会主流的意识形态已开始反对女性对政治的介入和对社会公共生活事物的参与。

3.重男轻女

重男轻女历来是世世代代中国人的"性别偏好"和"集体无意识",这种"性别偏好"和"集体无意识"可以说是源自周代。

重男轻女思想的萌芽最为人所知的说法就是所谓的"弄璋弄瓦说",弄璋弄瓦说原出于《诗经》中的《小雅·斯干》,其诗云:"吉梦维何?维熊维罴,维虺维蛇。大人占之,维熊维罴,男子之祥;维虺维蛇,女子之祥。乃生男子,载寝之床,载衣之裳,载弄之璋。其泣喤喤,朱芾斯皇,室家君王。乃生女子,载寝之地,载衣之裼,载弄之瓦。无非无仪,唯酒食是议,无父母贻

---

① 曹兆兰:《金文与殷周女性文化》,北京大学出版社 2004 年版,第 72 页。
② 《春秋谷梁传·僖公九年》。

罹。"这首诗反映了人们对待一个新生的男孩和女孩的不同习俗,即母亲还在怀孕时,就要先行占卜,以确认到底生男还是生女,熊罴与虺蛇,形象迥然不同,各为男女之祥瑞。孩子出生后,若生了男孩,将他置之床上,让他玩璋,寄希望于长大后好做室家君子;若生了女孩,则置之地上,让她弄瓦,寄希望于长大后不仅能承担纺织任务,而且还会烹饪饮食之道及会伺候公婆丈夫。由此可见弄璋弄瓦反映出对生男生女的性别角色期望的不同。

弄璋弄瓦说由此常被人视为古代中国男尊女卑的根据,"璋"本是一种长条形的玉器,是贵族行礼时手中所执的礼器。而"瓦"本是"纺砖",是女子纺线的工具。璋瓦相对,雅俗贵贱,立见分晓。可见,"璋"与"瓦"具有某种符号学上的意义。其实,玉制物品与石制物品,在早先的远古时代,并没有截然分明的本质差异,原始人对它们是一视同仁的。有学者考证,所谓"璋"也是由石斧、石刀之类原始生产工具和武器演变而来,只是后来通过长期的实践,伴随着人类自身的逐步分化和审美意识与审美情感的产生,玉器逐渐从石器中分离出来,成为专门的礼器、祭器及装饰品,"璋"才与"瓦"有了等级差别。

重男轻女的观念还反映在对多生儿子的期盼上,追求多子多孙乃是《诗经》以后典籍中所常见的最美好的祝愿。如《诗经》的《大雅·既醉》云:"君子万年,永锡祚胤。其胤维何? 天被尔禄。君子万年,景命有仆。其仆维何? 釐尔女士。釐尔女士,从以孙子。"此诗表达了"君子"既渴盼福禄双至,又渴盼有好女人,生下儿孙、传宗继嗣、祚胤无穷的愿望与心理。

《诗经》中还有一些赞美多子的诗,如《周男·麟之趾》赞美贵族宗族不但子孙众多,而且德厚才俊。云:

　　　麟之趾,振振公子。于嗟麟兮!

　　　麟之定,振振公姓。于嗟麟兮!

　　　麟之角,振振公族。于嗟麟兮!

又如,《周男·芣苢》描写一群女子成群结队地去采一种名叫车前子的草,据说服用这种草煎的水,可以多生儿子。云:

　　　采采芣苢,薄言采之。采采芣苢,薄言有之。

　　　采采芣苢,薄言掇之。采采芣苢,薄言将之。

采采苤苢,薄言祜之。采采苤苢,薄言襭之。

"有子"或"有后"的观念在春秋战国时代得到强化。孟子最有名的一句话就是:"不孝有三,无后为大"①,所谓不孝有三,具体而言是哪三呢? 东汉经学家赵岐注《孟子》云:"于礼有不孝者三事,谓阿意屈从,陷亲不义,一不孝也;家贫亲老,不为仕禄,二不孝也;不娶无子,绝先祖祀,三不孝也。"不娶妻,没儿子,绝了祖祀,在孟子看来是最大的不孝。孟子在"不孝有三,无后为大"这句话的后面紧接着就说:"舜不告而娶,为无后也。君子以为犹告也。"在孟子看来,圣人舜出于"为无后也"的担忧而"不告而娶"尧的两个女儿——娥皇和女英,这种动机与行为因而合理合法,因而无可非议。

"有子"或"有后"不仅重要,而且多多益善,人丁众多是家族兴旺的标志,细族孤门则是家族衰微的表现。而要想多子多后,则得多娶多育。《诗经》的《大雅·韩奕》云:"韩侯娶妻,汾王之甥,蹶父之子……诸娣从之,祁祁如云。韩侯顾之,烂其盈门。"《毛传》云:"如云,言众多也,诸侯一娶九女,二国媵之。诸娣,众妾也。"

纳妾的主要目的也是为了多生男孩,相传周文王有百子之说。《诗经》中的《大雅·思齐》云:"思齐大任,文王之母。思媚周姜,京室之妇。大姒嗣徽音,则百斯男。"其意思是,文王之母大姒贤淑有嘉,不反对丈夫多娶后妃,所以多子多男,王室兴。《礼记·昏义》云:"古者天子后立六宫、三夫人、九嫔、二十七世妇、八十一御妻。"六宫即是众多后妃的居所。这后宫的御妻们各有职事、等级,她们在宫中的地位也正和天子和他的朝臣在宫中的地位相似。后如同天子,三夫人如同三公,九嫔如同九卿,世妇如同大夫,御妻同士,各司其职。天子如此,诸侯贵族也如此,只是妻妾的数目相应地有所减少。《公羊传》中说:"诸侯一娶九女,天子娶十二女。"汉代的《白虎通》云:"天子、诸侯娶九女,卿大夫娶三女,士娶二女。"尽管上述文献中不同等级的贵族娶妻的具体数目有所不同,但多妻是肯定的。

在中国历史上,不仅贵族、甚至普通百姓,只要有经济能力,也愿意有妻

_____

① 《孟子·离娄上》。

有妾,《孟子》中就有"齐人有一妻一妾"①之语。正因为宗法制以无嗣为忧,因此一夫多妻(或者云一夫一妻多妾)从此成为中国几千年婚姻制度的一个重要特征。男系血亲关系的延续至关重要,结婚生子从而被视为一种至高的道德责任与义务。对于子嗣的重视,也就自先秦以来而成为中国传统文化中特别引人注目的特征,"甚至成为中国思想在价值判断上的一个来源,一个传统的中国人看见自己的祖先、自己、自己的子孙的血脉在流动,就有生命之流永恒不息之感,他一想到自己就是这生命之流中的一环,他就不再是孤独的,而是有家的,他会觉得自己的生命在扩展,生命的意义在扩展,扩展成为整个宇宙。而墓葬、宗庙、祠堂、祭祀就是肯定并强化这种生命意义的庄严场合,这使得中国人把生物复制式的延续和文化传承式的延续合二为一"②。由此,在古代中国,不论是王室之子,还是平民百姓之子,都担负着传宗接代的重大使命。

当然,"重男轻女"的性别偏好是与父系制度和父权文化紧密相连的。这是因为:其一,女人婚后的"从父居"(即按"父系血族关系在一起居住"的方式)意味着女儿婚后脱离与娘家的亲属关系,从此成为夫家的人,且在夫家的亲属网络上占据了一个持续终生的位置,所以她应根据与夫家关系的远近亲疏来规范自己的交往行为,而这种交往与自己娘家的血缘和亲情无关,因此从原则上说女儿可以不为娘家父母提供经济资助和生活照顾。父母接受女儿的照顾可以被视为对亲家利益的冒犯。这就必然使根本不知现代人的养老保险为何物的古代农业社会的中国人不得不选择养儿防老的方式。

其二,周代在经济上以农立国,在政治上如前所述已形成一套完整的宗法制度,宗法制度下的婚姻关系的主流虽然已是一夫一妻制度,但也存在对一夫一妻制的补充,即多妻或多妾的情形,之所以需要有这种补充,是宗法制度要求多子多后的产物。③ 由于多妻而承认嫡妻的地位并确认嫡长子继

---

① 《孟子·离娄下》。
② 葛兆光:《中国思想史:七世纪前中国的知识、思想与信仰世界》第一卷,复旦大学出版社2001年版,第24页。
③ 参见张彦修:《论西周春秋贵族的一夫多妻婚姻》,《殷都学刊》1998年第2期。

承权,周代宗法制维护嫡长子继承制,嫡长子继承权从上至下得到普遍的重视,无论政权和家业都是父子相继,正是这种继承制度,通过否认女性的财产继承权使她们屈于从属地位。男子不但是国家的统治者,也是家庭里的权威,这就决定了在家庭中女性在经济上对男性的依赖。

其三,除了上述考虑外,还有祭宗庙,即祭拜祖先方面的原因,子孙绵延之要正是为了崇祖报本、生养死祭。《礼记·昏义》中开宗明义:"昏礼者,将合二姓之好,上以事宗庙,而下以继后世也。故君子重之。"结婚的两大目的中,宗庙祭祀是第一位的。在古代中国,只有儿子才有资格祭拜祖先。显然,在宗法制的父系社会中,人的出生与死亡无论如何都不是只属于个人的事,宗庙祭祀维系着祖先和子孙的血缘象征。所谓"宗庙之事,父子之道"①,自男子出生时起,他就已经进入整个家族传宗接代的生产队伍,而女孩则早在出生时就被视为有朝一日终将成为"外人",成为为将来的夫家繁衍后代的候选人。因此,作为未来的"外人"的未婚女子是不可能在宗庙祭祀中做主角的。

宗庙祭祀中主祭的资格,由父系法则所决定。已嫁到夫家或未嫁人的女子在娘家或在自己家中不具有主导祭拜祖先牌位的责任与义务;而已婚的女性在婆家则有辅佐丈夫共祭祖先之义务,这就是为什么《国语·楚语》云:"诸侯宗庙之事,夫人必自春其盛。"《礼记·礼器》云:"太庙之内敬矣!君亲牵牲,大夫赞币而从;君亲制祭,夫人荐盎;君亲割牲,夫人荐酒。卿大夫从君,命妇从夫人。洞洞乎其敬也……"

由此,在这样一个典型的农业社会和父权社会里,势必形成重男轻女的思想。

三、春秋时期民风民俗的沿革与
《易经》的生命意识

如果说文献中的性别意识是一种主流的意识形态的反映,是一种成文

---

① 《礼记·礼器》。

规范的话,那么民间的民风习俗、观念或者舆论等则可能反映了在民间、在乡野荒蛮之中更为深远醇厚的来自民众的性别意识与性别关系。在这种性别意识与性别关系中还不难发现来自上古时代的遗风之影响与绵延。而春秋时期民风民俗的沿革与《易经》的生命意识正是这种上古时代的遗风之"影响与绵延"。

(一)春秋时期民风民俗的沿革

1.性——生殖崇拜的遗风

来自民间的性别关系的习俗,可以追溯到上古时期的先民对性与生殖崇拜的认识与探寻。前面对此已有叙及。而先秦中国的性——生殖崇拜在周代以后经过"礼乐文化"的修饰后,显然已经摆脱了赤裸裸的对性器官和性行为的崇拜,而转化为对生命、对自然界和人类社会的"生生不息"的崇尚。这种经过"修饰"的性——生殖崇拜对传统中国文化的影响无疑是持久与深远的,并影响到先秦文化中的方方面面如神话、艺术、文学与哲学等中,渗透到诸子百家的学说中,更影响到先秦中国人有关两性关系的习俗风情中。可以说,这种性——生殖崇拜的遗风也是后世中国传统文化的最初源头之一。对此,前辈学者多有论述。如郭沫若的《甲骨文字研究》中有《释祖妣》一文,提出从婚姻社会进化史角度研究古礼,并首先提出祖、社、高禖、高唐之祭同源于生殖崇拜的观点,陈梦家的《高禖郊社祖庙通考》、闻一多的《高唐神女传说之分析》皆从生殖崇拜的角度,结合人类学、民俗学的材料研究阐述社、郊、高禖、高唐诸礼俗,他们的观点在古史研究中产生了很大影响,迄今仍被学者们称引。性——生殖崇拜的遗风在先秦最突出的体现就是中(仲)春之会与高禖之祀。

中国古人不仅对性——生殖崇拜持自然认可的态度,还有专门的习俗来保障男男女女对性与生殖需求的满足。这种习俗的流行久而久之就成了制度,这种制度在先秦即是著名的"中(仲)春之会"与"高禖之祀"。

《周礼》上记载周代各种官职机构中,有一种称为"媒氏"的官职机构,《周礼·地官司徒》云:"媒氏,下士二人、史二人、徒十人。""媒氏"这个机构的主要职责按《周礼·地官司徒》的解释就是"媒氏掌万民之判。凡男女自成名以上,皆书年月日名焉。令男三十而娶,女二十而嫁。凡娶判妻入子者,皆书之。"这即是说,凡男女成年之后,"媒氏"就要将他们的名字和岁数登录下来,并要让男人三十娶妻,女子二十嫁人,还将已娶妻之人的名字记录下来,由此可见,"媒氏"将我们今天的婚姻介绍所与民政部门婚姻登记处的职能合二为一。但"媒氏"最引人注目的职责是:"中春之月,令会男女;于是时也,奔者不禁。若无故而不用令者,罚之。司男女之无夫家者而会之。"此处的"令"显然是一种从上而来的"命令"或"指示",而不执行这个"命令"或"指示"的就要被"罚之",此处的"司"是"负责"之意,即是说"媒氏"在"中春之月"要负责使那些没有家室的男女相会。

由此看来,"中春之会"既是具有强迫意味的为那些仍未能婚合的孤男寡女提供婚合的活动和场景,也是一种制度的规定。官方之所以要组织这类活动,显然是要使天下得以"内无怨女,外无旷夫"。"恤怨旷"是古代国君爱民的一种政治传统。《管子·入国》篇从另一个角度印证了这种政治传统:"所谓合独者,凡国都皆有掌媒,丈夫无妻曰鳏,妇人无夫曰寡,取鳏寡而合之,予田室而家室之,三年然后事之。此谓之合独。"此处所说的"鳏""寡"泛指一切无性伴侣的适婚男女,包括尚未婚配者和死了丈夫或妻子的未亡人。在古人看来,天人之间可以相互感应,社会上"鳏""寡"者若过多的话,其"怨旷"则可以达于上天,从而导致天怒,就会引起天灾人祸,后果不堪。而一旦"怨旷"问题得以解决,就可以实现人和,人和则天时顺,天时顺则五谷丰登。由此可见"怨旷问题"的严肃性,不可小视。

其实,从今天的社会学、经济学、生理学、心理学等角度而言,古代国君上述"恤怨旷"的安排与做法是很"英明"的。道理就在于:其一,人类繁衍后代的需要。男女结合组成的家庭是社会的细胞,是人类得以延续的必须。其二,家庭既是社会的基本单元,在经济上也是互助的基本单位,组成家庭的男与女在共同生活中互相配合,共同承担相应的责任和义务,社会才能得以稳定有序地发展。其三,为了使男女之间的性生活合法化。无论男女,一旦生理发育成熟后,都自然地会有性生活的冲动和需要(如果没有的话,一定或多半是身体的机能有毛病了),而且这种"性"除了完成繁衍的需要外,还可以给双方带来快乐。如果性行为是一件很痛苦的事,人类是很难繁衍下来的。其四,结婚不仅是男人和女人共同生活的需要,更是情感交流与关怀的需要。人是社会的动物,害怕孤独,需要有伴,而在一生中能与自己相携相扶相伴、共同生活一辈子并且能够进行情感交流之需求的人,从一般的情形来讲可能只有夫妻关系。

其实,古代的人并不像后来的人那样羞于谈"性"和对"性"充满了敌意。当然,人既是经过了漫长的"进化"就不可能"杂交"和"乱交",所以男女之间的"性"肯定得"管理"好并合法化。"性"若被社会、法则和道德观念(道德观念也是随着人类进化的进步而来的)所认可的话,男女就需要通过某种如"结婚"之类的形式组成家庭来过共同的生活。

古代的人或许不能像今天的人能说出人为什么要有家庭与性生活的上述社会学、经济学、生理学与心理学的理由与根据,但他们并不缺少这方面的智慧,人类为了有序繁衍后代,为了社会的和谐稳定,老早就制定出一些便于大家一起遵守的"游戏规则"。如此,中春之会与高禖之祀及"恤怨旷"的政治传统就都是由来有之的了,而且也可以将之视为原始形态婚姻的某种遗绪吧。

为什么要在"中(仲)春之月"而不是仲夏、仲秋与仲冬之月来"令会男女"? 这也有其"生物学"的根据。从季节变化上看,中春即是春季的第二个月,即农历二月。此时正是气温开始逐渐回升,大地复苏、万物萌生的时候,从自然界的动物而言,春天一般是其发情择偶与交配的阶段;从人的生理变化的角度而言,春天也是人的春心萌动的季节,人的身体机能在经历冬天的低潮之后此时开始走出低谷,体内的阳气趋于上升,自然对异性的欲望也变得更为迫切。"当春季来临,家家户户离开冬季的住所搬到田野上去时,村社便举行一些春宴,青年男女聚在一起跳舞唱歌,这些歌舞几乎都是对生殖力的崇拜,往往具有明显的色情特征。在这些集会上,每个青年选择并取悦他中意的姑娘,和她发生肉体关系。"①也许高罗佩的上述描述带有诗意想象的成分,不过,这种"诗意想象"没有太离谱。显然,正因仲春之会

---

① 高罗佩:《中国艳情——中国古代的性与社会》,吴岳添译,台北风云时代出版股份有限公司 1994 年版,第 41 页。

以"天作之合"或"野合"即性生活为其中一项内容,所以也被视为青年男女的性狂欢节。

其实,"野合"之"野"并不是指一般的林木荒野,而是特指"社"之四周供社稷后人们活动的空间,即指社丘、社台、社土、社山周围的丛林莽野,这即是"令会男女"的特定场所①。当时各地或各方国的"令会男女"的特定场所或许有所不同,《墨子·明鬼下》言:"燕之有祖,当齐之社稷,宋之桑林,楚之云梦也。此男女之所属而观也。""属"就是合聚、聚会之意;"观"即物色、相看之意,墨子所言的"祖"、"社稷"、"桑林"、"云梦"等地,都是"令会"男女相"奔"的场所。在四川成都出土的铸有桑林野合图的汉砖,《诗·鄘风·桑中》所描写的男女幽会相恋的情形,以及《左传·成公二年》将人私通或有孕称为"有桑中之喜"等,证实了跟当年在桑林举办的仲春之会有着极大的影响。

除了上述地方外,河边也是人们的野合狂欢之地。《诗经》中有诗为证。如《诗·郑风·溱洧》:"溱与洧,方涣涣兮。士与女,方秉蕳兮。女曰'观乎?'士曰既且。且往'观乎?'洧之外,洵訏且乐。维士与女,伊其相谑,赠之以勺药。溱与洧,浏其清矣。士与女,殷其盈矣。女曰'观乎?'士曰既且。且往'观乎?'洧之乎,洵訏且乐。维士与女,伊其将谑,赠之以勺药。"溱、洧为郑国的二水名,孙作云先生说,从这首诗:"可以推想当时男女杂沓,狂欢极乐的情况。这种恋爱绝不像一两个人的私下密语,而是在一个男女聚会的节日中进行的。"②

《诗经》中有此类大量的婚恋诗为证。因而有学者致力于从《诗经》中挖掘先秦婚俗史料,透过《诗经》对先秦时期不同地区不同的嫁娶季节的考察,有人认为当时的迎娶时月存在晋地和周齐鲁两个系统,晋地系统迎娶季节在春季,周齐鲁系统迎娶季节在初春或秋冬。③ 也有人认为当时人们春

---

① 参见王政文《孔子"生于空桑"民俗考论的出生》一文,见人大报刊复印资料《先秦、秦汉史》2003 年第 2 期第 61 页的"页下注"。

② 孙作云:《诗经与周代社会研究》,中华书局 1966 年版,第 303 页。

③ 参见李炳海:《先秦时期的嫁娶季节与诗经相关作品的物类事象》,《河南大学学报》1994 年第 2 期。

季结婚是为了以夫妇间的行为刺激作物生长；秋冬结婚则是取农隙之便，不耽误正常的农业耕作。①

不仅中国古代有"仲春之会"这种青年男女的性狂欢节，许多民族的历史上都曾有过类似这种形式的性狂欢节，如古希腊在以弗所举行的阿耳忒弥斯②节就是少女与少男们告别少年时代的庆典。而告别少年时代就意味着少女与少男们身体生理发育的成熟，这时男女身体内的荷尔蒙在迅速"发酵"，他们迫切地希望自己能吸引异性或被异性所吸引，因此，类似阿耳忒弥斯节这类的性狂欢节就成了少男少女们彼此接触与交流的一个重要的社交场合。据说在举行阿耳忒弥斯庆典的这一天，以弗所全城 16 岁的男孩和 14 岁的女孩手擎火炬，拿着蓝子和香水，在俊男靓女的率领下浩浩荡荡走出城市。在众人的围观下，他们向阿耳忒弥斯奉献牺牲。在这之后，少男少女们便尽情欢乐。显然，这是为年轻的少男少女们寻找伴侣和性狂欢的庆典。

又如古希腊的酒神节，酒神节在古希腊有好几种类型，但一般而言，喝酒与毫无节制的狂欢放荡是其最主要的内容，在这个节日里，女人们"身穿酒神戏装和山羊皮子，批头散发，手持松果手杖及手鼓，在她们家附近的高地上表演各种各样的祭礼舞蹈。她们平时不多沾酒，此时畅饮之后特别兴奋。所以借着酒兴，她们的表演一下子就变成了疯狂的群魔乱舞。不少诗人对此做过许多栩栩如生的描述"③。"但与其他典型希腊式的宗教仪式相比，酒神节的世俗成分多于宗教成分。在这些活动中，人们不是通过默祷、乞求去与神沟通，而是通过狂欢、陶醉去与神认同。"④尤其对于女性而言，狄奥尼索斯祭是她们最乐意参加的宗教活动，在这种活动中，她们将日常的身份和行为举止完全弃之不顾，尽情地欢乐和放松。哲学家尼采对酒神节有精彩的评论："这些庆典之中心观点乃是一种纯粹的性之乱婚；蹂躏了每

① 参见朱引玉：《关于〈诗经〉中的婚期问题》，《淮北煤炭师范学院学报》2001 年第 6 期。

② 阿耳忒弥斯是古希腊的月亮女神、丰产女神和分娩女神，在祭祀她的时候要表演生殖器崇拜的舞蹈。

③ 利奇德：《古希腊风化史》，杜之、常鸣译，辽宁教育出版社 2000 年版，第 121—122 页。

④ 王晓朝：《希腊宗教概论》，上海人民出版社 1997 年版，第 105 页。

一种业已建立的部落宗法。所有这些心中之野性的冲动,在这些机会里都得到解放,一直到他们达于一种欲望与暴戾之感情激发的顶峰。"①

罗马的酒神崇拜称为"巴库斯崇拜",最初这个崇拜是在白天举行,只有女子才能参加,在平常的日子里喝酒会受到处罚的女人,在这一天可以大开酒戒,她们在将男人赶出门后开怀畅饮。但后来随着罗马社会风气的败坏,巴库斯崇拜越来越多的是在夜间举行,男人也可参加。酒神节的最重要的内容是"秘密仪式",这些仪式通常是由秘密团体举办的,只准会员参加。"年轻男子到了大约 20 岁时就可以入会。男人和女人夜间集合在一起,葡萄酒大量供应,不久他们就喝得酩酊大醉,接着便开始进行最无耻的性放纵活动。知情人,不论男女,如果反对,便被杀掉,以免他们在外面声张。甚至男人和男人(男性同性恋)、女人和女人(女性同性恋)也可以以任何所能想到的反常方式进行放纵。"②可想而知,在这种场合下,所有对情感和性的限制都被抛弃了,在这里,"当饮酒、色情言论、夜生活和性交耗尽了人们的各种节制情感后,每一种放荡行为就及时流行开来,因为每一个人都发现他天性中的冲动所向往的享受是唾手可得的"③。

其实,类似仲春之会、阿耳忒弥斯节、酒神节这类节日的"野合"传统,或许是进入文明时代的人类所保有的对远古人类类似动物的雌雄交配所完成的结合的"集体记忆"。婚姻是人类进入文明时代的重要标志,是人类进化的结果。但对古代的人类而言,男女之间性的结合是很自然的,不带有任何耻辱和丑名。由此可见,中(仲)春之会的习俗想必起源很早,早得我们今天已无从查考,而"令会男女"这种制度性的保障正是对这种习俗的认可。

仲春之会所完成的婚配,有两个明显的特点,即"不待礼聘"与"不由媒氏",中国在商代以前尚无婚姻礼仪的规定,西周自周公旦"制礼作乐"之后,婚姻礼仪开始逐渐形成。而婚姻礼仪的两个重要特色就是注重"礼聘"与"媒妁之言"。《周礼·春官宗伯》对天子、诸侯、士的婚姻礼仪都有明确

---

① 尼采:《悲剧的诞生》,李长俊译,湖南人民出版社 1986 年版,第 27—28 页。
② 魏勒:《性崇拜》,历频译,中国文联出版公司 1988 年版,第 321 页。
③ 魏勒:《性崇拜》,历频译,中国文联出版公司 1988 年版,第 326 页。

规定,而由于"礼不下庶人"和受上古遗存下来的古风之影响,仲春之会中平民男女之间的配对,就没有婚姻礼仪中所规定的那套讲究,所以《周礼·地官司徒》言此种婚媾的性质用"奔"字、用"令会"来表述。

仲春之会也反映了古人对有室有家有子的愿望与向往,"室"是对男子而言,"家"是对女子而言,《管子·大匡》云:"女有家,男有室,无相渎也。"《孟子·藤文公下》云:"丈夫生而愿为之有室,女子生而愿为之有家";《左传·桓公十八年》云:"女有家,男有室,无相渎也,谓之有礼。"当然,有室有家不仅仅是为了男欢女爱,也是为了有子,为了达到或实现多生多育、繁衍人口的愿望与目的。正因如此,没有儿子的已婚男人也被允许参加此种类型的野合,因之《史记·孔子世家》在提及孔子的出生时说其父"(叔梁)纥与颜氏女野合而生孔子"。"野合"在当时并不是神秘或羞耻之事,根据人类学的观点,野合就是一种较为自由的婚姻缔结形式,至今在一些民族中仍以不同形式的风俗存在着。

也正因为如此,中(仲)春之会除了以"野合"为主要内容外,还有另外一个主要内容,即祭祀高禖。高禖又可作"皋禖",即媒神之意或婚姻之神之意,这个媒神和婚姻之神正是女娲,据传女娲为人类设立了婚姻制度,因而被奉为高禖,受到人们的祭祀。《路史·后记二》云,女娲"因置昏(婚)姻。以其载媒,是以后世有国,是祀为皋禖之神。"女娲不仅主管婚姻,还主管生育,她也被祀为生育之神。高禖之祭因而也是一种祈孕求子之祭。《诗经·大雅·生民》曰:"克禋克祀,以弗无子。"《毛传》云:"弗,去也。去无子,求有子。古者必立郊禖也。"郊禖即是高禖。把媒神的庙堂建立在郊野,就叫郊禖,也叫高禖。按照《毛传》的说法,没有子嗣的人每每便要到高禖的庙堂去求有子嗣。据著名历史学家孙作云先生的考证,后世的"娘娘庙"即源于古代的"高禖之祀"①,其说颇有见地。

也有学者认为高禖之祭不仅是为纪念女娲,闻一多先生在其《高唐神女传说之分析》一文中指出:"古代各氏族所祀的高禖全是各该民族的先

---

① 孙作云:《诗经与周代社会研究》,中华书局1966年版,第299页。

妣"①,"先妣"即神话传说中诞生各民族始祖的第一个女性,如商之简狄、周之姜源等。

贵族祭祀高禖的地点、方式与民间有所不同,天子不可能像平民百姓那样在"桑林"、"云梦"等处祭祀高禖,《礼记·月令》云:"仲春之月,是月也,玄鸟至。至之日,以大牢祠于高禖,天子亲往,后妃帅九嫔御。乃礼天子所御(言特别礼敬有身孕的妃嫔),带以弓韣,授以弓矢,于高禖之前。"蔡邕《月令章句》云:"高禖,神名也……后妃将嫔御,皆会于高禖,以祈孕妊。""大牢"即是天子祭祀高禖的地点,是天子的宫庙。此宫庙的大门平时紧闭,但到了特定的日子,即"玄鸟至"之日,这里就要举行隆重的高禖之祭祀。孙作云先生对《礼记·月令》中的这段话的解释是,"为什么要特别礼敬后妃中有身孕者,并且在她身上挂着弓套、授以弓矢呢?因为弓矢为男子之事,给她这许多武器,在于希望(感应)她将来生男孩子,可见高禖神的祭祀是为了求子"②。

由上可见,高禖之祭也是属于生殖崇拜之类的宗教活动与仪式。

2.《诗经》中的"性开放"

仲春之会与高禖之祀一直持续到春秋时期,其余绪想必持续得更为久远。受其影响,西周、春秋时期人们的性观念其实是较为开放的,从民歌出身的《诗经》中我们尤其可以看到当时男女两性在两性情感与性生活中的开放度。这种"开放"主要表现在对性的心理心态的"描写"的敞开与直接,《诗经》中有相当多的诗篇,涉及男女两性的恋爱、婚姻、家庭等方面,其情感之炽烈,表述之大胆细腻,人们似乎在其中可以听见让钟情男子和怀春少女心旌摇动的对性爱的热烈召唤。其情其景往往令后人惊诧不已。诗经时代属于中国人的少年时代,一个浪漫自在的时代,其爱情诗的清新自然与流畅令今天的人们读起来仍会击节赞叹不已。

众所周知,《诗经》分为风、雅、颂三个部分,大体说来,"风"是春天的节庆,"雅"是知识分子的吟唱,"颂"是宫廷里的颂歌。《诗经》中涉及两性的

---

① 闻一多:《神话与诗》,古籍出版社1956年版,第81页。
② 孙作云:《诗经与周代社会研究》,中华书局1966年版,第299页。

作品,大多集中在"风"①中。按照汉学家葛兰言②的说法,《诗经》中的"风"是关于性关系的委婉的表现,而雅、颂代表的是"礼"的文化,此种说法颇有见地。

在"风"产生的时代,据说每当阳春之时,王官(官方民俗学家)们敲着木铎,走州越府,到各地去进行"采风"(田野调查),"陈诗以观民风"。而此时正值大地回暖复苏、万物萌生之时,也是人的春心萌动的季节,所以王官们采集编纂的方国风谣,就很自然地表现了青年男女内心对异性和对两性结合的渴盼。孙作云先生在《诗经与周代社会研究》中分析了《诗经》中的十四首恋歌,发现它们都有一个共同的特点,这就是"同言恋爱,同言春天,同言水边……这就表示:它们都是在同一背景下作成的,或反映着同一风俗"③。这或许能说明先王顺应天时人情,在仲春之月举行春社,即前述的"中春之月,令会男女,奔者不禁"及祭祀高禖的传统。于是桑间濮上,紫陌红尘,酿出浓郁的两情依依的诗篇,于是乎有了《诗经·国风》中的大量有关恋爱、婚姻的情诗。

如《诗经》的开卷《周男·关雎》:"关关雎鸠,在河之洲。窈窕淑女,君子好逑。参差荇菜,左右流之。窈窕淑女,寤寐求之。求之不得,寤寐思服。悠哉修哉,辗转反侧。参差荇菜,左右采之。窈窕淑女,琴瑟友之。参差荇菜,左右芼之。窈窕淑女,钟鼓乐之。"在上述发自内心的对异性和对两性结合的渴盼的表达中,在含蓄而又温柔敦厚的诗句之中,人们不难体会到其中浸渍着一种淡淡忧伤的情绪,一种莫名其妙的性苦闷、性烦恼、性压抑和性饥渴的情绪。

又如《陈风·泽陂》表达了同样的情绪:"彼泽之陂,有蒲与荷。有美一人,伤如之何?寤寐无为,涕泗滂沱。彼泽之陂,有蒲与蕳,有美一人,硕大且卷。寤寐无为,中心悁悁。彼泽之陂,有蒲菡萏。有美一人,硕大且俨。寤寐无为,辗转伏枕。"

---

① 国风是各地方乐调、乐曲、民歌的总称,它们大都出自民众之手。
② 葛兰言是现代法国人类学派的奠基人,也是汉学专家,他著有《古代中国的诗歌与节庆》,专门讨论《诗经》对于人类学的启发。
③ 孙作云:《诗经与周代社会研究》,中华书局1966年版,第314页。

　　再如《郑风·女曰鸡鸣》："女曰鸡鸣，士曰昧旦。子兴视夜，明星有烂。将翱将翔，弋凫与雁。弋言加之，与子宜之。宜言饮酒，与子偕老。琴瑟在御，莫不静好。"这首诗表现出了男欢女爱、夫妻和乐的世俗生活风情画面。还有《郑风·将仲子》："将仲子兮，无踰我里，无折我树杞。岂敢爱之，畏我父母。仲可怀也，父母之言亦可畏也。将仲子兮，无踰我墙，无折我树桑。岂敢爱之？畏我诸兄。仲可怀也，诸兄之言，亦可畏也。将仲子兮，无踰我园，无折我树檀。岂敢爱之，畏人之多言。仲可怀也，人之多言，亦可畏也。"此首诗中的"仲子"是女主人公日思夜想的男子，许多学者以为此诗表现出社会伦理对个人情感的压抑，笔者以为，这是误读。吴闿生《诗义会通》引古注曰此诗"语语是拒，实语语是招，蕴藉风流"，此说更为切合其诗意。

　　"风"也表达了男女之间的"相会"或"幽会"的情事之乐。这一类的诗有郑风的《溱洧》、《女曰鸡鸣》、《野有蔓草》、邶风的《静女》、召南的《野有死麕》、鄘风的《桑中》等，这些诗均描写男女或相谑于河滨，或幽会于城隅，或留恋于衾枕，或相期于桑中的情景，表达了男女之间委婉缠绵的细腻情感。如《召南·野有死麕》："野有死麕，白茅包之。有女怀春，吉士诱之。林有朴樕，野有死鹿。白茅纯束，有女如玉。舒而脱脱兮，无感我帨兮，无使尨也吠。"又如《郑风·野有蔓草》云："野有蔓草，零露漙兮。有美一人，清扬婉兮。邂逅相遇，适我愿兮。野有蔓草，零露瀼瀼。有美一人，婉如清扬。邂逅相遇，与子偕臧。"这些诗句今天读来仍然会带给我们春风拂面似的那种清新自然、两情相悦的美妙感受，也唤起今人对古人谈情说爱之场景的无限想象……

　　据说《诗经》是经孔子整理而最后定型的，言男女之爱的《诗经》以最深切感人的方式影响到孔子，成为儒家的经典。孔子不仅把上述情感真挚而热烈、笔触坦率而大胆的诗歌保留下来，并且还给予了一个非常精彩与恰当的评论——"诗三百，一言以蔽之，思无邪"。此处的"思"，并不仅只是狭义的"思考"（think）之意，也包含了"思念"（miss）、"思索"（ponder）、思虑（consider）等意。"无邪"二字，则包含了思考、思念、思索与思虑之内容的正当性，也包含了思考、思念、思索与思虑之形式的精妙性。孔子对《诗经》

的开卷《周男·关雎》的评价："《关雎》,乐而不淫,哀而不伤。"①即是很好的例证。"思无邪"三字说明了以孔子为代表的儒者对《诗经》的肯定。孔子对《诗经》的态度,在很大程度上代表了当时社会对"性"的开放态度。后世有不少人认为《诗经》以"经夫妇,成孝敬,原人伦,美教化,移风俗"为目的,这些人穿凿附会,对其中的情诗作了"道学的"歪曲解释,但还是掩饰不了《诗经》中浓郁的对爱情与性的渴望与表达,即使是宋代的理学大师朱熹,也承认《诗经》中有许多人欲的成分。②

不过,《诗经》中对性、对男女两性的性渴望与性的结合更多的是含蓄、暗喻的描写,如《诗经》中的《鄘风·桑中》:"爰采唐矣,沬之乡矣。云谁之思? 美孟姜矣。期我乎桑中,要我乎上宫,送我乎淇之上矣。""采唐"与今天的民间俚语"采花"相似,是性的暗喻。《桑中》描写作者思念美人孟姜,找了借口到沬乡,姑娘在桑中等他,又邀他到了上宫,到最后又把他送到淇水边。至于他们之间有无发生什么,则让读者自己去细细思量。

一如古代许多民族的爱情诗,《诗经》中有多处描写恋人的身姿容貌之美,但《诗经》对此的描写依然是含蓄的,如《诗经》中的《邶风·静女》:"静女其姝,俟我于城隅。爱而不见,搔首踟蹰。静女其娈,贻我彤管,彤管有炜,说怿女美。自牧归荑,洵美且异。匪女之为美,美人之贻。"这首诗是从男人见到美人的忘乎所以之态来描写美人的身体之美的。偶尔也有写五官与肌肤之美的,如《卫风·硕人》:"硕人其颀,衣锦褧衣。齐侯之子,卫侯之妻……手如柔荑,肤如凝脂,领如蝤蛴,齿如瓠犀,螓首蛾眉。巧笑倩兮,美目盼兮……"《硕人》中的美女是中国传统文学塑造出来的第一个经典美女,其对美女身体的描写成为后代衡量女性美的公认标准。

《诗经》的《国风》中也有对爱情坚贞不屈的描写,如《王风·大车》:"大车槛槛,毳衣如菼。岂不尔思,畏子不敢……榖则异室,死则同穴。谓予不信,有如皦日。"这是一女子欲与心上人远走他乡,但又担心心上人决心不坚定,因而发出了"榖则异室,死则同穴"的誓言。又如《邶风·谷风》:

---

① 《论语·八佾》。
② 朱熹在《诗集传》中曾把《诗经·国风》中的许多诗篇都作为男女因相恋而私奔解。

"习习谷风,以阴以雨。黾勉同心,不宜有怒。采葑采菲,无以下体。德音莫违,及尔同死。"又如《邶风·击鼓》:"……死生契阔,与子成悦。执子之手,与子偕老。""执子之手,与子偕老"千百年来已成为中国人对两情天长日久之向往的经典表达。

不难看出,《诗经》对两性之爱的描写与抒发既开放又含蓄而有节制。如果说中国历来的民歌、民间文学和被认为专门描写性的《肉蒲团》、《金瓶梅》一类的色情小说不乏露骨地对性爱进行描写的话,那么《诗经》所开创的正统或主流的言情的诗、词、曲中,对性爱的描写则是含蓄、内敛、张而不扬,而且其所表达的因爱而生的忧伤总是甚于爱所带来的内心的明亮与欢畅。

不过,《诗经》对笔者的研究而言,其主要意义不在于文学方面,如果我们把"诗言志"的"志"理解为记录的话,进而把《诗经》理解为古代生活的记录,是历史记录中的一种,那么《诗经》对笔者的研究就在于它所反映的古人的生活方式,在于其人类学的意义。如前所言,"风"既是春天的节庆,《诗经》中的"风"又是关于性关系的委婉的表现,"风"——春天的节庆——性关系,这三者之间有内在联系。日本著名汉学家赤冢忠认为,"风"对以农耕为主要内容的中国古人的生活有重大影响,风在殷代被当作神来崇拜。如甲骨卜辞:"甲戌卜,三羊、三犬、三豕。"①意即以羊、犬与豕三牲来祭祀风。

风之所以被当作风神来崇拜,是因为不同季节刮不同的风,草木作物的生死荣枯因而呈现出不同的状况,古人对其中的原委不了解,便以为季节的变换与作物的生死荣枯都是由"风"所致。春风化雨,草木作物发芽;夏天南风习习,草木作物茁壮成长;秋风送爽,谷物成熟;冬天北风嗖嗖,则万物萧条。可见草木作物均随四季风的变换而变换,而人间的生活也与风遥相呼应,人们的生命节律顺其自然地也随着四季的风雨变换而安排:在春天,人们要举行对歌和婚礼;而在秋天和冬天,人们则要祭祀亡魂和祖先。特定的季节,有特定的歌谣(如葛兰言所言,"关关雎鸠,在河之洲……正是春天

① 《殷墟书契续编》。

的时候青年男女在河边的对歌），人们随着四季风的流转轮回，随着大自然的节律，春耕夏耘、秋收冬藏、春祈秋报、夏伏冬腊，铺展开自己的生活。

以《诗经·豳风·七月》为例，这首经周代采风官整理过的歌谣，最典型地反映了当时的人们怎样围绕着季节的节奏铺展开自己的生活的。为了论述的方便，特附原诗如下：

七月流火，九月授衣。一之日觱发，二之日栗列。无衣无褐，何以卒岁？三之日于耜，四之日举趾。同我妇子，馌彼南亩，田畯至喜。

七月流火，九月授衣。春日载阳，有鸣仓庚。女执懿筐，遵彼微行，爰求柔桑。春日迟迟，采蘩祁祁。女心伤悲，殆及公子同归！

七月流火，八月萑苇。蚕月条桑，取彼斧斨。以伐远扬，猗彼女桑。七月鸣鵙，八月载绩。载玄载黄，我朱孔阳，为公子裳。

四月秀葽，五月鸣蜩。八月其获，十月陨萚。一之日于貉，取彼狐狸，为公子裘。二之日其同，载缵武功。言私其豵，献豜于公。

五月斯螽动股，六月莎鸡振羽。七月在野，八月在宇，九月在户，十月蟋蟀入我床下。穹窒熏鼠，塞向墐户。嗟我妇子，曰为改岁，入此室处。

六月食郁及薁，七月亨葵及菽。八月剥枣，十月获稻。为此春酒，以介眉寿。七月食瓜，八月断壶。九月叔苴。采荼薪樗，食我农夫。

九月筑场圃，十月纳禾稼。黍稷重穋，禾麻菽麦。嗟我农夫，我稼既同，上入执宫功。昼尔于茅，宵尔索绹。亟其乘屋，其始播百谷。

二之日凿冰冲冲，三之日纳于凌阴。四之日其蚤，献羔祭韭。九月肃霜，十月涤场。朋酒斯飨，曰杀羔羊。跻彼公堂，称彼兕觥，万寿无疆！

《豳风·七月》共有八段："它的第一段，说的是农具休整和春耕，第二段说的是采桑，第三段说的是纺麻，第四段说的是打猎，第五段说的是修屋过冬，第六段说的是酿造和饮食，第七段说的是收割，第八段说的是祭祀。歌谣里唱的节奏，与月份和季节的时间流动和谐对应，时间的流动又用衣、食、住、行、劳动和祭祀的季节性特征来描绘。"①显然，"七月"描绘了一个四季分明

---

① 王铭铭：《人类学是什么》，北京大学出版社2002年版，第103页。

有序、人的劳作与生活顺着自然的节律依次展开的场景。在这个场景里,人们的劳作依据性别进行了分工。如第一段提及"三之日于耜,四之日举趾"之时,"同我妇子,馌彼南亩"。第二段提及在"春日载阳"的时候,"女执懿筐,遵彼微行,爰求柔桑。春日迟迟,采蘩祁祁。女心伤悲,殆及公子同归。"从这些诗句中既可感受到采桑女忙碌的身影,也不难体味出女子内心的春情萌动与伤悲。第三段讲到了"八月载绩"之时,女子就要将麻纺染得绚丽多彩,交给公子做衣裳。如此等等,不一而足。不难看出,"劳作的节律,也是四季分明的男女性别区分与合作的节律。人们在性别分工和两性合作的基础上组成亲属团体,居住在他们建造的房子里,一同过他们的日子"①。

(二)《易经》的生命意识

如果说中(仲)春之会与高禖之祀是性——生殖崇拜在风俗和礼仪方面的反映,《诗经》中的"性开放"是性——生殖崇拜在文学中的反映的话,不独唯此,性——生殖崇拜在中国思想史上也留下了深刻的印记,如作为卜筮之书的《易经》中体现的生命意识,这种生命意识既包含有个体的生命意识,同样也包含有集体的生命意识。

如果说古希腊的哲学是一种形而上学的哲学的话,中国古代的哲学尤其是先秦的哲学,不管是儒家还是道家的哲学,都是一种关乎生命的哲学。牟宗三先生曾说:"中国哲学,从它那个通孔所发展出来的主要课题是生命,就是我们所说的生命的学问。它是以生命为它的对象,主要的用心在于如何来调节我们的生命,来运转我们的生命、安顿我们的生命。这就不同于希腊那些自然哲学家,他们的对象是自然,是以自然界作为主要课题。"②方东美先生也有类似的说法:"中国的哲学从春秋时代便集中在一个以生命为中心的哲学上,是一套生命哲学……因此从中国人看来,希腊哲学的发展,是一个抽象法的结果。而中国向来是从人的生命来体验物的生命,再体验整个宇宙的生命。则中国的本体论是一个以生命为中心的本体论,把一

①　王铭铭:《人类学是什么》,北京大学出版社2002年版,第105页。
②　牟宗三:《中国哲学十九讲》,台湾学生书局1986年版,第15页。

切集中在生命上,而生命的活动依据道德的理想,艺术的理想,价值的理想,持以完成在生命的创造活动中。"①

生命意识最为突出地是体现在一个"生"字上。"生"可以说是中国先秦哲学的一个重要范畴,而且此"生"中明显含有对"生生之德"的崇仰与对唯有两性的结合(自然界的两性是天与地,人类的两性则是男与女)才有生命之繁衍的颂赞。

《易经》中的"生"字或含有"生"意的表达比比皆是。如:

《易·乾坤两卦·彖》云:"大哉乾元,万物资始……至哉坤元,万物资生。"

《易·否·彖》云:"天地不交而万物不通也,上下不交而天下无邦也。"

《易·咸·彖》云:"天地感而万物化生。"

《易·益·彖》云:"天施地生,其益无方。"

如果说《易经》中的"乾"、"乾元"代表"大生之德";"坤"、"坤元"代表"广生之德",那么天与地的生命合并起来就是一个广大悉备的天地"生生"之德,这是宇宙、世界的根本大德,正所谓"天地之大德曰生"。人类之生命与自然万有之生命皆是生生不已的发展。整部《周易》,就是宇宙生命力的展现,好生之德,成了易学的主题。

生命意识除了体现在"生"字上以外,还体现在《易经》中对男女结合才有生命的表述上。《易经》的结构可分为八卦图象及六十四条卦辞和三百八十四条爻辞。构成《易经》卦象的两个基本符号是"——"和"--",即阳爻和阴爻。有人认为它们是天与地的符号象征;也有人认为"这套符号系统不是从天上掉下来,而是从中国原始时代社会结构中产生的,尤其是依据婚姻法则产生的"②。还有人认为它们分别代表着男根与女阴,是古代生殖

---

① 方东美:《原始儒家道家哲学》,台北黎明文化事业股份有限公司 1983 年 9 月初版,第 158 页。

② 方东美:《原始儒家道家哲学》,台北黎明文化事业股份有限公司 1983 年 9 月初版,第 144 页。

崇拜的孑遗。① 更有人认为它们是由数字卦演变而来。"这些奇、偶数字在古人看来,正好象征了天与地、日与月、男与女、白与黑等等自然界的事物与现象。"②

尽管《易经》本身并未将"——"称为阳,将"— —"称为阴,但多数学者还是将其称为"阳爻"和"阴爻","无疑,只有确认'——'为阳、'— —'为阴,'——'为乾为阳,'— —'为坤为阴,全卦的基调和各爻的总体关系,才有可能确定"③。"阳爻"和"阴爻"象征着阴阳关系乃是宇宙天下所有事物最普遍的关系,这爻象中的任何一方对另一方而言都是绝对必需的,它们相互依存,互为依靠,它们代表着宇宙间一切运动的两种基本势力,是天地间生命源源不绝的源泉。正是这两种基本势力的相互对立和作用,推动了大千世界的生生不息,变动不居。《易经》的"易"字即含有"变易"之意。"夫《易》者,变易之总名,改换之殊称……谓之为《易》,去变化之意。"④孔颖达在《周易正义·序》中所表达的这一观点,直到今天仍被多数学者所认可。有意思的是,《易经》把有阴阳交感的卦称为吉卦,如泰卦,其卦象为"䷊"坤在上而乾在下,这意味着阴气上升阳气下降,天地交而万物通也;相反否卦的卦象为"䷋"乾在上而坤在下,这意味着阳气上升阴气下降,天地不交则万物不通,阴阳背道而驰,所以是个凶卦。后世解《易》者们发现,从卦象上讲,凡阴阳爻相交的卦爻辞,即《易经》经文中的文字评语多倾向于亨通,相反者则多为不吉。吴汝纶先生将此总结为:"《易》中凡阳爻之行,遇阴爻则通,遇阳爻则受阻。尚秉和先生指出这是'全《易》之精髓'。"⑤《周易》中的

---

① 著名学者钱玄同在《答顾颉刚先生书》中说:"我以为原始的易卦,是生殖器崇拜时代的东西;'乾'、'坤'二卦即是两性的生殖器的符号。"见《古史辨》第一册,上海古籍出版社1982年版。历史学家周予同也说:"《易》的—— — —就是最显明的生殖器崇拜时代的符号。——表示男性的性器官……— —表示女性的性器官。"见《周予同经学史论著选集》第86页,上海人民出版社1983年版。郭沫若也说:"八卦的根柢我们很鲜明地可以看出是古代生殖器崇拜的孑遗,画一以像男根,分而为二以像女阴,所以由此而演出男女、父母、阴阳、刚柔、天地的观念。"见郭沫若:《中国古代社会研究》,人民出版社1954年版,第26页。

② 葛兆光:《中国思想史》第一卷《七世纪前中国的知识、思想与信仰世界》,复旦大学出版社2001年版,第64—65页。

③ 冯达文:《早期中国哲学略论》,广东人民出版社1998年版,第35页。

④ 孔颖达:《周易正义·序》。

⑤ 黄善祺、张善文撰:《周易译注》,上海古籍出版社1989年版,第45页。

这种阴阳的相互作用、交感,推动了宇宙的生生不息,变化无穷的思想对中国思想史发展的影响不言而喻。

有趣的是,《易经》的乾坤两卦常被称作"父母卦",其他六卦则被称作"儿女卦",即所谓"乾坤生六子"。《易传·说卦》中对"乾坤生六子"有很精彩的解释。云:"乾,天也,故称乎父;坤,地也,故称乎母;震一索而得男,故谓之长男;巽一索而得女,故谓之长女;坎再索而得男,故谓之中男;离再索而得女,故谓之中女;艮三索而得男,故谓之少男;兑三索而得女,故谓之少女。"可见,乾坤所生的六子是三男三女。其实,早在汉代,就有人注意到《周易》中乾坤两卦与男女婚嫁生育之间的关系,如时人所云:"《易》基《乾》《坤》,《诗》首《关雎》,《书》美釐降,《春秋》讥不亲迎,夫妇之际,人道之大伦也。礼之用,唯婚姻兢兢。"[①]

《易经》中有些卦如屯卦、贲卦、咸卦、睽卦和归妹等卦,都有不少涉及到与男女两性相关的论述,如:

《易·屯·六二》云:"屯如,邅如。乘马班如,匪寇婚媾;女子贞不字,十年乃字。《象》曰:六二之难,乘刚也;十年乃字,反常也。"("屯"是困顿、困难之意,"邅"是进进退退、回旋不前之意,屯卦紧随乾卦、坤卦之后,说明天地交合以后,如草木之萌发,充满艰难。"十年乃字"中的"字",则是"嫁"之意)

《易·屯·六四》云:"乘马班如,求婚媾;往吉,无不利。《象》曰:求而往,明也。"

《易·贲·六四》云:"贲如,皤如,白马翰如;匪寇,婚媾。《象》曰:六四当位,疑也;'匪寇婚媾',终无尤也。"

《易·咸·象》云:"咸,感也。柔上而刚下,二气感应以相与。止而说,男下女,是以亨,利贞,取女吉也。"(宋代的朱熹在《周易本义》中云:"咸,交感也。"在其看来,《咸》卦主要是讲男女夫妇之道的)

《易·睽·象》云:"天地睽而其事同也,男女睽而其志通也,万物睽而其事类也,睽之时用大矣哉!"(这段话中的"睽"为对立、乖睽之

---

① 《汉书·外戚传》。

意。这段话的大意是天与地化育万物的事理是相同的，男与女交感求和的心志是相通的）

　　《易·归妹·彖》云："归妹，天地之大义也。天地不交，而万物不兴；归妹，人之终始也。说以动，所归妹也……"（归妹即含有嫁女之意，此卦历来被认为意指嫁女，强调男女的结合、子孙繁育如同天地相交而万物生的道理一样，结婚乃天地之大义）

或许正因为如此，许多学者对《易经》中反映的婚姻家庭关系的内容都持肯定的态度，予以积极评价。如有学者在分析了《易经》中姤、咸、恒、睽、革、归妹、家人诸卦后，认为《易经》的婚姻家庭观念是积极的，其对于男女的结合主张要以两情相悦为基础，对于婚后的两性关系则主张只有职责的区分，而无所谓平等不平等的分别。① 还有人认为，《易经》中关于婚姻的意义、婚姻的成败、婚姻双方的责任的看法，至今仍有借鉴意义。②

　　早在 1927 年，周予同先生就提出儒家根本思想的出发点是生殖崇拜的观点。他说："在儒家的意见，以为万物的化生，人群的繁衍，完全在于生殖；倘若生殖一旦停止，则一切毁灭，那时，无所谓社会，也无所谓宇宙，更无所谓讨论宇宙原理或人类法则的哲学了，所以'生殖'或者露骨些说'性交'，在儒家是认为最伟大最神圣的工作……儒家崇拜生殖的话，在《易》与《礼》里，发挥得很详尽。他们以为天地是宇宙间之最伟大的阴阳两性，天地之所以值得崇拜，不在天地单独或分离存在时之'体'，而在天地合作时之'用'，即所谓'生生'。"③"儒家是在用哲学而又文学的笔调，庄严地纯洁地描写本体的两性，歌颂本体的两性之性交，赞叹本体的两性之性交后的化育。"④

　　周先生的这个观点或许过于武断和简单化，并且也使人对其有夸大其词之感，但在一定程度上也确实反映了《易经》对"生生不息"及对生命的重

---

① 参见巫穗云：《试析〈周易〉之婚姻观》，《江汉论坛》2001 年第 4 期。

② 参见孙不默、刘丽群：《〈周易〉的婚姻观》，《唐都学刊》1996 年第 3 期。

③ 周予同：《"孝"与"生殖器崇拜"》，转引自庞朴等编《先秦儒家研究》，湖北教育出版社 2002 年版，第 149 页。

④ 周予同：《"孝"与"生殖器崇拜"》，转引自庞朴等编《先秦儒家研究》，湖北教育出版社 2002 年版，第 151 页。

视与崇尚的事实。

四、从女性在政治与宗教生活中的参与
看《旧约圣经》的性别意识

需要说明的是:欧美的大学出于基督教学术传统,一般将圣经研究(Biblical Study)分为旧约与新约两部分,但近几十年来由于受到一些开放激进的学术潮流的驱动,一些大学及学者,不再使用"旧约研究"这样的词汇,而是改用"希伯来圣经研究"。其实,两者的研究范围是一致的,这样的名称改变只是为了去除一种基督教中心的立场。因为基督教将耶稣的道成肉身事件视为上帝与人类所立的"新约",在此意义上,上帝与以色列民族所订立的信仰与救赎之"约"就成了过时而需要更新的"旧约"。这样的"新"与"旧"的字眼无疑带有某种褒贬之意,显示了基督教自我中心的立场,而且不无排犹色彩。因此,出于对犹太教传统的尊重,当今的许多学者改称"旧约"为"希伯来圣经"。不过,笔者在本书中考虑到中国人的用语习惯,仍然沿用"旧约"的名称与术语。

在基督教时代以前,以色列只是一个很小的民族或很小的国家,但其历史对整个世界却有非常重要的影响力。无可讳言,其他民族或国家的影响力能与之相比的寥寥无几。追根朔源,以色列民族与中华民族一样,有五千多年的悠久历史,但与中华民族不一样的是,它从来都是一个弱小的民族,在悠久的历史中被奴役、受歧视、遭迫害,被迫流亡异乡,几乎有二千年没有自己的国土。然而,就是这么一个弱小的民族在流散世界各地、寄人篱下的困境中,不但奇迹般地生存延续了下来,而且为人类文明的发展作出了世人瞩目和令人惊叹的贡献,这使人们不能不对她产生深深的同情和敬意,并由之深思。

我们在了解《旧约·圣经》以色列社会的性别关系之前,有必要对旧约以色列人的宗教文化传统的特质做一基本的介绍。

首先,就以色列人的称谓而言,从圣经和一些历史与文学等的著作中,

人们常碰到希伯来、以色列、犹太等名称,使徒保罗就曾自称为希伯来人①,
但同时他也自称为以色列人②和犹太人③。其实,希伯来人是以色列人最
早的称谓,也可以认为其是以色列人的祖先。"以色列"则可当做个人、民
族与国家的称呼。在视为个人时,主要指以撒的原名雅各的儿子,他在与天
使摔跤后被吩咐不要再叫雅各,而要叫以色列④。在称呼以色列人时,通常
是将其作为一个民族来看待的。当然,以色列人也含有以色列国家的人之
意(如所罗门王死后,南北分裂,北部的十个支派组成了以色列国)。犹太
的称呼则出现得比较晚(所罗门之后,南北分裂,南部的两个支派组成了犹
大国),公元前 6 世纪,犹大国被巴比伦王国所灭,巴比伦的国王尼布甲尼
撒将之降为一省,起用当地人为省长治理这块地方。其后,波斯、希腊和罗
马等帝国,也依此法来统管这块地方。这治地比原来的犹大国有所扩大,并
被称为犹太人之地和犹太地。此外,被掳到巴比伦的犹太人在被掳回归后,
他们重建圣殿、圣城,宣读律法、禁食认罪,并在先知尼希米与祭司以斯拉的
倡议下清除外邦妻子及其所生的子女⑤,正是在此时摩西时期初具雏形的
宗教才成为比较成熟的一神教——犹太教,而信奉这种宗教的人,就成了犹
太人。所以,犹太人的含义最主要的是与信奉犹太教的人相关。也有人认
为,"圣经时代,犹太人是依父系的血统来确定的,即父亲如果是犹太人,其
子女即为犹太人。拉比时代以降,犹太人的身份以母系的血统而定,即凡犹
太母亲生的子女都是犹太人,即使父亲不是犹太人"⑥。因此本书中会交替
使用"希伯来人"、"以色列人"和"犹太人的称呼,它们是可以相互替代的,
当然在特定语境中它们又各有其独特的含义。

　　关于以色列人的文化传统的特质,可以概括为:一神的信仰、立约的子

---

① 参见《圣经·哥林多后书》11:22 和《圣经·腓力比书》3:5。
② 见《圣经·罗马书》11:1 和《圣经·哥林多后书》11:22。
③ 见《圣经·使徒行传》21:39;22:3。
④ 见《圣经·创世纪》32:28。"那人说:'你的名不要再叫雅各,要叫以色列,因为你与神与
人较力,都得了胜。'"
⑤ 详见《圣经·尼希米记》6:15。"以禄月二十五日,城墙修完了,共修了五十二天。"《圣
经·以斯拉记》10:10—11。"你们有罪了,因为你们娶了外邦的女子为妻,增添了以色列人的罪恶。
现在当向耶和华你们列祖的神认罪,遵行他的旨意,离绝这些国的民和外邦的女子。"
⑥ 傅有德:《犹太哲学与宗教研究》,中国社会科学出版社 2007 年版,第 163 页。

民、以律法作准绳、献祭与圣所的崇拜及圣洁的生活以及会堂与社群的生活。

就一神的信仰而言，众所周知，旧约的以色列人持有对宇宙独一真神耶和华的信仰。不过，在旧约以色列人的历史中，以色列人其实一直都受到周边地区其他民族的宗教崇拜与信仰的影响。尤其在其进入迦南、由游牧转入农耕之后，他们很快就接受了迦南人的宗教信仰。加之迦南的宗教是"开放式的"，迦南人多用公开的地方做祭祀敬拜，无论是高山、小山、青翠树下，都是他们筑邱坛偶像、建造柱像的地方，以色列人要接触并了解这种宗教并不困难。正因如此，耶和华神才要经常提醒以色列人不要受异教的影响，甚至要"要拆毁他们的祭坛，打碎他们的柱像，用火焚烧他们的木偶，砍下他们雕刻的神像，并将其名从那地方除灭"①。不过，以色列人对上帝的提醒经常是置若罔闻，他们常在敬拜耶和华神的同时，也去敬拜别的神，惹得耶和华神发怒，以至于"在《何西阿书》里，婚姻这审判性的象征斥责以色列这'淫妇'，指她情愿跟随迦南地之雨水和农作物的巴力，而不愿随雅威②（Yahweh）——那游牧民族的族长。雅威成了愤怒的丈夫，要以休妻来惩罚这个不忠的妻子"③。以色列人一神信仰的真正确立是在其被掳于巴比伦以后，只是在被掳到异国他乡之后，他们才真正醒悟到他们所遭受的灾难是因未听从上帝藉先知的教诲与警告而导致，从那以后，特别是在被掳回归以后，敬拜耶和华独一真神的信仰才得以真正确立。

就立约的子民而言，上帝与以色列人立约④，可推至上帝与以色列人的远祖亚伯拉罕立约、使他作多国之父为开始。"值得注意的是，立约的双方是一方为神，一方为人；神是盟约的积极倡导者和盟约内容的规定者，人即

---

① 《圣经·申命记》12:3。

② 即耶和华神——笔者注。

③ 萝特：《性别主义与言说上帝》，道风书社2004年版，第68页。

④ 在《圣经·出埃及记》19—24、32—34章《圣经·申命记》4—11、26—30等章中均勾勒出神和以色列人订定的圣约的基本特色，这就是：1.神主动和人订约，而且是由神订定条件。2.以色列自愿订定圣约，神也教导人要谨记"约"的本质。3.圣约就像婚姻誓约一样，要求以色列人对神绝对忠诚，如果以色列人对神忠心，神将应许赐福；如果以色列人对神不忠，饥荒、战争、流亡等灾难将会临到，但以色列人如果回头，神会看重。圣约的持续，完全是出于神的怜悯和信实。4.圣约恒久不变，对以色列每一代人都是如此。

亚伯拉罕则是被动的接受者。是上帝选定以色列人并与之立约的,正是在这个意义上,以色列人才自称为'上帝的选民'。"①上帝不但与亚伯拉罕立割礼的约,也藉这割礼与亚伯拉罕的后裔立约,要他们做完全人。并且上帝还向亚伯拉罕的儿子以撒及孙子雅各一再重申前约。② 上帝也藉摩西领他们出埃及,在西奈山立最庄严、最有约束力的约,要他们作属神的子民,归上帝作祭司的国度,为圣洁的国民。③ 这就是为什么以色列人一直自喻他们与上帝的关系较之其他的民族更亲近,因而可以得到更多的神爱与神助的缘故。

就以律法作准绳而言,"律法"的含义,在字面上有教导和训诲之意,以色列人的律法书是旧约圣经的前五卷,即创世纪、出埃及记、利未记、民数记和申命记,这五卷也常称为"摩西五经"。这五卷书的律法内容主要包括三个方面:一是道德律,就是要求人爱神爱人的十条戒律,即摩西十诫。二是礼仪律,包括圣所及圣器的制造、祭司的膏立、职责、献祭、洁净、圣洁等相关的条例。三是民刑律,既关乎到人与神的关系,也关乎到人与人之关系上的民事法与刑事法。

就献祭和圣所的崇拜而言,不像其他民族向众神或向自己的祖先献祭,以色列人的献祭对象是向创造万有和掌管万有的独一真神耶和华献祭(不过,在旧约的记载中,人们也常常看到以色列人总是悖逆耶和华神,去向别神献祭)。此外,以色列人深信自己是圣洁的民。④ 圣经中的"圣洁"一词有明确的意义,它包括了亲近神、属于神、被分别出来献给神(即分别为圣)等意,也就是与不洁净和污秽隔开。所以凡献与上帝的,都必需是圣洁的,祭坛是圣洁的,祭司是圣洁的,祭物是圣洁无瑕疵的,来到祭坛献祭之人的行事为人也应是圣洁的,圣洁的男女在神的面前敬拜还要用"圣洁的妆

---

① 傅有德:《犹太哲学与宗教研究》,中国社会科学出版社 2007 年版,第 184 页。
② 参见《圣经·创世记》26:1—5;28:13—15。
③ 参见《圣经·出埃及记》19:4—6。
④ 从摩西第一次与神面对面以后,人就开始认识到圣洁是神的特质,也是神对人的基本要求:"你晓谕以色列全会众说:你们要圣洁,因为我耶和华你们的神是圣洁的。"(《圣经·利未记》19:2)

饰"。总而言之,事关敬拜的一切都应是完全的圣洁。以色列人的圣所①则经历了四个不同的阶段,即筑坛、搭会幕、建造圣殿及圣殿被毁后在会堂的敬拜。

就会堂与社群的生活而言,会堂是以色列人的文化传统得以保存的最重要的地方,会堂的缘起当在圣殿被毁之后即"巴比伦之囚"以后,在耶稣时代即公元1世纪时,会堂已遍布罗马帝国统辖的有关区域。人们在会堂里敬拜神、诵读或讲解律法书、讲说祝福和劝勉的话。会堂与社群的生活是犹太人无论往何处去,不管住得或近或远,都会保持精神团结和其文化传统的重要原因。

若要了解以色列人的早期历史,了解以色列社会早期(从族长时代——被掳与归回时期)的性别关系,毋庸置疑旧约圣经是最为重要的经典。旧约圣经共有39卷,929章。以色列人有长远的口传传统,因此这部经典最初是口口相传,大约从公元前8世纪或更早的时候起,以色列的先知们开始把长期积累的口传材料以文字的形式记载下来②,至公元2世纪左右,经过好多代人不懈的努力,终于形成了旧约圣经这一内容丰富而庞杂的宗教经典。

要说明的是,以色列历史的资料来源主要得自旧约。其历史之记述,比其邻邦的历史记述更详细。其他国家的历史,虽藉考古研究可知其详情,但其文字记载,都不如旧约。《旧约》记载了以色列祖先最早的起源及生活背景,在埃及异域的寄居,按支派开始于应许之地区生活,各支派联合为一统一王朝,其名称、其统治期间之长短及列王的主要活动,神因其罪而加诸其

---

① 圣所被认为是神居住的地方,是以色列人敬拜神、并从神那儿得到启示及人求问神的地方。圣所让人觉得圣洁、敬畏,只有受过严格训练、手洁心清的人,才可以在圣所服事,由此发展出服事神的祭司体系。一般人不能靠近圣所,违反规定将使个人或群体遭灾。

② 以色列人的经卷,都是在经过不同的地区的很长的口传和个别传统的书写之后,才逐渐汇编起来。虽然无法确定希伯来文的起源,但根据埃及和巴勒斯坦的考古发掘,证实了摩西时代已有文字,摩西在埃及法老王宫中受教育,"学了埃及人一切的学问"(《圣经·使徒行传》7:22)。当然也包括了文字的写作。所以历来都有人认为旧约中的《创世记》如果不是全部,至少也有一部是摩西随着圣灵的引导所写成的,可以肯定的是,在大卫之前,以色列人已可接触到许多不同的文字——埃及的象形文、苏美尔人和古迦南人的楔形文字,特别是已有了拼音字母的腓尼基文和古亚兰文,至于当时是否有了希伯来文还有待确证,但以色列人有长远的口传传统,却是可以证明的。

国的惩罚,被掳至东方国家以及被掳的人民回归原地和回归后的经历等。所以,旧约圣经不仅仅是一部宗教经典,它还是一部历史书,其中大量的历史都得到了现有的考古发现的印证。不仅如此,《旧约》还是一部了解以色列人的传说、民俗、律法、政治、经济、艺术、文学与社会等的百科全书。

当然,特别要加以指出的是,旧约的写作主要不是为了历史的目的,它也不是一部纯粹的历史书。对笃信它的人而言,它是一部记载了耶和华神如何特别藉以色列民族预备并成全人类的救赎的书。因此,但凡与这种救赎预备有直接关系的历史,就包括在其中;没有直接关系的,通常就省略了。这就使得:一方面,旧约中在许多方面的历史资料相当完全;但另一方面,它也省略了一些其他纯历史书籍或许会涵括的材料。好在多年来圣经考古学的研究已取得了较大进展且成果不少,圣经考古学所贡献的资料对于人们增进对旧约历史的了解作出了较大的贡献。

有了上述的铺垫,即对希伯来——以色列——犹太文化传统的宗教或信仰的特质有大致的了解,对于我们理解旧约圣经中的性别意识和早期以色列人社会的性别关系不无帮助。

(一)《圣经旧约》中以色列女性在政治上的作为

旧约中所反映的以色列社会,无疑与世界上许多民族的上古社会一样,是以男性为中心的父权制的社会。古代希伯来语的语法中有一个特点,即所有的字词都设定有一个性别,或是男性,或是女性;换言之,或是阳性,或是阴性,没有中性的字和词。旧约圣经中的上帝——耶和华无疑是一个"父神"的形象,神的性别指涉是很清楚的,如上帝常被描绘成君王、统帅、法官、牧人、战士、父亲和丈夫等,"他的活动主要反映的是男性的业绩。他在统治、掌权、审判、惩罚、酬谢、支付。他的品质源于实力、君权、万能的男性理念"[1]。从使用的动词和修饰词来看,上帝使用的是男性的动词和修饰词。一如古代世界中的许多民族,古代以色列社会的女性在以男性为中心

---

①　E.M.温德尔:《女性主义神学景观》,刁承俊译,北京生活·读书·新知三联书店1995年版,第88页。

的父权制社会中居于次要地位。因此,在这个宗教色彩如此浓厚的社会里,女性自然不太可能进入宗教领袖的行列。不过,也有少数女性在政治上还是有一番作为,如以色列社会中没有女祭司,却有女先知,在社会政治的结构中还有过女士师①和女王等。此外,旧约中提到了一些对以色列民众与社会影响较大的女性,这些女性的身份分别是族长、先知、祭司与国王等的妻子、母亲甚至可能她们本人就是女王,她们在政治上或多或少、或好或坏都有一番作为,因而她们的重要性远远超过大环境的限制。

1.族长的妻子

《创世记》在叙述以色列祖先旧约族长时代的故事时,是以亚伯拉罕、以撒、雅各为核心,但他们的妻子并没有隐姓埋名,她们均在《创世记》中被详细记载,这几位女性在民族起始时的地位由此被点明,这四位女性分别是撒拉、利百加、拉结和利亚,犹太人将这四人称之为"我们的母亲",她们是经过特别的挑选才成为族长之妻的。②

在上述四人中,作为亚伯拉罕之妻、"以色列之母"的撒拉的重要性不言而喻。撒拉是位美丽的女子,可她不生育,她自作主张地将自己的女仆夏甲给丈夫亚伯拉罕做妾。耶和华眷顾撒拉,撒拉才怀孕生子。后来撒拉怂恿亚伯拉罕赶走了夏甲母子。撒拉虽有许多不足,但她也有值得人称许的地方,如她对丈夫的顺从(她跟随丈夫一起离开他们原来居住的文化在当时来说算是比较发达、生活条件较好的地方,而去到一个上帝指示的但对他们来说完全陌生的地方)和对神的信心。在新约圣经中,保罗将她作为顺服丈夫的妻子的榜样,他说:"古时仰赖神的圣洁妇人,正是以此为妆饰,顺服自己的丈夫,就如撒拉听从亚伯拉罕,称他为主。你们若行善,不因恐吓而害怕,便是撒拉的女儿了。"③保罗还称赞撒拉的信心,"因着信,连撒拉自己,虽然过了生育的岁数,还能怀孕,因她以为那应许她的是可信的。所以

---

① "士师"在希伯来原文是"审判官"之意,为上帝所选派,有上帝的灵赋予其独特的能力,奉命做百姓的领袖。他们的工作有裁判人们的纠纷与一些案件,而更重要的事是拯救以色列人民脱离外邦敌国的手。

② 除了撒拉,圣经也描述了其他3人被选为妻的详细过程。

③ 《圣经·彼得前书》3:5—6。

从一个仿佛已死的人就生出子孙,如同天上的星那样众多,海边的沙那样无数"①。

2.女先知

以色列的社会中没有女祭司。出于圣洁的考虑,旧约中对当祭司的男人也有严格规定,如"不可娶妓女或被污的女人为妻,也不可娶被休的妇人为妻,因为祭司是归神为圣"②。"他要娶处女为妻。寡妇或是被休的妇人,或是被污为妓的女人,都不可娶,只可娶本民中的处女为妻。"③以色列的社会中无女祭司的原因或许有二:一是与避免联想异教的习俗相关,古代近东的其他宗教中有女祭司,大多与生殖的迷信有关,她们可以充当庙妓卖淫,不仅使敬拜迷信虚妄,而且淫秽卑下。二是由于女性生理的限制,女人每月都有经期,而经期被以色列人视为不洁的时期,在礼仪上也是不洁净的,再加之女人的生育哺乳等,所以担任祭司确实不方便。

女性虽不能担任祭司,却可以担任先知,所谓先知就是被神感动能说预言也替神说话的人。先知的功用,是既向人传达神的心意,也把人的意思向神传达。他们通常都以"上主如此说……"为其神谕的开头。以色列的先知既然是神向人的代言人,他们就将神的信息带给百姓——这些信息或是有关人们日常生活的事,或是有关国家大事,甚至民族的前途;作为人与神之间的桥梁或代表,先知也有代百姓向神祈求的责任,他们代求的事,有时是百姓家中的难处,有时是全体民众或民族与国家的危难。由此可见,先知在以色列社会中的重大作用。

在圣经中记载的先知以男性为主,有名可记的有四十多位。女先知的人数则寥寥可数。不过旧约中还是提到了好几位女先知的名字,她们是米利暗、底波拉、户勒大、挪亚底和先知以赛亚的妻子等,但根据希伯来圣经,其中只有三位真正具有先知的衔头。第一位是米利暗,她是以色列的第一位女先知,也是以色列民中第一位与国家或民族有直接关系的女子。米利暗是摩西与亚伦的姐姐,在摩西领导以色列人出埃及这一重大事件中,她也

---

① 《圣经·希伯来书》11:11—12。
② 《圣经·利未记》21:7。
③ 《圣经·利未记》21:13—14。

同样起了领导作用。当神帮助以色列人顺利渡过红海,埃及军队全军复没后,她带领妇女唱歌跳舞来庆祝。她"手里拿着鼓,众妇女也跟她出去拿鼓跳舞。米利暗应声说:'你们要歌颂耶和华,因他大大战胜,将马和骑马的投在海中。'"①可惜她后来因挑战摩西的地位而受罚长大麻风。

第二位女先知是底波拉。在底波拉生活的士师时代,以色列人常常远离耶和华去侍奉迦南的巴力神和亚舍拉女神,耶和华恼怒以色列人,就把他们交在他们敌人的手中,他们无论往何处去,耶和华都以灾祸攻击他们。当时迦南大军在西西拉的统帅下进犯以色列人,在危难之际,一向在以色列人中很有声望("以色列人都上她那里去听判断"②)、且集先知和士师于一身的底波拉(她也是士师时代唯一的女士师),向以色列人宣告神的话和旨意。她听说巴拉有领兵的才干,就请人将他召来,巴拉却提出若要他领兵打仗的话,底波拉要与他同去,底波拉回答说,"我必与你同去",她指派巴拉作指挥官,按其命令打仗,大获全胜。在此处,圣经作者通过二人对话的语言描写,用衬托的写作手法,透过巴拉的懦弱,衬托出底波拉是智勇双全的女性。身为先知,她也准确地传达了神的讯息,忠实地履行了先知的职责。

在关于底波拉的记载中,还提到了另一位名叫雅亿的女子,她用计杀了仓惶逃跑到她的帐篷里来的非利士人的将军西西拉,终于为以色列人除去大害。③ 以色列国从此又享太平四十年。《士师记》记载的"底波拉之歌",是圣经最古老的诗篇之一。这首诗歌称底波拉是"以色列的母",称颂她领导有方,让以色列各支派团结一心。"学者大都同意,这首诗歌应该是第一手历史资料,年代约为公元前1125年。"④

第三位女先知是户勒大,在犹大国王约西亚王(约公元前639—609年在位)宗教改革时期,她是很重要的人物,当时在修茸圣殿时,祭司发现了一卷尘封已久的律法书,约西亚王读了之后吩咐祭司去求问耶和华。祭司就去见户勒大,户勒大是掌管礼服的沙龙的妻。户勒大要祭司如此回复约

① 《圣经·出埃及记》15:20—21。
② 《圣经·士师记》4:5。
③ 《圣经·士师记》4:17—22。
④ 约翰·鲍克:《圣经的世界》,刘良淑、苏西译,台北猫头鹰出版社2000年初版,第106页。

西亚王:"耶和华如此说:我必照着犹大王所读那书上的一切话,降祸与这地和其上的居民。因为他们离弃我,向别神烧香,用他们手所做的惹我发怒,所以我的忿怒必向这地发作,总不止息……耶和华以色列的神如此说:至于你所听见的话,就是听见我指着这地和其上的居民所说,要使这地变为荒场、民受诅咒的话,你便心里敬服,在我面前自卑,撕裂衣服,向我哭泣,因此我应允了你。这是我耶和华说的。"①在户勒大的时代,尚有先知杰里迈亚和西番雅等。为什么祭司等人去找户勒大而不找男先知呢?有人猜测户勒大或许比男性先知更得神的心意。户勒大与先知耶利米同时代又同为先知,她的重要性并不亚于耶利米。她对推动约西亚王的宗教改革起了重要作用。

至于挪亚底,她被列入"假先知"的名册,至于她究竟做了什么,旧约中没有明确记载,只是《圣经·尼希米记》中有提到,经文是:"我的神啊,多比雅、参巴拉、女先知挪亚底和其余的先知,要叫我惧怕,求你记念他们所行的这些事。"②还有鼎鼎有名的大先知以赛亚的妻子,圣经中只提到了她也是一位女先知,至于她的事迹如何,却没有任何记载,或许以赛亚的光环已完全把她遮蔽了。

3.王后

旧约中也提及了身为王后的女性在政治上的作为,但所做的事有好有坏。如大卫的妻子拔示巴(她先是赫梯人乌利亚的妻子,后来又嫁给了大卫王,并与后者生下了儿子所罗门),在大卫幸存的长子亚多尼雅乘大卫王年老体衰、阴谋篡夺王位时,她与先知拿单齐心协力,挫败了这个阴谋,使所罗门被顺利地立为王。③ 又如公元前9世纪的耶洗别,她是西顿国的公主,在热心事奉巴力的气氛中长大,是以色列国亚哈王的王后。她做了以色列王亚哈的妻子后继续信奉巴力,并且借着软弱的丈夫强迫以色列人随从她的宗教。她怂恿亚哈王建造巴力的庙,侍奉敬拜巴力神④,她杀害耶和华的

---

① 《圣经·列王记》下 22:16—19。
② 《圣经·尼希米记》6:14。
③ 《圣经·列王记》上 1:11—40。
④ 《圣经·列王记》上 16:31—33。

众先知①,还为了夺取田产谋杀无辜人拿伯②。多年以后,耶洗别成为太后。在一场由将军耶户领导的政变中,叛军攻到王宫。耶洗别知道死期已至,还慢慢妆扮梳头,并讽刺窗外的耶户。耶户命她身边的太监将她从高阁的窗户扔下,结果耶洗别的尸体被野狗吃尽,落得个可悲下场。再如亚哈和耶洗别的女儿、犹大国的王太后亚她利雅,在儿子死后,为了夺取犹大国的王权,"就起来剿灭王室",杀害王室所有成员,"篡了国位",统治六年后在政变中丧生。③ 亚她利雅身为"皇太后",在当时是正式的官名,地位和影响力都不容小看。

《圣经·以斯帖记》则记载了犹太女子以斯帖(以斯帖是波斯名字,是"星"之意)和养父末底改智胜波斯宰相哈曼的故事。以斯帖在取代抗命的王后瓦实提成为波斯王亚哈随鲁的王后之后,傲慢自大的宰相哈曼因对据不跪拜的末底改怀恨在心,就以抽签之法定出亚达月 13 日为剿灭全国犹太人的日子。在波斯国的犹太人即将面临灭顶之灾之时,以斯帖和末底改利用昏庸的国王奋力挽救犹太人的命运,经过波澜起伏的几次交锋,哈曼终被吊在他为末底改设立的木架上。末底改继任了哈曼的宰相职务,他吩咐人于亚达月 14、15 日为"脱离仇敌得平安、转忧为喜、转悲为乐的吉日",这即是"普珥节"的来历("普珥"系波斯语音译,意味"抽签"),以纪念犹太人命运转危为安的喜庆日子。以后每逢普珥节,犹太人都要在会堂公开诵读《以斯帖记》。《以斯帖记》尽管没有提及上帝的名字及其在历史中的作为,但由于它讲述的是以色列民族面对外族迫害时机智取胜的故事,因此对于亡国后被迫寄居异乡的犹太人无疑也能起到凝聚人心、振奋士气的作用。

(二)旧约以色列女性在公共宗教生活中的参与

在伊甸园中,与神直接对话的总是亚当而不是夏娃,且夏娃总在亚当的身后。显然,以色列人的宗教事务也总是以男性为主导的。男人出生不久就在身体上有了与上帝立约的标记——即行割礼,而女人是不需要有这类

---

① 《圣经·列王记》上 18:13;19:1—3。
② 《圣经·列王记》上 21:1—16。
③ 《圣经·列王记》下 11:1—16。

标记的。虽然女子也可以和家人一起自由进入圣殿祈祷、许愿,女孩也可以和男孩一道同父母去给耶和华献祭,但女人向神许愿只有经过父亲或丈夫的同意才有效。《民数记》中有一大段关于未出嫁的女孩、已出嫁的女子、寡妇或是被休的妇人许愿的各样条例。如"女子年幼还在父家的时候,若向耶和华许愿要约束自己,她父亲也听见她所许的愿,并约束自己的话,却向她默默不言,她所许的愿并约束自己的话,就都要为定;但她父亲听见的日子,若不应承,她所许的愿和约束自己的话,就都不得为定。耶和华也必赦免她,因为她父亲不应承。她若出了嫁,有愿在身,或是口中出了约束自己的冒失话,她丈夫听见的日子,却向她默默不言,她所许的愿并约束自己的话,就都要为定;但她丈夫听见的日子,若不应承,就算废了她所许的愿和她出口约束自己的冒失话,耶和华也必赦免她"①。由此可见,女子许的愿"定与不定",即是否算数,都要看父亲和丈夫是否"应承",体现的是父权制社会男性为主导的原则。条例最后说,"这是丈夫待妻子,父亲待女儿,女儿年幼还在父家,耶和华所吩咐摩西的律例"②。

以色列人的宗教活动基本上以男人为领袖,尽管在他们周围邻邦的宗教活动中,女祭司很普遍,但以色列的祭司却必须是男性,如前所述,以色列的女性是不可能成为祭司的。从没有女神和女祭司这一点来看,以色列与周围邻邦显然炯然不同。不过,"旧约"中的以色列女性,在公共宗教生活方面,却有着广泛的参与。上帝为以色列人指定要守的三大节期——逾越节、五旬节与住棚节,也包括女性。而且在一些重大的事关以色列人与上帝的关系的宗教活动中,女性更是不可缺少,如神在摩押和以色列人立约时,摩西召了以色列众人来,对他们说:"今日你们的首领、族长、长老、官长、以色列的男丁、你们的妻子儿女……都站在耶和华你们的神面前,为要你顺从耶和华你神今日与你所立的约,向你所起的誓……"③摩西还将写出来的律法"交给抬耶和华约柜的祭司利未子孙和以色列的众长老。摩西吩咐他们说:'每逢七年的末一年,就在豁免年的定期住棚节的时候,以色列众人

---

① 《圣经·民数记》30:3—8。

② 《圣经·民数记》30:16。

③ 《圣经·申命记》29:10—13。

来到耶和华你神所选择的地方朝见他。那时,你要在以色列众人面前将这律法念给他们听。要招聚他们男、女、孩子、并城里寄居的,使他们听、使他们学习,好敬畏耶和华你们的神,谨守遵行这律法的一切话。也使他们未曾晓得这律法的儿女得以听见,学习敬畏耶和华你们的神,在你们过约旦河要得为业之地,存活的日子,常常这样行。"①摩西的继承人约书亚在巴路山上宣读律法时,"照着律法书上一切所写的,都宣读了一遍。摩西所吩咐的一切话,约书亚在以色列全会众和妇女、孩子,并他们中间寄居的外人面前,没有一句不宣读的"②。

在犹大国王约沙法的时代,有摩押人和亚扪人来侵略,约沙法王就在犹大全地宣告禁食,大家恒切地祈求神。在这盛大的敬拜与祷告大会上,"犹大众人和他们的婴孩、妻子、儿女都站在耶和华面前"③。又如在被掳归回后,百姓在耶路撒冷聚集,"祭司以斯拉将律法书带到听了能明白的男女会众面前。在水门前的宽阔处,从清早到晌午,在众男女一切听了能明白的人面前,读这律法书。民众侧耳而听……他们清清楚楚念神的律法书,讲明意思,使百姓明白所念的"④。再如先知约珥劝众民来参加严肃会,是在禁食的日子,男女老少,大家齐来聚集。包括"使新郎出离洞房,新妇出离内室"⑤。上述这些经文至少说明了对于接受最基本的宗教律法教育和最基本的公共宗教生活而言,以色列女性和男性并没有明显的性别差异。

有时女性还可以担任一些不同于祭司的特殊职位,如在举丧的日子担任专职的哭丧妇,每逢这种时候,她们就被请来,其职责就是号啕大哭。如"万军之耶和华如此说:'你们应当思想,将善唱哀歌的妇女召来,又打发人召善哭的妇女来。叫她们速速为我们举哀,使我们眼泪汪汪,使我们的眼皮涌出水来。'"⑥后来,这种悲痛的哭喊发展成为一种按照一定格律构成的哀歌诗体。哀歌诗体不仅用来哀悼死者,如大卫哀悼扫罗父子的哀歌,感情真

---

① 《圣经·申命记》31:9—13。
② 《圣经·约书亚记》8:34—35
③ 《圣经·历代志下》20:13。
④ 《圣经·尼希米记》8:2—8。
⑤ 《圣经·约珥书》2:16。
⑥ 《圣经·耶利米书》9:17—18。

挚、催人泪下,而且许多先知还用它来表达对民族不幸的悲哀,如先知耶利米所作的《耶利米哀歌》等。

在喜庆日子里,女性们则会"打鼓击磬,歌唱跳舞"地来庆祝,如米利暗率领妇女唱歌跳舞地来庆祝以色列人顺利渡过红海、埃及军队的全军覆没。又如大卫战胜歌利亚,凯旋回耶路撒冷时,"妇女们从以色列各城里出来,欢欢喜喜,打鼓击磬,歌唱跳舞,迎接扫罗王。众妇女舞蹈唱和,说:'扫罗杀死千千,大卫杀死万万。'"①女性还可以在圣殿担任歌唱者。如参与圣所的歌唱,在被掳之后似乎更是有例可援。如"神赐给希幔十四个儿子、三个女儿,都归他们父亲指教,在耶和华的殿唱歌、敲钹、弹琴、鼓瑟,办神殿的事务"②。《以斯拉记》和《尼希米记》中都有提到,在波斯帝国时代,女子和男子一样在同一时间里在圣殿歌唱。③ 女子还可以担任神庙中的歌手。如"耶利米为约西亚作哀歌,所有歌唱的男女也唱哀歌,追悼约西亚"④。这些歌唱的男女就是圣殿的歌唱者。

在旧约中也有谴责女子参与其他异教的敬拜的内容,这些女子可分为三类:娼妓、巫女与膜拜者。娼妓有时用外女或庙妓等词来表述,巫女常行巫术与交鬼。如《圣经·撒母耳记》记载扫罗曾在国内不容有交鬼的与行巫术的人,但当非利士人大军来进犯时,不免心中有所胆怯,他就吩咐臣仆去找一个交鬼的妇人,招撒母耳从阴间上来。⑤《圣经·以西结书》中有对膜拜异教的从己心发预言的女子的斥责,如:"这些妇女有祸了! 她们为众人的膀臂缝靠枕,给高矮之人作(做)下垂的头巾,为要猎取人的性命。"⑥上述三类女子的行事为人无疑是耶和华神极为憎恶的。如耶和华神吩咐说:"以色列的女子中不可有妓女,以色列的男子中不可有娈童……因为这

---

① 《圣经·撒母耳记上》18:6—7。
② 《圣经·历代志上》25:5—6。
③ 参见《圣经·以斯拉记》2:65 云:"此外,还有他们的仆婢七千三百三十七名,又有歌唱的男女二百名。"《圣经·尼希米记》7:67 云:"此外,还有他们的仆婢七千三百三十七名,又有歌唱的男女二百四十五名。"
④ 《圣经·历代志下》35:25。
⑤ 《圣经·撒母耳记上》28:3—25。
⑥ 《圣经·以西结书》13:18。

两样都是耶和华你神所憎恶的。"①"你们中间不可有人使儿女经火,也不可有占卜的、观兆的、用法术的、行邪术的、用迷术的、交鬼的、行巫术的、过阴的。凡行这些事的,都为耶和华所憎恶。"②

如上所言,以色列女性参加圣殿中公共的宗教仪式活动是一种普遍的现象。当然,以色列女性在公共宗教生活中只是参加者和助手,而不是主导者;即使参加这一类活动,她们也受到诸多限制,如经期中的女人就不能进入圣所参加宗教生活。这是因为以色列人视血为生命之源,但却视女性的正常经血,或不正常患血漏病中的血,以及生孩子时所流之血为"不洁和污秽"。不洁和污秽,含有在上帝之外或与上帝分割的一切言语、行为及生活等,因此在行经和生育期间的女子不仅不能进入圣所参加宗教仪式,而且人们还要尽量避免沾染上不洁女人的污秽。

如对女人在经期内的限制。"女人行经,必污秽七天;凡摸她的,必不洁净到晚上。女人在污秽之中,凡她所躺的物件都为不洁净;所坐的物件也都不洁净。凡摸她床的,必不洁净到晚上,并要洗衣服,用水洗澡。凡摸她所坐什么物件的,必不洁净到晚上,并要洗衣服,用水洗澡。在女人的床上,或在她坐的物上,若有别的物件,人一摸了,必不洁净到晚上。男人若与那女人同房,染了她的污秽,就要七天不洁净;所躺的床也为不洁净。女人若在经期以外患多日的血漏;或是经期过长,有了漏症,她就因这漏症不洁净,与她在经期不洁净一样。"③又如对女人在生孩子以后的限制,"若有妇人怀孕生男孩,她就不洁净七天,像在月经污秽的日子不洁净一样……妇人在产血不洁之中,要家居三十三天。她洁净的日子未满,不可摸圣物,也不可进入圣所。"④而且,生女孩比生男孩的污秽程度加倍,如"她若生女孩,就不洁净两个七天,像污秽的时候一样,要在产血不洁之中,家居六十六天"⑤。

上述经文中有两点值得重视:一是女性行经和生育是不洁的、污秽的;

---

① 《圣经·申命记》23:17。
② 《圣经·申命记》18:10—12。
③ 《圣经·利未记》15:19—25。
④ 《圣经·利未记》12:2—4。
⑤ 《圣经·利未记》12:5。

二是生女孩比生男孩的污秽程度加倍。所以，无论经期还是产期，女子都"不可摸圣物，也不可进入圣所"，而且男人在这期间必须小心与她接触，以免染上污秽。《利末记》中规定，女人在经期或者产期满了之后，还要行燔祭和赎罪祭，由祭司为其赎罪，如此，才算洁净。① 由此可见以色列人对洁净与污秽的区分与重视。笔者以为，上述这些对处在特殊生理时期女性活动的限制，并不仅仅是出于对女性的歧视，也不能简单地用"男尊女卑"诸如此类的语言来概括。

从宗教人类学的角度来考察，或许女人的身体构造与男人完全不同，女人在成年后，每个月都会来月经；在有了性生活后，女人还会怀孕生孩子。而这些在远古的人看来是不可思议的，女人的身体对男人来说，是最大的神秘，而神秘的东西在古人看来一定有某种危险性在其中。尤其在古代医疗技术之低劣的情况下，女人死于分娩的可能性也比较大，因而使得分娩一事于神秘和危险性之上又增加了一层强烈的恐惧感，这就导致了由男子占主导地位的文化对女人身体本身特质的一种恐惧感。这或许就是为什么古代许多民族都将处在特殊时期的女性与不洁、灾祸等相联系，人们惟恐这种"联系"会给自己带来秽气或晦气，因此在关于洁净与污秽的想象中其实蕴含了"道德的判断"。

当代从事象征分类与身体研究的著名人类学家玛丽·道格拉斯（Marry Douglas）认为，"当人们在谈论肮脏和干净的时候，就是在进行道德的判断……这种脏和干净之间的界限是社会划定的，个人不可跨越，跨越了就'越轨'了，会受到谴责"②。她在其论文集《洁净与危险》中"说明了最低的私密的身体过程，能够赋予最复杂的和形而上学的解释"③。她在该书的导论中仔细考察了肮脏及其与人类经验的其他领域的关联的卑微的问题，

---

① 关于经期洁净的条例，《圣经·利末记》15：29—30云："要取两只斑鸠或是两只雏鸽，带到会幕门口给祭司。祭司要献一只为赎罪祭，一只为燔祭；因那人血漏不洁，祭司要在耶和华面前为她赎罪。"关于产妇洁净的条例，《利末记》12：6—7云："满了洁净的日子，无论是为男孩，是为女孩，她要把一岁的羊羔为燔祭，一只雏鸽或是一只斑鸠为赎罪祭，带到会幕门口交给祭司，祭司要献在耶和华面前，为她赎罪，她的血源就洁净了。"

② 转引自王铭铭：《人类学是什么》，北京大学出版社2002年版，第96—97页。

③ 转引自菲奥纳·鲍伊：《宗教人类学导论》，金泽、何其敏译，中国人民大学出版社2004年版，第51页。

"对肮脏的看法,包含着对有序与无序、存在与非存在、形式与非形式、生命与死亡的看法。无论在什么地方看到肮脏的观念,它都是高度结构的,对它们的分析展示了这些深刻的主题"①。道格拉斯还具体指出:"身体是一个模式,它可以代表任何有限的系统。它的边界可以代表任何有威胁的和不牢靠的边界。身体是个复杂的结构。它的不同部分的功能及其相互联系,为其他复杂的系统提供了象征的源泉。"②

也正因为在关于洁净与污秽的想象中蕴含了"道德的判断",所以世界上许多古代民族就有了针对女性,尤其是针对女性的特有生理现象的禁忌,如对月经、妊娠、分娩、产后等特殊时期的禁忌,这不独是古代以色列人特有的现象,而是一种普遍的社会文化现象。如中国直至明代,一代名医李时珍在其《本草纲目》卷五十二《人部》中还称女人月水"恶液腥秽,故君子远之,为其不洁,能损阳生病也。煎膏治药,出痘持戒,修炼性命者皆避之,以此也"。在中国,行经期间的女人或孕妇也不得参与家族祭祀这类严肃、庄重的场合,不得接近神龛、祭桌、祭品和巫师,否则的话就会亵渎祖先的亡灵,是对祖先的不敬。而且,经期内的女人或孕妇也不得参加婚礼等喜庆的活动。

著名的人类学和神话学家弗雷泽在其代表作《金枝》中也曾举出许多例子来说明女性月经和分娩期间的禁忌。如"澳大利亚的妇女在月经期间不许接触男人用的东西,甚至不得走在男人们经常走过的道路上"。妇女"在分娩期间要隔离,期满以后,所用器皿,全部销毁。在乌干达,妇女分娩或月经期间接触过的壶盆等物都得毁掉"。之所以要如此做的理由,是由于女性在月经和分娩期间"都被认为是处于危险的境况之中,她们可能污染她们接触的任何人和任何东西;因此她们被隔绝起来,直到健康和体力恢复,想象的危险期度过为止"③。

---

① 转引自菲奥纳·鲍伊:《宗教人类学导论》,金泽、何其敏译,中国人民大学出版社 2004 年版,第 51 页。

② 转引自菲奥纳·鲍伊:《宗教人类学导论》,金泽、何其敏译,中国人民大学出版社 2004 年版,第 51 页。

③ 詹·乔·弗雷泽:《金枝》,徐育新、汪培基、张泽石译,大众文艺出版社 1998 年版,第 314—315 页。

尤其在古代卫生医疗条件非常有限的情况下,水是除去污秽的最重要的因素。回到古代以色列人的生活场景中来看,在其生活的中东那种沙漠的环境里,由于水资源的有限,或许保持清洁最重要的因素就是与被认为是污秽的物与人的隔离。而生女孩比生男孩的污秽程度加倍,所以不洁净的日期要延长一倍,所需隔离的时间也就更长。令人费解的是:为什么生女孩比生男孩的污秽程度加倍?有学者认为:"妇女在产后需要一段时间来获得加倍的精力。若妇女产下了女婴,则需要有一段时间来为下一个生产机会可能要产下的男婴作准备。"①这或许仅仅是猜测而已,只是一家之言。

不过,我们也可以换个角度来思考,尽管前面提到的女性在经期和分娩期间的各样禁忌从其主要的出发点来看,首先是保护男人和各种神圣事物不受污秽的玷污,但在客观上这些禁忌对女性也具有一定的保护作用。因为这些禁忌以律法的形式要求男人不得在经期内及其之后的七天之内与女人同房,这既规范了夫妻之间的性生活,也是对女性身体的保护。

五、从婚姻家庭生活看早期
以色列社会的性别关系

(一)圣经旧约中以色列女性的婚姻生活

1.艳歌荟萃的《雅歌》

《旧约》中的《雅歌》被认为是最伟大的诗歌,有人认为《雅歌》将希伯来诗所有的技巧都用上了,而它也是《圣经》中唯一艳歌荟萃的一卷。雅歌的希伯来原名是 Sir Has Osirim(即最美之歌),因此英文称为"歌中之歌"(The Song of Songs),正如同"圣中之圣"(Holy of Holies),"万王之王"(The King of Kings),"万王之主"(The Lord of Lords),具有至高(most high)、无比

---

① John. H. Otwell, *And Sarah Laughcd: the Status of Women in the Old Testament*, Philadelphia: Westernmister Press, 1977, pp.166 – 167.

(uniqueness)的意思。

历代犹太人和教会的学者多认为所罗门曾作诗歌 1005 首①,因而认定他是本书的作者,翻开《雅歌》,第一句话就是:"所罗门的歌,是歌中的雅歌。"但也有人认为《雅歌》与所罗门并无直接关连。

历来的读者,都为《雅歌》中男女恋情的大胆表白而感到意外,19 世纪以前,人们常以寓意的方式来解经,以为《雅歌》或指神和以色列的关系,或指基督对教会的爱,但这显然不是将该作品收入希伯来圣经的人的想法。"对他们来说,上帝是万物的创造者,万物当中也包括性和各种人际关系。这样看来,这组情诗放在圣经里,就不比上帝与以色列民交往的故事显得更唐突了。"②

19 世纪以后越来越多的人倾向于把《雅歌》看成是关于"爱情"的诗篇。爱就是《雅歌》的主题。经文中的良人对女子的爱始终如一,女子对她的良人也爱慕追随,《雅歌》全书充满了爱的呼唤和吸引、渴慕与追求、联合与交通,将人带进爱的深处去体验两性之爱的美妙。难怪乎有学者认为《雅歌》的作者是最色情的,《雅歌》的诗篇中充满了肉感的象征意境。③ 人们似乎在其中可以听见让钟情男子和怀春少女心旌摇动的对性爱的热烈召唤。《雅歌》共有八首,这八首可以说全是少男少女第一人称的爱情告白,如第一首就以女子的口吻开门见山、直言不讳地表白:

> (新娘)愿他用口与我亲嘴,
>
>> 因你的爱情比酒更美。
>>
>> 你的膏油馨香,
>>
>> 你的名如同倒出来的香膏,
>>
>> 所以众童女都爱你。④
>>
>> ……

《雅歌》中最令人愉悦和羡慕的地方是相爱的男女相互间由衷地不吝

---

① 《圣经·列王记》上 4:32 说所罗门"他作箴言三千句,诗歌一千零五首"。

② 约翰·德雷恩:《旧约概论》,许一新译,北京大学出版社 2004 年版,第 108 页。

③ 莫达尔:《爱与文学》,郑秋水译,湖南文艺出版社 1987 年版,第 17 页。

④ 《圣经·雅歌》1:2—3。

美丽的辞藻去赞美对方的美丽,并从心里发出对对方的召唤:

（新郎）我的佳偶,你甚美丽! 你甚美丽!

　　　你的眼好像鸽子眼。

（新娘）我的良人哪,你甚美丽可爱!

　　　我们以青草为床榻,

　　　以香柏树为房屋的栋梁,

　　　以松树为椽子。①

　　　……

（新郎）我的佳偶在女子中,

　　　好像百合花在荆棘内。

（新娘）我的良人在男子中,

　　　如同苹果树在树林中。

　　　我欢欢喜喜坐在他的荫下,

　　　尝他果子的滋味,觉得甘甜。

　　　他带我入筵宴所,

　　　以爱为旗在我以上。

　　　求你们给我葡萄干增补我力,

　　　给我苹果畅快我心,

　　　因我思爱成病。

　　　他的左手在我头下,

　　　他的右手将我抱住。

　　　耶路撒冷的众女子啊,

　　　我指着羚羊或田野的母鹿吩咐你们,

　　　不要惊动,不要叫醒我所亲爱的,

　　　等他自己情愿。②

---

① 《圣经·雅歌》1:15—17。

② 《圣经·雅歌》2:2—7。

（新郎）我的佳偶，我的美人，

起来，与我同去！

因为冬天已往，

雨水止住过去了。

地上百花开放、

百鸟鸣叫的时候已经来到，

斑鸠的声音在我们境内也听见了，

无花果树的果子渐渐成熟，

葡萄树开花放香。

我的佳偶，我的美人，

起来，与我同去！

我的鸽子啊，你在磐石穴中，

在陡岩的隐密处。

求你容我得见你的面貌，

得听你的声音；

因为你的声音柔和，

你的面貌秀美。

……

（新娘）良人属我，我也属他；

他在百合花中牧放群羊。

我的良人哪，

求你等到天起凉风、

日影飞去的时候，

你要转回，好像羚羊，

或像小鹿在比特山上。①

……

我妹子，我新妇，

---

① 《圣经·雅歌》2：10—17。

你夺了我的心！

你用眼一看，

用你颈上的一条金链，

夺了我的心。

我妹子，我新妇，

你的爱情何其美！

你的爱情比酒更美，

你膏油的香气胜过一切香品。

我新妇，你的嘴唇滴蜜，

好像蜂房滴蜜；

你的舌下有蜜有奶。

你衣服的香气如黎巴嫩的香气。①

……

我属我的良人，

他也恋慕我。

我的良人，来吧，

你我可以往田间去，

你我可以在村庄住宿。

我们早晨起来往葡萄园去，

看看葡萄发芽开花没有、

石榴放蕊没有；

我在那里要将我的爱情给你。

……

巴不得你像我的兄弟，

像吃我母亲奶的兄弟！

我在外头遇见你，就与你亲嘴，

---

① 《圣经·雅歌》4:9—11。

  谁也不轻看我。①

这些话今天读来也会让人脸红心跳。当然，今天热恋中的男女也一样有类似的心里话，也一样有类似的行动。比如"以青草为床榻"说白了就是野合，而"你我可以在村庄住宿"在今天或许就是去宾馆开房。只不过如今人们受到的教育已经使人说不出如此直白的语言，但古人们直抒胸臆，却没有什么顾忌。

  一如古代其他民族的爱情诗，《雅歌》中多处描写恋人的身姿容貌之美，而且对于男女两性身体的赞美非常直白。如对男性身体的描写：

（新娘）我的良人白而且红，

    超乎万人之上。

    他的头像至精的金子；

    他的头发厚密累垂，黑如乌鸦。

    他的眼如溪水旁的鸽子眼，

    用奶洗净，安得合式。

    他的两腮如香花畦，

    如香草台。

    他的嘴唇像百合花，

    且滴下没药汁。

    他的两手好像金管，

    镶嵌水苍玉。

    他的身体如同雕刻的象牙，

    周围镶嵌蓝宝石。

    他的腿好像白玉石柱，

    安在精金座上。

    他的形状如黎巴嫩，

    且佳美如香柏树。

    他的口极其甘甜，

————

① 《圣经·雅歌》7∶10—8∶1。

他全然可爱。①

……

又如对女性身体的描写：

（新郎）王女啊，你的脚在鞋中何其美好！

你的大腿圆润，好像美玉，

是巧匠的手作（做）成的。

你的肚脐如圆杯，

不缺调和的酒。

你的腰如一堆麦子，

周围有百合花。

你的两乳好像一对小鹿，

就是母鹿双生的。

你的颈项如象牙台；

你的眼目像希实本巴特拉并门旁的水池；

你的鼻子仿佛朝大马士革的黎巴嫩塔；

你的头在你身上好像迦密山，

你头上的发是紫黑色。

王的心因这下垂的发绺系住了。

我所爱的，你何其美好！

何其可悦，使人欢畅喜乐。

你的身量好像棕树；

你的两乳如同其上的果子，累累下垂。

我说：我要上这棕树，抓住枝子。

愿你的两乳好像葡萄累累下垂；

你鼻子的气味香如苹果；

你的口如上好的酒。②

---

① 《圣经·雅歌》5:10—16。

② 《圣经·雅歌》7:1—9。

······

《雅歌》中的有些篇章有着性的暗示,表达了对性爱生活的渴求,如:

(新郎)······

> 我妹子,我新妇,
>
> 乃是关锁的园,
>
> 禁闭的井,封闭的泉源。
>
> 你园内所种的结了石榴,
>
> 有佳美的果子,
>
> 并凤仙花与哪哒树。
>
> 有哪哒和番红花,
>
> 菖蒲和桂树,
>
> 并各样乳香木、没药、沉香,
>
> 与一切上等的果品。
>
> 你是园中的泉,活水的井,
>
> 从黎巴嫩流下来的溪水。

(新娘)北风啊,兴起!

> 南风啊,吹来!
>
> 吹在我的园内,
>
> 使其中的香气发出来。
>
> 愿我的良人进入自己园里,
>
> 吃他佳美的果子。①

《雅歌》中的许多用词如"鸽子"、"苹果"、"风茄"或"没药"等等,其实都是古代近东地区与性爱直接或间接相关的象征物,它们或者是爱神的象征(鸽子),或者本身即被视为催情物(风茄),而"山冈"、"果园"、"井"等其实是女子性器官的隐晦表达。可以说,《雅歌》中充满俯拾皆是的性爱描写。

如果仅看诗歌的语言而不看诗歌的出处,在一些道德君子看来,《雅

---

① 《圣经·雅歌》4:12—16。

歌》中的上述诗篇简直就是淫诗,如此肉感的描绘和欲爱的宣泄在中国的
古典诗歌中大约很难看到。若拿《诗经》中的"风"与《雅歌》比较的话,它
们在某种程度上都表现了异性间的那种相互的爱慕以及渴望结合在一起的
真挚情感,如果说《诗经》的"风"所表现的情感比较含蓄而又矜持,那么《雅
歌》所表现的情感则更多的是热烈奔放,其对爱欲的表达遮而不掩,很多时
候恰似内在情感的淋漓酣畅的宣泄。而且,诗人的这种充满了肉感和色情
的宣泄并不令人感到粗鄙庸俗,恰恰相反,诗人将此升华为一种崇高圣洁的
美好与坚贞。如:

> 求你将我放在心上如印记,
>
> 带在你臂上如戳记;
>
> 因为爱情如死之坚强,
>
> 嫉恨如阴间之残忍。
>
> 所发的电光,是火焰的电光,
>
> 是耶和华的烈焰。
>
> 爱情,众水不能息灭,
>
> 大水也不能淹没,
>
> 若有人拿家中所有的财宝要换爱情,
>
> 就全被藐视。①

这是对爱情的千古绝唱。正因为《雅歌》淋漓酣畅地表现出了爱情双方的
感情共鸣,难怪乎有人认为,"写恋情的诗歌方面,全部古代诗作无出其右
者,对于两性爱情表现的大胆,对于两性肉体美描写的露骨,比东西方古代
的诗作都超过了"②。总之,读《雅歌》,人们感受到的是美丽和纯洁,不与
任何淫秽色情相关。正像孔子对《诗经》的评价一样,《雅歌》的内容同样是
"思无邪",其"思"的形式同样也是精妙的。

　　《雅歌》虽以对话体写作,但其中大部分对性爱的赞美和渴望明显是从
女性之口发出的,该文本中的女性视角不容忽视;尤其值得注意的是:从

---

① 《圣经·雅歌》8:6—7。
② 朱维之:《外国文学史》(亚非部分),南开大学出版社1991年版,第61页。

《雅歌》多次暗示的男女交欢的场景来看,其中多数的性活动也是由女性主动发起的。

《雅歌》历来是人们最受喜爱的圣经书卷之一,显然,贯穿旧约圣经中的一些人们熟悉的主题,如立约传统、律法传统、神人关系等在该篇中都告阙如,书中也完全没有提到耶和华神,取而代之的是男女之间的彼此渴慕与性爱之欢的场景。如此这样充满火热的自然爱欲的情歌作为宗教经典未免有令人尴尬之处,所以常有人用所谓的"寓意解经法"(Allegorical Interpretation)来解读《雅歌》,且将《雅歌》中出现的"爱情"一厢情愿地解释为上帝与人类或基督与教会之间的"圣爱",强将"圣爱"的寓意附着于原初文本之上。这同中国的一些道德君子们穿凿附会地歪解《诗经》中的情诗,以为其是以"经夫妇,成孝敬,厚人伦,美教化,移风俗"为目的的看法如出一辙。因此,对《雅歌》的这种片面的单向度的神学解释遭到近代以来兴起的各种圣经批判法的不满与置疑也就毫不足怪了。

2.上帝为人设立了婚姻

以色列人重视婚姻。人们从"创世记"中可以清楚地看到,人类婚姻的缔结,乃是出自上帝的心意,是上帝为人安排的一种生活方式。亚当与夏娃的结合是上帝在人尚未犯罪前亲自安排的,婚姻有神圣的意义。不仅如此,婚姻还成为上帝与以色列民族签定盟约的一个主要象征。在旧约中,耶和华神常被比作新郎,而以色列则是这个新郎的新妇。婚姻成为了解上帝与以色列之间的关系的一条重要线索,甚至是一把钥匙。"一夫一妻制(越来越受推崇)代表神从万国中拣选以色列,和神的信实……神与以色列之间立约的关系,是以婚约来作比方。别的神明与女神可以互相嫁娶,但神却没有神灵的配偶,只'娶了'以色列。"①

《创世记》说:"人要离开父母,与妻子连合,二人成为一体。"如果说在亚伯拉罕、以撒、雅各等生活的"族长时代",由于游牧生活的特殊性,以色列人实行的是大家庭制度,但随着时代的变迁,随着以色列人逐渐从游牧生活转为定居的农业生活以及律法对一夫一妻制的提倡,到王国时期大家庭

---

① 约翰·鲍克:《圣经的世界》,刘良淑、苏西译,台北猫头鹰出版社 2000 年初版,第 187 页。

制度逐渐瓦解,大家庭渐渐分散为小家庭。其后在以色列人的社会中,很少有诸如中国古代社会的婆媳难以相处的问题,因为以色列人的律法禁止儿子成婚后仍和父母住在一起。

　　婚姻既是上帝为人所设立,所以以色列人对于婚姻持欣然接受的态度。男大当婚,女大当嫁,这既是人之常情,也是顺应上帝的心意,不管男人女人,结婚是对上帝的一种义务,因而不娶不嫁是不可想象的。在以色列人看来,没有结婚的人无论男女都不是完整意义上的人,因此独身(包括为宗教理由独身)在旧约圣经中从未被提及,更不用说被视为神圣,因此在希伯来的语汇中根本就找不到"单身汉"一词。同性恋普遍被定罪,是可憎的,应该被摒弃。如"不可与男人苟合,像与女人一样,这本是可憎恶的"①。这一点与古希腊和古罗马上流社会盛行的"同性恋"现象形成鲜明的对比。当然,我们今天不能以现代人对同性恋的宽容与包容态度来要求古代以色列人。

　　不像古代世界的许多民族将生儿育女看成是婚姻的唯一目的,以色列人认为婚姻的意义既在于生儿育女,也在于它是满足爱情和性生活欲望的理想途径,因而重视婚姻和夫妇之爱。《圣经·撒母耳记》记载撒母耳的父亲以利加拿有两个妻子,一个妻名叫毗尼拿,给他生了儿女;另一个妻名叫哈拿,则不生育,但以利加拿更爱哈拿,当哈拿被毗尼拿气得不吃饭时,以利加拿则安慰她:"哈拿啊,你为何哭泣,不吃饭,心里愁闷呢? 有我不比十个儿子还好吗?"②后来哈拿与丈夫到示罗去敬拜耶和华,她在神面前不停地祷告,上帝垂听了她的祷告,使她怀孕生子,这孩子就是撒母耳。③ "撒母耳"这名字在希伯来文中的意思就是"被神垂听",他是最后的一位士师,引导以色列人进入君王时期。他也是膏立以色列前二个王(扫罗和大卫)的先知。

　　人们对于那些出于特殊原因而不能结婚的人持同情的态度。如《士师记》记载,大能的勇士耶弗他因对上帝许愿而不能收回,他的女儿得献给上

---

①　《圣经·利未记》18:22。

②　《圣经·撒母耳记上》1:8。

③　参见《圣经·撒母耳记上》1—2。

帝,终生不得婚嫁。耶弗他为此悲哀,他的女儿则安慰他:"父啊,你既向耶和华开口,就当照你口中所说的向我行。"①他的女儿便与其同伴去到山上,哀哭她终为处女达两个月之久。由于耶弗他的女儿终身没有亲近男子,此后以色列中有个规矩,每年以色列的女子去为基列人耶弗他的女儿哀哭四天。②在《以赛亚》书中,先知以赛亚在论到耶和华的惩罚临到时,说:"你的男丁必倒在刀下;你的勇士必死在阵上……在那日,七个女人必拉住一个男人,说:'我们吃自己的食物,穿自己的衣服,但求你许我们归你的名下,求你除掉我们的羞耻。'"③从这段话中可见没有婚嫁的女人会蒙羞耻。总而言之,以色列人赞美婚姻带来的各种幸福,谴责没有婚姻的空虚生活。

3.婚姻的程序

以色列人对于婚姻的重视还表现在对婚姻程序的讲究上,如果说婚姻是神的发明,而婚姻的程序则是文化的发明。古代世界许多民族对于婚姻的程序均特别重视与讲究(如中国先秦以前贵族阶层的婚姻一般都要经过"六礼"的程序),以色列人也不例外。一般说来,以色列人的婚姻要经过下列程序:

首先是"选亲"。在以色列人缔结婚姻的过程中,父母起的作用比较大,他们要帮助或指导儿女选亲,如以撒嘱咐儿子雅各不要娶迦南女子为妻,而要在自己的外甥女中选妻。④有时年轻人也可以有自己的独立选择,如《士师记》记载,大力士参孙先看中了非利士女子,然后才秉告父母,尽管他父母不同意他娶外邦女子为妻,但参孙却不尊重以色列人的律法和父母的劝戒,随自己的喜好,最后还是娶了非利士女子为妻。父母只有默认了。圣经中也有少数例子说明女人自己在婚事上的主动,如扫罗的女儿米甲属意于大卫,获得她父亲的赞同。⑤又如大卫在旷野流亡,遇见恶人拿八的妻子亚比该,温良贤惠,在拿八暴毙之后,大卫就派人去向她求婚,亚比该欣然

———————

① 《圣经·士师记》11:35—36。

② 《圣经·士师记》11:39—40。

③ 《圣经·以赛亚》3:25—4:1。

④ 参见《圣经·创世记》28:1。

⑤ 参见《圣经·撒母耳记上》18:20。

允诺。①

以色列人常在近亲内选亲,这可能是古老部落生活的遗风。如以色列人的祖先亚伯拉罕曾派老仆人回到故乡去求亲,就是要在自己的家族中为儿子择妻。这位仆人后来与利百加的哥哥订立婚约,因为哥哥有权代表父亲决定妹妹的婚嫁。雅各的舅舅拉班愿意将女儿嫁给外甥雅各等,可见在族长时代堂(表)兄弟、姐妹之间通婚可能比较普遍,如以撒娶表妹利百加为妻,雅各娶了舅舅的两个女儿拉结和利亚为妻。实际上,以色列人历史上长期实行内婚制,在族长时代,甚至同父异母兄弟姐妹的通婚也是允许的,亚伯拉罕的妻子撒拉就是亚伯拉罕同父异母的妹妹。当然,这种同父异母兄妹的婚姻不被鼓励,越到后来就越被禁止。

旧约中的《利未记》是以色列人宗教生活和日常生活中的法规和戒律的概括和总结。它明确禁止这种兄妹结合的婚姻。如"你的姐妹,不拘是异母同父的,是异父同母的,无论是生在家,生在外的,都不可露她们的下体……你继母从你父亲生的女儿,本是你的妹妹,不可露她的下体。"②但从王国时期发生在大卫王儿女身上的故事,说明同父异母兄妹的婚姻还是延续了较长一段时间。如大卫王的儿子暗嫩,看上了与自己同父异母的美貌妹妹他玛,为此,他躺在床上装病,求父王让他玛为自己做饼,趁他玛为他送饼来时竟将她给侮辱了,他玛求他不要做这丑事,并说,"你可以求王,他必不禁止我归你"③。从他玛所说的这句话可见当时同父异母的兄妹结婚并没有被完全禁止。

以色列人中娶外邦人为妻的也是常事。与外族人通婚,自然会使得以色列人的血统变得复杂起来,更重要的是会影响到以色列人宗教信仰的纯洁性。《出埃及记》中就明确表示了对异族通婚可能导致的后果的担忧,如"又为你的儿子娶他们的女儿为妻,他们的女儿随从她们的神,就行邪淫,使你的儿子也随她们的神行邪淫"④;又如"所罗门年老的时候,他的妃嫔诱

---

① 参见《圣经·撒母耳记上》25:40—42。
② 《圣经·利未记》18:9、11。
③ 《圣经·撒母耳记下》13:13。
④ 《圣经·出埃及记》34:16。

惑他的心去随从别神,不效法他父亲大卫,诚诚实实地顺服耶和华他的神"①。因此,以色列的祭司一贯强列反对与外族的通婚,他们以耶和华的名义告诫希伯来人不要娶外邦人为妻,如"耶和华曾晓喻以色列人说:'你们不可与他们往来相通,因为他们必诱惑你们的心去随从他们的神……'"②

尤其在被掳回归以后,以色列人痛定思痛,更是认为与异族通婚所造成的多神崇拜与偶像崇拜是造成他们遭到来自神的毁灭性惩罚的重要原因,因此当时的一些大祭司都一再重申不与外族通婚的重要性,尤其是大祭司以斯拉甚至要求犹太人与有外族血统的配偶马上离婚,并献上祭品赎罪。不管后人如何评判以斯拉的这种坚决态度,"若没有他当时的努力,犹大的群体很可能就不能作为一个独特的民族存在下来。同样肯定的是……强调种族纯正并坚持一丝不苟地遵守律例典章,虽是真信仰的关键,但也很容易变成耶稣多次谴责的那种自义、僵化的律法主义和假冒伪善。"③

由上可见,不与外族通婚的主要目的是防止民众转而皈信异族的宗教,拜异族的偶像,但以色列人常常处于巨大的异族文化的包围中间,完全不与外族通婚,既不可能,也不现实,从而就有了现实生活中的诸多变动与宽容。如允许以色列男子娶在战争中被俘获的外族女性。《圣经·申命记》中有这方面的规定,"你出去与仇敌争战的时候,耶和华你的神将他们交在你手中,你就掳了他们去。若在被掳的人中见有美貌的女子,恋慕她,要娶她为妻,就可以领她到你家里去,她便要剃头发,修指甲,脱去被掳时所穿的衣服,住在你家里哀哭父母一个整月,然后可以与她同房。你作她的丈夫,她作你的妻子。"④

又如通过明媒正娶的渠道,如亚伯拉罕的妾夏甲是埃及人,以扫娶的是赫梯女子,雅各的儿子约瑟娶了埃及女子,摩西的妻子是米甸人,而所罗门的后宫中,更是有"许多外邦女子,就是摩押女子、亚扪女子、以东女子、西

---

① 《圣经·列王记》上 11:4。
② 《圣经·列王记》上 11:2。
③ 约翰·德雷恩:《旧约概论》,许一新译,北京大学出版社 2004 年版,第 196 页。
④ 《圣经·申命记》21:10—13。

顿女子、赫人女子"①。当然，类似所罗门的婚姻具有政治外交的性质。以色列的女子嫁给外族的例子亦不少见，如拔示巴的第一个丈夫乌利亚是赫人，而为所罗门建造宫殿的工匠户兰的父亲是推罗人，他的母亲则是以色列人。②

甚至还有在没有儿子的情况下，可以招外族的奴仆为婿，以延续本族的子嗣。如犹大的后裔示珊没有儿子，只有女儿，"示珊有一个仆人名叫耶哈，是埃及人。示珊将女儿给了仆人耶哈为妻，给他生了亚太。"③

圣经中还有既不由父母安排，也不是出于个人的选择，而是完全由神安排的在人看来非常奇特的婚姻，如先知何西阿奉神的命令去娶淫妇为妻④，这淫妇究竟指属灵的淫乱，敬奉异教？或指她道德的败坏？或两者兼有？经文没有说明，但这宗婚姻成为先知经历中可感受的信息，把以色列对上帝不忠不贞的罪指出来，以后神命他"再去爱一个淫妇，就是她情人所爱的"⑤。何西阿是将所休的妻再娶回来，还是另娶第二个女人，虽无清楚的交代，但重点仍在见证上帝恒久的爱。以色列人虽然偏向别神，神却仍不弃绝他们。

此外，还有先知奉神的旨意不娶妻，如耶利米就是一例，神对他说："你在这地方不可娶妻，生儿养女。"⑥因为灾难将来临，家庭必遭变故，儿女们与父母们的命运是："他们必死得甚苦，无人哀哭，必不得葬埋；必在地上像粪土，必被刀剑和饥荒灭绝；他们的尸首必给空中的飞鸟和地上的野兽作食物。"⑦所以还是以不结婚为好。

由上可见，婚姻本身以及是否娶妻结婚都可以成为先知的见证。

婚姻不仅是男女的结合，也是男女双方家庭的联结，聘礼与嫁妆是这种联结的表征。如："你们与我们彼此结亲，你们可以把女儿给我们，也可以

① 《圣经·列王记上》11:1。
② 参见《圣经·列王记上》7:13。
③ 《圣经·历代志上》2:34—35。
④ 详见《圣经·何西阿书》1:2。
⑤ 《圣经·何西阿书》3:1。
⑥ 《圣经·耶利米书》16:2。
⑦ 《圣经·耶利米书》16:4。

娶我们的女儿。你们与我们同住吧！这地都在你们面前，只管在此居住，作买卖，置产业。"①这或许是古代近东社会比较流行的观念。

其次是订亲与成亲。在以色列社会，订亲既是男女双方家庭对联姻的正式确定，也是法定婚姻关系的开始。女方一旦受聘，不得另有所爱或解除婚约，否则会受到舆论的谴责和法律的惩处，而且其他男子也不得对已订亲的女子另有所图，否则也同样会受到舆论的谴责和法律的惩处。订亲时，男方除了给女方父亲的聘金外，男方家庭亦要送其他礼物给女方及女方的家人。男方若拿不出聘礼或聘金来，就得为女方家干一定时间的活作为聘礼或聘金的抵偿。如雅各就为未来的岳父干了14年的活。

在结婚的时候，女子离开自己的父家，加入丈夫的家，其在出嫁时可带走聘金的全部或一部分，因此她的财产也变成丈夫的财产。新娘的财产包括奴隶、牲畜和地产，正因为有地产牵连在内，女子就应该在自己的宗族内出嫁，以防地产有损。《民数记》记载了约瑟支派的人来到摩西的面前，告知他们的担心，即他们的兄弟西罗非哈的产业若分给他的众女儿后，随着这些女儿的出嫁，其产业必然加在她们丈夫支派的产业上，因而使得祖宗支派的产业减少。摩西于是吩咐他们说："论到西罗非哈的众女儿，耶和华这样吩咐说：'她们可以随意嫁人，只是要嫁同宗支派的人。'……凡在以色列支派中得了产业的女子，必作同宗支派人的妻，好叫以色列人各自承受它祖宗的产业……因为以色列支派的人，要各守各的产业。"②

对于以色列人而言，婚姻是一生中最为重要的事情，婚礼须办得隆重热闹，新郎、新娘都要将最好的穿戴一身。圣经中对新郎、新娘的穿戴及婚礼都有许多生动的描述。以对新娘的描述为例，"我也使你身穿绣花衣服，脚穿海狗皮鞋，并用细麻布给你束腰，用丝绸为衣披在你身上。又用妆饰打扮你，将镯子戴在你手上，将金链戴在你项上。我也将环子戴在你鼻子上，将耳环戴在你耳朵上，将华冠戴在你头上。"③婚礼中新娘的妆饰是新娘一生中最美好的回忆。先知耶利米也说："处女岂能忘记她的妆饰呢？新妇岂

① 《圣经·创世记》34:9—10。
② 《圣经·民数记》36:6—9。
③ 《圣经·以西结书》16:10—12。

能忘记她的美衣呢?"①新娘在离开父家之前,通常会接受来自四亲八邻的祝福。当新娘被带往新郎家中后,新郎的家中就要举行延续七天的庆祝,这庆祝代表了最大的喜乐。先知耶利米针对犹太人的罪行预言他们受到的惩罚之一就是再也无法得到婚礼的喜乐:"那时,我必使犹大城邑中和耶路撒冷街上,欢喜和快乐的声音、新郎和新妇的声音都止息了,因为地必成为荒场。"②以色列人的婚礼属于纯粹的世俗事务,因而婚宴上一般不举行宗教仪式,亲戚朋友们的祝福是非常重要的。新婚之夜对新娘具有重大意义,沾有血渍的床单将作为新娘童贞的证明而被妥善保存。

古代以色列的社会允许一夫多妻,在族长和王国时代,多妻的现象在上层社会比较多见,如亚伯拉罕有一妻一妾、雅各有二妻二妾,王公贵族的妻妾更是甚多,如大卫、所罗门等,据说所罗门的妻妾甚至多达千人。"所罗门有妃七百,都是公主;还有嫔三百。"③多妻必然引起许多的家庭问题,亚伯拉罕最后只有将夏甲遣走④,雅各的妻妾争宠,以后又有异母的兄弟纠纷⑤。不过,以色列最普遍的婚姻形式,仍是一夫一妻制,整卷撒母耳记及列王记,涵盖大部分统一王国时期和王国分裂时期,平民中唯一有重婚记录的,只有撒母耳的父亲有两个妻子——哈拿与毗尼拿。⑥ 随着时间的推移,特别在王国时代以后,一夫多妻的现象在逐渐减少,而到了"巴比伦之囚"时期及被掳归回以后,一夫多妻的现象已不多见,而到了新约时代,一夫一妻已成为较严格的婚姻习俗。

父母对已婚的女儿仍应保护,女儿若是在夫家受到苦待,父亲一定要出面维护,并给予女婿警告,如拉班对女婿雅各说:"你若苦待我的女儿,又在我的女儿以外另娶妻,虽没有人知道,却有神在你我中间作见证。"⑦

---

① 《圣经·耶利米书》2:32。

② 《圣经·耶利米书》7:34。

③ 《圣经·列王记上》11:3。

④ 《圣经·创世记》21。

⑤ 《圣经·创世记》29—37。

⑥ 《圣经·撒母耳记上》1:2。

⑦ 《圣经·创世记》31:50。

4.关于离婚的规定

离婚与休妻对于古代以色列人而言属于同一回事。婚姻既是出自神的心意,而婚姻的瓦解自然是背离了神的心意,因而离婚或休妻是神所不喜欢的,如"你们又行了一件这样的事,使前妻叹息哭泣的眼泪遮盖耶和华的坛,以致耶和华不再看顾那供物,也不乐意从你们手中收纳"①。因此,《圣经》常劝导人们,尤其是劝导男人对婚姻要忠诚,如"你要喝自己池中的水,饮自己井里的活水。你的泉源岂可涨溢在外?你的河水岂可流在街上?……要使你的泉源蒙福,要喜悦你幼年所娶的妻"②;又如"在你一生虚空的年日,就是神赐你在日光之下虚空的年日,当同你所爱的妻快乐度日,因为那是你生前在日光之下劳碌的事上所得的份"③。在以色列的众先知中,玛拉基最鲜明地表达了对离婚的恨恶。如"所以当谨守你们的心,谁也不可以诡诈待幼年所娶的妻。耶和华以色列的神说:'休妻的事和以强暴待妻的人都是我所恨恶的。'"④他认为婚姻是丈夫与妻子间一种不可破环的誓约,上帝是这个誓约的见证者。"因耶和华在你和你幼年所娶的妻中间作见证。"⑤

不过,离婚也不是绝对不允许。不过,女性不可主动提出离婚。《圣经·申命记》是以色列人的律法的具体阐述,其中有一段经文是关于离婚的理由的论述。"人若娶妻以后,见她有什么不合理的事,不喜悦她,就可以写休书交在她手中,打发她离开夫家。妇人离开夫家以后,可以去嫁别人。后夫若恨恶她,写休书交在她手中,打发她离开夫家,或是娶她为妻的后夫死了,打发她去的前夫不可在妇人玷污之后再娶她为妻,因为这是耶和华所恨恶的。不可使耶和华你神所赐为业之地被玷污了。"⑥

与以色列人邻近的民族相比,以色列人对于休妻算是慎重的,他们认为休妻只有口头声明还不够,还必须见诸文字,休书一般由女方保管。上述经

---

① 《圣经·玛拉基书》2:13。
② 《圣经·箴言》5:15—18。
③ 《圣经·传道书》9:9。
④ 《圣经·玛拉基书》2:15—16。
⑤ 《圣经·玛拉基书》2:14。
⑥ 《圣经·申命记》24:1—4。

文中有几点值得注意:其一,律法并非赞同离婚,只是说,如果一个人休了妻子,如果他给了她休书(给休书是为了慎重起见,即必须有书面的明确理由),如果她离开他而再婚,如果她第二任丈夫又将她休了,或第二任丈夫死了,那么她的第一任丈夫不可以再娶她。而为什么她的第一任丈夫不可以再娶她? 这是因为在以色列人看来,在婚姻中,男方的父母是得了一个女儿,而非只是媳妇,她成为丈夫兄弟的姊妹,在上述《申命记》的章节中,是依据律法中禁止近亲相奸的规定,因为丈夫与前妻的第一次婚姻,已使得她成为至近的亲人,要回复这个婚姻,也就成为近亲相奸的类型。因此,离婚的双方都可再婚,只是不可再与对方结婚。

其二,离婚虽然不是一件值得赞赏和效仿的事,但如果有理由的话,离婚也是许可的。这个理由即是丈夫见妻子"有什么不合理的事",这个不合理的事一定不是指妻子犯奸淫,因为犯奸淫在当时的以色列社会是犯死罪,而非离婚的理由,律法关于这一点是很清楚的。如"若遇见人与有丈夫的妇人行淫,就要将奸夫、淫妇一并治死……若有处女已经许配丈夫,有人在城里遇见她,与她行淫,你们就要把这二人带到本城门,用石头打死,女子是因为虽在城里却没有喊叫;男子是因为玷污别人的妻……若有男子在田野遇见已经许配人的女子,强与她行淫,只要将那男子治死,但不可办女子……女子喊叫并无人救她"①。可见,通奸与强奸是有区别的,已婚或是已许配了人的女子若是通奸,必被治死,若是遭人强奸,则看她有无反抗。有学者认为"有什么不合理的事"或许是指男女之间有些不合规矩的事,但尚未达到犯奸淫的地步;或许是指妻子引起丈夫的不快的任何过失等;更或许是妻子不能生育等。

至于淫乱,不仅仅只是涉及婚姻中配偶的不贞,也与确保继承权是否合法相关,淫乱的概念主要是指男人(无论结婚与否)和已婚的女性发生的性关系,不包括与单身、离婚或寡居者发生的关系。如前所言,淫乱可以处死,不过妇人的丈夫可以作最后的判断。淫乱被以色列人视为严重的罪,或许因为它表明以色列对神的背叛。以色列追随别神的罪,被比喻为纵欲与淫

---

① 《圣经·申命记》22:22—27。

乱①,在智慧文学中,淫乱总与愚昧相连②。

其三,允许女子再婚。

在以色列人的社会里,订婚与已婚有相同的约束力,除非一方死亡,或男的办休妻手续,不然就不可解除婚约。而且女子不论是已订婚还是结婚,她已属于别人的财产,因此无论强奸还是通奸,男子都得被处死,这是因为他侵犯了他人的财产。以色列的已婚男子被视为有权力之人——他的妻子、孩子、仆人、动物和土地,都是他的权力的延伸。因此摩西十诫中的第十诫明确说:"不可贪恋人的房屋;也不可贪恋人的妻子、仆婢、牛驴,并他一切所有的。"③这里,被贪恋的房屋、妻子、仆婢、牛驴等,统统是他人的财产,因而不能侵犯。

丈夫虽有离婚的权利,但这种特权并非毫无限制。申命记具体规定以下几种情况不允许离婚。一种情况是丈夫诬告妻子婚前不贞,则不允许离婚。"人若娶妻,与她同房之后恨恶她,信口说她,将丑名加在她身上……女子的父母就要把女子贞洁的凭据拿出来,带到本城门长老那里……父母就把那布铺在本城的长老面前。本城的长老要拿住那人惩治他,并要罚他一百舍客勒银子,给女子的父亲,因为他将丑名加在以色列的一个处女身上。女子仍作他的妻,终身不可休她。"④

还有一种情况是男子与被他强奸过的女子结婚,也不能离婚。"若有男子遇见没有许配人的处女,抓住她与她行淫,被人看见,这男子就要拿五十舍客勒银子给女子的父亲,因他玷污了这女子,就要娶她为妻,终身不可休她。"⑤上述规定用我们今天的话来讲,也许可以被视为保护女性权益的明文规定。因为按照当时习俗,一个未婚女子若被奸污,就难以找到丈夫,故此犯事的男人就一定得负起责任。

从上述旧约经文内容中不难看出以色列人对于婚姻之外的性关系即行

① 参见《圣经·耶利米书》3:6—10。
② 参见《圣经·箴言》6:20—35。
③ 《圣经·出埃及记》20:17。
④ 按照以色列的习俗,男女新婚之夜床上的沾有血渍的亚麻布单需妥善保存,它是新娘"贞洁的凭据"。这段经文见于《申命记》22:13—19。
⑤ 《圣经·申命记》22:28—29。

淫之类的事深恶痛绝。摩西十诫中的第七诫就是"不可奸淫"。这一诫中蕴涵了对女性的尊重。犯诫等于犯罪，一代君王大卫在奸淫拔示巴、并设计杀害其丈夫乌利亚、同时犯了奸淫与杀人罪后，也难逃上帝的惩治。"耶和华如此说：'我必从你家中兴起祸患攻击你；我必在你眼前把你的妃嫔赐给别人……你在暗中行这事，我却要在以色列众人面前、日光之下报应你。'"①

如前所述，同性恋在以色列社会也是不允许的，这一点与古希腊人和罗马人明显不同，由此可见以色列人对性持一种严肃与贞洁的态度。经文明确规定："以色列的女子中不可有妓女，以色列的男子中不可有娈童。娼妓所得的钱，或娈童所得的价，你不可带入耶和华你神的殿还愿，因为这两样都是耶和华你神所憎恶的。"②以色列人重视女性的贞操，如"不可辱没你的女儿，使她为娼妓。恐怕地上的人专向淫乱，地就满了大恶"③。男性在婚姻中的贞洁也同样得到强调，与妻子以外的女性有染，是对妻子的不忠；与妓女有染，更是应谴责的事，旧约中经常将淫乱之事与拜偶像联系起来，因为迦南的偶像敬拜往往涉及淫乱之事，被称为"邪淫"。不过，召妓虽在道德上当受谴责，但由于不是跟一个已婚或订婚的女子发生性关系，因而不属犯诫，卖淫者召妓者虽遭人唾骂，却不会因此而遭"治死"之命运。实际上，以色列人社会中总有妓女存在，她们在宗教上被认为是不洁之人，不可进入圣殿。不过，她们虽社会地位卑微，但在现实生活中人们对其还是宽容的。

正因为以色列人尊重婚姻，强调贞洁，因而跟一个已婚或已订婚的女子发生性关系，或休妻之事，并不多见，除了一些特殊情况如妻子不忠于丈夫，律法是禁止人休妻的，以色列人也比较少选择休妻的做法。

由上可见，以色列人比较重视婚姻家庭的严肃性和完整性及延续性，律法保障了婚姻家庭的契约性和伦理责任。正如有的学者所指出的那样："律法的'护栏'特别关照着家庭生活。在古代思想，尤其是亚洲古代思想中找不到的一种严格而纯正的婚姻概念，在犹太教中获得了巨大的发展。

①　《圣经·撒母耳记下》12：11—12。

②　《圣经·申命记》23：17—18。

③　《圣经·利未记》19：29。

它在一个充满道德败坏的世界中保持着稳定。古老的条规已经在婚姻关系中看到了一种'神圣',所以必须履行伦理责任。只有丈夫与妻子团结一致来生活,才能把上帝的精神、神圣的精神带入家庭。这样的家庭充满自信,无惧于任何灾难与痛苦,恒久永存。上帝的祝福充满整个家庭。家庭精神与宗教情感进入一种虔信的契约。在很大程度上,所有这些都应当归功于律法。"①

(二)圣经旧约中以色列女性在家庭中的角色与地位

1.女性在家庭中的地位

在希伯来语中,与我们现在对家庭看法最接近的一个字是"屋"(bayith),意指同居一屋的人,包括丈夫、妻子、妾仆、儿女甚至寄居者。任何居住在同一帐篷或房屋中的人都被看成一家的成员,就如古代的中国家庭一样。因此,在族长时代,希伯来人的家庭往往是一个大家庭。人们还应注意到,对希伯来和以色列社会而言,家也是以色列社会和君王制度的基本单位,这些制度在军事和司法上均有重要的作用。不仅如此,家庭还是以色列人在经济上使用土地的基本单位,这和以色列人在使用土地上所拥有的权利和义务有密切的关系。因此希伯来人"家"的含义比较宽泛,一个大家庭称为家,如"雅各家",一个支派也能称为家,如"犹大家"、"便雅悯家",一个国家也能称为家,如"以色列家"、"犹大家"。不过,我们也要注意到,在早期游牧生活中,希伯来人的家庭结构或家庭组织比较复杂和庞杂,如雅各一家老小共66人,包括三代成员,家长即族长,但到了王国时期以后,小家庭的出现使得大家族也就渐渐不复存在了。

更重要的是,对于以色列这个立约的民族而言,还要经历与耶和华神的圣约之关系,家庭在这种神人关系中也是极重要的,因为惟有与神立约的家庭,才可以成为神立约的子民。有人一出生便是神的子民,奴隶或寄居者可因在某个家庭中居住而成为神子民中的一员。圣经中一再强调做父母的有

① [德]利奥·拜克:《犹太教的本质》,傅永军等译,山东大学出版社2002年版,第233页。

责任教导儿女谨守一切律例、诫命①，并且世代相传。他们也要在家庭的环境中举行一些重要的宗教活动，好像割礼、守逾越节等。

由此可见，以色列人在社会、经济和宗教三方面都是紧密相连的，而其联系焦点就是家庭。难怪以色列的法典强调家庭的稳定，就如摩西十诫中第五诫（当孝敬父母）、第七诫（不可奸淫）、第八诫（不可偷盗）、第十诫（不可贪恋人的房屋；也不可贪恋人的妻子、仆婢、牛驴，并他一切所有的），均是为家庭订立界线，为的是稳固社会整体的秩序。

旧约自《创世记》的族长历史起就特别强调家庭的重要性，耶和华曾应许亚伯兰（即亚伯拉罕）："地上的万族都要因你得福。"②"万族"当然也包括许许多多的家族。从亚伯拉罕起至以色列人在埃及，其实就是家族的历史。和中国人一样，以色列人也是很重视家谱的。在圣经内，不断出现家谱。在历史的记载中，列王的政治作为，不如他们家庭的实况记得详尽。被掳以后，列王事迹再行重述，即历代志，有更详尽的家谱。每个以色列人出生的家，是他的"家庭"或"父家"。各个家族是由大家庭的一支组成，这个大家庭称为"宗族"或"亲族"，其中的人认为自己是同一位祖先的后代，因而互相保护。

以色列社会既然是父权制的社会，无疑男性在社会、宗教事务及家庭等方面都起主导作用。祭司职分一般由男性担任，连圣殿的内院也是只供男性进出的地方。在旧约以色列的社会，女性处于顺服的地位，出嫁前要顺服父亲，出嫁后顺服丈夫，有时兄长也可代替父亲的地位。在家庭中，毫无疑问，"父亲"（或可称家长、族长）拥有权柄。在亚伯拉罕、以撒、雅各等族长时代，家长就是家庭中的君王，如果这家长较有"财势"的话，他可以同时拥有几个妻子。每个妻子都为"家长"生下儿女，无论是妻妾们、抑或是儿子、媳妇或他们所生的儿女，全都是"家长"的产业。

---

① 参见《圣经·申命记》6：2—9。"好叫你和你子子孙孙一生敬畏耶和华你的神，谨守他的一切律例、诫命，就是我所吩咐你的，使你的日子得以长久……我今日所吩咐你的话都要记在心上，也要殷勤教训你的儿女，无论你坐在家里，行在路上，躺下，起来，都要谈论……又要写在房屋的门框上，并你的城门上。"《圣经·申命记》11：18—20。"你们要将我这话存在心内……也要教训你们的儿女，无论坐在家里，行在路上，躺下，起来，都要谈论。又要写在房屋的门框上，并城门上。"

② 《圣经·创世记》12：3。

虽然家长在很多方面都是家中的决策者,但家庭主妇在家中也有一定的尊严,在许多方面她可以因为她的女主人的地位对家庭其他成员发生重要影响,如她可以管理使女和家中的仆人,这些使女还可由主妇做主给丈夫作妾侍,为他留后。作妾的女子仍受主母支配,这可从撒拉把自己的使女夏甲给亚伯拉罕为妾①,以及拉结把自己的使女辟拉给雅各为妾②看出。诗人描写义人信靠主,好似使女的眼睛望主母的手,如"使女的眼睛怎样望主母的手,我们的眼睛也照样望耶和华我们的神,直到他怜悯我们"③。

不过,就妻子顺服丈夫而言,也并非如奴仆对待主人似的那种"顺服"。妻子对丈夫仍然有一定的影响力,如亚伯拉罕娶夏甲为妾,是撒拉的主意;后来撒拉又定意要驱逐使女夏甲和其所生的儿子时,亚伯拉罕心中不忍,他作为一家之主,却不能让撒拉收回这个决定,亚伯拉罕因之心中忧愁,他求问神,神却对他说:"凡撒拉对你说的话,你都该听从。"④当然,神之所以如此盼咐,并不是神纵容撒拉的所为,或许神是要通过撒拉的所为来成就他的意旨(神的意旨或许不是我辈凡夫之人所能测透的)。圣经中也有很多女性在家庭中具有很大的影响力,如利百加教唆她所偏爱的儿子雅各假冒哥哥,领受父亲以撒给长子的祝福。⑤

作为母亲,女性在家庭中对孩子的影响是比较大的。古代以色列没有学校,大部分教育都在家中进行,家庭教育占了相当大的比重。小孩年幼时,由母亲负责教导,孩子们很小就在母亲的引导下学唱赞美诗和祷告语,父亲则负责律法方面的宗教教育,使孩子知晓本民族的历史与传统,养成严格遵守律法的习惯。可以说,子女从母亲那里得到的主要是道德教育,而在父亲那里接受的是至为重要的宗教教育。箴言书屡次提到儿童的教育,不只有父亲的训诲,也有母亲的法则。正如《箴言》所言:"我儿,要听你父亲

---

① 参见《圣经·创世记》16:1—3。"亚伯兰的妻子撒拉不给他生儿女,撒拉有一个使女名叫夏甲,是埃及人。撒拉对亚伯兰说:'耶和华使我不能生育,求你和我的使女同房,或者我可以因她得孩子。'亚伯兰听从了撒拉的话。于是亚伯兰的妻子撒拉将使女埃及人夏甲给了丈夫为妾。"

② 参见《圣经·创世记》30:3—4。"拉结说:'有我的使女辟拉在这里,你可以与她同房,使她生子在我膝下,我便因她也得孩子。拉结就把她的使女辟拉给丈夫为妾。"

③ 《圣经·诗篇》123:2。

④ 《圣经·创世记》21:12。

⑤ 《圣经·创世记》27:1—40。

的训诲,不可离弃你母亲的法则(或作'指教')。"①在君王之家,母亲对孩子的影响尤为重要。如所罗门王对母后拔示巴十分尊敬,当拔示巴来见他时,他向她下拜,而且还专门吩咐人为母后设一座位,让她坐在自己的右边。② 在《圣经·列王记》的记载中,南国犹大的君王虽都出在大卫家,但好王与暴君,大多决定于他的母后,所以每位犹大王的母亲名字必被提说。

以色列人的教育是有性别区分的,除了接受一定的宗教方面的教育外,女孩很早就开始接受操持家务的教育,跟随母亲学习纺线、煮饭、洗衣、编织、打扫房间等家务活,母亲的重要责任是训导女儿,以使她将来能成为一个敬虔、温良谦恭的妻子。男孩子则在十几岁时随父亲下田学习农艺,他们还得跟父亲或家族其他长者学习一两门手艺。以色列人希望儿子们在谋生上要拥有一技之长,直到新约时代都是如此,如保罗就有制造帐篷的手艺。

虽然旧约以色列女性的主要职责是在家庭,但其活动场所与空间并没有完全局限于家中,这与她们广泛参与家庭劳动的方方面面是分不开的。从《旧约》中的一些描述来看,她们要从事打水、牧羊、捡柴、拾谷穗、看守葡萄园、出卖家庭手工品等一类的工作,也许这些工作在家庭的整个经济活动中不占主要地位,但它们毕竟给了以色列女子见识外界的机会,她们也不必回避男子与陌生人。《申命记》中有关女子在城里,在田野"行淫"或"被奸"时的处罚条例,也间接反映了以色列女性的自由活动与空间。旧约圣经中的女性还有许多其他的角色,如做接生婆、灵媒、牧人③、收割工人④、制香工人、厨子、烘焙师傅⑤、庙妓和和普通妓女等,虽然女性的法律地位比较低,但她们对古代以色列社会的影响还是比较大的。

2.儿女是耶和华所赐的产业

对以色列人而言,生养儿女既是神对人的心意,也是神对人的恩赐与祝福。理想的家庭应该由丈夫、妻子和孩子们所组成。"儿女是耶和华所赐

---

① 《圣经·箴言》1:8。
② 参见《圣经·列王纪上》2:19。
③ 《圣经·创世记》29:9。
④ 《圣经·路得记》2:8—9。
⑤ 《圣经·撒母耳记上》8:13。

的产业,所怀的胎是他所给的赏赐。"①"你妻子在你的内室,好像多结果子的葡萄树;你儿女围绕你的桌子,好像橄榄栽子。看哪,敬畏耶和华的人,必要这样蒙福!"②生育是神迹,是神赐福的明证。"以撒因他妻子不生育,就为她祈求耶和华。耶和华应允他的祈求,他的妻子利百加就怀了孕。"③诗人称颂耶和华:"他使不能生育的妇人安居家中,为多子的乐母。你们要赞美耶和华!"④

如前所述,神对按他的形象所造的男女,所给出的第一道命令就是"要生养众多,遍满地面"⑤。上帝与亚伯拉罕立约的时候,说:"你向天观看,数算众星,能数得过来吗? ……你的后裔将要如此。"⑥当亚伯拉罕成功地经受了上帝的试验后,上帝又对他说:"论福,我必赐大福给你;论子孙,我必叫你的子孙多起来,如同天上的星,海边的沙。"⑦如前所言,不生育的妻子还可以为丈夫纳妾,按照当时的习俗,妾所生的子女可归在妻的名下。如撒拉好多年都没有生育,她自作主张地为丈夫亚伯拉罕纳夏甲为妾以生育后代,夏甲也得到了上帝的允诺,"我必使你的后裔极其繁多,甚至不可胜数"⑧。

多生子女既是新婚夫妇的愿望,也是亲朋好友对新婚夫妇的祝福。当利百加离家去与亚伯拉罕的儿子以撒成亲时,家人的祝愿是:"我们的妹子啊,愿你作(做)千万人的母!"⑨而女子不育被看成是上帝的惩罚与诅咒。如果一个妻子不能很快成为一个母亲,那她就要怀疑自己是否在主的面前有罪。如果丈夫的妾们能够生育,她们常常会因此获得较多的宠爱和更有利的地位,那做妻子的就会感到自己的地位受到威胁。由此可见,生儿育女,为夫家传宗接代,也是希伯来女人们义不容辞的义务和责任,并由此决

① 《圣经·诗篇》127:3。
② 《圣经·诗篇》128:3—4。
③ 《圣经·创世记》25:21。
④ 《圣经·诗篇》113:9。
⑤ 《圣经·创世记》1:28。
⑥ 《圣经·创世记》15:5。
⑦ 《圣经·创世记》22:17。
⑧ 《圣经·创世记》16:10。
⑨ 《圣经·创世记》24:60。

定了她们在夫家的地位。

《圣经·创世记》中所讲的雅各的妻子拉结、利亚姊妹俩竟为了争宠斗着法子展开生育竞赛的故事,就是一例。雅各喜欢拉班的小女儿拉结,为娶拉结服事了拉班七年,但拉班以当地没有小女儿先结婚的习俗为理由,将大女儿利亚许配给雅各,后来拉班答应将拉结许配给雅各,但要求雅各要为其再服事七年,结果雅各在拉班家一共服事了十四年才娶到拉结。利亚的眼睛没有神气,拉结却生得美貌俊秀,雅各偏爱拉结,而上帝却给了利亚生育的福分,拉结非常嫉妒姐姐利亚,她对雅各说:"你给我孩子,不然我就死了。"雅各很恼火,说:"叫你不生育的是上帝,我岂能代替他作主呢?"拉结于是自作主张地将自己的使女辟拉给雅各为妾,因为辟拉生的孩子可以归在她的膝下,她便因她也得孩子。当辟拉生第一个儿子的时候,拉结说:"上帝伸了我的冤,也听了我的声音,赐我一个儿子。"当辟拉生第二个儿子的时候,拉结说:"我与我姐姐大大相争,并且得胜。"利亚也不甘示弱,为了与妹妹争宠,她也将自己的使女给雅各为妾生子。拉结自己后来怀孕得子,便说:"上帝除去了我的羞耻。"①拉结与利亚为了争相生孩子,甚至还使用了名为"风茄"的催情药。

为了有利于生育,摩西律法中还有一些明智规定,如"新娶妻之人,不可从军出征,也不可托他办理什么公事,可以在家清闲一年,使他所娶的妻快活"②。为了鼓励生育,《申命记》还规定:"凡外肾受伤的,或被阉割的,不可入耶和华的会。"③妻子不育不仅是一个羞耻,也是丈夫休妻的正当合理的理由。

为了后代的香火延续,以色列民族还实行寡妇内嫁制,类似于古代中国的寡妇内嫁习俗。即如果一家中有兄有弟的话,若兄长死后无嗣,逝者的弟弟就应该娶自己的嫂子,他们所生的第一个儿子要从已逝的兄长之名。摩西律法规定:"弟兄同居,若死了一个,没有儿子,死人的妻不可出嫁外人,她丈夫的兄弟当尽弟兄的本分,娶她为妻,与她同房。妇人生的长子必归死

① 《圣经·创世记》30:1—22。
② 《圣经·申命记》24:5。
③ 《圣经·申命记》23:1。

兄的名下,免得他的名在以色列中涂抹了。那人若不愿意娶他哥哥的妻,他哥哥的妻就要到城门长老那里,说:'我丈夫的兄弟不肯在以色列中兴起他哥哥的名字,不给我尽弟兄的本分。'本城的长老就要召那人来问他,他若执意说:'我不愿意娶她。'他哥哥的妻就要当着长老到那人的跟前,脱了他的鞋,吐唾沫在他脸上,说:'凡不为哥哥建立家室的,都要这样待他。'在以色列中,他的名必称为脱鞋之家。"①可见,亡夫之弟有义务为自己的亡兄留下后代,若对此拒绝被认为是可耻的,且要受到舆论的谴责。这种寡妇内嫁制既与香火的延续相关,同时它也是以色列人保护家族财产不外流的一种手段。亡夫之弟若不如此行的话,其后果相当严重。如《创世记》中记载了犹大的儿子们的故事就是一例。当犹大的长子珥去世后,犹大要二儿子俄南与嫂子她玛同房,好为哥哥生子立后,但俄南却故意遗精在地,他"所做的在耶和华眼中看为恶,耶和华也就叫他死了"②。

丧子是极大的诅咒。撒母耳对亚玛力王亚甲说:"你既用刀使妇人丧子,这样,你母亲在妇人中也必丧子。"③扫罗的女儿、大卫的第一个妻子米甲见大卫在迎约柜时踊跃跳舞,心里就轻视他,结果米甲直到死日,也没有生养儿女。④ 先知何西阿在以色列犯罪时,不无悲怆地说:"他们的荣耀必如鸟飞去,必不生产、不怀胎、不成孕。纵然养大儿女,我却必使他们丧子,甚至不留一个。"⑤

要说明的是,虽然以色列人的文化视性生活与性快乐为当然之事,但也注意节制。旧约一再警告,不要在妻子月经期间、刚生孩子以后;或当天已有性生活之后,再与妻子发生性关系。如"女人行经,必污秽七天……男人若与那女人同房,染了她的污秽,就要七天不洁净;所躺的床也为不洁净"⑥;又如"女人行经不洁净的时候,不可露她的下体,与她亲近"⑦;再如

---

① 《圣经·申命记》25:5—10。
② 《圣经·创世记》38:8—10。
③ 《圣经·撒母耳记上》15:33。
④ 参见《圣经·撒母耳记下》16—23。
⑤ 《圣经·何西阿书》9:11—12。
⑥ 《圣经·利未记》15:19、24。
⑦ 《圣经·利未记》18:19。

"妇人有月经,若与她同房,露了她的下体,就是露了妇人的血源,妇人也露了自己的血源,二人必从民中剪除"①。或许语言的严厉更是表明了上述规定的严肃性。在古代,水源与血缘有明显的类比,水源是水的源头,血缘是生命的源头;水源的不洁会导致土地的不洁或污秽,而在女子"不洁净"的时候侵犯女子,同样会导致生命的不洁或污秽。当然,以今天医学卫生的眼光来看,这实际上保护了女性经期、产期的生理卫生与健康,有利于女性的身体,因而旧约中的上述规定有其合理性。

其实,不单是以色列民族,古代社会中的许多民族,都非常重视生育,因为人口的繁衍对于本民族的发展壮大至关重要。对于务农或游牧的民族来说,子女也是人力上的重要资源。而对于以色列民族而言,由于其是一人数不多的小民族,在被其他民族包围的处境艰难的迦南地,人口的繁衍更显紧迫,为了女性生孩子的需要与便利,以色列社会中很早就设有专职的接生婆,产妇在接生婆的帮助下生产。

3.重视孝道与祖先

以色列人对家庭生活的看重,还表现在重视孝道与祖先上。无论在什么时代,以色列人都非常尊重父母和祖先。摩西十诫中前四诫主要论及人与神的关系,后六诫则主要论及人与人之间的关系。"孝敬父母"在人与人的关系中位居第一,显示上帝对这条诫命的重视,这与中国人"百事孝为先"的观念可谓不谋而合。第五诫的具体内容是:"当孝敬父母,使你的日子在耶和华你神所赐你的地上得以长久。"②在十诫中,只有这条特别提及遵守者所蒙受的福气,即"使你的日子在耶和华你神所赐你的地上得以长久"。如果子女对父母不敬、轻慢父母,必受诅咒。如"打父母的,必要把他治死……咒骂父母的,必要把他治死"③。"咒骂父母的,他的灯必灭,变为漆黑的黑暗。"④箴言多处教导人们要听从父母的教训,如"你要听从生你的

---

① 《圣经·利未记》20:18。
② 《圣经·出埃及记》20:12。
③ 《圣经·出埃及记》21:15,17。
④ 《圣经·箴言》20:20。

父亲,你母亲老了,也不可藐视她"①。"戏笑父亲、藐视而不听从母亲的,他的眼睛必为谷中的乌鸦啄出来,为鹰雏所吃。"②可以说,"当孝敬父母"是以色列社会家庭道德伦理的基本要求。正因为如此,子女们通常像尊敬父亲一样尊敬母亲,因为母亲的荣誉和尊严如同父亲一样也是来自于神。

值得指出的是:除了孝敬母亲外,圣经也强调对女性长辈如对继母、姑母、姨母、叔母等的敬重以及对平辈女性的尊重,并严肃规定"你们都不可露骨肉之亲的下体",并具体列举了不可露母亲、继母、姑母、姨母、儿媳、弟媳等,不拘是异母同父的还是异父同母的姐妹等的下体,否则就是"大恶"。理由是:"因为她们是骨肉之亲。"③

以色列人重视父母的观念,不仅出于神的心意,也出自以色列人的传统。考察以色列人的历史,就可知道以色列人是非常重视父母,父母的父母,父母的父母的父母,即非常重视祖先的民族,他们清楚地知道自己的历代祖先是谁,在这一点上他们或许与中华民族有相似之处。正因如此,圣经中经常出现家谱,家谱上记载着某个生某个,某个生某个。家谱对以色列人有重要的意义,家谱使他们知道自己源自何处,使其能够饮水思源,并最终归到祖先那里(以色列人称死亡为"归到他列祖那里")。即使死在异邦,也希望遗体能带返故乡与列祖同葬,据说如此可以方便灵魂睡在一起。所以亚伯拉罕以及妻子撒拉、以撒以及妻子利百加、雅各等列祖都葬在希伯仑的麦比拉洞。

虽然圣经中的家谱有其难以理解的一面,它们却为圣经的宗教特性提供了重要的洞察力。这些家谱并非只是一连串乏味的某某人的"出生"而已,它们其实证实了上帝的"创世"计划,在这计划中人类享有一种特别的地位。因为在列出这些家谱的同时,也显示了以色列的历史是如何开始的,是如何一步步往前铺陈开的。虽然人们实际上对那些连续出现的个人名字的真实性,他们曾经有过的真实的生活场景和经历等一无所知,可这些个人却是属于人类那朝向永恒历史前进的行列;他们在那巨大的历史链环中虽

① 《圣经·箴言》23:22。
② 《圣经·箴言》30:17。
③ 参考《圣经·利未记》18:6—8。

是微不足道,却是不可缺少的。

4.重男轻女

以色列民族重视生儿育女,但在儿女中,就各方面而言,儿子们都比女儿们更受父母重视。以色列民族与古代世界的许多民族一样重男轻女,这种重男轻女表现在许多方面,如传统上儿子的诞生要行割礼大加庆祝,女儿的诞生则仅在会堂崇拜过程中行简短的祝福。在家中,父亲比母亲拥有更大权柄,儿子比女儿更受重视,因为儿子长大后可以继承祖传产业,扩大家族,增加财富,家族的兴衰是以儿子而不是以女儿的多少来衡量的。

像重男轻女的古代中国社会一样,以色列人的家谱往往只记载男性的血统延续,少有提到女性(除非她们在其家族的历史中扮演过特别的角色,享有殊荣)。如《创世纪》第5章中在提到亚当的后代时,给出的是一份清晰的男性血统延续的记载。旧约中在介绍某某人出场时,总有"某某之子"或"某某之孙"之类的话语。如在介绍先知撒母耳的父亲以利加拿的家世时,说:"以法莲山地的拉玛琐非有一个以法莲人,名叫以利加拿,是苏弗的玄孙、托户的曾孙、以利户的孙子、耶罗罕的儿子。"①这里一共提到了5代的人。又如在介绍扫罗的出场时,提到"有一个便雅悯人,名叫基士,是便雅悯人亚斐亚的玄孙、比歌拉的曾孙、洗罗的孙子、亚别的儿子,是个大能的勇士。他有一个儿子,名叫扫罗,又健壮又俊美,在以色列人中没有一个能比他的"②。这里一共提到了6代的人。不管提到了多少代,都只是提到了儿子而没有提到女儿,旧约中类似的例子比比皆是。

在儿子当中,长子的地位更为重要,他可得到更多产业。一般而言,长子具有一定的特权,父亲在世时,他为诸兄弟之长;父亲死后,他就是一家之主。长子甚至还会得到父亲更多的祝福。③ 长子的权力受到法律的保护,如"人若有二妻,一为所爱,一为所恶,所爱的、所恶的都给他生了儿子,但

---

① 《圣经·撒母耳记上》1:1。

② 《圣经·撒母耳记上》9:1—2。

③ 以色列人看重父亲的祝福,认为这种祝福乃出自神的意愿。雅各以一碗红豆汤从兄长以扫那里换来长子的名分后,为了得到父亲的祝福,甚至和偏心的母亲合谋,欺骗父亲,让自己得到祝福,使得以扫失去父亲的祝福。

长子是所恶之妻生的,到了把产业分给儿子承受的时候,不可将所爱之妻生的儿子立为长子,在所恶之妻生的儿子以上;却要认所恶之妻生的儿子为长子,将产业多加一分给他,因这儿子是他力量强壮的时候生的,长子的名分本当归他。"①不过,长子的名分和特权也可以放弃,雅各的兄长以扫就是为了一碗红豆汤而放弃了长子的名分。以扫轻看了他长子的名分,这是上帝所不喜悦的。

总而言之,在以色列社会,女人生孩子愈多,尤其生儿子愈多,就愈有福气与荣耀,也就愈得丈夫欢心。正因为如此,雅各的众妻妾才会以竟相生育儿女作为争夺雅各欢心及家庭中之地位的凭借。

应指出的是,尽管以色列人有重男轻女的思想,但实事求是地讲,以色列社会女性的地位比起同时代近东地区其他民族的女性地位而言,还是要强许多或好很多。与旧约同时代的其他各族相比,以色列人显然较为看重和尊重女性。如女儿在没有兄弟的情况下可以继承产业。耶和华晓喻摩西说:"你也要晓谕以色列人说:'人若死了没有儿子,就要把他的产业归给他的女儿。'"②以色列人还有一些专门的使女人免受男人欺负的约定俗成的规定,因为在神的眼中,女人的生命和男人一样尊贵。"人若彼此争斗,伤害有孕的妇人,甚至坠胎,随后却无别害,那伤害她的总要按妇人的丈夫所要的,照审判官所断的受罚。"③哪怕是家庭的婢女也要受到保护,"人若打坏了他奴仆或是婢女的一只眼,就要因他的眼放他去得以自由。若打掉了他奴仆或是婢女的一个牙,就要因他的牙放他去得以自由。"④如前所言,女子即使沦为战俘,也不可卖她,只可娶她为妻。⑤

在摩西律法中,有一些注重保护女性权益的条款。如前所述,律法要人公正地对待妻子,不可胡乱加以诽谤,信口诋毁妻子的名誉和贞洁者,要罚银一百舍客勒,并终生不许休妻。⑥ 男子被迫与他强奸过的女子结婚,也不

---

① 《圣经·申命记》21:15—17。
② 《圣经·民数记》27:8。
③ 《圣经·出埃及记》21:22。
④ 《圣经·出埃及记》21:26。
⑤ 参见《圣经·申命记》21:11—14。
⑥ 《圣经·申命记》22:13—19。

能离婚。以色列男子若娶被掳女子为妻后，"若不喜悦她，就要由她随意出去，决不可为钱卖她，也不可当婢女待她"①。虽然丈夫有权提出离婚，但不可随意休妻，必须要有正当合理的理由才能休妻。如前所述，先知玛拉基曾告诫："当谨守你们的心，谁也不可以诡诈待幼年所娶的妻。耶和华——以色列的神说：'休妻的事和以强暴待妻的人都是我所恨恶的。'"②

旧约中有许多经文是保障孤儿寡妇、穷人、残疾人、雇佣的仆役、外邦人及其他在社会上无法自力谋生的弱势人群的。耶和华的众先知都强烈地抨击对包括寡妇在内的弱势群体的歧视与欺侮，可以说，关注孤寡是以色列社会的一项重要的社会传统，这一类人也常被描述成需要保护、理解、关爱和公正对待的弱者和无助者。律法明确规定："不可苦待寡妇和孤儿。若是苦待他们一点，他们向我一哀求，我总要听他们的哀声，并要发烈怒，用刀杀你们，使你们的妻子为寡妇，儿女为孤儿。"③

对寡妇而言，官员有义务保护她免受债主欺负，免受掳掠者侵夺她的财物；在所有的民事案件中，要使她免受冤屈。如"学习行善，寻求公平，解救受欺压的，给孤儿伸冤，为寡妇辨屈"④。作为社会安全保障制度，《圣经·申命记》规定："每逢三年的末一年，你要将本年的土产十分之一都取出来，积存在你的城中。在你城里无份无业的利未人，和你城里寄居的，并孤儿寡妇，都可以来，吃得饱足。这样，耶和华你的神必在你手里所办的一切事上，赐福与你。"⑤又如，"你在田间收割庄稼，若忘下一捆，不可回去再取，要留给寄居的与孤儿寡妇……你打橄榄树，枝上剩下的不可再打，要留给寄居的与孤儿寡妇。你摘葡萄园的葡萄，所剩下的不可再摘，要留给寄居的与孤儿寡妇"⑥。可见，对古代的以色列社会来说，为孤儿寡妇提供必要的支持和帮助，是人们应尽的义务。

律法还要求寡妇及其他处于社会弱势群体中的人，要被邀请参加诸如

---

① 《圣经·申命记》21:14。

② 《圣经·玛拉基书》2:15—16。

③ 《圣经·出埃及记》22:22—24。

④ 《圣经·以赛亚书》1:17。

⑤ 《圣经·申命记》14:28—29。

⑥ 《圣经·申命记》24:19—21。

七七节、住棚节等之类节日的宴席①，使她们在神面前欢乐。耶和华许诺，凡济助寡妇的必得到赐福，凡欺压寡妇的必受惩罚。如"向寄居的和孤儿寡妇屈枉正直的，必受诅咒！"②又如"祸哉！那些设立不义之律例的和记录奸诈之判语的……以寡妇当作掳物，以孤儿当作掠物。"③再如"神在他的圣所作（做）孤儿的父，作（做）寡妇的伸冤者。""耶和华保护寄居的，扶持孤儿和寡妇，却使恶人的道路弯曲。"④可见上帝也常常站在处于社会弱势群体的女性一边，并介入她们被苦待及不公正的处境中。

如果女子无夫无子，她的境遇或许会很凄凉，如《路得记》所记，拿俄米失去丈夫和儿子后，她回到故乡，对那些见到她的妇女们说："不要叫我拿俄米（'拿俄米'就是'甜'的意思），要叫我玛拉（'玛拉'就是'苦'的意思），因为全能者使我受了大苦。我满满地出去，耶和华使我空空地回来。耶和华降祸与我，全能者使我受苦。"⑤不过，整篇《路得记》所记载的是关于外邦女子路得如何对以色列的神忠心，并且也因着她的忠心，上帝如何特别地恩待她与她的婆婆拿俄米，后来拿俄米丈夫家的一个至近的亲属波阿斯娶了路得为妻，他们的儿子是大卫的祖父，路得也就是大卫的曾祖母。与其说《路得记》记载了两个女子如何彼此忠诚、彼此照顾，在一个以男性为中心的社会中挣扎生活的情形，不如说它所传递的信息是：一个无权无势、处于社会边缘的的外邦女子如何以其忠诚、贤德，蒙了上帝的祝福与保守，并被她周围的以色列人所接受和礼待。值得注意的是：《路得记》歌颂的主角路得是个外邦女子，这在强调血统纯洁的主流希伯来圣经传统中实在是个异数，或许"这卷书的目的之一，就是要显出神的恩惠被及圣约之民以外的人"⑥。

5.理想的妻子——才德的妇人

以色列人看重家庭生活，他们把稳固的家庭生活当成人生最坚强的支

---

① 《圣经·申命记》16：9—11。

② 《圣经·申命记》27：19。

③ 《圣经·以赛亚书》10：1—2。

④ 《圣经·诗篇》68：5；《圣经·诗篇》146：9。

⑤ 《圣经·路得记》1：20—21。

⑥ 约翰·鲍克：《圣经的世界》，刘良淑、苏西译，台北猫头鹰出版社2000年初版，第110页。

柱之一,由此也看重女性在家庭中所发挥的作用。以色列人心目中最理想的女性是"才德的妇人"。所谓"才",即是在照顾丈夫和全家人、料理家庭事务、增加家庭的经济收益等方面表现得很能干;所谓"德",即是敬畏耶和华,有虔诚的信仰。《旧约》的"箴言"属于智慧书一类,其中有许多内容是对"有才德的妇人"的赞许,如"才德的妇人是丈夫的冠冕,贻羞的妇人如同朽烂在她丈夫的骨中"①。"得着贤妻的,是得着好处,也是蒙了耶和华的恩惠。"②这些语言以"智慧王"所罗门的口吻说出,尤其意味深长。在"箴言"这篇智慧书的末尾,则具体阐述了何谓"才德的妇人",其标题是"论贤妻",它或许就是以色列民族对"才德的妇人"的标准阐释。经文如下:

> 才德的妇人谁能得着呢?
> 她的价值远胜过珍珠。
> 她丈夫心里倚靠她,
> 必不缺少利益,
> 她一生使丈夫有益无损。
> 她寻找羊绒和麻,
> 甘心用手作(做)工。
> 她好像商船从远方运粮来,
> 未到黎明她就起来,
> 把食物分给家中的人,
> 将当做的工分派婢女。
> 她想得田地就买来,
> 用手所得之利栽种葡萄园。
> 她以能力束腰,
> 使膀臂有力。
> 她觉得所经营的有利,
> 她的灯终夜不灭。

① 《圣经·箴言》12:4。
② 《圣经·箴言》18:22。

她手拿捻线竿,

手把纺线车。

她张手周济困苦人,

伸手帮补穷乏人。

她不因下雪为家里的人担心,

因为全家都穿着朱红衣服。

她为自己制作绣花毯子,

她的衣服是细麻和紫色布做的。

她丈夫在城门口与本地的长老同坐,

为众人所认识。

她作(做)细麻布衣裳出卖,

又将腰带卖与商家。

能力和威仪是她的衣服。

她想到日后的景况就喜笑。

她开口就发智慧,

她舌上有仁慈的法则。

她观察家务,

并不吃闲饭。

她的儿女起来称她有福,

她的丈夫也称赞她,

说:"才德的女子很多,

惟独你超过一切!"

艳丽是虚假的,美容是虚浮的,

惟敬畏耶和华的妇女必得称赞。

愿她享受操作所得的;

愿她的工作,在城门口荣耀她。①

从当今女性主义的角度来看,这首"贤妻颂"完全站在男性的立场上,

---

① 《圣经·箴言》31:10—31。

一切均以男性的得失荣辱为依归。贤妻的标准是:首先,她要通过自己的辛勤工作和经商理财的本领,使丈夫"不缺少利益",且"有益无损",使全家人都冷暖不愁。其次,她乐善好施,"周济困苦人","帮助穷乏人"。第三,她能荣耀她的丈夫,使得丈夫"在城门口与本地的长老同坐,为众人所认识"。可是,这个丈夫实际上有何德何能以致于他可以得到这样的尊重呢? 经文并无详细交代。第四,她内心有从上帝而来的智慧与爱,所以她"开口就发智慧,她舌上有仁慈的法则"。当然,达到如此标准并非易事,所以这首"贤妻颂"开宗明义地讲明才德的妇人的价值远胜过珍珠。显然,这首"贤妻颂"或许完全迎合了父权制社会中男性的需求,单方面地反映了父权制社会男人对女人的要求,何谓"贤夫"或女人对男性的要求则只字未提。当然,如果我们理解那个时代的父权意识确已深深地渗入社会的各阶层,也毋需肆意批评当时的箴言作者(或编订者)的价值取向。

从另一角度来看,"贤妻颂"对女性的描述却又在很大程度上了肯定了女性的能力,最明显的是经文肯定了女性的能力,"贤妻颂"里的"贤妻"可以说是里里外外一把手,把家庭的内外事务都处理得既得体又妥当,甚至包括打理生意上的事情,以至于她的丈夫从"心里依靠她"。这一点与许多传统对女性能力的描述可谓南辕北辙。或许,"才德的妇人"理应是才华出众,能力绝不下于男性,而这亦真正达到了神为亚当预备配偶的一个主要原因,即耶和华神说:"那人独居不好,我要为他造一个配偶帮助他。"①

若仔细去读这首"贤妻颂",贤妻之"贤"其实也体现在中国儒家传统所强调的女性所应具有的"四德"上,即妇德、妇言、妇容与妇功。就"妇德"而言,"贤妻颂"里的"贤妻"除了自己终日辛劳,使丈夫有益无损,使家庭温饱不愁外,还"张手周济困苦人,伸手帮补穷乏人"。就"妇言"而言,"她开口就发智慧,她舌上有仁慈的法则"。就"妇容"而言,"她为自己制作绣花毯子,她的衣服是细麻和紫色布作(做)的"。就"妇功"而言,那就太多了,如"她寻找羊绒和麻,甘心用手作(做)功"。"未到黎明她就起来,把食物分给家中的人,将当作(做)的工分派婢女。""她手拿捻线竿,手把纺线车。""她

---

① 《圣经·创世纪》2:18。

作(做)细麻布衣裳出卖,又将腰带卖与商家。"如此等等,不一而足。对这样的妻子,男人还有何话好说? 她的丈夫不得不从心里称赞她"才德的女子很多,惟独你超过一切"①。

"贤妻颂"的末尾说外貌、衣着等对女人而言并不是最重要的,最重要的乃是她的信仰与品德。"艳丽是虚假的,美容是虚浮的;惟敬耶和华的妇女必得称赞。"无疑,圣经的上述话语在今天仍然有其积极意义。在以色列人看来,"房屋钱财是祖宗所遗留的,惟有贤慧的妻是耶和华所赐的"②。娶妻娶德,以智慧之王所罗门为例来说,即使所罗门王有"在你以前没有像你的,在你以后也没有像你的"③超人智慧,但他娶了埃及法老的女儿为妻,"在法老的女儿之外,又宠爱许多外邦女子"④,结果,在"所罗门年老的时候,他的妃嫔诱惑他的心去随从别神,不效法他父亲大卫,诚诚实实地顺服耶和华他的神……所罗门行耶和华眼中看为恶的事"⑤。由于缺少一个敬畏神的贤慧的妻子,聪明智慧的所罗门王,终究是一生功业,功亏一篑。箴言是智慧书,而这篇智慧书的结尾讨论的却是何谓"才德的妇人",其中自有其深意与智慧。细细思量"才德的妇人谁能得着呢,她的价值远胜过珍珠",可谓是意味深长……

"才德的妇人"在很大程度上决定了家庭生活的成功与失败。正因如此,以色列人虽然景仰领袖、先知、君王等男性精英人物,但他们对有才德的普通妇人亦是深深景仰与敬佩。旧约圣经中有许多影响深远的女性,如米利暗、底波拉、哈拿、亚比该、路得、以斯帖等,她们丰溢的灵命与智慧使她们产生了莫大的影响力。

许多古代民族都有歧视女性的传统,以色列人也不例外。不过,与同时代近东地区的其他民族相比,以色列女性无论在家庭还是在社会中的境况还是要好很多。值得注意的是,旧约中提及普通女性直接去晋谒君王的,至

---

① 《圣经·箴言》31:29。
② 《圣经·箴言》19:14。
③ 《圣经·列王记上》3:12。
④ 《圣经·列王记上》11:1。
⑤ 《圣经·列王记上》11:4—6。

少有四宗：如提哥亚聪明的女性为大卫的儿子押沙龙求情①；两个妓女争一个孩子请所罗门王审断②；在饥荒中两个妇人为幼儿争吵，来求王主持公道③；还有一宗是一妇人从非利士回来，求王发还她自己的房产与田地④。如前所述，摩西认为女儿可以继承父亲的家业⑤，这件事在《约书亚记》中也被提说⑥。总体而言，以色列人对女性的看法还是较为开明的，这也许是这个民族睿智的一种体现。

（三）将智慧比作女性

智慧在希伯来文圣经中用来泛指人类的技巧，如从刺绣到推测未来都属于技巧一类，有时智慧又指"知道如何做"。早期智慧文学中的"智慧"一词含义较广，并与"知识"、"明白"等词并用，表述能够分辨最恰当的举止为何。有意思的是，《旧约》中常将智慧比拟为女性，如箴言1—9章中，有5处⑦以诗体的语言将智慧拟人化，将智慧比作一位女性（希伯来文 chokmah 是阴性），她好像一名向导，引导跟随她的人一生走在正道上，并在其中享受神的恩惠与保护。而与她相对的，则是另一位象征愚昧的"外女"，她勾引无知的人偏离正路，走向死亡。智慧文学以女性的用语来描写智慧，确有作者特别的用意。

在人类文明的许多神话中，智慧大多拟人化且总是与女性的性别相关，即智慧女神。从埃及、欧洲、土耳其等地所获得的考古材料中可以证明，女性与智慧的结合可以追溯到非常古老的时代。如埃及女神伊希斯和希腊女神德墨忒耳以施予公正的教训、忠告和正义的圣人而著称。雅典娜是希腊的智慧女神，激发希腊诗人丰富的想象力和创造热情的是缪斯女神。在爱尔兰的前基督教的传说中，凯尔特人把塞里德温尊崇为智慧和知识的女神。

---

① 《圣经·撒母耳记下》14：1—24。
② 《圣经·列王记上》3：16—28。
③ 《圣经·列王记下》6：24—31。
④ 《圣经·列王记下》8：3—6。
⑤ 《圣经·民数记》27：5—8。
⑥ 《圣经·约书亚记》17：3—6。
⑦ 《圣经·箴言》1：20—30；3：13—18、4：3—13、8：1—36；9：1—6。

有大量的证据表明:灵性、超凡洞见、说预言等与智慧相关的本领在许多民族的传说与神话中也曾与女性相关,巴比伦的碑文中包括大量女祭司在伊希塔神庙中给予人们预言性忠告的资料,著名的希腊德尔斐神喻殿也坐落在原来是对女神进行礼拜的遗址上,在古希腊德尔斐的阿波罗神庙有被称为皮提亚的女预言者。古希腊人在采取重要的政治、军事行动和殖民建邦之时,通常会到阿波罗神庙请示神谕。在著名的剧作家埃斯库洛斯的剧本中,人们常可以读到关于德尔斐神庙的皮提亚说预言的描述。

《圣经》的伊甸园中本来有两棵树,既生命树和分别善恶的树,但由于蛇的引诱,蛇说:"你们不一定死,因为神知道,你们吃的日子眼睛就明亮了,你们便如神能知道善恶。"①夏娃动心了,而动心的后果就是夏娃成为人类犯罪的始作俑者。但以上事实是否也暗含着古人的一种信念——智慧总是与女人相关呢?

在《创世记》的故事中,人们常把夏娃听从蛇的引诱、吃善恶树上的果子看成是女人容易冲动、缺乏理性的根据。我们不妨换个角度想想:夏娃吃那个果子,不仅仅是因为"那棵树的果子好作食物,也悦人的眼目,且是可喜爱的",还因为那棵树的果子"能使人有智慧"②,这说明了夏娃的喜欢智慧、羡慕智慧、渴求智慧,她摘下果子来给自己吃,也给丈夫吃,既说明了她对丈夫的关心,自己视为珍贵的东西要和丈夫一起分享,同时也说明了她希望丈夫与她一样拥有智慧。

《旧约》中常提到聪明智慧的妇人,如参孙的母亲有属灵的见解,给予丈夫玛挪亚很大的帮助。玛挪亚看见耶和华的使者显现,惊恐地对妻子说:"我们必要死,因为看见了神。"③而妻子则安慰他:"耶和华若要杀我们,必不从我们手里收纳燔祭和素祭,并不将这一切事指示我们,今日也不将这些话告诉我们。"④又如《撒母耳记》中提到的提哥亚妇人,受将军约珥所托,

① 《圣经·创世记》3:4—5。
② 《圣经·创世记》3:6。
③ 《圣经·士师记》13:22。
④ 《圣经·士师记》13:23。

到大卫面前以巧计向王劝说,准王子押沙龙回来。① 再如后来成为大卫之妻的亚比该,"聪明俊美",有高明的外交手腕,弥补了丈夫拿八的愚顽,不但免除了全家人的杀身之祸,也让大卫不至发怒报复而犯下杀人罪,大卫很是佩服她,说:"你和你的见识也当称赞。"在拿八死了以后,大卫就娶她为妻。②

六、西周春秋时期与早期以色列
社会性别关系的比较

毋庸置疑,西周春秋时期的中国社会与旧约圣经中的以色列社会都属于以男性为主导的父权制社会,这就使得这两个社会的性别关系有一些共同点或相似性:如女性在整个社会制度的架构中不占主要地位;她们在政治上、社会的公共生活以及宗教活动中发挥的作用也很有限;不管在社会还是在家庭结构中,她们都处于一个相对比较次要的地位。不过,在家庭的领域与范围内,出于对家庭生活的重视,一个和谐的家庭与良好的夫妻关系,对于一个稳定的社会秩序而言是必要的,也是讨上帝喜悦的,因此这两个社会的女性在家庭里还是受到了一定程度的重视与尊重。而且,在家庭中怎样做一个好女人的标准也是共同的,如在中国社会,好女人的标准是"贤妻良母",作为"贤妻",首先强调的是相夫、辅佐而不僭越,像太姜佐古公亶父,大姒佐文王;其次要主内,把家务安排妥当并生有继承香火的儿子。持家和生育已成为兼有妻子、母亲身份的女人的专职,即使没有出嫁的女子,也要为将来进入这两种身份而有所准备。由于身为妻子,特别是母亲对家族的特殊贡献,周礼也特别强调将"尊母"与"孝亲"联系起来,"孝亲"之礼强调:父母存,奉孝双亲;父母殁,考妣同祀。但这需要有前提,即母必贤良,遵礼度,不然,即使贵为王后,生有传宗接代的儿子,若不遵守礼度的话,同样

---

① 《圣经·撒母耳记下》14:2。
② 《圣经·撒母耳记上》25。

也会受到挞伐,像周幽王的王后褒姒就因干预政事而被指控为乱国的"祸首厉阶"。在以色列社会,好女人的标准同样是"贤妻良母",如"箴言"对何谓"才德的妇人"的阐述。而"才德的妇人"如前所述,当然也受到她的家人及众人的深深景仰与敬佩。

这两个社会的性别关系当然也有各自不同的特点,这个"不同"最主要的表现在:西周春秋时期的中国社会是一个世俗的社会,重视的是人间秩序中的"礼",性别关系要放在这个"礼"中去审视;旧约圣经中的以色列社会则是一个宗教的社会,重视的是上帝与人的关系,性别关系要放在这个"上帝与以色列人的关系"中去审视。

性别关系若放在"礼"中去审视,其所强调与重视的并不是两性关系本身,而是这种关系在整个社会秩序与结构中的作用与地位。如果说殷商时期,天命思想占据统治地位,殷人把鬼神放在第一位的话,如"殷人尊神,率民以事神,先鬼而后礼"①,则西周以后,天命思想已经发生动摇,周人在对殷商的灭亡进行反思时,已认识到"天命靡常",人们的注意力已逐渐转到了现实人事上来,而对现实人事的关注最主要的就是对在西周确立起来的宗法制度与在此基础上所建立的社会秩序的关注,因而就有了维护宗法制度和社会秩序的"礼",即"周礼"。两性的性别关系是"礼文化"的重要组成部分,所以"周人尊礼尚施,事鬼敬神而远之"②。而有关这一部分的主要内容就是"男女有别",这个别既别在婚姻中的内与外的区分上,即"男女辨姓"上,也别在家庭内部的性别角色分工上。《尚书》、《诗经》与《易经》中的主流或正统的性别意识正是上述思想的体现,因之就有了对女性介入政治和参与社会公共生活的强烈的反对与敌视态度以及随之而来的对男性子嗣的重视和重男轻女。

随着礼制的确立,男女两性在家庭和在社会中的角色和地位就大致比较确定了。不过,来自乡野和民间的性——生殖崇拜经过文化的修饰,业已转化为中(仲)春之会与高禖之祀的制度性的男女青年的狂欢节,转化为

---

① 《礼记·表记》。
② 《礼记·表记》。

《易经》中对生命、对自然界、对人类社会的生生不息的崇拜,转化为《诗经》中对两性情感和性生活中有一定开放度的描述。这些又在一定程度上冲淡或稀释了礼制对女性的限制与规定。

性别关系若要放在"上帝与人的关系"中去审视,其所强调与重视的恰恰是两性关系本身,因为这个关系也昭示了上帝与人之间的亲密关系,所以两性结合的婚姻也就成为上帝与以色列签订盟约的一个主要象征。旧约中的先知们经常把上帝和他的子民的关系用婚姻来作比喻。对其而言,用丈夫与妻子的关系来比喻上帝和以色列的关系是最好不过的了。先知们还指出:上帝圣盟约的特征,类似于丈夫和妻子之间的盟约:即坚贞不移的爱,相互的体贴关怀,苦乐与共。

希伯来文旧约中有一个特殊的字,那就是"hesed",这字虽然也译作爱,而且是坚贞不渝或坚定不移的爱,但是这爱与立约有密切的关系,若没有约的存在,这一种爱也就不存在了。"hesed"主要用于上帝,即专用于描写上帝对以色列立约的爱。在以色列先知们的笔下,这种爱是上帝恒久、永不改变、决定性的爱,这种爱超过了人世间的任何一种爱。先知们坚定地相信:以色列的上帝是有立约之爱的上帝。以先知《何西阿书》为例,先知何西阿是在他不贞的妻子身上领略到耶和华的爱。他深知无论以色列如何不遵守对上帝的约,上帝仍然守住他的那一方。耶和华对以色列爱之深切和坚强,绝对超过何西阿对他不贞的妻子。《何西阿书》以婚姻关系来描写上帝与立约子民之间的盟约。以色列民背约失信,离弃耶和华去侍奉巴力①,就如不贞的妻子离开丈夫,归了别人为妻;但上帝好像一个眷爱妻子的丈夫,不断呼吁不忠的子民与自己重修旧好。《何西阿书》一方面指责以色列民的悖逆,并宣告亡国的审判,另一方面却以"爱"为全书的重点,"爱"最高的表达是上帝藉着先知与妻子破镜重圆的经历,表明他仍然疼爱这将要被逐、漂流异处的子民,并要召回他们,与他们重新订立永远的盟约。"我必医治他们背道的病,甘心爱他们;因为我的怒气向他们转消。我必向以色列如甘露;他必如百合花开放,如黎巴嫩的树木扎根。他的枝条必延长;他的荣华

---

① 巴力是迦南地的风雨神,被视为掌管诸生育繁殖之主宰。

如橄榄树;他的香气如黎巴嫩的香柏树。曾住在他荫下的必归回,发旺如五谷,开花如葡萄树。他的香气如黎巴嫩的酒。"①由此可见,尽管以色列寡情,耶和华却仍然有义,以色列遗弃了上帝,上帝却没有遗弃以色列,他仍要向从前那样爱她,这一种爱就叫"立约之爱"。

从世俗的婚姻来看,圣经同样把婚姻理解为一种"盟约"的关系,不过,这种关系有平面与垂直的两层意义:就平面关系而言,男人与女人彼此相连;就垂直关系而言,此盟约使作为伴侣的丈夫与妻子一起与上帝相连,丈夫、妻子与上帝的关系好比是一个等边三角形,上帝在这个等边三角形的顶端,而丈夫和妻子则在三角形下方的各一端,高高在上的上帝是他们婚姻的基石与保障。正因为如此,婚姻、家庭与生儿育女等都是上帝对人的恩赐与祝福,因而对婚姻和家庭的不忠与背弃都是上帝不喜悦的,这就使得女性在家庭生活中仍有其一定的份量与地位。而在政治与公共宗教生活中,旧约中似乎很少见到类似中国的《尚书》、《诗经》等中对女性介入政治的强烈诋毁,对女性参与公共宗教生活的诸多限制并不是出于对女性这个性别的贬损和敌视,而是出于以色列宗教传统的对"圣洁"的要求的特质。

---

① 《圣经·何西阿书》14:4—7。

第三章　春秋战国时代的儒家经典与
新约的性别意识的比较

本章所涉及的儒家经典主要指《论语》、《孟子》、《荀子》、《礼记》、《易传》与郭店楚简中的《六德》篇。孔子、孟子、荀子是春秋战国时期儒家学派的主要代表人物，他们的性别意识散见在《论语》、《孟子》与《荀子》中。《礼记》中的性别意识则是最为集中或最完备的，该书可谓是了解中国古代性别意识的必读之书。而《易传》则可谓是儒家关于性别的形而上学的理论阐释。20世纪90年代出土的郭店楚简是战国中晚期以前的儒家与道家的佚籍，其中的《六德》篇明显地体现了战国时代的儒家的性别意识的特征。

春秋战国时期既是天下大乱的时期，也是人们的思想观念极为活跃的时期，诸子百家们的思想触角几乎涉及当时社会生活所能涉及到的每一个领域，从上述经典中，人们不难发现，先秦儒家的性别意识是对殷周制度变迁后的礼俗，尤其是针对春秋战国以来的两性关系的一种自觉反省，而这种反省对儒家的正统文化的形成及对中国人的性别意识产生了较为深远的影响。

新约的性别意识则主要集中在《四福音书》和保罗的书信中。笔者主要通过耶稣基督和保罗与女性的具体相处事例和他们对婚姻、家庭及女性对属灵生活的追求、女性在家庭和在教会的行为规范等的具体阐述来了解他们的性别意识。耶稣和保罗的性别意识在基督教的历史与传统及现实中同样产生了非常深远的影响。

将上述儒家经典与《新约》中的性别意识做一番比较，或许会使我们深入了解以儒家为代表的世俗文化和以新约为代表的信仰文化在性别意识上的各自特点，并给我们在现实生活中两性关系的相处带来亮光。

一、孔子、孟子与荀子的性别意识

春秋战国时代，正是"学在官府"的格局被打破，"学在私门"成为"普在皆在"的事实，这意味着有越来越多的人有机会受教育，但女性仍无缘从中受惠，诸子百家的弟子中很少听说有女弟子的，也很少听说有女子能像男子那样遨游四方、广交学友或展其辩才的。显然，推动"学在私门"向纵深发展的先秦诸子，其所从事的教育活动，均无一例外地发生和进行于男性的世界之中。由此可见，女性们未被当成精神上的平等对象来对待，她们缺乏那种向男人开放的种种教育机会，这是当时社会的真相。也许这与自西周以来女人主要被赋予家庭事务和传宗接代的角色，而不是从事精神创造的角色相关，而从事精神创造的角色主要由男人而不是由女人来承担。

正应为如此，在中国思想史上当然也包括先秦时代，无论是儒家、道家，还是法家、墨家、名家、阴阳家等，各种派别的哲学叙述，都明显地带有男性指向。在先秦的文学与哲学作品中，除了来自民间的《诗经》有一些出自女人的创作外，大部分经典都出自男性之手，诸子百家的作品中更是少见有女人撰写的文字，绝大多数哲学叙述都毫无例外地是由男人从男性视角来撰写的，他们关心的都是很宏观很全局的问题，如社会的治理、国家的稳定、天下的安宁等，即使讨论男人女人、夫妻关系、家庭和睦，也是从天下国家的大前提下出发的。有了如此把握，我们或许才能更好地理解以孔子、孟子与荀子等为代表的儒家性别意识的指向了。

（一）孔子的性别意识

1.《论语》中对性和男女之情的开明态度

反映孔子思想的主要经典《论语》，由其弟子辑录而成。孔子所处的春秋时期，还不是道学盛行的时代，从孔子的言语表述中我们不难看出其对性和男女之情的开明态度。如孔子对《诗经》中的情诗的肯定,对《诗·周男·关雎》"乐而不淫,哀而不伤"①的称赞。孔子对"郑声"似乎没有多少好感,他说:"放郑声,远佞人;郑声淫,佞人殆。"②孔子还说过"恶紫之夺朱也,恶郑声之乱雅乐也,恶利口之覆邦家者"③。所谓"郑声",即是指《诗经》中的《郑风》,内多男女艳情的诗篇,孔子对此不无反感。但孔子对"郑声"的态度并不影响他对《诗》的总体态度,即他很著名的对《诗经》的评语:"《诗》三百,一言以蔽之,曰:'思无邪。'"④有了孔子的这种概括,从古到今的人们都认可"思无邪"为《诗》三百的整体特色。

　　就孔子对女性的认识而言,他的一句最为有名的话即是《论语·阳货》中的"唯女子与小人为难养也,近之则不孙,远之则怨",此话成为今人认为这是孔子和儒家瞧不起女人、贬损女人的确凿证据。笔者常想,虽再三表白自己"有教无类"和"自行束修以上,吾未尝无诲焉"的孔老夫子,手下有弟子三千、贤人七十二,他与其中的一些高足是"行则连舆,止则接席",但这些人中无一是女子。孔子一生和女人没有什么瓜葛,更没听说他有什么艳遇,夫子一生中最浪漫的时刻也许就算与那位美而妖的南子夫人乘车在街上兜了一回,就这点事,还遭到了认真而呆板的子路的质疑,弄得老先生好不光火,指天发誓地来表明自己的清白。

　　仔细想想,孔子说的实在是对女人不公平,因为"近之则不孙"几乎是人际关系中的一种常见现象,人与人之间若没有距离或各自空间的话,很容易就彼此"不孙"起来,不独女人如此。但若从"近之则不孙,远之则怨"来看,孔老夫子对女性心理是有观察的,他认为,男人若离女人近了,女人就没有分寸感了;离女人远了,女人就会抱怨。这段话说明孔子已实在地体会到两性相处之难,却提不出解决此"难"的办法。其实,又何必要求孔子,现在的人不也同样提不出真正解决此"难"的办法。

　　往深处去想,众所周知,孔子主张培养君子人格,而君子人格的特质就

————————

① 《论语·八佾》。
② 《论语·卫灵公》。
③ 《论语·阳货》。
④ 《论语·为政》。

是"君子无怨"。孔子一而再、再而三地强调"躬自厚而薄责于人,则远怨矣"①。又如"君子惠而不费,劳而不怨,欲而不贪,泰而不骄,威而不猛"②。再如"己所不欲,勿施于人。在邦无怨,在家无怨"③。可见君子应该无怨、远怨。可不知为什么孔子却认定女人相对于男人而言容易产生"怨",这是他不喜欢的。君子人格的另外一个特质就是"谦逊",所谓"君子义以为质,礼以行之,孙以出之,信以成之。君子哉!"④"奢则不孙,俭则固。与其不孙也,宁固。"⑤所以"不孙"和"怨"一样是远离君子人格的,也就是说"怨"和"不孙"是君子人格的两大忌讳,而在孔子眼中这两大忌讳在女人身上却是经常发生的事,所以女人注定与君子无缘。这或许证明了孔子对女人的偏见。

不过,我们还是要问一句:为什么在孔子心目中"怨"和"不孙"会更多地发生在女人身上呢?我们或许在此可以发挥一下想象力,回到孔子当年的生活场景中去,从孔子的"唯女子与小人为难养也,近之则不孙,远之则怨"的表述来看,孔夫子并不是迂夫子,他对女性心理是有观察的,这观察或许就是来自他的夫人。《论语》记载孔子的言行,没有一个字涉及他的夫人。第一个提供孔子夫人信息的人是三国时代的王肃。他在《孔子家语》中简略地写了孔子生平,有这样几句话,孔子"至十九,娶于宋之亓官氏,一岁而生伯鱼"。即是说孔子在19岁时娶这位宋国的亓官氏女子为妻,除了这位被称为亓官氏的孔夫人外,孔子一辈子应该不会和别的女人有这种有时近有时远、有时聚有时别、有时亲有时疏的人生体验。

也许当孔子"志于道"而周游列国的时候,孔夫人独守空房,那时又没有电话、手机或电脑之类方便联络,孔夫人岂能没有幽怨之情;好不容易盼到丈夫归来,却没料到丈夫因在外四处碰壁,颠沛劳累,因而心情难免沮丧,孔夫人岂能不发埋怨之声。对此,孔子不但不理解,反而怪女人"近之则不

---

① 《论语·卫灵公》。
② 《论语·尧曰》。
③ 《论语·颜渊》。
④ 《论语·卫灵公》。
⑤ 《论语·述而》。

孙,远之则怨",并进而推论所有的女人都是难以伺候的,这恰恰除了说明孔子不懂女人外,还能说明什么呢。据说孔夫人在孔子67岁时病逝在鲁国,其时孔子正在外进行他的辛酸而艰难的"文化或政治的苦旅",所以夫妻二人没有见上最后一面。做有使命感的男人之妻终是不易,不知临终前的孔夫人有怎样的哀怨……当然,要求孔子懂女人,可能也是太强其所难了,圣人忧国忧民,就是不忧女人,尤其不忧自己身边的女人。遗憾的是,孔子的"唯女子与小人为难养也,近之则不孙,远之则怨"的感慨成为从古至今的中国男人们在遭到身边女人的埋怨和指责后,冲口而出聊以自慰的一句口头禅。由此我们大概可以得出这么一个推论:孔夫人在丈夫的创造性思想活动中,只是给他提供了一个对女性的认识、而且主要是负面认识的思想素材而已。倘若孔夫人能做到丈夫召之即来,挥之即去,谦逊有礼,克己自制,亲密而又保持一定距离,孔子也许就会对女人有另一番认识。只是这太难为孔夫人了。

言归正传,《论语》中除了《阳货》篇中直接提到"女子"的字眼外,还有一些词语如"色"也间接地与女性相关。在中国文化的语境中,"色"常常就是"女人"或者"异性"的代名词。论述孔子的"色"观之前,笔者在此先简述先秦有关女子称色的问题。

汉代许慎《说文解字》将"色"解释为"颜气也",即是指人"容颜的气色"。一般而言,中国人对"色"的含义心领神会,从古至今,"色"常与女子的容貌、与男女间的情欲、性欲之事密切相关,可以说,"色"是古汉语中最为接近英文"性(sex)"概念的一个字。唐代白居易的《长恨歌》中有"汉皇重色思倾国"之语,可见女子的绝色美貌与国家政治之间的关系,因为它甚至可以关乎到国家的稳固。先秦的人常将夏朝、商朝、西周的灭亡归结为夏桀、商纣、周幽王受到女色的诱惑有关。"女祸"这个词本身其实就蕴涵了对以色祸国的女子的谴责。在民间传说中,殷商之亡是因为纣王巡游女娲神殿时,对女娲像甚为不敬,口出淫语,因之激怒女娲,而派遣众狐狸精变为美女现世乱纣的。

唐人孔颖达的《尚书正义》卷七谓:"经传通谓女人为色。"可见,在经传所反映的先秦时期,人们已习称女人为色了。不过,在商代的甲骨文中很少有见称女子为色的言辞。《尚书·牧誓》中周武王在伐商战前的誓师大会上说:"……今商王受,惟妇言是用。"周武王在此明确将妲己视为以"妇言"扰政的"牝鸡司晨"之典型,但并没有明确提及其容貌之美丑。

西周春秋以后,女性的容貌成为人们,尤其是女性自身比较重视与关注的一个重要方面,也许在自周代开始形成的一个重男轻女的社会里,女性要得到别人的关注和重视,其容貌如何是很重要的。从《诗经》中可以找到这方面的大量例证。如《诗经》的开卷《周男·关雎》:"关关雎鸠,在河之洲。窈窕淑女,君子好逑。……窈窕淑女,寤寐求之。求之不得,寤寐思服。悠哉悠哉,辗转反侧。"又如《周男·桃夭》:"桃之夭夭,灼灼其华。之子于归,宜其室家。"由此可见女性容貌在男性心目中的位置。《诗经》中的一些诗,也反映了女性本身也清醒地认识到了自身容貌的含义,且进而领悟到以容貌侍奉、取悦男人。如《卫风·伯兮》描写了一位因丈夫从军远征久不归来而心生怀念之情,以致于无心打扮自己、容貌不整的女性。诗云:"自伯之东,首如飞蓬。岂无膏沐?谁适为容。……愿言思伯,甘心首疾。……愿言思伯,使我心痗!"可见,女人的打扮已不是为自己,而是为男人。不过,此时女性的容貌在受到重视的同时,女性的德行、才干在人们的心目中也同样重要。如《郑风·有女同车》:"有女同车,颜如舜华。将翱将翔,佩玉琼琚。彼美孟姜,洵美且都。有女同行,颜如舜英。将翱将翔,佩玉将将。彼美孟姜,德音不忘。"作者在惊叹同车女子的美貌时,也很欣赏女子所表现出的其德行的典雅。

就孔子的"色"观而言,《论语》中有几处提到"色",如《论语·学而》云:"子夏曰:'贤贤易色;事父母,能竭其力;事君,能致其身;与朋友交,言而有信。虽曰未学,吾必谓之学矣。'"子夏是孔子的学生,也是孔子的高足之一,这句"贤贤易色"中的第一个"贤"字作动词用,是尊重敬重之意。第二个"贤"则是名词,指贤能有德的人。"贤贤易色"之意即是以尊重或敬重贤人来代替(易)爱好美色。子夏这段话的大意是:尊重贤能有德的人超过貌美的女子;侍奉父母能尽心竭力;侍奉君王能鞠躬尽瘁;与朋友交往说话守信用。这样的人,虽然说没有学习过什么,我也一定要说他是学习过的了。显然,作为老师的孔子对子夏的这段话是赞赏的。

"贤贤易色"言简意赅的四个字表明了孔子对"德"与"色"的态度,即他更看重前者,更强调对品德的重视要高于对容貌的重视。《礼记·坊记》中也记载了孔子有关"色"的类似看法,如"子云:'好德如好色。诸候不下渔色。故君子远色以为民纪。'"这几句话仍表明了孔子对"德"的重视远在对"色"的重视之上。

《论语·子罕》和《论语·卫灵公》中均出现过"吾未见好德如好色者也"之语,孔子在此并不是将"好德"与"好色"截然对立,只是说"好德"比出乎本性的"好色"更难、更不容易。孔子在《论语·季氏》中云:"君子有三戒:少之时,血气未定,戒之在色;及其壮也,血气方刚,戒之在斗;及其老也,血气既衰,戒之在得。"孔子不像后代的假道学家,他承认"好色"是人的本性,告诫年轻人在"血气未定"时,出于对自己身体的爱护,在"色"上要小心为妙。也就是说,当年轻人"血气未定"时,不要过早地"恋爱结婚有性生活"。即使今天来看孔子的上述话语,还是颇有道理的。

2.孔子对男女结合、婚配嫁娶的重视

孔子对男女结合、婚配嫁娶的目的、意义与礼仪等问题都相当重视,因为这与孔子的政治伦理秩序的理想密切相关。他对这些问题的看法,多散布在《礼记》中的《曾子问》、《仲尼燕居》、《哀公问》、《坊记》等篇中,《孔子家语》中也涉及一些。

就对男女结合、婚配嫁娶而言,孔子持非常重视和严肃的态度。《礼记·哀公问》中记载了孔子与鲁哀公就此问题的一次谈话:

> 公曰:"敢问为政如之何?"孔子对曰:"夫妇别,父子亲,君臣严,三者正,则庶物从之矣。"公曰:"寡人虽无似也,愿闻所以行三言之道,可得闻乎?"孔子对曰:"古之为政,爱人为大。所以治爱人,礼为大。所以治礼,敬为大。敬之至矣,大昏为大。大昏至矣。大昏既至,冕而亲迎,亲之也。亲之也者,亲之也。是故君子兴敬为亲,舍敬,是遗亲也。弗爱不亲,弗敬不正。爱与敬,其政之本与?"

当哀公听说男女结婚要"冕而亲迎"时,不禁问道:"寡人愿有言。然,冕而亲迎,不已重乎?"此时孔子"愀然作色"而对曰:"合二姓之好,以继先圣之后,以为天地宗庙社稷之主,君何谓已重乎?"

当哀公请求孔子对婚礼的意义再作进一步阐述的时候,孔子回答说:"天地不合,万物不生。大昏,万世之嗣也,君何谓已重焉!"

由上可见,孔子不仅把男女的结合放在与"父子"、"君臣"关系的同等地位,作为治理国家的一项重要内容,而且以简练的语言深刻地揭示了男女结合的婚姻礼仪与社会、人类以及整个宇宙的不可分割的关系。

3.孔子对男女有别的重视

笔者曾在第二章中提及"男女有别"是周礼的礼制建设中一项最为核心的内容,众所周知,孔子对周礼极为看重,所以孔子关于男女有别的言论也有很多。试举几例:

> 《礼记·坊记》中孔子云:"夫礼,坊民所淫,章民之别,使民无嫌,以为民纪者也。故男女无媒不交,无币不相见,恐男女之无别也。以此坊民,民犹有自献其身……礼,非祭,男女不交爵。以此坊民,阳侯犹杀缪侯而窃其夫人,故大飨废夫人之礼……男女授受不亲,御妇人则进左手,姑、姊妹、女子子已嫁而反,男子不与同席而坐,寡妇不夜哭,妇人疾,问之,不问其疾。以此坊民,民犹淫泆而乱于族。"①

不难看出,孔子对男女之别的重视,以致于到了某种不近情理的地步。

《礼记·仲尼燕居》中记载当子张问政时,孔子云:"礼之所兴,众之所治也。礼之所废,众之所乱也……室而无奥、阼,则乱于堂、室也。席而无上下,则乱于席上也。车而无左右,则乱于车也。行而无随,则乱于涂也。立而无序,则乱于位也。昔圣帝、明王、诸候,辨贵贱、长幼、远近、男女、外内,莫敢相逾越,皆由此涂出也。"在孔子看来,男女有别事关社会秩序的大局,孔子一生身处乱世,他最为关注的就是如何建立一个有秩序的社会,而在他看来,男女有别是建立这个有秩序的社会的基础之一(此外,还要有父子有亲、君臣有正等),也许这就是他重视男女有别的最主要的原因。

基于男女有别的考虑,孔子当然反对女人参与政治,而这正是西周时期主流意识形态所极力宣扬的。笔者在第二章时曾提及,武王伐纣时,声称自己有十位同心同德的辅臣,这十人当中就有武王的母亲大姒(文母)。而

---

① 《礼记·坊记》。

《论语·泰伯》云:"舜有臣五人而天下治。武王曰:'予有乱臣十人。'孔子曰:'才难,不其然乎? 唐虞之际,于斯为盛。有妇人焉,九人而已。'"显然,孔子认为周武王的十位辅臣中应除掉一个女人,即武王的母亲大姒。因为妇人不得与政,政治与女人无缘,所以武王的母亲大姒不配位列辅臣。把原本的事实加以掩盖和否认,正说明了孔子对女人参与政治持明确的反对态度。

4.强调夫妇有敬

在男女有别的基础上,孔子也强调夫妇有敬,《礼记·哀公问》中记载了孔子对哀公说的一段话:"昔三代明王之政,必敬其妻子也,有道。妻也者,亲之主也,敢不敬与? 子也者,亲之后也,敢不敬与? 君子无不敬也,敬身为大。身也者,亲之枝也,敢不敬与? 不能敬其身,是伤其亲;伤其亲,是伤其本;伤其本,枝从而亡。三者,百姓之象也。身以及身,子以及子,妃以及妃,君行此三者,则忾乎天下矣,大王之道也。如此,则国家顺矣。"孔子在此将"敬妻"提到很重要的地位,因为"不能敬妻","是伤其亲;伤其亲,是伤其本;伤其本,枝从而亡"。"敬妻"关乎到"忾乎天下"、"大王之道"和"国家顺"(中国的男人们真该好好领会孔子这段话,若男人们能真正做到"敬妻"的话,家庭的生活品质可能会改善很多)。

(二)孟子的性别意识

1.孟子的"色"观

《孟子》中也有一些关于"色"的讨论,而孟子的色观与其对人性论的探讨分不开。孟子与告子在讨论人性的时候,告子曰:"食色,性也。"①告子言简意赅的四个字是说世上的男男女女对于性的需求,就如同吃饭一样,是人的本能和天性。孟子对此没有反驳,说明他认同告子所言。孟子也云:"好色,人之所欲。"②他还说:"人少,则慕父母;知好色,则慕少艾;有妻子,则慕妻子……"③

①　《孟子·告子上》。
②　《孟子·万章上》。
③　《孟子·万章上》。

孟子不仅视"好色"为人的正常欲望,他还看到了人的性欲望与治理国家、安定社会之间的内在联系。如孟子向齐宣王提议行所谓王道时,宣王说自己"寡人有疾,寡人好勇……寡人有疾,寡人好货……寡人有疾,寡人好色",因而恐怕行不了王道。针对宣王所说的"好色",孟子说了一段著名的话:"昔者太王好色,爱厥妃。《诗》云:'古公亶父,来朝走马。率西水浒,至于歧下。爰及姜女,聿来胥宇。'当是时也,内无怨女,外无旷夫。王如好色,与百姓同之,于王何有?"①这段话中孟子引《诗经》上周文王的祖父古公亶父为例,说他同样也是好色之徒,很爱他的妃子,连筑宫殿察看地形也要带着他的妃子于清晨骑着快马一同前往,而当时的社会是"内无怨女,外无旷夫"。汉代的赵岐在其注评中云:"言大王亦好色,非但与姜女俱行而已,普使一国男女无有旷怨。王如则之,与百姓同欲,皆使无过时之思,则于王之政何有不可乎!"②

显然,孟子认为,国君若要治理好自己的国家,就要使全体国民成家立业,成年的男男女女都要有家有室,真正做到"内无怨女,外无旷夫",使他们的性欲望都能得到满足,这对君王实现王道之业即国家的稳定与秩序是有益的。对君王而言,有"好色"的欲望也是正常的,"王如好色,如百姓同之",这是孟子对"好色"的开明态度。不言而喻,孟子认为,王者也好,百姓也好,"好色"属人之本性,不是邪恶之事,因而它与"好德"可以并行不悖。在孟子这里,"色"与"好色"都不是贬义词(不知从什么时候开始,在中国的语言中与"色"相关的词语大都带有贬义,如色情、色鬼、色狼、色胆包天、声色犬马、渔色、黄色、色场等,人们在使用这些字词时明显带有道德谴责的意味在里面)。

《孟子·告子下》中也记载了孟子关于"色"与"礼"孰轻孰重的看法。"任人有问屋庐子曰:'礼与食孰重?'曰:'礼重。''色与礼孰重?'曰:'礼重。'曰:'以礼食,则饥而死;不以礼食,则得食,必以礼乎?亲迎,则不得妻;不亲迎,则得妻,必亲迎乎?'屋庐子不能对,明日之邹以告孟子。孟子曰:'于答是也,何有?不揣其本而齐其末,方寸之木可以高于岑楼。金重于羽者,岂谓一

---

① 《孟子·梁惠王下》。
② 赵岐:《孟子注》卷二。

钩金与一舆羽之谓哉？取食之重者典礼之轻者而比之，奚翅食重？取色之重者典礼之轻者而比之，奚翅色重？"显然，孟子以为，当一个人照礼仪就要饿死，而不照礼仪就能得食的情况下，当然是以得食为重。同理，当人照礼仪娶妻而得不到妻，不照礼仪反能得到妻时，那当然以得妻为重。孟子的这些看法反映了他在"色"与"礼"问题上的灵活态度。当然，这种灵活并不是没有原则的。接着上述这段话的下文是："往应之曰：'珍兄之臂而夺之食，则得食；不珍，则不得食，则将珍之乎？逾东墙而搂其处子，则得妻；不搂，则不得妻；将交搂之乎？"曹交问曰："人皆可以为尧舜，有诸？"孟子曰："然。"孟子的态度很清楚，即如果非得从兄弟手中强行夺取食物才能得食，非得偷翻墙头强行搂住处女才能得到妻子，那么宁可舍弃不要。

2.孟子关于婚姻礼仪的看法

孟子上述在"色"与"礼"问题上既灵活又不失原则的立场与态度也体现在他对婚姻问题的处理上。孟子虽认为"好色"属人之本性，不是邪恶之事，但他同孔子一样，也认为男女结合应在婚姻上遵守一定的礼仪与规则，孟子云："丈夫生而愿为之有室，女子生而愿为之有家；父母之心，人皆有之。不待父母之命、媒妁之言，钻穴隙相窥，逾墙相从，则父母国人皆贱之。"①但孟子认为在特殊的情况下，人可以自行选择婚姻而不告父母。如当孟子与万章在讨论"娶妻是否一定要告父母"时，他们从古有帝尧以二女（娥皇、女英）下嫁于舜为妻的传说为讨论的切入点，万章问曰："诗云，'娶妻如之何？必告父母'。信斯言也，宜莫如舜。舜之不告而娶，何也？"孟子曰："告则不得娶。男女居室，人之大伦也。如告，则废人之大伦，以怼父母，是以不告也。"万章曰："舜之不告而娶，则吾既得闻命矣；帝之妻舜而不告，何也？"曰："帝亦知告焉则不得妻也。"②

孟子在此说明帝舜之所以不告父母而行嫁娶之事是担心其对这场婚姻的阻挠，而孟子明言："男女居室，人之大伦也。"只有男女的结合，才有后代的繁衍昌盛。这在孟子看来不言而喻。孟子不止一次就舜的"不告而娶"

---

① 《孟子·滕文公下》。
② 《孟子·万章上》。

发议论,而这些议论都是为了证明舜的行为的正当性,这就说明了孟子在婚姻礼仪上的灵活态度。

3.孟子对男女有别的灵活态度

孟子在男女有别的问题上与孔子持相同的看法,孟子尤其注重性别关系中的人伦原则,他提出著名的"五伦"——即"父子有亲,君臣有义,夫妇有别,长幼有叙,朋友有信"①。孟子在此明确将"夫妻有别"作为"五伦"之一提出,它的提出正反映了时代的变化,即因战国时代夫妻关系面临着世俗非礼思想的挑战,需要正人伦以纲纪夫妇。

但他不像孔子那样强调男女有别以致于到了某种不近情理的地步,他在此问题上的态度倒是比较灵活,如人们常引用《孟子·离娄上》的一段话:"淳于髡曰:'男女授受不亲,礼与?'孟子曰:'礼也。'曰:'嫂溺,则援之以手乎?'曰:'嫂溺不援,是豺狼也。男女授受不亲,礼也;嫂溺,援之以手者,权也。'"孟子一方面认为"男女授受不亲"是一种礼仪,人们应该予以重视并自觉遵守,但这种礼仪并不是死板僵硬的,在嫂子溺水、面临生命危险的情况下,人就得施以援手,否则就是豺狼不如。

4.孟子对男女不同的行为规范的看法

孟子与孔子一样坚持"男女有别"。《韩诗外传》记载了一个孟子和孟子夫人的小故事,以此来讽刺孟子在这方面的不近人情。故事说的是孟子之妻独处私室,伸开两腿,随意而坐。孟子进来后,很不高兴。然后就跑去对孟母说:"妇人无礼,我想休掉她。"孟母问他为什么?孟子回答说她坐没有坐相。孟母问,你怎么知道的?孟子说,我亲眼见到的。于是孟母批评道:"乃汝无礼也,非妇无礼。《礼》不云乎:'将入门,问孰存?将上堂,声必扬。将入户,视必下。不掩人不备也。今汝往燕私之处,入户不有声,令人踞而视之,是汝之无礼也,非妇之无礼也。"②于是孟子自责,不敢出妇。看来孟子是拘谨严肃之人,看见妻子在家中偶尔"休闲、放肆"的叉开腿坐那么一会儿的状态(而且是自己一个人在屋里),就认为不成体统,以至于要

---

① 《孟子·滕文公上》。
② 《韩诗外传》卷九。

休她,幸亏他的母亲比较明事理,这桩婚姻才没有破裂。

孟子的男女有别的观念还体现在他对男女应具有不同的行为规范和品德的看法上,尽管他没有明言,但人们从《孟子》的字里行间不难看出这一点。如孟子把"以顺为正"看作是理所当然的"妾妇之道"。在《孟子·滕文公下》中,孟子在与景春讨论"何谓大丈夫"时明确地表达了"大丈夫"和"妾妇"之道的不同。这段话的原文是:"景春曰:'公孙衍、张仪岂不诚大丈夫哉?一怒而诸侯惧,安居而天下熄。'孟子曰:'是焉得为大丈夫乎?子未学礼乎?丈夫之冠也,父命之;女子之嫁也,母命之,往送之门,戒之曰:'往之女家,必敬必戒,无违夫子。'以顺为正者,妾妇之道也。"但接着这段文字讲何谓大丈夫时,就说:居天下之广居,立天下之正位,行天下之大道。得志,与民由之;不得志,独行其道。富贵不能淫,贫贱不能移,威武不能屈,此之谓大丈夫!"孟子关于"大丈夫"的这段名言,字字珠玑,在历史上曾鼓励了不少志士仁人。当我们今天读这段文字的时候,似乎仍然可以感受到孟子那掷地有声、金声玉振的凛然之音。

景春信奉纵横家的学说,他认为公孙衍、张仪能够左右诸侯,挑起国与国之间的战争,"一怒而诸侯惧,安居而天下熄",因而是了不得的男子汉大丈夫。孟子则对他进行了反驳,孟子认为公孙衍、张仪之流摇唇鼓舌、曲意顺从诸侯,根本没有任何仁义道德的原则,因此,不过是小人、女人,奉行的是"妾妇之道",哪里谈得上是大丈夫呢?孟子对公孙衍、张仪之流的批评深刻而含蓄,而含蓄的表述中表达了男人和女人应该持守不同的行为规范。显然,在孟子看来,"以顺为正"是女人的道德操守,而这与堂堂大丈夫的道德操守不可同日而语。而"以顺为正"的"妾妇"在孟子眼中不可能有独立的思想与人格,更不可能成为"大丈夫"志同道合的精神同伴。孟子的上述话语中明显含有对"妾妇"的轻视和低看。

当然,可以肯定的是,作为亚圣的孟子与孔子一样,也强调在男女有别的基础上,丈夫要爱护自己的妻子,如孟子云:"身不行道,不行于妻子;使人不以道,不能行于妻子。"①《孟子注疏》引"正义曰:此章言率人之道躬行

---

① 《孟子·尽心下》。

为首者也,孟子言人身自不履行其道德,虽妻子之间且有所不行,以其无所效法者也使人如不以道理,虽妻子且有不顺,况能行于民乎"①。

(三)荀子的性别意识

1.对"欲"的看法及对"女色"的偏见

总的而言,荀子认为包括性欲在内的人的各种欲望都是自然之情,他说:"性者,天之就也;情者,性之质也;欲者,情之应也。"②他虽认为"欲不可去,性之具也"③,但对于包含性欲在内的各种人欲,要有一种"节制"。"欲虽不可尽,可以近尽也;欲虽不可去,求可节也。"④为了节制欲望,荀子要求君子"耳不听淫声,目不视女色,口不出恶言,此三者,君子慎之"⑤。普通人大概很难做到如荀子所言,所以荀子强调的是"君子"须如此行,并没有要求平民百姓也须如此行,但百姓当然应效仿君子。荀子与孔子一样,也认为"郑卫之音,使人之心淫"⑥。

荀子对女人或"女色"显然有比较强烈的"性别偏见",如《荀子·性恶》中荀子借古圣人舜之口说:"人情甚不美,又何问焉?妻子具而孝衰于亲……"在此,他将妻子与儿女均视为导致对双亲尽孝道衰竭的缘由。又如《荀子·解蔽》云:"昔人君之蔽者,夏桀、殷纣是也。桀蔽于末喜、斯观,而不知关龙逢,以惑其心而乱其行;纣蔽于妲己、飞廉而不知微子启,以惑其心而乱其行……此其所以丧九牧之地而虚宗庙之国也。"在此,他将夏代、商代的灭亡都归结为其统治者受"女色"之"蔽",即夏桀"蔽于末喜",商纣"蔽于妲己"。

鉴于对"女色"的这种性别偏见,荀子对女人参与政治与国事持强烈不满与反对的态度,如《荀子·王霸》中谈到人主近习之人如"俳优、侏儒、妇女之请谒以悖之,使愚诏知,使不肖临贤,生民则致贫隘,使民则綦劳苦"。

---

① 《孟子注疏》(《十三经注疏》本)卷十四上,第 2774 页。
② 《荀子·正名》。
③ 《荀子·正名》。
④ 《荀子·正名》。
⑤ 《荀子·乐论》。
⑥ 《荀子·乐论》。

在此荀子将俳优①、侏儒、妇女并列，认为他们对人主进言是导致百姓"贫隘、劳苦"的重要原因。《荀子·强国》则干脆云："女主乱之宫。"

荀子的"性别偏见"也影响到他的学生韩非。本是韩国公子的韩非对上流社会的夫妻关系、性与政治的关系比常人看得更明白更透彻，他说，所谓"夫妻者，非有骨肉之恩也，爱则亲，不爱则疏"②。他还说："后妻淫乱，主母畜秽，外内混通，男女无别，是谓两主；两主者，可亡也。"③韩非甚至还举出了许多国君因贪美色或淫欲过度而亡国遭祸的事例。而且他还列举了臣下得以实现奸谋的八种途径，第一种就是"美色"的途径。他说："凡人臣之所道成奸者有八术：一曰在同床。何谓同床？曰：贵夫人、爱孺子、便僻、好色，此人主之所惑也。托于燕处之虞，乘醉饱之时，而求其所欲，此必听之术也。"④即做臣子的通过内线用金玉财宝贿赂那些能够蛊惑君主的姿色美丽的尊贵夫人、受宠宫妾，让她们趁着君主在安居快乐、酒醉饭饱的机会，来央求她们想要得到的东西，也即实现臣子的计谋。

韩非在论及人君的夫妇情感与国家政权之间的利害关系时，特别分析了在诸侯帝王之家，为什么后妃往往盼望她们的夫君早死？他说："且万乘之主、千乘之君，后妃、夫人、適子为太子者，或有欲其君之蚤死者。何以知其然……丈夫年五十而好色未解也，妇人年三十而美色衰矣。以衰美之妇人事好色之丈夫，则身死见疏贱，而子疑不为后，此后妃夫人之所以冀其君之死者也。唯母为后而子为主，则令无不行，禁无不止，男女之乐不减于先君，而擅万乘不疑，此鸩毒扼昧之所以用也。"⑤原来这些后妃担心由于自己失宠而使她们的儿子受到牵连，不得为继承人，所以她们宁愿丈夫在爱上下一个女人之前死掉，并不惜铤而走险地采取行动。

每每读到上述文字，总是心惊胆颤，也不得不佩服韩非的火眼金睛对人性的洞察与毫不留情的揭露。韩非不愧是其老师的得意门生，他对其师荀

---

① 俳优即古代唱戏之人。
② 《韩非子·备内》。
③ 《韩非子·亡征》。
④ 《韩非子·八奸》。
⑤ 《韩非子·备内》。

子的"人性恶"可谓是有深刻的同感和理解。

2.对婚姻礼仪的重视

荀子正是从"性恶"的人性假定出发,系统阐述了有关礼法起源、礼法关系等一系列问题。"礼"在荀子这里,作为社会法度规范和秩序,已经有了高度理性的历史理解。荀子所言的礼,既是秩序要求又是行为规范,既有内在的道德礼义教化,但更多的是外在的矫正与制约。所谓"礼之所以正国也,譬之犹衡之于轻重也,犹绳墨之于曲直也,犹规矩之于方圆也,既错之而人莫之能诬也"①。

在荀子看来,"人无礼则不生,事无礼则不成,国家无礼则不宁"②。如此重视"礼"的荀子自然对于男女的结合、婚姻的礼仪也很重视,《荀子·富国》云:"男女之合,夫妇之分,婚姻娉内送逆无礼。如是,则人有失合之忧,而有争色之祸矣。"娉内送逆的含义分别是:娉通聘,即问名;内通纳,即纳币;送即送嫁;逆即迎娶。所以,娉内送逆总的含义是指古代婚礼的一些礼节形式。荀子对婚姻的"亲迎"③之礼的解释是:"亲迎之礼,父南乡而立,子北面而跪,醮而命之:'往迎尔相,成我宗事,隆率以敬先妣之嗣,若则有常。'"④由此看来,荀子十分重视这些"仪式性"的礼仪,不仅对婚姻礼仪,他对冠礼丧礼祭礼等都有十分具体的规定与描述,但荀子并不仅仅只是转述这些古代的礼仪,在这些规定与描述的后面,是他对这些仪式背后的文化意义与社会功能的强调与用心。在荀子这里,"隆礼"即是治理社会的关键所在,是实现王道政治的前提,所谓"隆礼贵义者其国治,简礼贱义者其国乱"⑤。他甚至很肯定地断言:"国之命在礼。"⑥

3.强调夫妇之别

荀子同孔子、孟子一样,坚持并强调夫妇之别,他将夫妇之别摆在很重要的位置上,且将它与君臣之义、父子之亲相提并论,如《荀子·天论》云:

①　《荀子·王霸》。

②　《荀子·修身》。

③　亲迎之礼,古时男子娶亲,男子亲自到女方迎娶的礼节。

④　《荀子·大略》。

⑤　《荀子·议兵》。

⑥　《荀子·强国》。

"若夫君臣之义,父子之亲,夫妇之别,则日切磋而不舍也。"《荀子·王制》云:"君臣、父子、兄弟、夫妇,始则终,终则始,与天地同理,与万世同久,夫是之谓大本。"《荀子·大略》云:"夫妇之道,不可不正也,君臣父子之本也。"

荀子还给出了之所以要强调夫妇之别的理由,《荀子·非相》云:"故人之所以为人者,非特以其二足而无毛也,以其有辨也。夫禽兽有父子而无父子之亲,有牝牡而无男女之别。故人道莫不有辨。""辨"即"别",是文明与野蛮的区别;别也是礼的基础,礼的制作正是为了使人知晓人与禽兽的区别之所在,它是人类文明的产物与象征。《荀子·礼论》云:"礼起于何也?曰:人生而有欲,欲而不得,则不能无求,求而无度量分界,则不能不争;争则乱,乱则穷。先王恶其乱也,故制礼义以分之,以养人之欲,给人之求,使欲必不穷乎物,物必不屈于欲,两者相持而长,是礼之所起也。"这就是说,礼是为了节制人欲、避免争斗、维持人类生活的等级制度与正常秩序而产生并发挥作用的。这段话中的"故制礼义以分之"的"分"仍有"别"的意思在内,即有"分"有"别",正是:"男女有别,然后父子亲;父子亲,然后义生;义生,然后礼作;礼作,然后万物安。无别无义,禽兽之道也。"①

在强调夫妇之别的同时,荀子也强调男女之间的主从关系,如《荀子·致士》云:"君者,国之隆也;父者,家之隆也。隆一而治,二而乱,自古及今,未有二隆争重而能长久者。"荀子还特别强调为妻之人的"柔从",柔从即是"有礼"。如《荀子·君道》云:"夫有礼则柔从听侍,夫无礼则恐惧而自竦也。"这即是要求女性无论在何种情况下,都应该保持一种柔从、胆怯和被动的心态与形象。不知荀子在自己的夫妇关系中是否也以此要求自己的妻子。荀子是赵国人,他曾游学齐国十五年,广泛接触各派学说,并还到过秦国、燕国等,晚年在楚国任兰陵令,著书立说,直到逝世。荀子 15 岁就离开家乡,最终也没有落叶归根,在他长期的游学与游历期间,不知他的夫人是否与他风雨同舟、同伴而行……

---

① 《礼记·郊特牲》。

二、《礼记》、《易传》与郭店楚简
《六德》中的性别意识

先秦儒家经典中的性别意识最为集中、最为系统、最为完备的表述是体现在有关"礼"的文献,尤其是《礼记》中。可以说,《礼记》是了解先秦儒家的性别意识的必读书,中国文化传统中对女性及两性关系的许多看法与观点,都可以从《礼记》中找到其渊源。

(一)《礼记》中的性别意识

1.关于"礼"的说明

礼有"三礼"之说,所谓"三礼",即是指《周礼》、《仪礼》与《礼记》。三礼之中,《周礼》一书,以三百职官组成的职官体系为主,其主体是具有国家政典形式的制度体系的规定。因其与笔者所要论述的有关性别意识的内容关联不多,所以暂不涉及。而《仪礼》中讲述的多以繁文缛节的具体的礼仪制度为主,与笔者所要论述的内容虽有关联,但也不会太多,因此笔者在这一部分所依据的主要文献资料则是《礼记》,因为《礼记》重在"礼义"的阐述,而"礼义"实则是指由君臣上下、夫妇内外、父子兄弟、甥舅姻亲等人伦关系所构成的伦常之则。《礼记》中的许多篇章都是围绕《周礼》和《仪礼》中已有的礼学内容的进一步延伸和阐发。显然,三礼之中,《礼记》编定的时间最晚,其对后世的影响却最大。

《庄子·天下篇》云:"《诗》以道志,《书》以道事,《礼》以道行,《乐》以道和,《易》以道阴阳,《春秋》以道名分。其数散于天下而设于中国者,百家之学时或称而道之。"由此可见,《礼》是具体规范各色人等的行为的。因此,《礼记》之礼,涉及到男男女女在现实生活中的方方面面,正如《礼记·哀公问》所云:"民之所由生,礼为大。非礼无以节事天地之神也,非礼无以辨君臣、上下、长幼之位也,非礼无以别男女、父子、兄弟之亲,昏姻、疏数之义也。"由于礼具有重要性与普遍性。所有的人都得知礼、学礼,不论男女与贵贱，因为"人有礼则安，无礼则危。故曰：'礼者不可不学也。'夫礼者，自卑而尊人。虽负贩者，必有尊也，而况富贵乎！富贵而知好礼，则不骄不淫；贫贱而知好礼，则志不慑"①。

2.《礼记》中性别意识的理据

《礼记》中性别意识的理据大致有二：

其一，"礼"的宇宙论理据——天人同构。就礼的宇宙论理据而言，《礼记》从多方面反复阐述宇宙万物所固有的合理秩序在人类社会的体现即是礼，礼因此可视为人类社会对自然法则的服从与效法。

> 孔子曰："夫礼，先王以承天之道，以治人之情。故失之者死，得之者生……是故夫礼，必本于天，殽于地，列于鬼神，达于丧祭射御冠昏朝聘。故圣人以礼示之，故天下国家可得而正也……故圣人作则，必以天地为本，以阴阳为端，以四时为柄，以日星为纪，月以为量，鬼神以为徒，五行以为质，礼义以为器，人情以为田，四灵以为畜。"（《礼记·礼运》）

> 大乐与天地同和，大礼与天地同节……乐者，天地之和也。礼者，天地之序也。和，故百物皆化；序，故群物皆别。乐由天作，礼以地制……明于天地，然后能兴礼乐也……天高地下，万物散殊，而礼制行矣。流而不息，合同而化，而乐兴焉……乐者敦和，率神而从天；礼者别宜，居鬼而从地。故圣人作乐以应天，制礼以配地。礼乐明备，天地官矣。（《礼记·乐记》）

> 凡礼之大体，体天地，法四时，则阴阳，顺人情，故谓之礼。（《礼记·丧服四则》）

> 礼也者，合于天时，设于地财，顺于鬼神，合于人心，理万物者也。（《礼记·礼器》）

由上可见，礼的宇宙论根据是基于宇宙万物与人类社会间存在着一种天人同构的关系的理解，"礼"的本质是人类社会对天地宇宙的自然法则的总结与效法，它是"天道"在人类社会的具体运作方式，"因而'天道'具有了

---

① 《礼记·曲礼上》。

法则、秩序、规律的自然科学意义,又具有了规范、原则、道义的社会思想的意义"①。这更说明了其对人间各种社会关系的理解与处理,是建立在对天地阴阳的认识与理解上。要说明的是,孔子、孟子都不怎么谈阴阳,关于宇宙的观念也是道家最先提出来的②,作为儒家经典的《礼记》,由于成书较晚,在其成书的过程中肯定接受了道家学派的影响,《礼记》谈天道、天地、阴阳、四时,将宇宙论作为"礼"的理据就是受到这种影响的明显例证。

其二,礼的社会学理据——家国同构。诸子百家中儒家的最鲜明的特点就是非常关注人类的现实生活,关注人类社会中的合理秩序,"礼"既然是"天理"在人类社会生活中的体现,那么人在现实生活中的一切活动,都注定不能脱离"礼"的约束与规范。人类社会生活的具体内容纷纭复杂,《礼记》中所涉及的具体社会生活层面,大到国家班爵、授禄、宗法、祭祀、巡守、朝觐、田猎、刑法、教育、养老等,小到家庭成员中的日常相处、言语容貌、洒扫应对、请示问安、站立进退等,均有探讨。

家庭生活是《礼记》中上述具体的社会生活层面中的一个重要的方面,《礼记》中的不少专门篇章是针对家庭的礼法规则,如《曲礼》讲述由天子诸侯乃至庶人日常生活起居的各种礼节。《内则》讲述子事父母、妇事公婆饮食起居的规矩、孝子敬父母、君王养老者以及与生子有关的礼仪、教育子女的细则等。《大传》讲述祖宗亲属之大义,提出亲亲、尊尊、长长、男女有别的原则。《坊记》讲述以礼防禁人在道德上有缺失过错之事,坊即是防也。《昏义》讲述婚礼的重要意义,昏即婚也。《丧服小记》、《问丧》等则是关于家庭的丧葬礼仪。《礼记》中还有许多篇章虽然皆别有论旨,但也部分涉及到家庭礼法规则,或以其作为关照对象,如《王制》、《曾子问》、《文王世子》、《郊特性》、《祭义》、《祭统》、《经解》等篇。

家庭生活中的礼则为什么在《礼记》中被给予如此关注与重视,这是因为:

---

① 陈来:《古代思想文化的世界——春秋时代的宗教、伦理与社会思想》,生活·读书·新知三联书店 2002 年版,第 70 页。
② 参见张岱年:《中国古典哲学概念范畴要论》,中国社会科学出版社 1987 年版,第 61—62 页。

第一，家庭是社会的最基本的组成部分，人与父母的关系，是人所经历的第一层社会关系，这第一层社会关系就成为了最初的礼则。此后，通过亲缘关系的扩充，兄弟、夫妇、亲属、宗族之间的"社会关系"日趋复杂，人对这些关系的认识、处理与对待就成为了不断扩大的礼则。

第二，在先秦中国，家庭是国家的最基础的部分，国家是沿着家庭—家族—宗族—国家这样一个过程的扩展形态，而家庭—家族—宗族—国家这样一个次序化的过程，就使得整个社会成为有"序"可依的统一体。众所周知，在古希腊的城邦制度中，邦国就是邦国，家庭就是家庭，邦国与家庭在名称和概念上都是互不相干。中国文化则不然，家庭虽仍就是家庭，但在提到"国"时则常常要在后面加上一个"家"字，这是因为在古人的心目中，国家实则是一个大家庭，所以治国如治家，而治国平天下之术在某种意义上不外乎是齐家之术的外延而已。这正如《尚书·尧典》在论及尧的治道时云："克明俊德，以亲九族；九族即睦，平章百姓；百姓昭明，协和万邦。"正因为家国同构，所以《礼记》中常将君、父并提，国、家并举，将家庭礼则与国家礼法相提并论，所以"礼"就可以从维系家庭的正常运行扩展到维系国家的正常秩序。《礼记》中关于这一类的表述有许多，如：

……是故人道亲亲也。亲亲故尊祖，尊祖故敬宗，敬宗故收族，收族故宗庙严，宗庙严故重社稷，重社稷故爱百姓，爱百姓故刑罚中，刑罚中故庶民安，庶民安故财用足，财用足故百志成，百志成故礼俗刑，礼俗刑然后乐。(《礼记·大传》)

礼之所兴，众之所治也。礼之所废，众之所乱也。目巧之室，则有奥、阼，席则有上下，车则有左右，行则有随，立则有序，古之义也。室而无奥、阼，则乱于堂、室也。席而无上下，则乱于席上也。车而无左右，则乱于车也。行而无随，则乱于涂也。立而无序，则乱于位也。昔圣帝、明王、诸侯，辨贵贱、长幼、远近、男女、外内，莫敢相逾越，皆由此涂出也。(《礼记·仲尼燕居》)

四体既正，肤革充盈，人之肥也。父子笃，兄弟睦，夫妇和，家之肥也。大臣法，小臣廉，官职相序，君臣相正，国之肥也。天子以德为车，以乐为御，诸侯以礼相与，大夫以法相序，士以信相考，百姓以睦相守，

天下之肥也。是谓大顺。(《礼记·礼运》)

先秦中国不管是儒家还是道家还是其他什么家在讲到为人处世的一些基本原则和方法时,总是很理性地把为什么要如此的道理、理由讲得清楚明白,上述几段《礼记》中的引文就清楚不过地说明了为什么家庭生活中的礼则是如此之重要的理由所在。

3.《礼记》中性别意识的具体内容

《礼记》中的性别意识主要集中在有关以家庭礼则为内容的篇目上,具体而言,有《曲礼》、《郊特牲》、《内则》、《坊记》、《大传》、《昏义》、《丧服小记》、《少仪》、《奔丧》、《问丧》、《冠义》等篇,综合起来,其性别意识的具体内容大致有:

第一,关于男女的结合——婚姻。

男女的结合主要体现在婚姻上,儒家看重男女的结合即婚姻,在其看来,婚姻是"礼"的起始。《礼记》的许多篇章均阐述了婚姻与夫妇关系对于"礼"的意义与重要性。

> 敬慎重正,而后亲之,礼之大体,而所以成男女之别,而立夫妇之义也。男女有别,而后夫妇有义;夫妇有义,而后父子有亲;父子有亲,而后君臣有正。故曰:"昏礼者,礼之本也。"(《礼记·昏义》)

> 天地合而后万物兴焉。夫昏礼,万世之始也。取于异姓,所以附远厚别也……男女有别,然后父子亲;父子亲,然后义生。义生然后礼作;礼作然后万物安。无别无义,禽兽之道也。婿亲御授绥,亲之也。亲之也者,亲之也。敬而亲之,先王之所以得天下也。(《礼记·郊特牲》)

> 君子之道费而隐。夫妇之愚,可以与知焉;及其至也,虽圣人亦有所不知焉;夫妇之不肖,可以能行焉,及其至也,虽圣人亦有所不能焉……君子之道,造端乎夫妇,及其至也,察乎天地。(《礼记·中庸》)

> 礼,始于谨夫妇,为宫室,辩外内。(《礼记·内则》)

> 昏姻之礼,所以明男女之别也……故昏姻之礼废,则夫妇之道苦,而淫辟之罪多矣。(《礼记·经解》)

不难看出,《礼记》把婚姻与宇宙和宇宙秩序、现实世界和社会秩序联系在一起,婚姻不仅反映了这两种秩序,而且还是维持这两种秩序的不可或缺的力量,婚姻是"天道"在"人道"上的体现,婚姻因而具有神圣性与永恒性。

正因为重视男女的结合,重视婚姻的缔结,所以《礼记》中对于婚礼的举行持"敬慎重正"之态度,这种"敬慎重正"具体体现在:

其一,重视"媒妁之言"。《说文解字》云:"媒,谋也,谋合二姓者也;妁,酌也,斟酌二姓者也。"《礼记·曲礼上》云:"男女非有行媒,不相知名;非受币,不交不亲。"《礼记·坊记》云:"故男女无媒不交,无币不相见,恐男女之无别也。"接着上述文字便引《诗》云:"伐柯如之何?匪斧不克。取妻如之何,匪媒不得。艺麻如之何?横从其亩。取妻如之何?必告父母。"

正因为婚姻如此严肃,无媒妁的男女私合,为"礼"所鄙视。《礼记·曾子问》云:"孔子曰:'嫁女之家,三夜不息烛,思相离也。取妇之家,三日不举乐,思嗣亲也。三月而庙见,称'来妇'也。择日而祭于祢,成妇之义也。'"所谓"三月而庙见,称来妇也;择日而祭于祢,成妇之义也",是指男方迎娶妻子后,要有三个月的时间对其妻进行观察,考察其品行,满三个月后再择日到宗庙礼拜见祖宗,这才正式成为男方的家庭成员。也有学者认为,"三月庙见"仪式有确认新妇身份和完成婚礼的意义,在亲迎和成婚之间设立三个月的考察期,目的在于确保新妇所生之子具有夫方的纯正血统,其性质与某些民族曾流行的杀首子和审新娘的风俗类似。①

其二,体现在婚姻的禁忌上。婚姻既是"合二姓之好",其中就隐含着"同姓不婚"之意。《礼记·曲礼上》云:"取妻不取同姓,故买妾不知其姓则卜之。"《礼记·坊记》也有同样的表述:"取妻不取同姓,以厚别也。故买妾不知其姓,则卜之。"笔者在第二章中提及周代的制度与社会结构的改变中一个最重要的方面就是"外婚制"的实行,同姓不婚的习俗广泛存在于周代社会,之所以"同姓不婚",古人给出的主要理由是"男女同姓,其生不蕃"②,《左传》、《国语》上均有此说,且见于多处。如《左传·昭公元年》引子产说:"内官不及同姓,其生不殖。美先尽矣,则相生疾,君子是以恶之。

---

① 参见胡新生:《试论春秋时期贵族婚礼中的三月庙见仪式》,《东岳论丛》2000年第4期。
② 《左传·僖公二十三年》。

故《志》曰：'买妾不知其姓，则卜之。'违此二者，古之所慎也。男女辨姓，礼之大司也。"《国语·晋语》云："同姓不婚，惧不殖也。"《国语·郑语》云："史伯曰：'……和实生物，同则不继……于是乎先王聘后于异姓……务和同也。"可见这条理由在此主要是出于"优生"的考虑。

"同姓不婚"的另一条理由是恐灾异说，即出于"合二姓之好"和防止同一族内发生混乱的考虑。如《国语·晋语四》引司空季子的一段话，曰："异姓则异德，异德则异类，异类虽近，男女相及，以生民也。同姓则同德，同德则同心，同心则同志，同志虽远，男女不相及。畏黩敬也。黩则生怨，怨乱毓灾，灾毓灭姓，是故取妻避其同姓，畏乱灾也。"这是说同姓的婚姻关系，会招致同血缘群体内人与人之间的相互怨恨，继尔会招来争斗残杀的灾难。由此可见，同姓不婚是为国家政权和宗法伦常服务的。① 也有学者指出同姓不婚属于乱伦禁忌，并云当家庭功能复杂、社会地位较高时，禁忌的范围和强度也比较大，反之当家庭功能弱化，社会地位也比较低时，禁忌的范围和强度也会降低。这些看法都不无道理。②

除上述理由外，《礼记》中还提出了"附远厚别"说，即《礼记·坊记》云："取妻不取同姓，以厚别也。"《礼记·郊特性》云："取于异姓，所以附远厚别也。"这是一种政治婚姻观，即通过迎娶异姓女子，扩大家族、宗族的影响和力量，而娶同姓女子，也许就没有这种效果。如周灭商，姬姓与姜姓两个姻亲联盟共同消灭了强大的商朝，周代建立政权之后直至春秋前期仍然是姬姓与姜姓、任姓、子姓、姒姓等几个主要姓氏通婚，目的都是要通过政治联姻来保持以姬姓为中心的长治久安的局面。这种以婚姻结盟来作为政治联盟的工具的事例，在中国历史上不胜枚举。

其三，体现在婚姻的程序上。《礼记·昏义》开篇就说："昏礼者，将合二姓之好，上以事宗庙，而下以继后世也。故君子重之。是以昏礼纳采、问名、纳吉、纳征、请期，皆主人筵几于庙，而拜迎于门外，入揖让而升，听命于庙，所以敬慎、重正昏礼也。"可见，婚礼需经过纳采（由媒人进行传言，并用

① 参见魏哲铭：《论周人"同姓不婚"制》，《西北大学学报》2000年第2期。
② 参见晁天义、卫崇文：《先秦乱伦禁忌与家庭组之间的共变关系》，《山西师大学学报》2008年第7期。

大雁作为求婚的礼物)、问名(询问待嫁姑娘的名字)、纳吉(占卜以看双方的婚配是否吉利)、纳征(即纳币,即后世通常所谓的"彩礼")、请期(双方约定成婚的日期)、亲迎(新郎要亲自到女方家去迎接新娘)六道程序方能完成。婚姻的这六道程序简称"六礼",《仪礼·士昏礼》中对其也有论述。

"六礼"一般被认为是先秦婚姻中最主要的礼俗,但学者对此礼俗却有不同看法,有人认为"六礼"属于周人旧俗,只是在传播过程中一度在某些地区演变为"聘内送逆"的形式。① 也有人认为不能简单的将"六礼"视为西周春秋时期实际实行的婚姻礼仪,只能说它保留了西周春秋时的一些东西。② 还有人则对"六礼"的内容、演变和实质进行了考察,其认为"六礼"从本质上来说是买卖婚。③ 无可否认的是,不管"六礼"是怎样实行的或实行得如何及实质如何,它还是人们重视婚姻在程序上的表现吧。

将女子迎娶到男家后,还有一庄严的程序,即"合卺"仪式。《仪礼·士昏礼》记载了古时婚礼有"实四爵合卺"、"初酳"、"再酳"、"三酳用卺"的"合卺"仪式。《礼记·昏义》云,"妇至,婿揖妇以入,共牢而食,合卺而酳,所以合体同尊卑以亲之也。"所谓"牢",是祭祀用的猪牛羊三牲,"共牢而食"即是指夫妻二人同锅而食;所谓"卺",是饮酒的瓢,是将瓠分为二瓢后做成的象酒杯一样的饮器,酳是酒,卺,郑玄注:"破瓢为卺也。"孔颖达疏:"谓半瓢,以一瓠分为两瓢,谓之卺。婿之与妇各执一片以酳,故云'合卺而酳'。"可见,所谓"合卺而酳",即指夫妇的同瓢而饮,类似于现代人所称之的"饮交杯酒",夫妻之间的同锅而食、同瓢而饮,即象征着夫妻二人在往后的生活中要同甘共苦、同心协力、同呼吸共命运,即"合体同尊卑"。

《仪礼·士昏礼》对上述婚姻六礼中的每一道程序都给予了详细的讲解与说明,在今人看来,这种婚姻程序也许过于繁文缛节,但这种繁文缛节不正说明了古人对婚姻的"敬慎重正"吗。在儒家看来,"婚姻"的"礼"突出了夫妇之义,而夫妇之义又是父子之亲、君臣之正的基础,因为夫妇关系是"人伦之始"、"政教之始",治家治国都必先"正夫妇之始",儒家把社会

---

① 参见杨军:《周代婚制中的周人旧俗》,《史学集刊》2000 年第 1 期。
② 参见张彦修:《论西周春秋的婚姻礼仪及其社会功能》,《河南师大学报》1991 年第 2 期。
③ 参见翟婉华:《试论中国古代的婚姻"六礼"及其实质》,《兰州学刊》1991 年第 2 期。

和家庭的基础,都建立在夫妇关系之上,婚礼的重大意义由此可见,因此不可不庄重不严肃。

由于"礼不下庶人"的缘故,上述《礼记》中有关婚姻的"礼"或许只在贵族阶层中实行,它反映了那个时代贵族阶层的文化特征,不过,那个时代贵族阶层和平民阶层之间的文化在内核和本质上的差异并没有我们今天想象的那么大,《礼记》中有关婚姻的"礼"也多多少少为平民百姓所仿效、所实行和所操作着,贵族阶层和平民阶层之间的差别实际上只是体现在礼仪的复杂程度和简易程度上,至于对"礼"的原则的遵循和对"礼"的认同,并无实质的差异。

第二,对男女有别的重视与强调。

《礼记》中在论及有关的"礼"时,把"男女之别"放在"礼"的首位,而且还一再强调两性之间的"辨"与"别"的意义,即为什么要如此? 具体而言,"男女有别"的理据是:

其一,人与禽兽的区别,最初就是性别的区别,男女的区别。真正的人应该从"男女有别"那一天开始,亦即从"知父"那一刻开始,这种人与兽之"别",正是文明与野蛮的区别与界限。"鹦鹉能言,不离飞鸟;猩猩能言,不离禽兽。今人而无礼,虽能言,不亦禽兽之心乎! 夫唯禽兽无礼,故父子聚麀。是故圣人作为礼以教人,使人以有礼,知自别于禽兽。"[1]所谓"父子聚麀",是指最原始的杂乱性关系,人与禽兽的区别,是以告别这种最原始的杂乱性关系为起点的。"辨"即"别","别"是礼的基础与核心,也是文明与野蛮的区别,可见"礼"的制作正是为了使人知晓人与禽兽的区别之所在,它是人类文明的产物与象征。

其二,"别"的功能是为了要建立秩序,因为没有秩序,也不会有社会的稳定和文明的进步。正是"男女有别,然后父子亲;父子亲,然后义生。义生,然后礼作,礼作然后万物安。无别无义,禽兽之道也。"[2]又如"婚姻冠笄,所以别男女也……化不时则不生,男女无辨则乱升;天地之情也……是

---

[1] 《礼记·曲礼上》。
[2] 《礼记·郊特牲》。

故,先王本之情性,稽之度数,制之礼义"①。在今天的女权主义者看来,男女之间的关系是政治关系,是一种"性政治",其实先秦的儒家在某种意义上也是如此来理解男女之间的关系,因为儒家所关心的秩序说到底也是一种政治秩序,这种秩序既关乎家庭与家族的稳定与和谐,也关乎到社会与国家的稳定与和谐,这是最大的政治。对此孔子讲得最为透彻,孔子曰:"丘闻之,民之所由生,礼为大。非礼无以节事天地之神也,非礼无以辨君臣、上下、长幼之位也,非礼无以别男女、父子、兄弟之亲,昏姻、疏数之交也。"②

其三,男女有别是所有的礼之根本。"礼始于谨夫妇,为宫室,辨外内……"③"礼之大体,而所以成男女之别,而立夫妇之义也。男女有别,而后夫妇有义;夫妇有义,而后父子有亲;父子有亲,而后君臣有正。"④孔子也言:"夫妇别,父子亲,君臣严,三者正,则庶物从之矣。"⑤孔子此言可谓一语中的。正因为"夫妇有别"才会"父子有亲"。即是说,只有夫有确定之妇,妇有确定之夫,才会有"夫妇有义";有了"夫妇有义",才会有一夫制家庭关系的确立,才能"生育确凿无疑的出自一定父亲的子女"⑥。在父权制的社会内,由于男子在生产上和经济上的主导地位确立了其在家庭中的主导地位,子女、财产的所属关系必然随父亲,从而才会有父子之义。有了"父子之义",才会有"父子亲",即家族内各种人伦关系的区分。有了父子亲,才会有君臣严,即家族外各种上下尊卑等级秩序的划定与治理。

由此可见,古代中国政治的重要特色之一是建立在父子的亲缘关系之上,无论是以家庭伦理为核心内容的人伦关系,还是以官僚体系为核心的政治关系,在文化源头上皆本之于亲缘关系。政治关系是亲缘关系的延伸。就亲缘关系与政治关系的比较而言,可能前者更为重要,为孝子者才能为忠臣也。

《礼记》也就如何在实际生活中去做到"男女有别"给出了具体规定:

---

① 《礼记·乐记》。
② 《礼记·哀公问》。
③ 《礼记·内则》。
④ 《礼记·昏义》。
⑤ 《礼记·哀公问》。
⑥ 中共中央编译局编:《马克思恩格斯选集》第四卷,人民出版社 1972 年版,第 57 页。

　　《礼记》中关于这方面的记载俯拾皆是,从男女的出生到成长到结婚成家后都有许多具体的"别"的规定。据《射义》、《内则》、《坊记》、《昏义》等篇记载:男女之别从孩子一生下来就开始有了。如生了男孩,就要挂一张弓在侧室门的左边,弓是祝祷男孩将来的阳刚,左为"天道所尊";生了女孩,则挂一条佩巾在门的右边,佩巾是祝祷女孩将来的阴柔,右为"地道所尊";弓象征武功之事,佩巾象征家务之事,弓和佩巾即表明了对男孩、女孩的不同的性别期望。孩子出生3天后,男孩由家人抱出门外,代行射礼,用6支箭分别射向天、地、东、南、西、北六方,表明将来的远大志向。女孩自然就不必行此礼了。稍大,男孩的佩囊用皮革,女孩用丝缯。即"男盘革,女盘丝",为的是表示武事与织纴的不同。从7岁起,男女不同席,不共桌。男孩10岁就出门跟随老师学习书数,13岁学习诗书射御,20岁行冠礼,表明已成年,30可娶妻,40可做官,50可受命为大夫等等。而"女子十年不出,姆教婉、娩、听从;执麻枲,治丝茧,织纴、组、紃,学女事,以共衣服;观于祭祀,纳酒浆、笾豆、菹醢,礼相助奠"①。女孩15岁可以许嫁,20就可以出嫁了。以今天的眼光来看,上述规定无疑都属于对男女从小就进行的性别角色与性别规范教育。

　　从分开生活以后,男女之间就有了许多禁忌,如不能以手递接对方的东西,要通过中间的媒介来传递。男女之间不能共用各种设施和物件,更不许互通消息或议论对方的事情。如"男不言内,女不言外,非祭非丧,不相授器。其相授,则女受以篚;其无篚,则皆坐奠之而后取之。外内不共井,不共湢浴,不通寝席,不通乞假。男女不通衣裳。内言不出,外言不入。男子入内,不啸不指,夜行以烛,无烛则止。女子出门,必拥蔽其面,夜行以烛,无烛则止。道路,男子由右,女子由左。"②而且,男女之间不通来往,"男子居外,女子居内,深宫固门。阍、寺守之,男不入,女不出。"③并且"男女不杂坐,不同椸、枷,不同巾、栉,不亲授,嫂叔不通问,诸母不漱裳。外言不入于梱,内

---

① 《礼记·内则》。
② 《礼记·内则》。
③ 《礼记·内则》。

言不出于梱。女子许嫁,缨,非有大故,不入其门"①,还有"嫂不抚叔,叔不抚嫂"②。

另外,女子坐车、或问候有病的女子,都有一定之规,如"男女授受不亲,御妇人则进左手……妇人疾,问之,不问其疾"③。

即使婚后,夫妻之间仍有严格的区别,"男女不同椸枷,不敢悬于夫之楎、椸,不敢藏于夫之箧、笥,不敢共湢浴。夫不在,敛枕箧,簟、席襡器而藏之"④。不是特别的礼仪场合,妻子不得公开露面,夫妻之间也不能互相献酒:"礼,非祭,男女不交爵。"⑤"夫妇相授受,不相袭处,酢必易爵,明夫妇之别也。"⑥又,家族的女子出嫁后回来省亲,家族内的男子也不可同席而坐,"姑、姊、妹、女子子已嫁而反,兄弟弗与同席而坐,弗与同器而食"⑦。

男女之别还体现在"父母之别"上,儒家重视孝道,孝道当然是对父母而言,其实对父与母的态度还是有区别的,《礼记·表记》云:"母,亲而不尊;父,尊而不亲。""亲"主要指母亲对儿女的生育抚养之恩;"尊"是指父亲在家庭的支配地位和权威性。

上述林林总总的从孩子出生到长大成人及至结婚成家男女有别的具体规定,死板僵硬,有的规定简直不可思议、莫名其妙,如《礼记·内则》规定丈夫和妻子的衣服甚至不能放在同一个衣架上、同一个衣箱内,丈夫出远门时,妻子要把丈夫的枕头、睡席等收藏起来等,上述规定常被人视为儒家漠视人性、不近人情和儒家贬低与限制女性的罪证。而正是这些具体规定和实施规则,凸显了一个人如何从一个生理学意义上的人(sex)成长为具有社会学意义的"男人"和"女人"(gender),无论男女,人们始终处于一种性别角色的"场"中,自幼接受男女内容各异的熏陶、教育和训导,并在不同的活动空间实现着社会对于性别角色的期盼与瞩望。《礼记》中上述规定早已

---

① 《礼记·曲礼上》。
② 《礼记·杂记下》。
③ 《礼记·坊记》。
④ 《礼记·内则》。
⑤ 《礼记·坊记》。
⑥ 《礼记·祭统》。
⑦ 《礼记·曲礼上》。

被人视为封建糟粕而弃之,然而,静下心来细细思量,我们仍会体味到古人设置"男女之防"的重重禁忌以维护"礼"的良苦用心。

其实,熟悉中国历史的人都知道,周代礼制初建时就包含有男女有别的内容,但当时并没有对男女之别作出像《礼记》这样如此详细琐碎的规定。男女之别在春秋战国时期之所以得到特别的强调,并非空穴来风,而有其特定的历史处境和原由。

春秋时期,"礼崩乐坏",此时既是社会政治的"乱世"之时,也是男女两性关系的"乱世"之时。两性关系的"乱"尤其体现在上层社会贵族男女的情欲与婚姻生活中,《诗经》《国语》《春秋》三传中对此都有反映,其中尤以《左传》中的记载最为详实,可以说,若要了解先秦的性与政治的关系,了解性在重大的历史事件中所充当的特殊角色,《左传》提供了最为详尽的史实。

本来周初就实行外婚制,严禁内婚,但《左传》中记载了多起同姓而婚的事例,这说明在礼崩乐坏的乱世,同姓不婚的禁忌已被打破。不仅如此,《左传》中还记载了许多有关烝①、报②的乱伦性关系,所谓烝、报,主要是指晚辈或幼辈男子淫长辈女子。试举几例:《左传·桓公十六年》云:"初,卫宣公烝于夷姜(宣公庶母),生急子,属诸右公子。"后来卫宣公为儿子急子娶了宣姜为妻,但卫宣公见宣姜美艳,又与宣姜通奸,生儿子寿和朔。夷姜失宠,愤而自缢。宣姜便串通朔,想谋害急子。宫廷中的淫乱无耻和权力之争,揭示无遗。当时的贵族男子以淫乱为常事,类似上烝母辈、下夺子媳的事例,不胜枚举。

---

① 烝,指儿子娶自己生母以外的诸母为妻。

② 报,指娶自己伯、叔父之妻为妻。有学者认为"烝"、"报"等婚姻现象应当属于母系氏族社会级别群婚的遗迹,只是在进入父权制时代以后,由于受政治、经济、军事、文化等方面因素的影响,才使其存在原因变得更复杂多样,参见李衡眉:《"妻后母"、"执嫂"原因探析》,《东岳论丛》1991年第3期;也有人认为"烝"、"报"等行为并不属于原始婚俗,也不是春秋时期公众认可的婚制,其只是受当时社会价值取向否定和排斥的个人淫佚行为而已。参见陈筱芳:《烝、报、因:非春秋时期公认的婚制》,《西南民族学院学报》1998年第4期;另,董家遵在其遗著《中国古代婚姻史研究》一书的第一编中,将所有的"烝"、"报"行为都归结为收继婚,认为造成收继制度的基础是共同体的社会结构,一如共同体里的土地使用权不容让渡给族外人一样,失去了丈夫的寡妇也只能由本族人继承,以此防止劳动力和财产的外流,保持族内稳定。参见董家遵:《中国古代婚姻史研究》,广东人民出版社1995年版,第3—113页。

《左传》对于贵族男女的婚外性关系,谓之"通",《左传》中的"闵公"、"僖公"、"成公"、"襄公"、"昭公"等篇中记载这类事例至少有 16 例,据其记载,齐国诸姜嫁到鲁国、卫国的君夫人,几乎个个都有淫乱行为,如齐襄公与异母妹妹、鲁桓公的夫人文姜私通,文姜受到鲁桓公的斥责,文姜竟唆使其兄杀死其夫。又如晋献公与其父的妾齐姜私通,后又宠爱骊姬,而骊姬又与晋献公的男宠交好,导致晋国内生乱。再如卫宣公先是与父亲的妾私通,后又霸占了自己的儿媳宣姜,卫灵公的夫人南子素以与其兄乱伦而闻名,卫灵公为了讨好南子,竟召其兄入宫,丑闻传遍,连山野农民也作歌嘲笑。诸如此类,不一而足。

私通、诱骗、通奸等等之类的事例如此司空见惯,当时甚至还有女子认为"人尽夫也",此处的"夫"当然是丈夫的含义。据《左传·恒公十五年》:"祭仲专,郑伯患之,使其(祭仲)婿雍纠杀之。将享诸郊。雍姬(祭仲之女雍纠之妻)知之,谓其母曰:'父与夫孰亲?'其母曰:'人尽夫也,父一而已,胡可比也?'遂告祭仲曰:'雍氏舍其室而将享子于郊,吾惑之,以告。'祭仲杀雍纠,尸诸周室之汪。"雍姬母亲的"人尽夫也,父一而已"之语,说明了在当时一般人的心目中,血缘关系重于姻亲关系,更说明了当时的女子,尤其是贵族女子婚姻的贞节观念之淡薄。

除了《左传》,《国语》也以大量的事实和言论来说明君王好色与国家兴亡、社稷稳定的关系,以及婚姻选择与政治成败之间的关系。如《国语·周语》云:"夫婚姻,祸福之阶也。由之利内则福,利外则取祸。"春秋时期贵族社会男女的婚外性关系显然是很公开而且浪漫的,进入战国以后,贵族社会的男女似乎在性与婚姻的严谨方面并无多大改进,《战国策》①中对此也多有记载,如齐策三记孟尝君事云:"孟尝君舍人有与君夫人相爱者,戎以问孟尝君曰:为君舍人而内与夫人相爱,亦甚不义亦,君其杀之。君曰:睹貌而相悦者,人之情也,其措之勿言也。"此处的所谓"相爱",姚宏注:"爱,犹通也。"当有人向孟尝君建议杀死与君夫人搞婚外恋的风流门客时,孟尝君却

---

① 《战国策》相传原系战国时期各国史官或策士辑录,西汉刘向进行了整理。《战国策》所记载之事有不尽合乎史实之处,但其中的基本素材应是当时已有的。

认为睹貌而相悦乃是人之情也，他拒绝了这个建议。他的态度说明当时人对此所抱的宽容态度。

又如《战国策》中风头最劲的秦宣太后，《战国策·韩策二》记她接见韩国使臣尚靳时说："妾事先王也，先王以其骨髀加妾之身，妾困不疲也；尽置其身妾之上，而妾弗重也，何也？以其少有利焉。今佐韩，兵不众，粮不多，则不足以救韩。夫救韩之危，日费千金，独不可使妾少有利焉。"以堂堂太后之尊，面对外国使臣，在外交谈判时，竟以性爱快感为比喻，在今天的人看来也是骇世惊俗。就是这个秦宣太后，她私通臣下，却不怕朝臣们议论此事。

如前在论述荀子的性别意识时曾有提及荀子的学生、被视为法家思想之集大成者的韩非的"性别偏见"，其实韩非的性别偏见并非全是无稽之谈，他在思考法、术、势等政治问题时已敏锐地触及到了性与政治，特别是君王的性生活与政治之间的关系。如他说："凡人臣之所道成奸者有八术。一曰在同床。何谓同床？曰：贵夫人，爱孺子，便僻好色，此人主之所惑也。托于燕处之虞，乘醉饱之时，而求其所欲，此必听之术也。"①韩非还论及人君的夫妇情感与国家政权之间的利害关系，他说："为人主而大信其妻，则奸臣得乘于妻以成其私……后妃、夫人、適子为太子者，或有欲其君之蚤死者。何以知其然？夫妻者非有骨肉之恩也，爱则亲，不爱则疏……丈夫年五十而好色未解也，妇人年三十而美色衰矣。以衰美之妇人，事好色之丈夫，则身死见疏贱，而子疑不为后，此后妃夫人之所以冀其君之死者也。唯母为后而子为主，则令无不行，禁无不止，男女之乐不减于先君，而擅万乘不疑，此鸩毒扼昧之所以用也。"②应该说，韩非的上述见解建立于其对当时的性与政治的观察之上，是以事实为依据的。

也正是在这样的历史处境下，人们才能看出当时宣传男女之别有其一定的积极意义。顾颉刚先生在其《由"烝"、"报"等婚姻方式看社会制度的变迁》一文中虽然对儒家所提倡的"男女之别"的清规戒律持严厉的批判态

---

① 《韩非子·八奸》。
② 《韩非子·备内》。

度，但他也承认，"如果一分为二地看，它也有一些的好处，就是一夫一妻制被它固定下来了，除了法定的妻和正名分的妾之外，一个男子倘使和别的女性发生关系时，就被社会看作不道德，在法律上也得受到处分了。"①据顾颉刚先生的统计，所有烝、报的事情都发生在公元前 7 世纪至前 6 世纪，迄前 5 世纪初而绝迹。这即是说，烝、报盛行于春秋时期，而逐渐消失于后期，这种情况的发生与战国时代儒家对男女之别的重视不能说没有一定的关系。

虽然《礼记》中充斥着上述男女有别的严格而又具体的规定与论述，但在春秋战国时期，很难确定这种男女有别的规定在社会上实行的实际效果与影响，何况当时儒家只是诸子百家中的一家之言，并没有取得独尊之地位，就更难说其对男女有别的说教已引起人们足够的关注与重视。先秦时代的中国社会，并不是像后世的宋代、明代那样的礼教比较严格（儒家文化并不是变动不居，以孔孟为代表的先秦儒学与以两汉经学和宋明理学为代表的后期儒家文化虽有连续性，但也有差异性，其差异性且相当明显），事实上，当时的女性还是有比较多的自由与开放度，如从史料所反映的情况来看，在战国时代，直至秦汉时期，都有女子从军。司马迁在《史记·孙子吴起列传》中记载了齐国军事家孙武在宫中以宫中妇人试演兵法的有趣故事，1972 年山东临沂银雀山汉墓出土的竹简兵书《孙子兵法》中，也可以看到关于孙武以"妇人"试行列阵的记述。在《墨子·备城门》中可以看到将女子编入守城部队的制度，《墨子·号令》则有关于守城女子配备兵器的规定，还说："女子到大军，令行者男子行左，女子行右，无并行，皆就其守，不从令者斩。"可见编入大军的女子同样受到军法的严厉约束。《商君书·兵守》中，也明确说面临"围城之患"时专门编定女军守城的方式。女子从军，不管是女子主动还是被动，但至少说明战国时代的女性并没有被严格拘限在家中。

笔者以为，《礼记》中男女有别的思想与规定，显然更多的是对后世的影响，尤其在汉代儒学取得意识形态的正统地位以后，经过官方的倡导和宣传，男女有别的思想与规定才日益深入中国广大民众的思想与心理中，成为

① 顾颉刚：《由"烝"、"报"等婚姻方式看社会制度的变迁》，《文史》第十四、十五辑。

人们普遍接受并自觉遵行的处理两性关系的定规。当然,人们还应看到在不同的时代、不同的地域、不同的社会阶层中,人们的性观念、人们对男女两性关系的看待和处理及行为方式,也是常有变化的,并不是一成不变的。

第三,男女之间的主从关系与"妇顺"。

《礼记》明确规定男女之间的关系是一种主从关系。

《礼记·郊特牲》云:"信,事人也;信,妇德也。壹与之齐,终身不改。故夫死不嫁……男帅女,女从男,夫妇之义由此始也。妇人,从人者也:幼从父兄,嫁从夫,夫死从子。夫也者,夫也。夫也者,以知帅人者也……故妇人无爵,从夫之爵,坐以夫之齿。"这就是常被现代人所批判的"三从"的由来。《仪礼·丧服》中对"三从"的表述可能是最早的,"妇人有三从之义,无专用之道。故未嫁从父,既嫁从夫,夫死从子。故父者子之天也,夫者妻之天也。"

《礼记》上虽有"夫死不嫁"的规定,但若从春秋战国时期的实际情况考察的话,无论是贵族家庭成员还是普通百姓,夫死再嫁的例子亦不在少数,如孔子的儿子伯渔死后,伯渔之妻虽已生了儿子子思,仍然改嫁到了卫国。据说孔子的孙媳妇也是再嫁的。先秦儒家在婚姻问题上,对女性的所谓贞节并不苟求。其实直至汉代以前甚至包括汉代,寡妇改嫁的事例不仅屡屡见之于文献记载,在民间社会也是常事。岂止汉代,直到宋元以前,丈夫死后女子大多可以改嫁,只是到了明清时期,由于宋明理学对女子守贞的倡导与影响,由于官方对节妇贞女进行旌表的舆论导向,女人才更多的受到礼法礼规的控制。至于"夫死从子",在现实生活中很难说能普遍实行得开,事实上在中国的文化传统中,由于儒家主张孝道,儿子对母亲而言一般都是很敬重的,如《红楼梦》中的贾母在家庭生活中就比做官的儿子贾政更尊贵,说话更有份量。

《礼记》本身对一家之中为什么要有"主从"关系给出的解释是"天无二日,土无二王,家无二主,尊无二上,示民有君臣之别也"[①]。又"天无二日,

---

① 《礼记·坊记》。

土无二王,国无二君,家无二尊,以一治之也"①。这说明,在《礼记》作者看来,家庭中只能有一主或一尊,而丈夫才是为主、为尊之人,为什么丈夫才是为主、为尊之人呢? 这可能与当时的社会是一个农业社会,是一个父权制的社会相关,一般而言,农业社会崇尚的是力量,人做的是力气活,男人无疑是谋取家庭经济生活资料的主要劳动力,而父权制本身就决定了男人在家庭和在社会上的权力。在这种情形下,妻子当然要顺从一家之主,即要做到"妇顺"。

何谓"妇顺"?《礼记·昏义》云:"妇顺者,顺于舅姑(古时称公公为舅、婆婆为姑),和于室人,而后当于夫,以成丝麻、布帛之事,以审守委积、盖藏。是故妇顺备而后内和理,内和理而后家可长久也。故圣王重之。"显然,妇首先是以"顺"待舅姑,其次以"和睦"待夫家的众成员,丈夫则排在最末位,这说明大家庭的关系的处理放在优先的地位,而小夫妻之间的关系放在次要地位,而"以成丝麻布帛之事,以审守委积盖藏"则说明了妻子的职责。

"妇顺"也可以具体化为——妇德、妇言、妇容、妇功,即通常人们所讲的"四德",主要指贞顺的德性、得体的辞令、端庄的仪容、精湛的女功,这是对女子在品德、辞令、仪态和女红(手艺)方面的具体要求。《周礼·天官冢宰·九嫔》云:"九嫔掌妇学之法,以教九御妇德、妇言、妇容、妇功。"笔者以为,"三从"确实不好,如今的女人可能没有一个赞成三从的,但"四德"却没有什么不妥,本来嘛,女人不管身处何时何处,都要注意自己的品德、言行、容貌与做事的能力,只是在不同的历史时段,德、言、容、功的具体内涵则有不同而已。尤其处在一个父权家长制的社会,女人的德、言、容、功的实质内容与具体评价是由处在优势和特权地位的男性所决定的。

对女人而言,妇顺就是履行其职责的具体要求与标准。妇德、妇言、妇容、妇功这些"妇顺"的主要教育内容从周礼来看早已有之,不是《礼记》作者的创造,四德之教,从宫廷到民间都是如此。在春秋战国的乱世时期,四德之教当然会受到冲击,《礼记》作者强调四德之教就如同强调男女之别一

---

① 《礼记·丧服四制》。

样,体现了其重建"礼"的秩序的一种努力。

如何才能做到"妇顺"呢?《礼记》中对此有许多论述。

首先,女子未嫁,先学侍奉父母之道,这种训练即是为将来出嫁后如何作媳妇作好准备(当然,这种侍奉父母之道也是男子必须学习的,因为侍奉父母是孝的具体表现),这种训练即是《礼记·内则》云:"男女未冠笄者,鸡初鸣,咸盥、漱、栉、縦、拂髦,总角,衿缨,皆佩容臭。昧爽而朝,问'何食饮矣'?若已食则退,若未食,则佐长者视具。"

其次,在婚礼的程序中体现"妇顺"的教育。女子出嫁前三个月,要到本宗族的祠堂里去接受时间较为集中的婚前教育,由本宗族的长辈教以"妇德、妇言、妇容、妇功"。学完之后,便要在祠堂里祭祀祖先,告慰祖先她已懂得了如何为人妇,她不会辱没先人。这即是《礼记·昏义》所云:"是以古者妇人先嫁三月,祖庙未毁,教于公宫,祖庙既毁,教于宗室。教以妇德、妇言、妇容、妇功。教成,祭之,牲用鱼,芼之以苹藻,所以成妇顺也。"

男女成亲时,当新娘出门时,其父母都要给她一番教诲,《仪礼·士昏礼》云:"父送女,命之曰:'戒之敬之,夙夜毋违命!'母施衿结帨,曰:'勉之敬之,夙夜无违宫事!'庶母及门内,施鞶,申之以父母之命,命之曰:'敬恭听,宗尔父母之言。夙夜无愆!'视诸衿鞶。婿授绥,姆辞曰:'未教,不足与为礼也。'"

《礼记·郊特牲》说,成亲那一天,男子要到女方家亲迎。出了女方的家门,男在前,女在后,即"男帅女,女从男,夫妇之义由此始也"。嫁到夫家之后的第二天清晨,新妇要梳洗打扮,行"拜舅姑之礼"。即手持盛有枣、粟、干肉之类的礼物拜见公婆。据《白虎通·瑞贽》的解释,"枣"取清晨早起之意,"粟"取战栗自警之意,干肉象征妇人的任务是备饮食。在这之后,还要行"著代"礼,即婆婆将家务事交代给儿媳料理的仪式。《礼记·昏义》云:"舅姑入室,妇以特豚馈,明妇顺也。厥明,舅姑共飨妇以一献之礼,奠酬,舅姑先降自西阶,妇降自阼阶,以著代也。"行过"著代"礼表明新妇有接替婆婆做主妇的资格了。"成妇礼,明妇顺,又申之以著代,所以重则妇顺焉也。"这之后,夫妻关系才算正式确立,女方才正式成为男方家的家庭成员,婚礼的程序才算最终完成。

　　再次,女子在身为儿媳和妻子的角色和身份中,在具体的日常生活中活出"妇顺"来。《礼记·内则》上对此有许多具体论述。如对舅姑即公公婆婆,她要"妇事舅姑,如事父母……以适父母舅姑之所。及所,下气怡声,问衣燠寒,疾痛苛痒,而敬抑、搔之。出入则或先或后,而敬扶持之。进盥,少者奉盘,长者奉水,请沃盥,盥卒,授巾。问所欲而敬进之,柔色以温之……在父母舅姑之听,有命之,应、唯敬对。进退、周旋慎齐,升降、出入、揖游,不敢哕、噫、嚏、咳、欠、伸、跛、倚、睇视,不敢唾、洟。寒不敢袭,痒不敢搔。不有敬事,不敢袒裼……",又说"凡妇不命适私室不敢退。妇将有事,大小必请于舅姑。子妇无私货,无私畜,无私器,不敢私假,不敢私与"。

　　如此繁琐的规定,很难说能认真在生活中实行。不过,为妻之人怎样侍奉好丈夫?《礼记》中对此却没有过多的论述,只是强调"女从男",即《礼记·郊特牲》云:"男帅女,女从男,夫妇之义由此始也。"对丈夫的侍奉没有对舅姑的侍奉那么多的繁繁琐琐的规定,汉语中的"媳妇"一词,"媳"是对舅姑之称,"妇"是对丈夫之称,"媳"在"妇"前,说明对舅姑的侍奉要重于对丈夫的侍奉。不过,《仪礼》对妻侍夫有云:"1、平日缅笄而相,则有君臣之严;2、沃盥馈食,则有父子之敬;3、报反而行,则有兄弟之道;4、规过成德,则有朋友之义;5、惟寝席之交,而后有夫妇之情。"①夫妻之间的夫妇之情摆在夫妻之间的君臣之严、父子之敬、兄弟之道、朋友之义之最后,不能不说颇有意味,这也是中国传统文化的"特色"吧。

　　如上所述,由于"妇顺"更多的是强调为妻子的要"顺于舅姑,和于室人,而后当于夫"②。把女人的生活目标具体化为侍奉好公、婆及丈夫的其他家人、服从他们、并处理好与家庭里其他成员的关系、做好家务、生下传宗接代的儿子等,因而不太注重夫妻之间的感情,不太注重夫妻之间的相互的心理感受,尤其是妻子这一方的心理感受。不赞同或贬抑两性之间的情感的热情洋溢的表达,不关心婚姻给女人(当然也包括男人)带来的快乐和幸福与否。《礼记·昏义》中所讲的婚姻的目的,即"昏礼者,将合二姓之好,

---

① 转引自陈东原:《中国妇女生活史》,商务印书馆1998年版(影印本),第40—41页。
② 《礼记·昏义》。

上以事宗庙,而下以继后世也"。这三个目的中都不包括婚姻当事人的快乐和幸福与否。通过"妇顺"的强调,儒家有意识地削弱了夫妻关系中的浪漫之情。在儒家的家庭伦理中,责任和义务的价值大过浪漫之情的价值,媳妇或母亲的角色必须优先于妻子,这是不容置疑的。

此外,做妻子的若没有按照上述的要求与标准来行事为人,可能就有被休掉的危险。《礼记·内则》云:"子甚宜其妻,父母不说,出。子不宜其妻,父母曰:'是善事我。'子行夫妇之礼焉,没身不衰。"即不管儿子有多么中意自己的妻子,只要父母不满意,妻就必须"出",即被夫家休掉;相反,不管儿子有多么不中意自己的妻子,只要父母满意她的服侍,儿子就得"行夫妇之礼焉"。男女结婚,表面上是男子娶妻,实际上成了公婆取媳妇,公婆的权力大得很,它代表了一种宗族的势力。有时"出妻",不是决定于丈夫,而是决定于公婆。这在现代人看来简直不可思议,但在"百行孝为先"的古代,则不是不可以理解的。这或许就是在中国的传统社会中,当多年的媳妇熬成婆以后,做婆婆的就有可能"摆谱"又去刁难或苛求自己的儿媳,以求得自己在"熬成婆"的过程中所付出的艰辛困苦的某种心理补偿和平衡。

传统社会并无现代社会的离婚一说,离异权掌握在男子手中,只有丈夫或丈夫的家庭才有权不要妻子,将其赶回娘家,这就是所谓的休妻。《大戴礼记·本命》①中还具体列出了"休妻"的七条理由,即"妇有七去("七去"在西周时原来是礼制,唐朝时定为法律条文——笔者注):不顺父母去;无子去;淫去;妒去;有恶疾去;多言去;窃盗去。不顺父母,为其逆德也;妒,为其乱家也;有恶疾,不可与之粢盛也;口多言,为其离亲也;窃盗,为其反义也。"

所谓"不顺父母",亦即妻子不孝顺丈夫的父母。这就是"逆德",在传统中国,女性出嫁之后,丈夫的父母的重要性无疑胜过自身父母,因此违背

---

① 现代有学者经过深入研究,论定该书的成书时间应在东汉中期。它很可能是当时大戴后学为传习《士礼》(即今《仪礼》前身)而编定的参考资料汇集。该书原有85篇,但今仅存39篇。其余的46篇,即第1篇至第38篇、第43篇至第45篇、第61篇、第82篇至第85篇,至迟在唐代已亡佚。尽管如此,它的史料价值和学术意义仍不可低估。其中多数篇章记述从战国到汉代儒家学派的言论,是研究中国早期儒学的基本资料。

孝顺的道德被认为是很严重的事。所谓"无子",亦即妻子生不出儿子来。在传统中国,家族的延续被认为是婚姻最重要的目的,如果妻子无法生出儿子来,这段婚姻也就失去意义。所谓"淫",亦即妻子与丈夫之外的男性发生性关系。淫被认为是"乱族",会造成妻所生之子女的来路或辈分不明,造成家族血缘的混乱。所谓"妒",指妻子好忌妒。妻子的凶悍或忌妒被认为会"乱家",造成家庭不和以及"夫唱妇随"这样的理想夫妻关系的混乱,而妻子对丈夫纳妾的忌嫉更有害于家族的延续。所谓"有恶疾",指妻子患了严重的疾病,从而与丈夫"不可共粢盛",即指不能一起参与祭祀。在传统中国,参与祖先祭祀是每个家族成员重要的职责,因此妻有恶疾肯定会造成夫家的不便。当然还有种种的不便,但不能一起参与祭祀是主要的不便。所谓"口多言",指妻子太多话或说别人闲话,凡"多言"的女人便是饶舌妇,"饶舌"的后果是"离亲"。在传统中国家庭中,女性尤其是辈分低的女性,被认为不应当主动和多表示意见,而妻子作为一个从外家族进来的成员,多话就被认为有离间家族和睦的可能。最后的理由是"窃盗","窃盗"中也包括做妻子的不管出于什么理由擅自把夫家的财物带回娘家,因不合乎应守的规矩自然更要离弃。

不难看出,上述"七去"的内容大多是以夫家整体家庭家族的利益为考量,凡是因为妻子的行为或身体状况,不能符合于这个考量,夫家或丈夫就可以提出离婚。

《大戴礼记·本命》中也提到了"三不去",即在三种情况下不能"休妻",即"妇有三不去:有所取无所归,不去;与更三年丧,不去;前贫贱后富贵,不去"。这第一种情况是指结婚时女方父母健在,休妻时已去世,原来的大家庭已不存在,休妻等于是女子无家可归;第二种情况是指和丈夫一起为父亲或母亲守孝三年的女子不能被休;第三种情况是指丈夫娶妻的时候贫贱,后来富贵了,与丈夫共过患难的妻子不能被休掉。"三不去"是作为"七出"规定的补充规范,但指出"恶疾及奸者不在此列"。也就是说,妻子若符合"七出"中的"有恶疾"及"淫"两项,则不在"三不去"的保障范围之内。不管怎样,这"三不去"或多或少在某种程度上还是稍微保障了"女性的权益。"当然,人们对这"三不去"能实行到什么程度,那就是另一回事了。

第四,家庭内部的性别角色分工。

男主外女主内的性别分工思想在《礼记》中得到更明确的表述,《礼记》将男女两性在社会、家庭、经济等领域内的全部活动归纳为内外两类,上至天子之家,下至平民百姓之家的男男女女,他们的活动都在这两类的划定之中。

就天子之家而言,"古者天子后立六宫、三夫人、九嫔、二十七世妇、八十一御妻,以听天下之内治,以明章妇顺,故天下内和而家理。天子立六官、三公、九卿、二十七大夫、八十一元士,以听天下之外治,以明章天下之男教,故外和而国治。故曰:'天子听男教,后听女顺;天子理阳道,后治阴德;天子听外治,后听内治。教顺成俗,内外和顺,国家理治,此之谓盛德。'"①这段话中的"听"字是"掌管"之意,这段话的意思是天子掌管天下臣民(主要是男人)的政教之事,王后掌管女人的贞顺之事,天子对天下的治理属阳道,而王后对于后宫的治理属阴德,天子担负对天下治理的责任,而王后则担负对后宫的治理之责,男子的政教和女人的贞顺从而成为一种习俗定则。如此,则内外和谐顺从,天子的家和国都会得到有条理的治理,这就是盛德。从这种盛德之治的格局来看,天子主外事,后主内事,此处的"外"是国家大事,此处的"内"是天子宫内的家事和私事。这相当于在一个家庭中男主外、女主内的格局,由此更可见儒家治国如治家的一致性。

《礼记·昏义》中接着这一段的文字是:"是故男教不脩,阳事不得,适见于天,日为之食;妇顺不修,阴事不得,适见于天,月为之食。是故日食则天子素服而修六官之职,荡天下之阳事;月食则后素服而修六宫之职,荡天下之阴事。故天子之与后,犹日之与月,阴之于阳,相须而后成者也。天子修男教,父道也。后修女顺,母道也。故曰:'天子之与后,犹父之于母也。'"这段话是说如果天子失职,政教不能修治,阳刚之道不当,反映在天象上就会出现日食;后若失职,女性贞顺之道不能修治,反映在天象上就会出现月食。而当出现日食时,天子要穿纯白的素服,整治六官职事,以清理天下的阳事。出现月食时,王后就穿纯白的素服,整治六宫的职事,以清理

---

① 《礼记·昏义》。

天下的阴事。所以，天子与王后好比太阳与月亮，阴阳相配然后天下才能成功。天子修治政教是父道；王后修治女性的贞顺是母道。所以天子与王后又好比父亲和母亲。

显然，引人注目的是：其一，这段话强调天子与王后各有自己的职责与权限范围，强调他们之间的彼此配合。就太阳与月亮的比喻、父亲和母亲的比喻而言，整段话的语言是一种并列对举的形式，这或许说明了天子所代表的父道（阳事）与王后所代表的母道（阴事）是一样的重要，犹如阴阳一样，要相辅相成才能达到盛德。其二，这段话将人事（天子修治政教与王后修治女性的贞顺）与天事（日食与月食的发生）相联系，这既是春秋时代观念的延续，同时就其带有某种意义上的天人感应的思想而言，它肯定启发和影响了汉代的大儒董仲舒。

在经济领域内，天子王后、诸侯及夫人均以男耕女织作为表征，因而天子诸侯每年要举行象征性的耕作仪式，以劝农耕；王后则举行象征性的养蚕仪式，以劝蚕织。如《礼记·祭统》曰："是故天子亲耕于南郊以共齐盛；王后蚕于北郊以共纯服；诸侯耕于东郊，亦以共齐盛，夫人蚕于北郊以共冕服。"就普通百姓而言，"匹夫"的耕作为"外"，"匹妇"的采桑养蚕为"内"，如孟子所云："五亩之宅，树墙下以桑，匹妇蚕之，则老者足以衣帛矣……百亩之田，匹夫耕之，八口之家足以无饥矣。"①

第五，强调夫妇有义与夫妇有敬。

笔者以为，对女性规范最多的《礼记》中仍有一些值得肯定的积极内容，如对夫妇有义与夫妇有敬的强调，即使在今天看来也仍有其积极意义。

就夫妇有义而言，《礼记·昏义》云："夫妇有义，而后父子有亲；父子有亲，而后君臣有正。"从以上的排序中，可见夫妇有义对于父子君臣关系的重要性。何谓"有义"？首先，此处的"义"是适宜、恰如其分、本当如此的含义，即是夫妇双方各守职分，各尽自己为夫、为妻的责任与义务的意思。先秦儒家的经典中不厌其烦地强调丈夫要像个丈夫，妻子要像个妻子，即是此意。这与汉代董仲舒所讲的"三纲"完全不同，"三纲"的要义是"臣、子、

---

① 《孟子·尽心上》。

妇"对"君、父、夫"的绝对服从。而在先秦儒家那里，"从"是有条件的，就君与臣的关系而言，《孟子》云："君之视臣如手足，则臣视君如腹心；君之视臣如犬马，则臣视君如国人；君之视臣如土芥，则臣视君如寇仇。"①而荀子则说得更明确，即："从道不从君，从义不从父，人之大行也。"②夫妇关系也是如此。丈夫行事须符合义，妻子才听从。《礼记·礼运》论到"十义"时，是将"夫义"置于"妇听"前，即"父慈、子孝、兄良、弟悌、夫义、妇听、长惠、幼顺、君仁、臣忠，十者谓之人义"③。由此可见，丈夫的言行须合乎道义，妻子才听从；反之，妻子可以不听从。

《左传·昭公二十六年》云："礼之可以为国也久矣，与天地并。君令、臣共，父慈、子孝，兄爱、弟敬，夫和、妻柔，姑慈、妇听，礼也。君令而不违，臣共而不贰；父慈而教，子孝而箴；兄爱而友，弟敬而顺；夫和而义，妻柔而正；姑慈而从，妇听而婉；礼之善物也。"这里也是将"夫和而义"放在"妻柔而正"之前。夫若不义，妻子可以劝谏丈夫。征之《左传》、《战国策》等先秦文献，春秋战国时代妻子劝谏丈夫的故事还是很多的。如《礼记·内训》所云："妻子事夫，有怒必劝，劝其远色，戒其安逸，禁其贪淫"，等等。

就夫妇有"敬"而言，先秦儒家既强调"男帅女，女从男"，但也主张敬妻有道，相敬如宾。如前在论及孔子的性别意识时，提到在孔子与哀公的对话中孔子强调"昔三代明王之政，必敬其妻子也"，并把敬妻、敬子与敬身相提并论，且认为若"君行此三者，则忾乎天下矣，大王之道也。如此，则国家顺矣"。由此可见"敬妻"不可谓不重要。又如前面提到过的古人在举行婚礼时的"合卺"仪式（即"饮交杯酒"），夫妻之间的同锅而食、同瓢而饮，则体现了"合体同尊卑"的精神。

中国传统思想常喻夫妇关系如天地的关系，正如《礼记·中庸》云："君子之道，造端乎夫妇，及其至也，察乎天地。"夫妇之生子，就如天地之生人与万物；天地与万物之关系的缩影，就如同家庭的夫妇父子之关系所放大。正因如此，中国的传统思想常讲妻子要敬夫如天，丈夫要爱妻如地。这种敬

① 《孟子·离娄下》。
② 《荀子·子道》。
③ 《礼记·礼运》。

与爱不可缺一。中国传统理想中的夫妻关系是"执子之手，与子偕老"，这与当代人的"不在乎天长地久，只在于曾经拥有"的观念截然不同。

尤其值得一提的是，《礼记》对于男女的性生活也持一种开明态度，先秦的儒家对"性"还没有谈性色变，并将性视为平常之事。《礼记·礼运》曰："何谓人情？喜怒哀惧爱恶欲，七者弗学而能。"此处之"欲"，即是这段话中接下来所讲的"饮食男女，人之大欲存焉"之"欲"，或者说是对性的欲望。所谓"大欲"，即是人最大、最为基本和最为重要的欲望，这种欲望不可被忽略。汉学家高罗佩认为，尽管《礼记》中关于男女之间的接触、包括身体的接触都有许多规矩，但"我们不要因为这些规矩便以为像中世纪的基督教教会那样，儒家也把性行为看成是一种'罪行'，而女人则是罪恶之源，因为它的任何观念都与'对肉欲的憎恶'风马牛不相及。儒家讨厌拿性开玩笑，首先是由于担心家庭生活的神圣秩序会因放纵而瓦解，同时也是出于对人的生育过程的尊重……儒家认为女人低于男人，这也是和认为地低于天一样自然，我们不要因此便以为他们与中世纪的许多教士相仿，对妇女有丝毫的仇恨与鄙视"①。应该说，高罗佩的上述见解是比较到位的。

《礼记·内则》对夫妻之间及夫与妾的性生活行为也有论及，如"夫妇之礼，唯及七十，同藏无间。故妾虽老，年未满五十，必与五日之御。将御者，齐，漱、浣，慎衣服，栉、縰、笄、总角，拂髦，衿缨、綦屦。虽婢妾衣服饮食必后长者。妻不在，妾御莫敢当夕"，即是说夫妻之间的性生活只有在70岁时才能完全停止，夫妻之间的接触也才没有任何顾忌。而妾只要她未满五十（这在古代已是很老的年龄了），就得让她参加"五日之御"，御即侍寝（侍寝时可以有性生活，但也不是必须有），古代贵族多实行一夫多妻，妻妾轮流侍寝，所谓"五日之御"，即是五日轮流一次侍寝。《礼记·内则》郑玄注云："五日一御，诸侯制也。诸侯取九女，侄、娣两两而御，则三日也；次两滕，则四日也；次夫人专夜，则五日也。"上述诸侯一娶九女②、九女侍寝之说

---

① ［荷］高罗佩：《中国古代的性与社会》，吴岳添译，台北风云时代出版股份有限公司1994年初版，第88—89页。

② 《春秋公羊传·庄公十九年》中也有诸侯娶九女的表述："诸侯娶一国，则二国往滕之，以侄娣从。侄者何？兄之子也；娣者何？弟也。诸侯壹聘九女，诸侯不再娶。"

是儒家经典中所记述的古代礼制,是否真正实行过,并无确切证据。显然,《内则》中的这段话指出了夫要对妻、妾尽为夫之道,要对其性的愿望给与满足。这说明其对性所抱的一种合理而不压抑的态度。

《礼记·月令》中还提到男女两性的性生活要顺应自然、依照天时而行动,在一些特定的日子甚至要禁忌性生活。从这一点上尤可见到其所受先秦道家思想的影响。《礼记·月令》云:"(仲春)是月也,日夜分。雷乃发声,始电,蛰虫咸动,启户始出。先雷三日,奋木铎以令兆民曰:'雷将发声,有不戒其容止者,生子不备,必有凶灾'……乃修阖扇,寝庙毕备。毋作大事,以妨农之事。"又如"(仲夏)是月也,日长至,阴阳争,死生分。君子齐戒,处必掩身,毋躁,止声色,毋或进,薄滋味,毋致和,节嗜欲,定心气。百官静事毋刑,以定晏阴之所成。"再如"(仲冬)是月也……谨房室,必重闭。省妇事,勿得淫……是月也,日短至。阴阳争,诸生荡。君子齐戒,处必掩身。身欲宁,去声色,禁耆欲。安形性,事欲静,以待阴阳之所定。"这即是说,在春分、夏至、冬至这些"阴阳争"的关键时日,阴阳之间的孰输孰赢尚未见分晓,所以这个时候必须要"止声色"、"勿得淫",节欲、斋、掩身,以等待阴阳定位。

历史走到了今天,《礼记》中的性别意识是否全是糟粕? 是否有某些合理的成分? 这倒是值得人们进一步去深思的……

(二)《易传》的性别意识

"周易"有《易经》与《易传》,《易经》大部分成书于周代,这种观点已为多数学者所接受。《易传》究竟成书于何时? 学界有不同看法,笔者比较同意朱伯昆先生的观点,即《易传》中的大部分大约成书于战国中晚期,朱伯昆先生在其所著《易学哲学史》中对这一观点做了详细的考订①,马王堆帛书、郭店楚简等考古发现也证实了此观点的可靠性。《易传》十篇的最后成书可能晚至秦汉之际。《易传》显然受到战国时代诸子百家争鸣思潮的影响,如《易传》受道家的影响在陈鼓应先生的《道家易学建构》的第二章"道

---

① 朱伯昆:《易学哲学史》上册,北京大学出版社 1986 年版。

家与《周易》经传思想脉络诠释"的第 28 注中有详细论证①。《易传》是对《易经》的诠释,而这种诠释蕴涵着新的创造,正是在此基础上《易传》提供了儒家关于性别的形而上学的理论阐释。

《易传》的性别意识的内容主要有:

1.两性关系是宇宙和人类社会生活的基础

笔者在第一章第一节论及女娲伏羲对偶神的神话蕴涵了中国古人特有的对于阴阳哲学的认知时,简单追溯了阴阳概念的发展。《易传》在继承前人思想的基础上对此又做出了重要的发展。在《易传》中,阴阳已不是用来说明某些个别的事物或现象,而是作为蕴含在自然界和人类社会中普遍的"道";阴阳也不是指具体的阴气和阳气,而是泛指包括自然界和人类社会在内的宇宙中普遍存在的对立的两种性质。正因为如此,《易传》才能从理论上高屋建瓴地阐述关于两性的性别形而上学。

《易传》的性别形而上学观建立在其宇宙生成论的思想上,而宇宙生成论的思想与老子的学说有一定的关联,老子说:"一生二,二生三,三生万物。万物负阴而抱阳,冲气以为和。"②《易传·系辞上》云:"是故《易》有太极,是生两仪,两仪生四象,四象生八卦,八卦定吉凶,吉凶生大业。"《易传·系辞下》云:"一阴一阳之谓道。"显然,道即是万物的本源或普遍本质,一阴一阳的相互作用即是道的表现,其相互作用也正是一切事物及其变化的根本,对于阴阳变化之道的阐述正是《易传》的核心所在。《易传》讲本源(道)的用意是要阐明本源与万物之间的内在联系,是为了确认现存事物与秩序,包括确认君臣、父子、夫妇的社会秩序与各种礼义的天经地义。《易传》在这层意义上便具有了儒学色彩。

《易传》显然也受到黄老之学中以阴阳比拟男女的影响,《黄帝四经》中的《称》篇明确地提到了属阳与属阴的自然事物的划分与属阳与属阴的不同的人群划分,如:"凡论必以阴阳□大义。天阳地阴。春阳秋阴。夏阳冬阴。昼阳夜阴。大国阳,小国阴。重国阳,轻国阴。有事阳而无事阴。信

---

① 陈鼓应:《道家易学建构》,台湾商务印书馆 2003 年版,第 79 页。
② 《老子·四十二章》。

(伸)者阴者屈者阴(此句当作:伸者阳而屈者阴,原文抄写有误)。主阳臣阴。上阳下阴。男阳【女阴。父】阳【子】阴。兄阳弟阴。长阳少【阴】。贵【阳】贱阴。达阳穷阴。取(娶)妇姓(生)子阳,有丧阴。制人者阳,制人者制于人者阴(此处的"制人者"当系衍文)。客阳主人阴。师阳役阴。言阳黑(默)阴。予阳受阴。"《称》在此明确提出了"男阳女阴"。《称》最后说:"诸阳者法天……诸阴者法地。"男法天,女法地,由此成为天经地义。

《易传》中以阴阳比拟男女的说法比比皆是,这些表述均明显表达了一个观点,即两性关系是宇宙和人类社会生活的基础。如《易传·系辞上》开篇就说:"天尊地卑,乾坤定矣。卑高以陈,贵贱位矣。动静有常,刚柔断矣。方以类聚,物以群分,吉凶生矣。在天成象,在地成形,变化见矣……日月运行,一寒一暑。乾道成男,坤道成女。乾知大始,坤作成物。"《易传·系辞下》曰:"乾,阳物也;坤,阴物也。"在这里,乾、天、男、阳、刚、动是一类,坤、地、女、阴、柔、静属另一类。

《易传》中的阴阳涵盖面不仅多,而且广,概而言之:天为阳,地为阴;乾卦为阳,坤卦为阴;日为阳,月为阴;昼为阳,夜为阴;暑为阳,冬为阴;火为阳,水为阴;男为阳,女为阴;君为阳,民为阴;刚为阳,柔为阴;健为阳,顺为阴;明为阳,暗为阴;进为阳,退为阴;动为阳,静为阴;白为阳,黑为阴;崇为阳,卑为阴;生为阳,死为阴;奇为阳,偶为阴;贵为阳,贱为阴;伸为阳,屈为阴;暖为阳,冷为阴;辟为阳,阖为阴;山为阳,水为阴等。

由上可见,但凡两两相对的因素,都被划归为阴阳范畴。上述划分,有自然的,有社会的,也有属物体性质的,还有属于数字的,现象繁复,说明《易传》作者力图将纷繁复杂的大千世界通过阴阳的统筹放在人所可理解范围之内的一种努力。

如同《易传》的社会观或道德论是建立在宇宙论的基础上,《易传》的关于性别的形而上学观也是建立在宇宙论的基础上。所谓"一阴一阳之谓道",自然界的"道"从阴阳开始,从阴阳的关系开始;而人类社会的"道"也是从阴阳即女人和男人,即两性的关系开始的,《易传》对此表达得很清楚。

乾道成男,坤道成女。乾知大始,坤作成物。乾以易知,坤以简能……易简,而天下之理得矣;天下之理得,而成位乎其中矣……夫乾,

其静也专,其动也直,是以大生焉;夫坤,其静也翕,其动也辟,是以广生焉。(《易传·系辞上》)

乾,天也,故称乎父;坤,地也,故称乎母。(《易传·说卦》)

天地絪缊,万物化醇;男女构精,万物化生。《易传·系辞下》(此处的"絪缊"、"构精"有交合之意,后世诗歌小说中多有用"絪缊"隐指男女欢合之事者,溯其源头,或许正是从此处演变而来)

有天地然后有万物,有万物然后有男女,有男女然后有夫妇,有夫妇然后有父子,有父子然后有君臣,有君臣然后有上下,有上下然后礼义有所错。夫妇之道不可以不久也,故受之以《恒》。(《易传·序卦》)

《易传》的上述语言清楚地陈列出天地—万物—男女—夫妇—父子—君臣—上下—礼仪,即从自然到人类再到人类社会的礼仪的一体化的图景。它清楚不过地表述了这样一种思想:即天与地是宇宙间的阴阳两性,男与女是人类社会中的阴阳两性,万物的化生,人类的繁衍,完全在于这阴阳两性的作用,在自然界,阴阳体现为天地交合,天地交合为万物生成之本;而在人类社会生活中,阴阳体现为男女交合,男女交合为人伦形成之本,男女结合构成家庭,因而才有了人类社会。从天地、万物,男女,夫妇、父子、君臣一直推演到社会的礼仪,这反映了一种朴实的自然观和社会历史观。

《易·睽·象》云:"天地睽而其事同也,男女睽而其志通也,万物睽而其事类也:睽之时用大矣哉!"这段话中的"睽"为对立、乖睽之意。其大意是天与地化育万物的事理是相同的,男与女交感求和的心志是相通的。总而言之,从自然现象到人类社会生活,天下万物虽各各不同,但它们秉受阴阳即宇宙的"道"的情形却是相类似的。人伦即是天伦也。遗憾的是,明白这个道理的并不多见,所以《易传·系辞上》在论及道德的起源时云:"一阴一阳之谓道。继之者善也,成之者性也。仁者见之谓之仁,知者见之谓之知,百姓日用而不知,故君子之道鲜矣。"

2.刚柔——阴阳的特性与男女两性的理想气质

除了阴阳外,刚柔也是《周易》中经常用到的一对范畴。阴阳相合而生万物,万物又各有刚柔。陈鼓应先生认为:"以刚柔解《易》,始于《象传》。"①并举下述例子说明:如《易·屯·象》云:"屯,刚柔始交而难生。"《易·否·象》云:"否……内柔而外刚。"此处的刚柔分别指乾坤两卦的卦象。《易·蛊·象》云:"蛊,刚上而柔下,巽而止蛊。"陈鼓应先生还认为,八经卦中凡阳卦卦象皆可称刚,阴卦卦象皆可称柔。

刚与柔,是一对矛盾的范畴,刚柔相推正是事物变化的原因之所在。《易传·说卦》云:"观变于阴阳而立卦,发挥于刚柔而生爻……分阴分阳,迭用柔刚。"《易传·系辞上》云:"动静有常,刚柔断矣……是故刚柔相摩,八卦相荡。鼓之以雷霆,润之以风雨;日月运行,一暑一寒……刚柔相推而生变化……刚柔者,昼夜之象也。"《易传·系辞下》云:"八卦成列,象在其中矣;因而重之,爻在其中矣;刚柔相推,变在其中矣……刚柔者,立本者也……君子知微知彰,知柔知刚,万夫之望……阴阳合德而刚柔有体……刚柔相易……刚柔杂居而吉凶可见矣……柔之为道,不利远者;其要无咎,其用柔中也。三与五同功而异位:三多凶,五多功,贵贱之等也。其柔危,其刚胜邪?"

刚乃刚健之性,柔乃柔顺之性。阳刚阴柔——这是自先秦以来的中国文化赋予男性与女性的理想气质。刚柔在《易经》中的具体展现就是《易经》中的第一和第二卦即乾卦与坤卦,这两卦在先秦以来就被称为"《易》之门户"②,是其他卦的基础,历代易学家解《易》无不极其重视《乾》、《坤》两卦。《易传·杂卦》曰:"《乾》刚《坤》柔。"即乾为刚健之性,坤为柔顺之性。刚有时也用"健"来表示,柔有时也用"顺"来表示,即阳健阴顺。《易传》因而又分别赋予乾卦与坤卦以"健"、"顺"的性质或功能。如《易传·系辞下》云:"夫乾,天下之至健也,德行恒易以知险;夫坤,天下之至顺也,德行恒简以知阻。"又如《易传·说卦》云:"乾,健也;坤,顺也。"曾有许多学者指出乾卦象征太阳(白天)、男性,具有运动、生长、活力、刚强等性质或功能;

---

① 陈鼓应:《易传与楚学齐学》,载于《道家文化研究》第一辑,上海古籍出版社1992年版,第149页。

② 《易传·系辞下》,子曰:"乾坤,其《易》之门邪!"

坤卦象征月亮（夜晚）、女性，具有抚育、接受、柔顺、安宁等性质或功能。①可见汉语中常将刚健、柔顺连用，是有其原由的。

为什么男性一定要刚、健；女性一定要柔、顺？根据何在？这又得审视乾卦和坤卦。坤卦虽排列在乾卦之后，但其地位应与乾卦并列，乾为天、为父；坤则为地、为母。乾为纯阳，坤为纯阴；乾为刚，坤为柔。乾卦的卦象是"☰"，即六个阳爻重叠在一起，《易·乾·彖》对其解释是："大哉乾元，万物资始，乃统天。云行雨施，品物流行。大明终始，六位时成。"紧接着的《易·乾·象》云："天行健，君子以自强不息。"意思是天的运行是刚健有力的，所以男子应效法天而自强不息。《易·乾·文言》云："乾始能以美利利天下，不言所利，大矣哉！大哉乾乎！刚健中正，纯粹精也。"这里，突现了乾的刚健之美。坤卦的卦象是"☷"，六个阴爻重叠在一起，《易·坤·彖》对其的解释是："至哉坤元！万物资生，乃顺承天。坤厚载物，德合无疆；含弘光大，品物咸亨。牝马地类，行地无疆，柔顺利贞……后顺得常。"这里，突现了坤的柔顺之美。《易·坤·文言》曰："坤至柔而动也刚，至静而德方。后得主而有常，含万物而化光。坤道其顺乎！承天而时行。"由此可见坤的品德的主导方面是柔、静、后、含、顺、常等。《易·坤·象》云："地势坤；君子以厚德载物。"这既是对坤卦精神的概括与赞扬，同时也昭示君子应从坤卦中吸取智慧与力量。

《易传》的《系辞》中又进一步将男性与乾卦相联系，坤卦同女性相联系，《易传·系辞上》曰："乾道成男，坤道成女。"既然乾卦的性质是刚健，那么男性的气质要求就自然应是刚健的，这样才合乎其本性或天性，正所谓"天行健，君子以自强不息"。而坤卦的性质是柔顺，那么女性的气质要求就自然应是柔顺的，这样才合乎其本性或天性。就刚与柔的关系而言，《易传》中很清楚地主张，既要"分阴分阳，迭用柔刚"②，更要"阴阳合德而刚柔有体。以体天地之撰，以通神明之德。"③其所强调的是刚柔相应，即刚柔的相互合作与补充。如《易·恒·彖》云："恒，久也。刚上而柔下，雷风相与，

---

① 李泽厚：《中国思想史论》上，安徽文艺出版社1999年版，第132页。
② 《易传·说卦》。
③ 《易传·系辞下》。

巽而动,刚柔皆应,恒。'恒亨无咎利贞',久于其道也。"可见,刚柔相应是恒久之道。

应指出的是,《易经》与《易传》赋予男性(阳)"刚"、"健";女性(阴)"柔"、"顺"的特质,并强调男女的各自的气质和天性的"有别"(应指出的是,常有学者将"柔顺"看成是较负面的东西,以为古人对女性这种"柔顺"的气质要求是在贬低女性,其实不然,刚健也好,柔顺也罢,都是中性之词,它们分别代表乾卦(男性)、坤卦(女性)的自然本性而已,并不含有尊贬的价值判断的成分在内)。这个"别"只是别在自然本性上,即别在男女在乾坤阴阳的差异上,别在因其差异而在各自的职责与角色上的有所不同,落实到具体的婚姻与家庭生活中,则正如《易·家人·彖》曰:"家人,女正位乎内,男正位乎外;男女正,天地之大义也。家人有严君焉,父母之谓也。父父,子子,兄兄,弟弟,夫夫,妇妇,而家道正;正家而天下定矣。"笔者对这段话的理解是:其一,强调父子兄弟夫妇各色人等要尽自己的职责,履行自己的性别角色所应尽的本分。而男人的职责与角色是在家庭外部,女人职责与角色是在家庭内部,这种分工与当时的中国是一个农业社会有关,因为男耕女织的家庭经济模式本身决定了夫妇的职责范围。这儿的内外是相互配合之意,这种分工是与当时具体的历史条件相关的。

其二,这段话中所讲的"夫夫、妇妇"等的含义乃是《大戴礼记·本命》所言的"夫德妇德",其实是说夫要像个夫而有夫道,妇要像个妇而有妇道,夫必须守夫道而实现其作为夫的价值与意义,妇必须守妇道而实现其作为妇的价值与意义,也亦即夫妇必须各行其义、各尽本分、各得其道,并因各自的其义其分其道而获得生存之意义与生命之安立,这与汉代董仲舒所讲的"三纲"(君为臣纲,父为子纲,父为妻纲)中强调妻子对丈夫是一种下对上式的绝对服从是不同的。孔子曰:"君君、臣臣、父父、子子。"①这与《易·家人·彖》中的"父父、子子、兄兄、弟弟、夫夫、妇妇。"讲的是同一个意思,即处在不同位置、不同身份上的各色人等,均需各行其义、各尽本分、各得其道,并因各自的其义其分其道而获得生存之意义与生命之安立。古人不像

---

① 《论语·颜渊》。

现代人动辄就讲平等、权利之类的话，而是提倡各行其义、各尽本分、各得其道，以促进家庭与社会的和谐。

当然，讲"夫夫、妇妇"之道，强调的是男女之间的分别，强调乾坤阴阳夫妇各有其道，但男女之间的这种分别并不是绝对的，《易传·系辞上》云："五位相得而各有合。"这个"合"即是相兼相成，夫妇之道由别由分而合，即阴阳之道相兼相成也。正如郑玄所云："二五阴阳各有合，然后气相得施化行也。"①夫妇之道有分有合亦应作如是观。

讲"夫夫、妇妇"之道，其实也正好说明了将男女划归为阴阳的目的与用意，这个目的与用意即是人的行事为人也要按阴阳原则来要求，即《黄帝四经》的《称》所讲的"诸阳者法天，诸阴者法地。"可见天地阴阳的原则就是男女阴阳的原则，一切阳性的人和事，以天为准则，因为天属阳；一切阴性的人和事，则以地为准则，因为地属阴。正如《易·坤·文言》云："地道也，妻道也。"

由上不难看出，中国自古就是一个农业社会，人们对自然与社会的认识是从其日常劳作与生活的处境中出发，并在这种日常劳作与生活的处境中去体验和思考，在古人的心目中，春夏秋冬、草长花落，他们生活在其中的这个充满了勃勃生机的大化运行的宇宙肯定有某种秩序，而这种秩序就是由诸如阴阳之类的某种神秘的规则设定的，古人以为只要人们遵循这种规则，就可以安排好自己的生产与生活秩序，从而将自然（天道）、社会（地道）与人事（人道）统一起来。

3.合和——阴阳与男女两性的理想关系

如上所述，在《易传》的思想脉络及语境里，"刚"与"柔"既是阴阳的特性，也是人世间的"男"与"女"所各应具备的理想气质，刚柔相济互补形成的是"阴阳合和"、"男女合和"的理想局面，因此，"刚"与"柔"、"阴"与"阳"、"男"与"女"之间所体现的是一种在差别基础上所形成的大致和谐的关系，而不是崇某一方而抑某一方的关系。

具体而言，就阴与阳的关系而言，《易传》中强调的是阴阳合和。合和

---

① 《左传》疏引郑玄注。

既体现在易经的卦像之中,也体现在易经的卦名的含义中。就卦像而言,八卦与六十四卦中的阴阳两爻是一个合和、合作与和谐的关系,阴阳两爻如果缺一,八卦与六十四卦就无从产生。唐代易学家孔颖达早就注意到,"乾、坤者,阴阳之本始,万物之祖宗,故为上篇之始而遵也。离为日,坎为月,日月之道,阴阳之经,所以始终万物,故以《坎》、《离》为上篇之终也。"①就卦名而言,如乾与坤、泰与否、剥与复、损与益、既济与末济等卦名的含义均体现了协调与和谐、相反相成之意。而且《易传》的文字更是清楚无误的表达出阴阳之间的合和、合作与和谐的关系。《易传·系辞上》曰:"一阴一阳之谓道。"又曰:"阴阳合德。"在周易中,阴阳的关系总是被寓意为天地之间的交合关系,《易·泰·彖》云:"则天地交而万物通也,上下交而其志同也。"《易·否·彖》云:"则是天地不交而万物不通也,上下不交而天下无邦也。"天地相交、上下之交亦即阴阳之交,两者相交才可称为"道"。

"中"或"中和"的表述也是《易传》合和思想的体现,有学者统计,"《彖传》言'中'者45处,涉及到37个卦。《象传》言'中'者52处,涉及到41个卦,对'中'的称谓有39种之多","在《周易》64卦384爻的128个中位里,得'吉'、'大吉'、'元吉'、'贞吉'者共54爻,占42%"②。

为了达到和谐,《易传》很重视"位"的是否恰当,《易传》对卦辞、爻辞的解释,常以位的是否恰当来解释其吉凶。而位的是否恰当又视是否刚柔相应而定。"《易传》以第一、三、五爻为阳位,以二、四、六爻为阴位,凡阳爻居阳位,阴爻居阴位,就叫'位当'或叫'位正'、'当位'、'得位';反之就是'位不当'或叫'不当位'、'失位'、'非其位'、'未得位'。在《象传》、《彖传》中,说刚柔位当的23条,位不当的24条,共47条,都以位当为吉利之象,以位不当为不吉利之象。如既卦,一、三、五爻都是阳爻,二、四、六爻都是阴爻,六爻都是刚柔当位。《彖传》说:'利贞,刚柔正而位当也。'以刚柔的位当来解释'利贞',即有利又正。"③刚柔位当且相应则为吉,刚柔位不当且又不相应,则为不吉。《易传》对刚柔"位当"和刚柔"相应"的重视,正

---

① 孔颖达:《周易正义》,《十三经注疏》(标点本),北京大学出版社1999年版。
② 李巍:《再论周易与中国画》,《周易研究》2000年第1期。
③ 钱逊:《先秦儒学》,辽宁教育出版社1991年版,第195页。

反映了其对"和谐"的重视。

人们常将中国文化传统中男女的地位定位在"男尊女卑"上,而"男尊女卑"的理论基础就是"阳尊阴卑、阳为阴纲"。其实,阳尊阴卑、尊阳抑阴、阳为阴纲等是到了汉代董仲舒时才被确立起来的。① 董仲舒最为系统地把阴阳学说引入儒家传统,并通过阴阳五行的相生相克学说,来解释社会秩序。在他的解释里,阴阳五行的相生、合和关系被淡化,而相克关系则被强调,于是出现了尊阳抑阴、阳为阴纲等说法。其实,就中国历史的实际情形而言,女人或许在政治上、在社会的公共事务中没有多少参与权与话语权,但在家庭的领域里还是有一定的地位与话语权的。董仲舒的尊阳抑阴、阳为阴纲之说并没有马上定规出女人在家庭里的地位,从汉朝到唐朝再到北宋前期的史实来看,看不出女人在家庭里的地位被压抑,南宋以后尤其是宋明理学的出现后女性在家庭中的地位才越来越明显的受到压抑。即使如此,不同地域、不同阶层的女性在家庭中的地位仍是有不同、有差别的,不能笼统而论。

常有人将《易传·系辞上》"天尊地卑,乾坤定矣"这八个字视为主张"男尊女卑"和男人地位比女人高的根据,在其看来,既然天、乾与男相关;地、坤与女相关,那么从"天尊地卑,乾坤定矣"这八个字中自然就会得出"男尊女卑"的结论。其实,此处的"尊卑"完全可以作位置的"高下"解。依据《易传》的上下文来理解,乾坤两卦是天空与大地两个自然形象的代表。这八个字中的"尊"与"卑"只是就天空与大地的上下位置而言,尊卑虽是两个对立的名词,但"卑"在此并无下贱之意,并无地位的不平等或被歧视之意,它不是一种价值判断。尊卑只是就天与人、地与人所处的空间位置和对这种空间位置的感觉而言,天离人很高远,而越是离人高远的物或人越有"尊"之意,因而"尊"在此有伟大尊贵之意;而地离人很近,人就是在大地上生活的,因而"卑"有亲切亲近之意。所以"天尊地卑"表示了天在上地在下的上下位置,并不含有崇天抑地的价值判断成分。如《易传·系辞上》

① 董仲舒提出"君为臣纲,父为子纲,夫为妻纲",并说"君臣、父子、夫妇之义,皆取诸阴阳之道。君为阳,臣为阴;父为阳,子为阴;夫为阳,妻为阴……王道之三纲,可求于天"。见《春秋繁露·基义第五十三》。

云:"《易》与天地准,故能弥纶天地之道。"

清初思想家唐甄的《潜书》有云:"盖地之下于天,妻之下于夫者,位也。天之下于地,夫之下于妻者,德也。"这即是说男尊女卑,就像天尊地卑一样,是本来的位置使然,而夫处处让妻子为先,则是一种德行。用现代人的观点来理解唐甄的这句话,就是说夫妻二人如果混淆了本来的位置,会造成家庭的混乱;但如果不讲德行,一味地强调男尊女卑,也同样不符合夫妇和合的要求。

《易传·系辞上》接着"天尊地卑,乾坤定矣"的八个字是"卑高以陈,贵贱位矣",这仍是在解释前面的话,天空的高远,大地的亲近。"以陈"即一高一卑地陈列在我们面前,"贵贱位矣"中的"位"字就说明了贵贱仍是就人与天和地的空间位置以及人对这种位置的感觉而言,此处的"贱"同样不含价值判断成分。天"尊与贵",地"卑而贱",但联系上下文来看,作者并没有褒前者贬后者之意,相反,《易经》中多处盛赞地道能容,为万物之载体,如《易·坤·象》曰:"坤厚载物,德合无疆。"《易·坤·象》曰:"地势坤;君子以厚德载物。"移作人事,亦不见得歧视女性,想必古人并不把尊卑理解为不平等或像今人一样从政治的角度将尊卑理解为地位的高低,而只是将尊卑视为不同身份的代表而已。或许可以这么理解,《易》中的尊卑,其实只是抽象概念,一个主阳动,一个主阴受,即一为主动,一为顺从,它们谁也离不了谁。所谓孤阳不长,孤阴不生,阴阳平衡和谐是为美。

当然,"贵贱"的字眼使得习惯于从字面来揣测词语意义的今人很难避开蕴涵有某种价值判断的倾向,如《易传·系辞下》云:"阳卦多阴,阴卦多阳。其故何也? 阳卦奇,阴卦耦。其德行何也? 阳一君而二民,君子之道也;阴二君而一民,小人之道也。"这种将阳阴卦与君子、小人对应的做法,确实在一定程度上影响了人们对《易》的诠释。

但这仅仅是看问题的一个视角,从更根本和更全面的视角来看,阴阳之间的关系在终极意义上是互为需要,通过互动而达至和谐。有汉学家非常聪敏地看到了这一点,如汉学家圭索(Richard Guisso)所云:"也许在他们的宇宙观中,性别概念潜藏着优越和低劣的含义,但更主要的是强调男性和女性之间的差异。不同性别有着各自不同的互补的功能,妇女的位置既非不体面,也并不一定就低于男子,除非是在地低于天、月亮低于太阳这个意义上。"①

总而言之,《易经》与《易传》对阴阳关系的定位是"互动"与"合和"。通观《周易》的经与传,其所强调的不是阴阳之间的等级关系而是他们之间的互动关系(《易传》的"系辞"中对于这种"互动"有许多表述,如"刚柔相推,变在其中矣",又如"刚柔相摩,八卦相荡"、"刚柔相易"等说法,相推、相摩相易都是这种"互动"状态的表达),强调通过彼此的互动而达成一种合和。如《易传·系辞上》云:"乾知大始,坤作成物。乾以易知,坤以简能;易则易知,简则易从;易知则有亲,易从则有功;有亲则可久,有功则可大;可久则贤人之德,可大则贤人之业。"这些话全是从正面以并举的形式来彰显乾与坤的德性,强调的是乾坤并重,看不出有崇乾抑坤的成分在内。

《易传·系辞上》云:"一阴一阳之谓道。继之者善也,成之者性也。"又如"夫乾,其静也专,其动也直,是以大生焉;夫坤,其静也翕,其动也辟,是以广生焉。广大配天地,变通配四时,阴阳之义配日月,易简之善配至德",还有"崇效天,卑法地。天地设位而《易》行乎其中矣"。"乾坤成列,而《易》立乎其中矣;乾坤毁,则无以见《易》。"显然,这些话中强调的均是阴阳并举,乾坤并重,同样也没有崇阳抑阴的成分在内。道理很简单:独阳或独阴均不成道,只有乾坤并重,阴阳配合,刚柔相济,才有事物的均衡、和谐与稳定。正如《易·乾·彖》云:"乾道变化,各正性命,保合太和,乃利贞。首出庶物,万国咸宁。""太和"即是最高的和谐或一种高度理想化的宇宙整体和谐状态,"保合太和"即是保"合和"也就是力求保持事物的均衡、和谐与稳定,乾道的变化,使万物"各正性命",达到最高的和谐。如此,万物生成,"万国咸宁"。阳、刚若过分的话,就会导致失败、垮台或死亡,正所谓"亢龙有悔,盈不可久也"。《易传·系辞下》云:"阴阳合德而刚柔有体,以体天地之撰,以通神明之德。"这儿的"合德"、"有体",就是对阴阳之间关系的最准确的定位。唐代孔颖达《周易正义》卷八"系辞下"疏曰:"若阴阳不合,则刚

---

① 转引自安乐哲:《和而不同:比较哲学与中西会通》,温海明编,北京大学出版社 2002 年版,第 178—179 页。

柔之体无从而生。以阴阳相合,乃生万物,或刚或柔,各有其体,阳多为刚,阴多为柔也。以体天地之撰者,撰,数也。天地之内,万物之象,非刚则柔,或刚柔体象天地之数也。"孔颖达在此不仅强调了阴阳相合为天地之大德,而且还将万物之象归结为刚柔二体。或许,人们只有理解了阴阳之间的这种合德与有体,才能体验或通晓天地神明的奥妙与德性。

无疑,阴阳之间的这种"合德"、"有体"体现在自然上,是天地相合;体现在男性与女性的关系上,就是男女相合。《易传·系辞上》引《同人》九五爻辞后言"二人同心,其利断金。同心之言,其臭如兰"。"二人同心"指的是夫妇同心,这即是说,夫妇双方若能同心同德,其所产生的力量足以断金。这和中国老百姓人人皆知的一句话"家和万事兴"说的是一个道理。天地相合与男女相合说明了从宇宙到人以及宇宙和人的关系在《周易》看来都应是和谐与圆融的,正如《易·乾·文言》所云:"夫'大人'者,与天地合其德,与日月合其明,与四时合其序,与鬼神合其吉凶。先天而天弗违,后天而奉天时。天且弗违,而况于人乎?况于鬼神乎?"

《易经》中的"咸卦",注重交感之道,正如荀子所言:"《易》之《咸》,见夫妇。"[①]《易·咸·彖》云:"咸,感也;柔上而刚下,二气感应以相与。止而说,男下女,是以亨,利贞,取女吉也。天地感而万物化生,圣人感人心而天下和平。""泰卦",注重沟通之道,《易·泰·彖》云:"'泰,小往大来,吉,亨。'则是天地交而万物通也,上下交而其志同也。""恒卦",注重永恒之道,《易·恒·彖》云:"恒,久也。刚上而柔下,雷风相与,巽而动,刚柔皆应,恒。"阴阳合德有体,自然便会臻于美的境界,正如《易·坤·文言》云:"正位居体,美在其中而畅于四支,发于事业,美之至也!"上述语言充分体现了古人对阴阳、刚柔"合德"、"有体"的深刻领悟与智慧。正因为如此,古人并没有对阴阳男女的"合德"、"有体"中作出其二者孰上孰下、孰前孰后、孰优孰劣、孰尊孰卑、孰善孰恶的价值判断。反映在太极图像中,便是浑圆一体而无论上下左右正斜颠倒都不会改变或曲解其阴阳组合之形状之意义的图像。或许太极图像的出现正是循此思路而作出的创意。

① 《荀子·大略》。

之所以要强调阴阳并举、乾坤并重、男女相合，或许是因为在古人看来，宇宙万物凡相对称或对应的部分之间似乎都有一种神秘的联系，它们是一个相互关联的整体，如"清浊、小大、短长、疾徐、哀乐、刚柔、迟速、高下、出入、周疏，以相济也"①。与古希腊思想不同的是，在先秦的思想中倾向于把二元的双方视之为互补而不是冲突。在二元的差别或区分中，着重强调的是双方的"相摩相荡"、"相泄相济"、彼是相因、交融互摄，而不是突出他们的相互对立和相互斗争。

《易传·说卦》云："昔者圣人之作《易》也，幽赞于神明而生蓍，参天两地而倚数，观变于阴阳而立卦，发挥于刚柔而生爻，和顺于道德而理于义，穷理尽性以至于命。昔者圣人之作《易》也，将以顺性命之理。是以立天之道曰阴与阳，立地之道曰柔与刚，立人之道曰仁与义。兼三才而两之，故《易》六画而成卦；分阴分阳，迭用柔刚，故《易》六位而成章。"这些语言清楚不过地说明了《易传》作者认为宇宙始源、万物发生、社会人事似乎都具有一种相似且影响的内在联系。"一切天然形成的事物包括社会组织与人类自身，都是与宇宙天地同构的，因为他们来自宇宙天地；也给他们提供了一个行为的依据，就是人类应该按照这种宇宙、社会、人类的一体同构来理解、分析、判断以及处理现象世界，因为现象世界中拥有同一来源、同一结构、同一特性的不同事物是有神秘感应关系的。这样，在当时人的思想世界中，就以对天、地、人的体验与想象，形成了一个整齐不乱的秩序。"②而昔者圣人之作《易》的目的，就是要将所有的从自然到人事的万象包罗起来，把从天地到万物到男女夫妇到君臣到伦常礼义等，"易"以贯之起来。从而"范围天地之化而不过，曲成万物而不遗"③，如此使得宇宙自然与人类存在组成为一个和谐的整体。

4.《易传》的性别形而上学观的积极意义

阴阳合和对于现实社会中男女关系的一个最为重要的意义就是带来对

---

① 《左传·昭公二十年》。

② 葛兆光：《中国思想史》第一卷《七世纪前中国的知识、思想与信仰世界》，复旦大学出版社2001年版，第53页。

③ 《易传·系辞上》。

女性的重视或尊重。中国文化比较强调"家和万事兴",和即和谐。《礼记·礼运》云:"父子笃,兄弟睦,夫妇和,家之肥也。"若要家和,得先夫妻合和,而夫妻合和的基础就在于阴阳互补、刚柔相济。可以说,阴阳互补、刚柔相济,这就是《易传》中所贯穿的性别意识。男女合和之精神,在《诗经》中的《小雅·常棣》篇中则演化为美妙的诗句——"妻子好合,如鼓瑟琴"。《礼记·中庸》云:"《诗》曰:'妻子好合,如鼓瑟琴。兄弟既翕,和乐且耽。宜而室家,乐尔妻帑。'子曰:'父母其顺矣乎。'"这些语言其实是对传统中国人所追求的建立在夫妻合和基础上的天伦之乐的最好注释。

(三)郭店楚简《六德》①的性别意识

1993年10月,湖北荆门郭店楚墓竹简出土,经专家鉴定,这批竹简都是战国中晚期以前的儒家与道家佚籍。1998年5月,这批佚籍及其释文由国家文物出版社正式出版。郭店楚简的出土与公布,立即引起国内外学术界的高度重视,并迅速成为热点与前沿的研究课题。郭店楚简18篇中也有关于性别意识方面的内容,这些内容比较集中在楚简的《六德》篇中。

1.六位、六职与六德

《六德》是一篇阐述伦常与职责的伦理专篇,性别意识方面的内容贯穿在其关于"六位、六职、六德"的相关论述中。何谓六位? 即是指夫妇、父子、君臣六者,即"生民斯必有夫妇、父子、君臣,此六位也"。人之出生以来就必存在于此六位之中,或为夫或为妇,或为君或为臣,或为父或为子,这可谓是三种基础群体。本来人的社会群体,有许多类型的划分,但在儒家看来,最为重要的则是夫妇、父子、君臣这三种基础群体,如前所述,先秦儒家的典籍中常有这样将夫妇、父子、君臣连在一起的表述。

在先秦儒家看来,无论是夫妇关系,还是父子关系、君臣关系,都是天道

① 李零在其《郭店楚简校读记》中说:"现在的篇题是取简1的'六德'为名。但从文义看,简文所述虽有'六德',但'六德'是派生于'六职','六职'是派生于'六位',简文所述实以'六位'为主。此'六位'亦见于《成之闻之》,似与该篇相承。我们考虑,此篇如改题为《六位》也许更合适。"见《郭店楚简校读记》,北京大学出版社2002年版,第130页。本文所引郭店楚简释文,均引自李零的《郭店楚简校读记》的释文。

伦常在人世间的具体体现。郭店楚简的《成之闻之》篇对此有具体阐述，如"制为君臣之义，作为父子之亲，分为夫妇之辨。是故小人乱天常以逆大道，君子治人伦以顺天德"①，又如"君子慎六位，以祀天常"②。

"六位"各有其职责，因而又有"六职"之说，何谓六职？即是指夫妇、父子、君臣六者各自的职责，《六德》第8至10简云："有率人者，有从人者；有使人者，有事人（者）；（有）□者，有□者，此六职也。""□"符号表示不能确考的字，显然，"有率人者，有从人者；有使人者，有事人（者）"指的是夫妇、君臣各自的职责。有学者结合古书的论述对以上两个有待确考的父与子的职责进行推测，认为此二字应分别为"教"与"学"，《左传》昭公二十六年有"父慈而教"之语，《国语·齐语》有"是故其父兄之教不肃而成，其子弟之学不劳而能"之语，《孟子·离娄上》有"君子之不教子"、"古者易子而教之"，皆是古有父教子学的旁证。③ 李零先生在其《郭店楚简校读记》中采此说，如"生民（斯必有夫妇、父子、君臣，此）六位也。有率人者，有从人者；有使人者，有事人者；有教者，有学者，此六职也。"④由此看来"六职"即是夫率妇从、君使臣事、父教子学。

何谓六德？即是指夫妇、父子、君臣这六位者皆必须各自履行其职、并在其职上达到各自的德性，即圣、智、仁、义、忠、信。简书云："何谓六德？圣、智也，仁、义也，忠、信也。"⑤在六德之中，圣智、仁义、忠信两两搭配，所以简书在解释六德后就接着云"圣与智就矣，仁与义就矣，忠与信就【矣】。"简书还对六德与六位、六职的配置关系做了明确的阐述，简书第13至24简云："诸父兄，任诸子弟，大材艺者大官，小材艺者小官，因而施禄焉，使之足以生，足以死，谓之君，以义使人多。义者，君德也。非我血气之亲，畜我如其子弟，故曰：苟济夫人之善也，劳其藏腑之力弗敢惮也，危其死弗敢爱也，谓之（臣），以忠事人多。忠者，臣德也。知可为者，知不可为者；知行者，知

---

① 李零：《郭店楚简校读记》，北京大学出版社2002年版，第122页。
② 李零：《郭店楚简校读记》，北京大学出版社2002年版，第122页。
③ 陈伟：《郭店楚简别释》，《江汉考古》1998年第4期。
④ 李零：《郭店楚简校读记》，北京大学出版社2002年版，第130页。
⑤ 李零：《郭店楚简校读记》，北京大学出版社2002年版，第130页。

不行者,谓之夫,以智率人多。智也者,夫德也。一与之齐,终身弗改之矣。是故夫死有主,终身不嫁,谓之妇,以信从人多也。信也者,妇德也。既生畜之,又从而教诲之,谓之圣。圣也者,父德也。子也者,会墫长材以事上,谓之义;上共下之意,以睦□□,谓之孝;故人则为(人也,谓之)仁。仁者,子德也。"①简言之,"如君使人以义,则义为君德;如臣事人以忠,则忠为臣德;如夫率人以智,则智为夫德;如妇从人以信,则信为妇德;如父教人以圣,则圣为父德;如子孝人以仁,则仁为子德"②。也即是君义、臣忠、夫智、妇信、父圣、子仁。在解释了"何谓六德"之后,《六德》接着就论述了"六德"在社会生活中的作用,即"作礼乐,制刑法,教此民尔,使之有向也,非圣智者莫之能也。亲父子,和大臣,寝四邻之抵牾,非仁义者莫之能也。聚人民,任土地,足此民尔,生死之用,非忠信者莫之能也。君子不别,如道导人。"③

上述六位、六职、六德这三个"六"就涵括了儒家伦理的三个基本要素即各色人等所应处的位置、职责与德性。儒家认为,现实社会生活中的每个人都要明白他或她处在一个什么位置上?应该有怎样的职责?应该具备什么样的德性。如此,才能建立一个和谐有序的社会。"故夫夫,妇妇,父父,子子,君君,臣臣,六者各行其职,而谗陷无由作也。"④反之,"夫不夫,妇不妇,父不父,子不子,君不君,臣不臣,昏所由作也"⑤。

2.《六德》中的性别意识是先秦儒学的一贯传统

《六德》中的性别意识仍然是先秦儒学的一贯传统,在笔者看来,《六德》篇的"六位、六职、六德"的思想都可以在先秦儒家的经典中找到根据,这些思想是先秦儒家一贯思想与传统的继承。如《六德》中有"故夫夫,妇妇,父父,子子,君君,臣臣,六者各行其职"的表述,《易经·家人·彖》中也有类似的"父父,子子,兄兄,弟弟,夫夫,妇妇"的表述;又如《六德》中有关"信为妇德"的表述,这在儒家先秦的典籍中较为常见。如《礼记·郊特牲》

---

① 李零:《郭店楚简校读记》,北京大学出版社 2002 年版,第 131 页。
② 丁四新:《郭店楚墓竹简思想研究》,东方出版社 2000 年版,第 346 页。
③ 李零:《郭店楚简校读记》,北京大学出版社 2002 年版,第 130—131 页。
④ 李零:《郭店楚简校读记》,北京大学出版社 2002 年版,第 131 页。
⑤ 李零:《郭店楚简校读记》,北京大学出版社 2002 年版,第 132 页。

云:"信,事人也。信,妇德也。壹与之齐,终身不改。故夫死不嫁……出乎大门而先,男率女,女从男,夫妇之义由此始也。妇人,从人者也;幼从父兄,嫁从夫,夫死从子。"这与《六德》中"一与之齐,终身弗改之矣。是故夫死有主,终身不嫁,谓之妇,以信从人多也。信也者,妇德也"的表述如出一辙。《礼记·郊特牲》云:"夫也者,以知率人者也。"这与《六德》中"以智率人多。智也者,夫德也"的表述也是大同小异。再如《六德》中云:"男女不别,父子不亲。父子不亲,君臣无义。"这与《礼记·昏义》中所讲的"男女有别而后夫妇有义;夫妇有义,而后父子有亲;父子有亲,而后君臣有正"以及《礼记·丧服小记》中所讲的"亲亲、尊尊、长长,男女之有别,人道之大者也"是同一个道理。

难怪乎《六德》篇本身也言:"观诸诗、书则亦在矣,观诸礼、乐则亦在矣,观诸易,春秋则亦在矣。"[1]这即是说,"夫夫,妇妇,父父,子子,君君,臣臣"之道,在儒家的典籍《诗》、《书》、《礼》、《乐》、《易》、《春秋》中皆存在。这样,人们就可以通过对"六艺"文本的学习,获得为夫为妇、为父为子、为君为臣的道理。

同其他的儒学经典一样,《六德》同样把两性关系作为整体人际关系中的其中一种,并从全局出发来考虑男女关系。先秦儒家最为注重整体的人际关系,男女关系在儒家看来主要表现为夫妇关系,这个夫妇关系虽然重要,但其重要性不在于本身,而在于它是夫妇、父子、君臣这三种基础群体中的其中一种,在考虑这种关系时,离不开将父子、君臣连在一起的整体考虑,因为它们都是天道伦常在人世间的具体体现。《六德》的表述中一再体现了这种思想。

不过,也应看到,儒学历来以"孝"为本位,这种"孝"在内表现为父子关系,在外表现为君臣关系,当作为个人的男人女人以夫妇的身份进入家庭、宗族或国家的政治体制的关系网络后,父子关系远比夫妻关系来得重要,这在《六德》中也有明显体现。《六德》云:"仁,内也。义,外也,礼乐,共也。内立父、子、夫也,外立君、臣、妇也……为父绝君,不为君绝父。为昆弟绝

---

①　李零:《郭店楚简校读记》,北京大学出版社 2002 年版,第 131 页。

妻,不为妻绝昆弟。为宗族疾朋友,不为朋友疾宗族。人有六德,三亲不断。门内之治恩掩义,门外之治义斩恩。"①显然,"六位"分为"内三位"与"外三位","内三位"为:父、子、夫;"外三位"为:君、臣、妇。父子关系均属"内三位",由此看来,父子关系就亲过或重过夫妻关系,而从"为昆弟绝妻,不为妻绝昆弟"来看,兄弟关系也亲过或重过夫妻关系。对此最好的表述就是《三国演义》中所说的"兄弟如手足,妻子如衣服"。

由上可见,"六德"有门内门外的亲疏之分,门内为血亲伦理,门外则为社会政治伦理。《六德》所看重的是"父"、"昆弟"与"宗族",这说明其真正突出和重视的是父系的血缘关系和"孝弟"的原则,所谓"门内之治恩掩义,门外之治义斩恩",是讲门内之治以施恩为主,门外之治以义断为主,这是人在家和在社会上为人处事的两种原则与方法。这段引文中的后几句话尤其点明了《六德》作者的血亲宗法观念的立论基础。《六德》云:"是故先王之教民也,始于孝弟……孝,本也,下修其本,可以断谗。"②(类似的语言在《论语》中也可见到,如"君子务本,本立而道生。孝弟也者,其为仁之本与!"③)

由上可见,夫妇关系虽放在关乎社会的和谐有序的首要位置上,但对百姓的教化是从"孝弟"开始,而在"孝弟"之中,"孝"更是"先王教民"之根本。显然,妇之信、臣之忠,都源于子之孝。夫妇之道的价值事实上被转化成了家族繁衍的工具,无论丈夫还是妻子,都首先是作为家族整体的分子存在的。显然,这种基于孝的伦理特别贬抑夫妇间的感情、感受与心理。所以,尽管《周易》、《礼记》与《六德》等儒家经典将夫妇之道置于人伦之始,因为从关系发生的顺序来看,婚姻在父子关系之前,但事实上夫妻关系的模式并非中国社会秩序的真正"范型",而真正的"范型"是"父—子"关系而不是"夫—妻"关系,父子关系远比婚姻关系更为重要,中国的家庭、宗族、政府、国家等社会领域均是按照"父—子"模式进行塑造的,例如政府官员与他治理下的民众被说成是"父母官—子民";君主与臣的关系被喻为"君

---

① 李零:《郭店楚简校读记》,北京大学出版社 2002 年版,第 131 页。
② 李零:《郭店楚简校读记》,北京大学出版社 2002 年版,第 132 页。
③ 《论语·学而》。

父—臣子"等,显然,在这种"父—子"关系的模式里,注重的不是平等关系、权利关系,而是下对上的服从关系或顺从关系,这种服从或顺从即是本于"孝"。难怪汉语中常常将"孝"与"顺"这两字连在一起讲,这反映了"孝"的最主要特征就是顺从和听话。

《圣经》中也强调人要孝敬父母,"摩西十诚"的第五诚就如此要求,"当孝敬父母,使你的日子在耶和华你神所赐你的地上得以长久"。① 不过,"孝顺"与"孝敬"虽只有一字之差,终还是略有不同。"孝顺父母"在中国传统文化中是人的道德理性的最高要求,孝的后面紧跟的是"顺从",即顺从父母之意;"孝敬父母"却是上帝给人的神圣诚命,孝的后面紧跟的是"敬重",即敬重父母,敬重父母的人才会敬畏上帝。至于父子关系尤其是君臣关系,《圣经》中则少有涉及。

三、从《四福音书》看耶稣的性别意识

近几十年来,随着女性主义研究、女性神学研究与性别研究等在欧美的兴起和深入,人们不得不常常回到基督教传统与圣经中去审视这方面的内容,新约中的耶稣与保罗的性别意识也就常常成为人们讨论的话题之一。对耶稣与保罗在与女性的交往中的所言所行及相关看法与态度的了解,无疑有助于我们对《圣经·新约》、对基督教关于性别意识的了解与认识。

(一)耶稣与女性的交往

耶稣身处之时代的社会文化有着浓厚的犹太教色彩,耶稣本身也受到犹太传统的影响。基督宗教是犹太教的承袭,但人们注意到:耶稣在和女性相处时,其言语行为却有意识地摒弃犹太传统,以平等的方式与女性相处。他对男女信徒一视同仁的相处方式其实与今天的女性主义者的取向有相通之处。耶稣在与女性的交往中也体现出了他的性别意识,具体而言:

---

① 《圣经·出埃及记》20:12。

其一,他对女性的精神追求的充分理解与肯定,认为这是"上好的福分,是不能夺去的"①。公元一世纪在基督教诞生之际,巴勒斯坦已是罗马帝国的一部分,随着希腊、罗马文化对犹太人的影响,女性的生活境遇也相应地有所变化,总的来说,女性在婚姻与家庭中的权利得到更多的保障,如在财产继承方面,《塔木德》②规定:"如果一个人去世时身后留下了儿子和女儿,倘若其财产不少,财产由儿子继承,而女儿则由儿子们供养;倘若其财产不多,则由女儿们继承,而儿子们可以去行乞。"③显然,这项规定将"抚养女儿"放在优先的地位,只是在满足这个前提之下,才考虑儿子的"继承"。如果家族中没有男性的继承人,女人也可以继承丈夫或父亲的产业。此外,还有针对丈夫肆意休妻行为的限制性措施,最重要的是,丈夫在离婚时必须支付妻子一笔可观的离婚补偿金,这笔补偿金加上妻子结婚时的嫁妆及其他个人财产,是个不小的数目。但总体而言,在社会与宗教生活领域对女性仍有诸多限制。

在耶稣所生活的时代,犹太社会的重男轻女的倾向依然比较严重,一个明显的例子就是犹太男子不可以在大街上与女子讲话,即使是他的妻子、女儿或姊妹也不可以。被称为"拉比"④的人是很轻视女性的,当时还有这样的格言:"男人每天要为三件事而感谢主:主使他成为以色列人,主没让他做女人,主没让他当乡下佬。"⑤又如:"女人身上有四种品质:她们贪吃、偷

---

① 《圣经·路加福音》10:42。

② 《塔木德》(Talmud)对于犹太民族来说是继希伯来《圣经》(即《旧约圣经》)之后最重要的一部典籍,"塔木德"原意为"教学",主要是讲解"托拉(Torah)"。托拉通常译为律法(具体而言指《摩西五经》即《旧约》中的《创世纪》、《出埃及记》、《利未记》、《民数记》与《申命记》),但其意义远超过这个范围。《塔木德》内容庞杂,卷帙浩繁,内容包括律法、宗教、伦理、民俗、医学、迷信、饮食起居、洗浴、着装等,可谓是无所不包。《塔木德》又分为两部分,即《密西拿》(Mishnah)和《革马拉》(Gemara)。《密西拿》的主要内容是拉比和犹太民族的先哲们对希伯来《圣经》的律法所作的讲解和阐释;《革马拉》是其后的学者们对《密西拿》进行的评述和讨论。《革马拉》又可分为两大体系,即巴比伦《塔木德》与巴勒斯坦《塔木德》,它们是不同的拉比和犹太学者在巴比伦和巴勒斯坦各自主持的学园里分别完成的,人们习称的《塔木德》一般是指巴比伦的《塔木德》。

③ 亚伯拉罕·柯恩:《大众塔木德》,盖逊译,傅有德校译,山东大学出版社1998年版,第401页。

④ 拉比(Rabbi)是犹太教教职的一种,原指精通犹太教经典与律法的学者,其原意为"老师",负责执行教规、解释律法并主持宗教仪式。

⑤ 亚伯拉罕·柯恩:《大众塔木德》,盖逊译,傅有德校译,山东大学出版社1998年版,第180页。

听、懒惰、嫉妒。她们还爱发脾气，唠叨不休。"①一些犹太拉比甚至认为，女人是男人的精神追求的障碍。女人的声音、头发、大腿等都是具性欲诱惑力的部位，对男人、特别是有精神与心灵追求的男人具有干扰作用。《塔木德》认为，男人是很容易被人勾引的，因此劝告男人"宁可走在一头狮子后面都不可走在一个女人后面"。《塔木德》延续了希伯来传统中对女性生理特征的偏见和恐惧，严禁经期中的女性为其丈夫洗手、洗脚或者当他的面为他铺床。《塔木德》中还有一些针对女人的奇怪的说法，如"一个月经来临的妇女走过两个学者之间，在月经初期她会使其中一个人致死；在月经末期，她会引起这两个人的不和。"②

更有甚者，一些拉比认为不仅和女人说话、教导女人会玷污自己，他们更认为思维中出现女人也是玷污。他们发誓直到死都不看女人一眼。他们眼睛的余光如果扫到了一个女人，他们就会立刻闭上眼，等到确信这个女人已经离开再睁开。因此他们常常闭着眼睛从高处跌落，或者撞到树和墙，他们宁可受皮肉之苦也不看女人一眼。难怪乎有人戏称他们是"头破血流的拉比"。

虽然犹太教不反对女性参加一般的宗教仪式与活动，但并不鼓励女性对于神的话语的追求与理解，这尤其表现在《塔木德》对女性的精神追求所持的反对态度上。有拉比甚至声称"凡向女儿讲授《托拉》之人，就好比教其淫荡"，"宁让大火烧毁《托拉》，勿让《托拉》传授妇人"。③《托拉》是犹太文化的精髓，犹太女性是否具备学习《托拉》的权利是考察犹太女性的受教育权利和受教育地位高低的一个重要的参照。由此可见，当时反对"拉比"教导女性的舆论是比较强的。这种舆论构成了以后犹太律法对这一问题的一个基本的观点。拉比律法规定：父亲必须教他的儿子学习《托拉》，但是不必教女儿学习《托拉》。

----

① 亚伯拉罕·柯恩：《大众塔木德》，盖逊译、傅有德校译，山东大学出版社1998年版，第182页。

② 转引自D.L.卡莫迪：《妇女与世界宗教》，徐钧尧、宋立道译，四川人民出版社1989年版，第114页。

③ 转引自D.L.卡莫迪：《妇女与世界宗教》，徐钧尧、宋立道译，四川人民出版社1989年版，第108页。

不过,《塔木德》对"贤妻良母"式的女人持肯定态度,并认定一个对男人的天性有所了解的妻子则是维护丈夫德行的重要保障。《塔木德》中也有故事强调了好女人对于男人的意义,即一个好男人怎样由于娶了一个坏女人而堕落,而一个坏男人怎样由于娶了一个好女人而得到新生命,以此提醒人们要仔细挑选一个贤惠的妻子。这样的妻子既要在生活上给予丈夫细心的照料,同时在性生活方面要使丈夫得到满足与快乐,还要关注丈夫的精神的成长,重视丈夫和孩子对犹太教经文的学习。如果她利用其影响力让自己的丈夫和孩子致力于这些学问的获得,她就应该受到赞扬。"妇女如何获得荣耀呢?通过把儿子送到犹太圣堂去中学习《托拉》,把丈夫送到拉比学院去进行研究。"①那些利用自己的影响力让其丈夫和孩子致力于《托拉》的研习的女性,会受到广泛的赞扬。

因此,就孩童的受教育而言,也可明显反映出犹太人的父系社会的特色,犹太男孩从六岁开始,就被送去会堂,学习语言、文法、历史、地理等等的基本课程。男孩的教育以会堂为主,当然并非只限于这种方式;大部分犹太女孩则在家里由母亲教导,学习阅读以及基本的道德和宗教教育。

与此相反,在基督教《新约》的四福音书中,记载了耶稣是如何认真对待他身边的每一位女性的,记载了耶稣对女性的精神追求的鼓励和尊重。耶稣不仅允许女性听他讲道或者跟从他学习,且在讲道中常常运用一些贴近女性生活的例子与比喻,以便于女性能够更好地理解与领受福音。由于耶稣一视同仁地向所有人宣讲他的福音,有很多女性成为他的积极追随者。耶稣有一些很亲近的女性朋友,她们常常像门徒一样跟随在他身边,不管耶稣去哪儿讲道,她们都相随同行。这在当时的时代与社会环境中都是极为罕见的现象。或许今天的人们不会觉得这有什么不妥,可在当时的主流文化中,惟有妓女和声名狼藉的女人才会在无男性陪伴的情况下跟随一个男人各处周游,而当时追随耶稣的女性中既有处于社会弱势被人瞧不起的妓女,也有家境和名声好的女子。如"耶稣周游各城、各乡传道,宣讲神国的

---

① 亚伯拉罕·柯恩:《大众塔木德》,盖逊译、傅有德校译,山东大学出版社1998年版,第181页。

福音。和他同去的有十二个门徒,还有被恶鬼所附、被疾病所累、已经治好的几个妇女……和好些别的妇女",而且她们常常"都是用自己的财物供给耶稣和门徒"①。

可见,积极参与耶稣的事工的,除了十二位男性门徒外,尚有一小群默默无闻、忠心跟随的女性,她们矢志跟随、至死忠心(耶稣钉十字架时她们没有像耶稣的其他门徒一样四散,而是亦在旁揪心地观看②)。《马可福音》记载当亚利马太的约瑟向彼拉多求了耶稣的身体,用细麻布裹好,安放在磐石中凿出来的坟墓里的时候,抹大拉的马利亚和约西的母亲马利亚,并那些从加利利和耶稣同来的妇女都跟在后面。当看见耶稣被安放在坟墓里以后,她们才回去预备香料香膏,为膏耶稣的身体。③

四部福音书中均记载的马大与马利亚姊妹的故事,就是基督徒所熟悉的耶稣关心女性精神追求的一个事例。这姊妹俩都是耶稣的朋友,常在家里接待耶稣及其门徒。一次,她们邀请耶稣去她们家做客,马大扮演传统女性的角色,为她的客人耶稣准备用餐;而她的妹妹马利亚却充当男人的角色,坐下来专心致志地听耶稣讲道。马大不停地忙碌,她向耶稣抱怨:"主啊,我的妹子留下我一个人伺候,你不在意吗?请吩咐她来帮助我。"耶稣却回答说:"马大,马大,你为许多的事思虑烦忧,但是不可少的只有一件;马利亚已经选择那上好的福分,是不能夺去的。"④何谓"那上好的福分",无疑是指马利亚的"听道",即聆听神的话语的福分。或许马大的行为表明她自觉地接受了犹太文化传统对女性的定位。耶稣说这话并不表明他反对马大的伺候,但却说明他突破了犹太文化传统对女性的定位,即女人的工作只是家事,学习律法或听道只是男人的事,女人是没有份的。耶稣的话里有对马利亚的肯定,同时也藉此教导马大不要只关注世俗的事,应像马利亚那样,知道对真道的追求才是最要紧的。

---

① 《圣经·路加福音》8:1—3。
② 《圣经·马太福音》第27章55节说:"有好些妇女在那里,远远地观看;她们是从加利利跟随耶稣来服事他的。"参见《路加福音》23:49。
③ 《圣经·马可福音》15:47;16:1。参见《路加福音》23:55—56。
④ 《圣经·路加福音》10:40—42。

耶稣的这种关注女性的精神追求的态度与犹太教的拉比们反对女性学习《托拉》，甚至持"宁让大火烧毁《托拉》，勿让《托拉》传授妇人"①的态度形成鲜明的对照。而在另一个场合，耶稣与马大在谈论关于她的兄弟拉撒路"复活"之事时，耶稣对马大说："复活在我，生命也在我；信我的人，虽然死了，也必复活。凡活着信我的人必永远不死。你信这话吗？"②这简短的几句话，是基督教信仰的要点，而这些话却违反了当时不向女人讲道的社会宗教习俗而对一个女人说出，甚至还要求她立刻对此做出回应。

又有一次，当耶稣正在讲道时，"众人中间有一个女人大声说：'怀你胎的和乳养你的有福了。'耶稣说：'是，却还不如听神之道而遵守的人有福。'"③耶稣的回应表明耶稣认为女性的听道学道行道才是更为"有福"的。这个事例说明耶稣重视女性的教育和女性的精神追求，觉得男女两性都应该有相同的学习机会。在耶稣的上述言行中，他显然没有认同传统的观念，他虽然也欣赏母性，不否认母亲的养育之恩，但他既没有过分强调他自己肉身母亲的地位，也不认为生养儿女就是女性最高的荣誉，而是认为不管男人女人，凡听神之道而遵守的人就更为有福。他所强调的是每个个人与神的关系。他曾经说过："凡遵行神旨意的人，就是我的弟兄姐妹和母亲了。"④由此可见，耶稣所看为宝贵的是人们有否听神的道，遵行神的旨意，在听道和遵行神的旨意上没有性别的区分，耶稣既不偏待人，也不偏待人的性别。

其二，耶稣对倍受歧视的女人的关爱。在耶稣的讲道中，爱上帝与爱人是其最重要的两点，所谓爱人，更包括了对处于社会边缘和社会的弱势群体中的人的爱，在这部分人中当然就包括了女性。在耶稣以前的犹太教传统中，有几类女人如外邦女人、患血漏的女子、寡妇、妓女等在社会上特别遭人的厌恶和歧视，这几类女人属于处于当时社会边缘和社会的弱势群体的人，

---

① D.L.卡莫迪：《妇女与世界宗教》，徐钧尧、宋立道译，四川人民出版社1989年版，第108页。

② 《圣经·约翰福音》11:25—26。

③ 《圣经·路加福音》11:27—28。

④ 《圣经·马可福音》3:35。

而福音书中耶稣对这部分女性的尊重、关切与爱则随处可见。甚至可以说，耶稣与每一个女性的接触都触犯了当时犹太社会的惯例，耶稣对待女性的态度是当时社会匪夷所思的，具体表现在：

第一，对外邦女人的态度。当时的犹太人是看不起外邦人的，尤其是崇拜偶像的外邦人。在《马太福音》和《马可福音》中均提到一个迦南妇人，是个实实在在的拜偶像的外邦人，还是个寡妇。她唯一的女儿得了重病，当耶稣和他的门徒经过她附近的村庄时，她在他们后面喊叫着请耶稣给女儿治病，这个迦南妇人是外邦人中第一个求告耶稣的，门徒们请耶稣打发她走开，耶稣起先一言不答，后来却故意以犹太人轻视外邦人的口吻对她说："不好拿儿女的饼丢给狗吃。"①有人以为迦南妇人是外邦人，而耶稣是奉差遣到以色列家迷失的羊那里去，不进外邦人的城，所以如此作答。其实在原文希腊文中的"狗"字，是一个很特别的字，不是通常所指的没有主人的无家可归的流浪狗，乃是主人娇养的宠物狗。那个迦南妇人实在是个聪慧的女人，她马上就明白了耶稣话中的暗示，即你也是这个家里的一分子，在犹太人的生活观念中，凡是属于家里的，不论牛、羊、狗等，都是家里的一分子，于是她马上就表达了自己信心的见解："主啊，不错，但是狗也吃它主人桌子上掉下来的碎渣儿。"②在考验了这个妇人的信心后，耶稣应允了她的请求，他说："'妇人，你的信心是大的，照你所要的，给你成全了吧!'从那时候，她女儿就好了。"③这件事耶稣不但显示了其对外邦人与女人的关怀与重视，也通过这件事教导了门徒不可对外邦人存有种族的偏见。

《约翰福音》中记载了耶稣和一个撒马利亚女人在井边谈话的故事。在耶稣传道的时代，犹太教传统认为撒马利亚人是异教徒，因而犹太人一般不与之交往，而撒马利亚的女人被犹太人认为"从摇篮时期就开始有月经"，是不洁的女人，因而惟恐避之不及。此外，这个撒马利亚的女人还是个罪人，因为她已经有 5 个丈夫，而现在和他在一起的男人，还不是她的丈夫。因而她有这三重不利身份：即撒马利亚人、不洁的女人与罪人。而耶稣

① 《圣经·马太福音》15:26。
② 《圣经·马太福音》15:27。
③ 《圣经·马太福音》15:28。

与她的谈话,既突破了种族的偏见,又突破了男女的界限,而且还冲破了宗教的规条。因为按照礼仪洁净的条例,犹太人不从非犹太人器皿中取食物或饮料。当时耶稣不仅礼貌地向这位女子要水喝,且还向她宣讲神的道理,鼓励她一同讨论有关"活水"之神学话题。经文是:"有一个撒马利亚的妇人来打水。耶稣对她说:'请你给我水喝。'(那时门徒进城买食物去了)撒马利亚的妇人对他说:'你既是犹太人,怎么向我一个撒马利亚妇人要水喝呢?'原来犹太人和撒马利亚人没有来往。耶稣回答说:'你若知道神的恩赐,和对你说给我水喝的是谁,你必早求他,他也必早给了你活水。'妇人说:'先生,没有打水的器具,井又深,你从哪里得活水呢? 我们的祖宗雅各将这井留给我们,他自己和儿子并牲畜也都喝这井里的水,难道你比他还大吗?'耶稣回答说:'凡喝这水的,还要再渴;人若喝我所赐的水就永远不渴。我所赐的水要在他里头成为泉源,直涌到永生。'妇人说:'先生,请把这水赐给我……'"①耶稣还耐心地向这位撒马利亚妇人说:"妇人,你当信我……你们所拜的,你们不知道;我们所拜的,我们知道,因为救恩是从犹太人出来的。时候将到,如今就是了,那真正拜父的,要用心灵和诚实拜他,因为父要这样的人拜他。神是个灵,所以拜他的,必须用心灵和诚实拜他。"②

耶稣对这位撒玛利亚女人的礼貌而又诚恳的态度,既使得这位女子吃惊,也使得他的那些作为犹太人的门徒们吃惊。"当下门徒回来,就稀奇耶稣和一个妇人说话。"③要知道:在当时流行的拉比的教导是"人不得与女人打招呼"。而这位撒马利亚女子当即就心里感动,"信"了耶稣,她顾不得她的水罐子,迫不及待地往城里去,为耶稣向众人作美好的见证。结果"那城里有好些撒马利亚人信了耶稣"④。

第二,耶稣在给女性治病时,并不为当时的一些禁忌与传统所束缚,如守安息日是摩西十诫之一,并一直为以色列人所遵守。而耶稣最初行神迹给人治病竟是在安息日,《路加福音》中记载了耶稣于安息日在犹太人做礼

① 《圣经·约翰福音》4:7—15。
② 《圣经·约翰福音》4:21—24。
③ 《圣经·约翰福音》4:27。
④ 《圣经·约翰福音》4:39。

拜的会堂里公开治好了一个驼背18年的女子的故事。当时耶稣正在讲道，当他一看见这个女人，便停下讲道，叫过她来，给她医治。管会堂的因为耶稣在安息日治病就指责他，耶稣回击道："假冒为善的人哪，难道你们各人在安息日不解开槽上的牛驴，牵去饮吗？况且这女人本是亚伯拉罕的后裔，被撒旦捆绑了这十八年，不当在安息日解开她的绑吗？"①请注意，耶稣在此称这个死守原则的管会堂的为"假冒为善的人"，称饱受痛苦折磨的驼背女子为"亚伯拉罕的后裔"，发人深省。这表示女人不再依靠男人才得到神与人立约的福气，因在神面前男女是平等的。耶稣更在安息日医治她，宁愿打破安息日的规条，为的是重建安息日脱离重担捆缚得释放的原意，也为的是这个女子身体的康复，这不仅仅是身体的康复，也是使她能活得更有自由、价值与尊严。耶稣所作的不单是解开女性疾病上的绑，而是试图为女性解开社会文化习俗加诸她们身上的绑。

患血漏的女人也是犹太社会中倍受歧视的对象，所谓"血漏"，中医称月漏、经漏、恶露、月水不绝、月水不断等，具体指阴道出血淋沥不断，或经期血来而持续日久不止，血量较少或略增多，经期时间特别长，时有时无。以今天的语言来讲，就是患有妇科病。患血漏的女人被犹太律法定为不洁净之人，连她所摸所碰的任何物体都被定为不洁净。② 因此患血漏的女人就极其遭人白眼。《马可福音》中记载一个女人患此病已有12年，她为此求医问药花尽了其所有的，也不见好，病势反而更重，在人前常抬不起头。当耶稣赶去医治管会堂的睚鲁的快要病死了的女儿时，这个患了12年血漏的女子混入簇拥耶稣前往的人群中，乘人不注意时摸了耶稣的衣裳，因为她相信，她只要摸耶稣的衣裳，就必痊愈。正如她自己所想的，当她摸了耶稣的衣裳后，血漏立刻止住。这个女子的举动可以说是绝望之人在听到耶稣医治疾病的大能后勇敢的一试，其行为不难理解，这故事的奇特之处乃是该女

---

① 《圣经·路加福音》13：10—16。
② 《圣经·利未记》15：25 云："女人若在经期以外患多日的血漏；或是经期过长，有了漏症，她就因这漏症不洁净……她在患漏症的日子所躺的床、所坐的物都要看为不洁净……凡摸这些物件的，就为不洁净，必不洁净到晚上，并要洗衣服，用水洗澡。女人的漏症若好了，就要计算七天，然后才为洁净。第八天，要取两只斑鸠或是两只雏鸽，带到会幕门口给祭司。祭司要献一只为赎罪祭，一只为燔祭；因那人血漏不洁，祭司要在耶和华面前为她赎罪。"

子得医治后耶稣的反应。耶稣本要赶到睚鲁家去救人命,时间应是很紧迫的,可耶稣却要停下脚步来追究:"谁人摸我的衣裳?"这个女人于是战战兢兢地走出人群,俯在耶稣的脚前,承认了是自己所为。耶稣温和地对他说,"女儿,你的信救了你,平平安安回去吧!你的灾病痊愈了。"①其实,耶稣明知道摸他的是谁,之所以还要问,是因为他要郑重地向她宣告她的病已真正痊愈(痊愈的原意是健全与完整,耶稣所关心的是这个女子身体与人格的真正健全与完整),使她的身心获得真正释放,并给她一个向众人作见证的机会,让她在人前有尊严地抬起头来。要知道:睚鲁是管会堂的,正是洁净的表率,是为社会所尊敬的人;而这个女人是不洁净的人,实为社会所弃绝的人。睚鲁的女儿生命垂危,而这个女人的血漏已有 12 年之久,按照人之常情,耶稣首先应考虑的是前者的需要而不是后者,但耶稣的作为实在奇妙。这个故事再次证明了耶稣对弱女子的怜悯、同情与医治,一点都不为当时的宗教传统所限。

第三,耶稣对穷苦寡妇的同情。在当时的时代,一个女人若是没了丈夫,又没有儿子可依靠,她们便立刻面临生存的危机与压力,耶稣对这种困危中的女人也常常心存怜悯与眷顾。一次,当他与门徒去拿因城传道时,一个寡妇的独生子死了,"主看见那寡妇,就怜悯她,对她说:'不要哭!'于是进前按着杠……"②要知道,按住尸架的杠,按照犹太人圣洁的传统,那是玷污的事,但耶稣的爱超过一切。耶稣在这个死去的少年身上行了神迹,使他死而复活,并把他交给了他的母亲。显然,耶稣行这个神迹是因为怜悯那丧夫又丧独子的寡妇(或许因为耶稣的表率,初期教会因此而有看顾寡妇的制度③)。

《路加福音》中耶稣称赞一个穷寡妇的故事,是许多基督徒都耳熟能详的。经文记载耶稣在圣殿里,看见一位穷寡妇奉献了两个小钱,心里感动,便即刻把门徒唤来,将此事作为一个属灵教训来教导他们。他说:"我实在告诉你们,这穷寡妇所投的比众人还多;因为众人都是自己有余,拿出来投

① 《圣经·马可福音》5:25—34。
② 《圣经·路加福音》7:11—16。
③ 参见《圣经·使徒行传》6:1—3;《圣经·提摩太前书》5:9—10。

在捐项里；但这寡妇是自己不足，把她一切养生的都投上了。"①穷寡妇的行为得蒙至高的赞美和赏识。耶稣提出这位寡妇可作为奉献的榜样，是为了表扬这位寡妇的虔诚与舍己的精神，当然这样的奉献精神，不独为女性所特有，但从这件具体事例上可看出耶稣对女性爱神的心特别的予以重视与肯定。

第四，耶稣对那些被众人视为罪人的妓女给予了尊重与同情，并将得救的大门向她们敞开。新约圣经和旧约圣经对妓女的态度有明显不同。在旧约中，她们是引诱人类犯罪的夏娃的子孙，人们要像躲避瘟疫一样地尽量地远离她们，如《创世纪》中记载当犹大得知儿媳她玛做了妓女且因行淫有了身孕后，他的反应是："拉出她来，把她烧了！"②在《利未记》和《申命记》都有针对妓女的法律，如祭司"不可娶妓女或被污的女人为妻"③；"以色列的女子中不可有妓女，以色列的男子中不可有娈童。娼妓所得的钱，或娈童所得的价，你不可带入耶和华你神的殿还愿，因为这两样都是耶和华你神所憎恶的。"④妓女的子女也会一并深受歧视。如《士师记》第十一章记载的勇士耶弗他就是一个典型的例子。作为妓女之子的他在其父家备受歧视，同父异母的兄弟不但不让他继承产业更将他赶出家门。⑤

在《旧约》中有许多劝告人们远离妓女的教诲，如：

> 智慧要救你脱离淫妇，
> 就是那油嘴滑舌的外女。
> ……
> 她的家陷入死地，
> 她的路偏向阴间。
> 凡到她那里去的，不得转回，

---

① 《圣经·路加福音》21：3—4。
② 《圣经·创世纪》38：24。
③ 《圣经·利未记》21：7。
④ 《圣经·申命记》23：17—18。
⑤ 《圣经·士师记》11：1—3。

也得不着生命的路。①

又如：

你心中不要恋慕她的美色，

也不要被她眼皮勾引。

因为妓女能使人只剩一块饼，

淫妇猎取人宝贵的生命。②

妓女还受到先知们的诅咒。如

必有臭烂代替馨香，

绳子代替腰带，

光秃代替美发，

麻衣系腰代替华服，

烙伤代替美容。③

这是警告妓女在主的审判中将受到的责罚。旧约时代的人们可以说是时常活在恐惧上帝的发怒、害怕上帝的责罚的世界里。在那样的世界里，引诱人、背叛上帝的女人、尤其是妓女更是人们轻蔑及愤怒的对象。但在新约时代，耶稣则称赞她们胜于那些伪善者，及饱食的人。耶稣教导人们，自以为虔诚，可以审判别人的人，或者不曾因为羞耻而憎恶自己的人甚至还不如妓女更接近真实的信仰。《马太福音》中提到耶稣对耶路撒冷的祭司长和民间长老说："我实在告诉你们：税吏和娼妓倒比你们先进神的国。"④（"税吏"专指为罗马帝国征收税款如关税、路费的犹太人，常讹诈人以饱私囊，并因与外邦人来往而常干犯宗教条律，故被犹太人鄙视为不洁，与罪人、外邦人、妓女并列——笔者注）这自然是耶稣对他们信心不够的责备，同时也说明在耶稣看来，一个人能否进上帝的国是因着其对上帝的信心，而不是因着其在现实社会中的地位。

《路加福音》第 7 章记载了一位名叫西门的法利赛人，邀请耶稣到他家

---

① 《圣经·箴言》2；16；18—19。

② 《圣经·箴言》6；25—26。

③ 《圣经·以赛亚书》3；24。

④ 《圣经·马太福音》21；31。

吃饭,席间闯进了一个年轻女子,当地人都清楚,她是一个妓女,"是个罪人"①。她甘冒被人驱逐的危险,冒昧闯入一个以严谨圣洁生活自夸的法利赛人的家,目的就是要将香膏倾倒在耶稣的头上。把香膏倾倒在某人的头上,是犹太人用以表达对对方的特殊敬意的一种方式。在这个家宴中,当时只有男性的客人在场,因为"同席的人"②是阳性的名词,就当时的社会环境与传统而言,这样的场合中有女人出现不太合适,且这个女子还是一个为人所不齿的罪人。这个女子"拿着盛香膏的玉瓶,站在耶稣背后,挨着他的脚哭"。眼泪湿了耶稣的脚,尴尬之下她以自己的头发来擦耶稣的脚,"又用嘴连连亲他的脚,把香膏抹上"。满屋子的人见此都大吃一惊。要知道:这个女人的举动在当时是很不寻常的,犹太人的良家女子绝不会在大庭广众中散开头发;以嘴亲夫子的脚虽有先例,却仍属罕有;用香油膏抹别人的头是常有的,但已油膏他人的脚则绝无仅有,这可谓是极度谦卑的表现。这个女人完全不理会社会的风俗或旁人的目光,公然流露她对耶稣的挚爱与敬意,而耶稣竟然也接受了她的敬意。身为主人的西门心想,耶稣若是先知,便会知道这女人的身份背景,没理由会任她接触自己。耶稣看出了他的心事,就高声问他:"西门,我有话要对你说。一个债主有两个人欠了他的债:一个人欠五十两银子,另一个欠五两银子。因为他们无力偿还,债主就开恩免了他们的债。你说这两个人哪一个更爱他呢?"那法赛利人回答道:"我想是那多得恩免的人。""你断得不错。"耶稣严肃平静地说道,耶稣转身看了看那个女子,又对西门说:"我进了你的家,你没有给我水洗脚;但这女人用眼泪湿了我的脚,用头发擦干;你没有与我亲嘴,但这女人从我进来的时候,就不住地用嘴亲我的脚;你没有用油抹我的头,但这女人用香膏抹我的脚。所以我告诉你,她许多的罪都赦免了,因为她的爱多;但那赦免少的,他的爱就少。"所有的人都目瞪口呆,他们从来没有听到过这样的道理。耶稣又对那女人说:"你的信救了你,平平安安地回去吧!"③这位被视为罪人的

---

① 《圣经·路加福音》7:37。
② 《圣经·路加福音》7:49。
③ 《圣经·路加福音》7:40—50。

妓女因着她的爱与信而罪得赦免,当她走出西门家时,心中一定满有平安与喜乐。①

她走了,不久她又返回来跟从他。她从抹大拉来到他身边,从此她就一直追随耶稣的足迹,从加加利一直到耶路撒冷。当耶稣受难时,她执著地站在十字架下,勇敢地面对自己的神走向死亡。她,就是抹大拉的马利亚,她见证了耶稣的受难,并把耶稣复活的消息传布天下。难怪后人奉她为耶稣的第十三个门徒。

又有一次,文士和法利赛人将一个行淫时被捉拿的女子带到耶稣的跟前,并对他说,根据摩西的律法,这女人该受被石头砸死的处罚,他们要乘机试探耶稣,可耶稣并未将羞辱加在这女人头上,他对他们说,"'你们中间谁是没有罪的,谁就可以先拿石头打她。'结果这些人都无话可说,知趣地散了。"②耶稣说这番话并非庇护这个女子,纵容她的罪,他是要这群文士和法利赛人也看见自己的罪,因而不敢轻视这女子。当众人散去后,耶稣对这个女子说了饶恕的话:"我也不定你的罪,去吧!从此不要再犯罪了。"③可以想象,这女子在众人指控之下本来只有自怜与愤恨,因为和她一起犯罪的男人没有受到和她同样的羞辱。但耶稣的饶恕实在使她看到了自己的卑下与污秽,耶稣的劝诫使她能有勇气重新做人,寻回自己做人、做女人的尊严。

可以说,耶稣以他的言行为他的新国度、新团体恢复了起初上帝创造男人女人时对两性平等的祝福。使徒保罗非常理解耶稣上述言行中所蕴涵的意义,正如保罗所言:"并不分犹太人、希腊人、自主的、为奴的,或男或女,因为你们在基督耶稣里都成为一了。你们既属乎基督,就是亚伯拉罕的后裔,是照着应许承受产业的了"④这段话并不是指犹太人与希腊人没有了外

---

① 其实,四部福音书中都记述有女人用香膏抹耶稣的事(参见《马太福音》26:6—13、《马可福音》14:3—9、《路加福音》7:36—50、《约翰福音》12:1—8)。若细心比较,可知马太、马可和约翰记载的是同一件事,路加叙述的则是另一次类似的事件,前者发生于耶稣临受难前一星期内,路加所叙述的则发生较早。路加记载的有罪女人以泪湿了耶稣的脚,又以头发擦干,一边亲嘴,一边以香油涂抹,其他福音书则无这些细节。路加在此讨论的焦点在于爱和赦免,而其他福音书则围绕着"这香膏是否枉费"的辩论——笔者注。

② 《圣经·约翰福音》8:7。

③ 《圣经·约翰福音》8:11。

④ 《圣经·加拉太书》3:28—29。

表的差异与文化的特色,也不是指自由人与奴隶没有了社会地位的差异,更不是指男人女人各自的特性被抹杀,而是指所有的人"在基督耶稣里",都属上帝的儿女,都可以与他建立同样亲密的关系;所有种族、阶级与性别的人,都同样被他所接纳。既同为上帝的儿女,也就没有分别地领受相同的福分。

其三,耶稣对婚姻与夫妻关系的教导。关于夫妻关系,如前所言,在旧约族长时代,一夫多妻制是社会所允许的,亚伯拉罕、雅各等均是多妻。综观整个旧约历史,以色列——犹太社会确实发生了从多妻到一妻制度的转变,尽管人们不太清楚这个转变是如何发生的。不过,可以肯定的是,到了新约时代,一夫一妻制似乎已经成为犹太人明显的社会规范。耶稣在其教导中不仅肯定了婚姻与家庭的价值,他的第一个神迹就是在加利利的迦拿一场婚宴中行的,而且耶稣珍视旧约中视夫妻关系为神圣的关系的传统,斥责奸淫,反对离婚。

《马太福音》与《马可福音》中均记载有几位法利赛人拿"人无论什么缘故都可以休妻吗"这个问题来试探耶稣,关于"休妻"的问题有犹太社会的背景,男人是允许休妻的(笔者在第二章第三节讨论《圣经·旧约》中关于离婚的规定时曾对此有过论述)。① 当男人见妻子有什么不合理的事或不喜悦她,就可以以一纸休书将她休掉,在一个以男性为中心的社会,被休的妻子的处境无疑是很艰难的,即使她可以再嫁,但不是每一个被休的妻子都有这样的机会。耶稣则明确表明了他对"休妻"的反对态度。他追溯上帝起初造男造女的原旨,强调"人要离开父母,与妻子连合,二人成为一体……既然如此,夫妻不再是两个人,乃是一体的了。所以,神配合的,人不可分开。"法利赛人争辩说:"这样,摩西为什么吩咐给妻子休书,就可以休她呢?"耶稣则回答说:"摩西因为你们的心硬,所以许你们休妻,但起初并不是这样。"言下之意,摩西的原意也不是赞成、鼓励人休妻,而是因为人们的心硬而不得不采取一个变通和程序的方法。耶稣还接着说:"我告诉你

---

① 《圣经·申命记》24 章第 1 节说:"人若娶妻以后,见她有什么不合理的事,不喜悦她,就可以写休书交在她手中,打发她离开夫家。妇人离开夫家以后,可以去嫁别人。"

们,凡休妻另娶的,若不是为淫乱的缘故,就是犯奸淫了;有人娶那被休的妇人,也是犯奸淫了。"①显然,那些与耶稣争辩的法利赛人是把注意力放在"离婚的原因"和"需要证书"那个层面,而耶稣则提醒人注意起初上帝创造的原意。在耶稣看来,夫妻的结合是上帝的旨意,那么离婚当然是有悖于上帝的旨意,是对"二人成为一体"的背弃。

除了妻子犯淫乱这一例外,耶稣否定了犹太律法中其他休妻的理由。凡休妻另娶的就是犯了奸淫罪。耶稣说:"凡休妻另娶的,就是犯奸淫,辜负他的妻子;妻子若离弃丈夫另嫁,也是犯奸淫了。"②注意,耶稣在这里不只是说"休妻"(离婚),而是把"另娶"与"休妻"并列。"休妻"和"另娶"看上去是两件事,实际上它们是紧密相连。耶稣不止反对那些轻率离婚的人,他更反对喜新厌旧抛弃妻子的人,无故离婚或喜新而离婚在他看来都不可取。在这段话中,耶稣既表达了对男子随意休妻的谴责,也表达了对女子随意另嫁的反对,这正说明了耶稣在婚姻问题上的一贯立场和同一标准,也说明了耶稣在婚姻问题上所持的严肃态度。

不仅如此,耶稣还把"犯奸淫"的概念加以延伸,在他看来,"犯奸淫"不仅体现在人离婚的行为中,还体现在人的心思意念中。耶稣说:"你们听见有话说:'不可奸淫。'只是我告诉你们,凡看见妇女就动淫念的,这人心里已经与她犯奸淫了。"③耶稣在论到"能污秽人的东西"时说:"惟独出口的,是从心里发出来的,这才污秽人。因为从心里发出来的,有恶念、凶杀、奸淫、苟合、偷盗、妄证、谤讟,这都是污秽人的。"④耶稣在此强调的也是从心里发出来的污秽罪恶的欲念。"不可奸淫"本是摩西十诫之一,这条诫律是对人的行为的约束;而耶稣认为,只要动了"淫念"就是"犯奸淫",因此仅仅约束行为是不够的,还要约束人的心思意念。耶稣把善从外在行为归诸到内心动机,这更说明了耶稣在婚姻问题上所持的严肃态度。

要知道,在当时以色列的社会中,男人嫖妓似乎不算有罪,而作妓女的

---

① 《圣经·马太福音》19:3—9。
② 《圣经·马可福音》10:11—12。
③ 《圣经·马太福音》5:27—28。
④ 《圣经·马太福音》15:18—19。

女人却有罪,奸淫罪只属女人,犯了奸淫罪的女人一旦被捉,就应被石头打死,而与她行淫的男人却可以逍遥法外,即使他引诱女人,他也不被定罪。当然强奸有夫之妇的男人要受到谴责,但之所以受到谴责,不是指在强奸的事件中占主导地位的男人得罪了被害的女人,而是指这个男人冒犯了该女人的父亲或丈夫。显然,耶稣对如此漠视女性是十分愤慨的,他禁止奸淫,甚至禁止对女性有淫念,是针对男人卑下的动机与心思意念。耶稣并没有警告女性对男子动淫念,这在那个时代是不可想象的,所以耶稣在当时以男性为中心的社会,极为憎恨男人对女性的凌辱,于是毫不客气地指斥那些不尊重女性的男人。

其四,耶稣对于独身问题的阐述。在《马太福音》的记载中,当耶稣向试探他的那些法利赛人阐明他的关于"休妻"的观点时,当他刚刚说完"我告诉你们:凡休妻另娶的,若不是为淫乱的缘故,就是犯奸淫了;有人娶那被休的妇人,也是犯奸淫了",他的门徒们当下的反应却是"人和妻子既是这样,倒不如不娶"①。耶稣的回答是:"这话不是人都能领受的,惟独赐给谁,谁才能领受。因为有生来是阉人,也有被人阉的,并有为天国的缘故自阉的。这话谁能领受,就可以领受。"②耶稣的回答被看成是对"独身问题"的阐述,他在此说明了独身的三种可能性:即有的人生来是阉人,指完全性无能的人;有的人是人为的;还有的是为天国的缘故自愿不结婚的。显然,耶稣的回答并不说明他鼓励独身,因为独身也不是一件容易的事,所以"惟独赐给谁,谁才能领受",这既是个人的自由选择,更重要的是在于个人对上帝旨意的领会。

当撒都该人向耶稣请教关于"复活"的问题时,他们说:"有弟兄七人,第一个娶了妻,死了,没有留下孩子。第二个娶了她,也死了,没有留下孩子。第三个也是这样。那七个人都没有留下孩子;末了,那妇人也死了。当复活的时候,她是哪一个的妻子呢? 因为他们七个人都娶过她。"③耶稣则告诉他们,这个假设并不存在,因为天上的情形与地上完全不同。他说:

---

① 《圣经·马太福音》19:10。

② 《圣经·马太福音》19:11—12。

③ 《圣经·马可福音》12:20—23。

"你们所以错了,岂不是因为不明白圣经,不晓得神的大能吗？人从死里复活,也不娶也不嫁,乃像天上的使者一样"①。当然,活在地上的人,仍应尊重婚姻,因为婚姻是上帝给人的恩赐与祝福。从耶稣的上述语言中,人们可一再地感受到耶稣对婚姻中的男女应彼此尊重与忠贞的强调与重视。

不过,耶稣作为犹太人,却是独身,似乎让人感到,有一种生活比家庭生活更重要和更高超,他的生活方式显然对日后基督教发展出守独身的传统有影响,而他的教导或许更强化了这一点。即如他所说"人从死里复活,也不娶也不嫁,乃像天上的使者一样"②。"基督徒对死人复活和永生的盼望,成为一种新的概念,向当时社会普遍以生育为延续团体的观点挑战——而基督教也是在这样的社会中逐渐增长的。"③

（二）女性在初期教会中的角色与作用

1.耶稣受难与复活的见证人

也许正因为耶稣认可并尊重女性的精神追求和宗教生活,特别是耶稣所表现出的不同于犹太教传统的对女性的关切与爱,女性因而得以在基督教的初创时期留下了许多感人的记载。四部福音书都记载了当耶稣在十字架上受难时,耶稣的门徒都四处逃散了,随他四处传教的那些忠实的女信徒却表现出了勇敢和无畏,她们"远远地观看,内中有抹大拉的马利亚,又有小雅各和约西的母亲马利亚,并有撒罗米,就是耶稣在加利利的时候,跟随他、服侍他的那些人,还有同耶稣上耶路撒冷的好些妇女在那里观看。"④

在《马太福音》中,除了上述提到的两个马利亚外,还有"西庇太两个儿子的母亲"。《路加福音》中未提到具体的人,只是说,"从加利利跟着他来的妇女们,都远远地站着看这些事"。《约翰福音》中则提到见证了耶稣的受难的还有耶稣的母亲及姐妹以及别的女子。这些都表明了女性在耶稣受难事件中的重要地位。她们是耶稣受难的目睹者和见证人。她们陪伴着耶

① 《圣经·马可福音》12:24—25。
② 《圣经·马可福音》12:25。
③ 约翰·鲍克:《圣经的世界》,刘良淑、苏西译,台北猫头鹰出版社2000年初版,第375页。
④ 《圣经·马可福音》15:40—41。

稣走完尘世生命的最后一程。她们的勇敢与男性门徒的四处逃散形成了鲜明的对比。

　　上述这些女子不仅是最后离开埋葬耶稣的坟墓的人,也是最早来到空坟墓边,最早见证耶稣从死里复活的人。她们真真是最有福的! 耶稣拣选这些女子去告诉他的门徒说他已经死里复活,"耶稣对她们说:'不要害怕,你们去告诉我的弟兄,叫他们往加利利去,在那里必见我。'"①《四福音书》中对女性最早见证耶稣的复活都有记载,尽管在记述上有某些出入。《约翰福音》的记载尤其感人,当时天使问抹大拉的马利亚为什么哭,马利亚回答以后就转过身来,看见耶稣,当她认出并呼叫他的时候,耶稣亲切地对她说:"不要摸我,因我还没有升上去见我的父。你往我弟兄那里去,告诉他们说:我要升上去见我的父,也是你们的父;见我的神,也是你们的神。抹大拉的马利亚就去告诉门徒说:'我已经看见了主。'她又将主对她说的这话告诉他们。"②

　　女性最先见证耶稣的复活,并由她们去告诉耶稣的众门徒,意义深长。这说明耶稣看重女性的信心及她们见证的力量。他不仅时常关怀和看顾她们,也给予她们特别的启示和特别的责任。马利亚有着如此这样的福分,正是她把耶稣复活的消息告诉了彼得等人,使得这些门徒丢掉了怯懦,坚定了信心,他们又重新聚集起来,放胆传扬上帝的福音。

　　如上所言,抹大拉的马利亚是耶稣复活的第一个也是最主要的见证者。因此她是"apostle to the apostles"即门徒中的门徒之意。要知道,女人在当时的社会是被法律禁止做见证的。实际上,在圣经中抹大拉与耶稣的关系的确也是非常特殊的——耶稣似乎特别眷顾抹大拉。《四福音书》中多次提到抹大拉,仅《约翰福音》中就提到 6 次,抹大拉在圣经当中首先是以妓女形象出现的,后来受耶稣赦免便跟从了耶稣,成为耶稣最坚定的使徒之一,而且成为耶稣复活的见证人。因此在最初的教会和信徒的印象中,抹大拉是作为使徒之一的重要人物,马利亚本人和她向门徒宣布耶稣复活的好消息的使命,具有一种类似使徒的崇高性,这一点已为西方教会所确认。

---

① 《圣经·马太福音》28:10。
② 《圣经·约翰福音》20:17—18。

中世纪的著名神学家阿伯拉尔在给他曾深爱过的女人爱洛伊丝的信中写道:"在《旧约》和《新约》中你会发现,复活这种最伟大的奇迹仅仅或多数时候显灵于女人,为她们而发生或发生在她们的身上……女人们很关心我主耶稣基督的坟墓,她们走来又离去,带着珍贵的慰藉,密切看护着这一坟墓,为'新郎'的死去而恸哭。《圣经》中这样写道:'女人们坐在坟墓前恸哭,哀悼我主的亡灵。'正是在我主的坟前,她们见到了以天使面目出现的我主的化身,天使的出现及天使留下的话语向她们传递了他将复活的消息;后来,我主因觉得值得让她们品尝他复活的快乐而再次出现在她们眼前,并让她们亲手感触他的存在。"①当我们读及这些感人的文字时,我们难道不是更被那些勇敢忠诚、心中满是爱与怜悯的女性所打动吗? 近些年来,随着跨学科的性别理论介入圣经的重读,经过基督教女性主义的诠释,人们越来越承认马利亚也是耶稣身边的重要门徒之一。

2.使徒的同工

在早期教会时期,基督教吸引了一大批来自社会不同阶层的女性,尤其许多上层社会的女性参与教会的生活,她们在崇拜、教导、组织及福音布道等各个层面,在基督教最初的传播与发展中发挥了显而易见的重要作用。在旧约时代,曾有过女先知,而在新约时代,使徒行传和新约的书信中都记载了女性在初期教会中的事奉。有一些工作,可能是女人和男人尤其是夫妻配搭事奉,如百基拉与亚居拉夫妇、与保罗一同坐监的安多尼古和犹尼亚夫妇。也有女性单独作使徒之工,也有说预言的,《使徒行传》中引用先知约珥的预言,"神说:在末后的日子,我要将我的灵浇灌凡有血气的,你们的儿女要说预言"②,并特别提到执事腓利的4个女儿"是说预言的"。4人都有传讲上帝信息的恩赐。以此作为约珥预言的印证。还有担任执事③和同

① 蒙克利夫编:《圣殿下的私语:阿伯拉尔与爱洛伊丝书信集》,岳丽娟译,广西师范大学出版社2001年版,第15、19页。

② 《圣经·使徒行传》2:17。

③ 希腊文"diakonos"译为"执事",指在一般信徒中推选出来协助教会长老管理教会事务的人。"diakonos"一词的意义不一定是指某团体中的特定职位,保罗在此讲到"教会的执事",似乎是指某种正式的头衔与职位。在初期教会,女性也和男人一样,可担任执事。《提摩太前书》3:8—10提到了做执事的具体要求,紧接着11节就有补上一句:"女执事也是如此:必须端庄,不说谗言,有节制,凡事忠心。"

工的,还有一些工作可能男女都有分,如教导人、传福音和说方言等。"一般而言,新约所描绘妇女事奉的角色相当多样化,包括在公众之前的事奉、私下的事奉、临时性的和半正式职务的。"①

保罗是早期基督教发展中的关键人物,他最早在外邦人中开展福音的事工,他对基督教成为世界宗教作出了极为重要的贡献。从保罗书信中,我们可以得知在保罗的传教事业中有许多女性与他同工,并对他的传教事业给予了多方面的有力支持。保罗与她们的关系也是非常密切与友好的,保罗常以赞赏与尊敬的口吻提起她们。如圣经中有6处提及亚居拉和百基拉俩夫妇,这对夫妇最突出的贡献是帮助建立了两个教会即哥林多和以弗所教会。圣经每次记载他们两人的名字都是连在一起的,而其中4处出自保罗的问安中,4次都先以妻子百基拉的名字排在丈夫亚居拉之前(当时问安一般都是将丈夫名字排在前的),其中可能是妻子比丈夫更有恩赐,在教会中常常扮演比丈夫更突出和重要的角色,或者暗示她在帮助保罗的事奉上起的作用更大,故于保罗的问安中,反常地将妻子百基拉的名字排在丈夫亚居拉的前面。如保罗在提到他们时说:"问百基拉和亚居拉安。他们在基督耶稣里与我同工,也为我的命将自己的颈项置之度外。不但我感谢他们,就是外邦的众教会也感谢他们。"②

据说这对夫妇在以弗所遇到犹太人亚波罗,此人有学问,能言善辩,只是他单晓得约翰的施洗,于是二人接待亚波罗,将其所领受到的真道毫无保留的与亚波罗分享,使亚波罗日后成为神重用的仆人。当保罗知道自己距被处死为时不远时,仍切切思念他这对好友,保罗在写最后的一卷书信给提摩太时,仍不忘问候这对夫妇③,此时距保罗在哥林多城认识这对夫妇已有十六年之久,可见这对夫妇的工作及见证在保罗心中留下的深刻而美好的印象。

保罗在书信中还多次提到女执事,女执事在当时的家庭教会中扮演着

①　约翰·鲍克:《圣经的世界》,刘良淑、苏茜译,台北猫头鹰出版社2000年11月初版,第437页。

②　《圣经·罗马书》16:3—4。

③　《圣经·提摩太后书》4:19。原文是:问百基拉、亚居拉和阿尼色弗一家的人安。

重要的角色。保罗曾向教会举荐过女执事非比（她的名字在希腊文的意思是"美丽的光辉"或"明亮"之意；非比可能是基督教历史中第一位被称为"执事"的女性），她是坚革理教会中的女执事。有史学家认为，保罗书信中的《罗马书》①是保罗托非比带到罗马去的。

"执事"是一个公认的、正式的工作岗位，"执事"职位在早期教会是相当重要的。他们负责宗教仪式、基督教群体中的教导及传道工作及慈善活动的管理。这是个受人尊敬的职位。但在早期教会时期，执事着重于服事，他们是有好名声，被圣灵充满，智能充足，服事众人的教会的公仆。当时非比要经过哥林多乘船再到罗马，保罗特意为她给罗马教会写了一封举荐信，说："我对你们举荐我们的姐妹非比，她是坚革理教会中的女执事。请你们为主接待她，合乎圣徒的体统。她在何事上要你们帮助，你们就帮助她。因她素来帮助许多人，也帮助了我。"②从这封举荐信可以看出保罗对非比的尊重，劝勉教会的人要以合乎圣徒的体统来接待她，据此可以推断非比在坚革理教会中的领导地位。值得注意的是，这段经文中的"帮助"一词的希腊文是"porstatis"，原意即是"保护者、帮助者、赞助者"，意即这人在物质上颇有实力，曾用她的财力和影响力来服事教会。

公元3世纪的著名基督教学者奥礼金就曾对保罗的《罗马书》作出过如下评论："这封带有使徒权威的信件告诉我们……正如我们曾提及过的，教会中有女执事，她们向很多人提供过帮助，她们优异的工作值得使徒的称赞，也适合执事这一职位。"③

此外，保罗还就担任执事的条件专门指出："作（做）执事的也是如此：必须端庄，不一口两舌，不好喝酒，不贪不义之财；要存清洁的良心，固守真道的奥秘。这等人也要先受试验，若没有可责之处，然后叫他们作（做）执

---

① 《罗马书》被认为是保罗13本书信中最重要的一本，在圣经中列在书信的最前面，马丁路德曾称之为"圣经中的圣经"，说基督教只要有《约翰福音》和《罗马书》就不致消灭，仍必发扬光大。据悉自古至今，为罗马书作注与诠释之书，比圣经中其他任何书卷都多，可见其重要性。该书也是教会历史上最具影响力的圣经书卷。据说奥古斯丁因读到本书第13章而悔改归主。

② 《圣经·罗马书》16:1—2。

③ ［美］罗德尼·斯塔克：《基督教的兴起——一个社会学家对历史的再思》，黄剑波、高民贵译，上海古籍出版社2005年版，第133页。

事。"①紧接着这段话，保罗就提到了担任女执事的条件也是如此。他说：
"女执事也是如此：必须端庄，不说谗言，有节制，凡事忠心。"②由上可见，非
比作为女性担任"执事"一职并不是孤立的例子，"亚历山大的克莱门特曾
在著述中提到过'女执事'，而且在公元 451 年迦尔西顿公会（Council of
Chalcedon）上明确规定，此后的女执事必须是 40 岁以上未婚的女性。从异
教方面来看，在小普林尼写给罗马皇帝图拉真（Trajan）的一封著名信件中，
他向皇帝报告说他曾经拷问过两名被称为"执事"的年轻女基督徒。"③

　　保罗在其书信中还提到过好些个女子的名字，并总是向他提到的这些
人问安，有时还称赞和感激与他一起劳苦共事的女子，如他曾提到友阿爹和
循都基两个女子，"我劝友阿爹和循都基，要在主里同心。我也求你这真实
同负一轭的，帮助这两个女人，因为她们在福音上曾与我一同劳苦……她们
的名字都在生命册上。"④"友阿爹"意即优美之路，或一种香料之名。"循
都基"意即同行者或幸运者。这两位女子都是腓立比教会的信徒，而且是
保罗在传教时非常重要的同工，因为保罗说：她们曾在福音上与我一同劳
苦。表示保罗在腓立比教会传道时，她们曾出过不少力量。如今却发生遗
憾的事情，显然这两个女人之间彼此有了磨擦而不能够同心，使教会受到影
响。至于她们究竟何事不睦，无法知悉，但有一点可以肯定，保罗说她们的
名字均在生命册上，证明她们是为教会的圣工而争吵，并非对私人的事有何
纷争。

　　有学者认为，腓立比教会可能有不少女性在教会中服务。根据保罗在
腓立比传道的情形，第一个蒙恩的乃是卖紫色布匹的女富商吕底亚，紫色布
在当时极其昂贵，穿紫色布料衣服的人一般都是官宦之家，所以从事这类买
卖的人都是大富商。吕底亚听了保罗所传讲的福音后就信了，不仅如此，她
还带领全家都信了并领了洗。腓立比教会就是从她的家里开始的。不要忘

---

①　《圣经·提摩太前书》3：8—10。
②　《圣经·提摩太前书》3：11。
③　［美］罗德尼·斯塔克：《基督教的兴起——一个社会学家对历史的再思》，黄剑波、高民贵
译，上海古籍出版社 2005 年版，第 132 页。
④　《圣经·腓立比书》4：2—3。

了,而且保罗初到腓立比传道时是对一班妇女讲道的。① 这些愿意祷告的妇女们后来都加入了教会。所以有人猜测腓立比教会可能是当时女性在其中比较有影响的教会,因此人们有理由猜测友阿爹与循都基二人是在腓立比教会中有地位的领导人。

在保罗的教牧书信中,他还提到了提摩太②的外祖母罗以和母亲友尼基对提摩太的影响。"想到你心里无伪之信,这信是先在你外祖母罗以,和你母亲友基尼心里的,我深信也在你的心里。"③提摩太(这个希腊语名字的意思是敬畏或荣耀神)是保罗许多次旅程的同伴,在保罗的宣道工作上,提摩太是他的同工和得力助手,他对保罗的服事如同儿子对父亲一般,以至于保罗说,他不停地想念提摩太。④ 保罗的这段话表明提摩太在他外祖母罗以和母亲友基尼的教育、生命影响之下接受耶稣基督的。提摩太的家,至少从外祖母开始就是基督徒,他们家有美好的见证,这是人所共知的。

一般而言,保罗在信中问安的人,并非普通的信徒,而是与保罗有特殊关系的人或教会中的重要人物。保罗书信中也多处提到许多不知名的"尊贵的妇女",这说明一些有社会地位的女子通过捐献和为信徒聚会提供场所和服务等方式,为早期教会的发展作出了自己的贡献。

以上所引的经文材料虽较为零散片段,很不完整,但我们仍可看出在使徒时代基督教的发展史中,教会的女信徒各有不同的恩赐,各通过不同的角色与作用,在不同的层面上参与及推动着整个基督教传教事业的开展。因此,尽管学者们对女性在早期基督教中拥有荣誉和权利的看法存在着相当大的分歧,但对这段引文却没有任何争议,即"女性……是保罗工作上的伙伴,这些女性的身份是福音传教士和教法师。在整个社会中的地位和在基

---

① 《圣经·使徒行传》16:13。经文是:"当安息日,我们出城门,到了河边,知道那里有一个祷告的地方,我们就坐下对那聚会的妇女讲道。"

② 新约圣经中有 2 卷以他的名字命名:即提摩太前书和提摩太后书。传统上相信是使徒保罗写给给提摩太的书信。据说保罗在 65 年时按立提摩太为以弗所监督,他在那里事奉了 15 年。80 年时,提摩太试图阻止异教徒的偶像游行、仪式和歌曲,对他们传扬福音,愤怒的异教徒殴打他,将他拖过许多街道,并用石头将他砸死。在 4 世纪,他的遗体被转移到君士坦丁堡的圣使徒教堂。天主教也将提摩太列在耶稣差遣出去传扬福音的 70 位使徒之中。

③ 《圣经·提摩太后书》1:5。

④ 参见《圣经·提摩太后书》1:2—5。

督教会中的参与方面,一大批女性都突破了当时女性惯常的角色"①。

概而言之,女性在使徒教会中的角色、作用与贡献,大致可分为下面几类:

其一,传教的工作。在使徒时代,教会的传教工作十分活跃,"罗马和平"的盛世为基督教的传播与发展提供了有利的条件。显然,当时有许多女信徒都担任了传教的工作,保罗在一一提及他传教的同工时,这些"同工"中当然也不乏女性的名字,他都一一满怀尊敬地称赞她们的工作。有学者曾对《罗马书》第 16 章进行过统计,保罗在该章中总共列出 35 位初期圣徒的名字,有男有女,女性还不在少数。这些人都是亲近保罗的,有些是他带领信主的,有些是与他一同事奉、坐监,有些是在传道的事工上帮助他的,也有为他祷告的……,等等。这些人的共同点,在于忠心爱上帝,在传福音的事上不遗余力。保罗列出他们的名字,一一致以问候。前面曾提到过的百基拉夫妇与保罗一起更是经历了不少传教的风险,并在不同的教会中工作过。

其二,教会的主管工作。最突出的例子当然是非比,她是坚革理教会的女"执事",也是保罗在提及坚革哩教会时唯一提及的基督徒的名字。除非比外,其他女性在教会中的领导地位也是显然的,如百基拉夫妇就独立地带领着他们家里的哥林多、以弗所及罗马教会。有学者指出,百基拉的名字多次排在其丈夫的名字之前,更显示出其地位的重要。《罗马书》中还提到了另一对从事传道的夫妇,即安多尼古和犹尼亚夫妇,安多尼古名字的原文是"Andronikos",有"胜利的男人"之意,犹尼亚名字的原文是"Iounias",是"年轻有活力的"意思。保罗说:"又问我亲属与我一同坐监的安多尼古和犹尼亚安,他们在使徒中是有名望的,也是比我先在基督里。"②由此可见,一是他们是保罗的亲属,可指为同乡、同胞或其他亲属。二是曾与保罗一同坐监,与保罗同受苦楚。三是他们有"使徒"的名望。四是比保罗更早归信基督。

---

① [美]罗德尼·斯塔克:《基督教的兴起——一个社会学家对历史的再思》,黄剑波、高民贵译,上海古籍出版社 2005 年版,第 133—134 页。

② 《圣经·罗马书》16:7。

其三,社区牧养的工作。这是为贫困、病患及孤寡提供人力和经济帮助的工作,保罗称赞非比"素来帮助许多人",当然就包括了这方面的工作在内。又如《使徒行传》中提到一个名叫"多加"的女信徒,在她所生活的约帕城多有孤儿寡妇,"她广行善事,多施周济",亲自给这些孤儿寡妇做衣服,亲自给他们送去,亲自给他们穿上。她是当地教会中最重要的人物,深得大家的爱戴。当她突然患病死去后,人们赶紧请来使徒彼得,"众寡妇都站在彼得旁边哭,拿多加与她们同在时所做的里衣外衣给他看",彼得深知她们的哭与她们的祈祷,他"跪下祷告",上帝因而又使多加复活。①

其四,对家庭教会的建立所作的贡献。最初的基督徒的聚会都是在家庭中进行的,这一方面是由于教会是在敌视的处境中挣扎建立的,当时在各地兴建教堂的条件并不成熟;另一方面也是由于此时罗马女性地位的提高,一些拥有财富的女性或一些参与丈夫的经济活动的能干主妇,完全有能力提供地点和经济支持,使自己的家庭成为传教的中心。因而家庭教会成为使徒教会时期的主流方式,这也成就了女性参与教会生活的好机会。如马可的母亲马利亚的家,是耶路撒冷教会的聚会点,并在教会受逼迫的时候成为信徒落脚的地方。保罗多处提到某某家里的教会,如他在问候哥林多的教会时说:"亚居拉和百基拉并在他们家里的教会,因主多多地问你们安。"②又如前面所提到的腓立比的"卖紫色布匹"的吕底亚,"素来敬拜上帝",她不仅为初到境的保罗提供了容身之所,而且还以自己的家作为教会的聚会点,从她的家孕育出了腓立比教会。不仅如此,吕底亚在经济上也是日后保罗传道工作的积极支持者。此外,保罗还提到过腓利门家里的教会、宁法家里的教会等。

《使徒行传》中也记载了早期基督徒在这些家庭中分享圣筵及传讲福音的事实。可以说,家庭教会在使徒时代的传教运动中有决定性的影响,一些富有的女信徒在建立、维持及扩展教会的事业方面占有重要的分量。显然,若没有这些热心的女信徒们在金钱、劳动和参与及领导等方面的事奉,

---

① 《圣经·使徒行传》9:36—42。

② 《圣经·哥林多前书》16:19。

就不可能有早期教会在罗马帝国内的迅速成长。因而,女性在早期基督教的历史发展中所作出的贡献是众所公认的。由此可见,早期基督教会不仅把女性容纳在教会生活里,而且还赋予了她们不为希腊罗马文化和犹太文化所认可的自由与尊严。

四、保罗书信的性别意识

保罗的性别意识,主要从他给各地教会书信的有关言论中反映出来。曾有人指责保罗应对中世纪天主教会歧视与贬低女性的传统负责。在保罗的书信中要找到这方面的言论确实不太困难;但也有人从保罗的书信中得出与上述看法大相径庭的结论。笔者认为,保罗的性别意识,应放在他所处的罗马帝国的社会背景及初期教会的实际情形中予以综合的考虑,不应对他的说法断章取义,如此才能对他的性别意识有大致客观与全面的了解。

首先要指出的是:保罗的书信与同时代的信函颇有分别,既不是写给社会上素有学问和文学修养之人,也不是纯属私人性质,而是特别针对当时教会的处境和具体面临的问题写成的。《新约》中的书信并不全是保罗一人所写,学者对哪些是属于保罗所写的书信,始终争论不已。不过,大致相信为保罗所写的有13封书信,它们是:罗马书、哥林多前书、哥林多后书、加拉太书、以弗所书、腓立比书、歌罗西书、帖撒罗尼迦前书、帖撒罗尼迦后书、提摩太前书、提摩太后书、提多书、腓利门书。按照传统,"保罗的教导",是按以他为作者的13封书信来代表。但即使在这13封书信中,仍有个别书信是否确为保罗所写,仍有争论,如提摩太前书,有人认为是保罗的门徒所写,但也反映了保罗的思想。不过,既然这些书信都归在保罗名下,为了讨论的方便,笔者将这些书信中所反映出的性别意识,冠之以"保罗书信的性别意识"来加以探讨。

保罗书信中的有关性别意识的言论主要集中在有关婚姻与独身、夫妻关系、女性在教会中的职事和行为规范三个方面。

（一）独身好过结婚，结婚好过通奸

保罗在《哥林多前书》中全面阐述了其对婚姻与独身的看法与观点。简言之，即是：独身好过结婚，结婚好过通奸。他说："论到你们信上所提的事，我说男不近女倒好。但要免淫乱的事，男子当各有自己的妻子，女子也当各有自己的丈夫。丈夫当用合宜之分待妻子，妻子待丈夫也要如此。妻子没有权柄主张自己的身子，乃在丈夫；丈夫也没有权柄主张自己的身子，乃在妻子。夫妻不可彼此亏负，除非两相情愿，暂时分房，为要专心祷告方可；以后仍要同房，免得撒但（旦）趁着你们情不自禁引诱你们。我说这话，原是准你们的，不是命你们的。我愿意众人像我一样；只是各人领受神的恩赐，一个是这样，一个是那样。我对着没有嫁娶的和寡妇说，若他们常像我就好。倘若自己禁止不住，就可以嫁娶。与其欲火攻心，倒不如嫁娶为妙。"①

从这段话中可以看出，其一，保罗认为婚姻具有约束人们在婚姻之外的性行为、防止"淫乱"发生的功效。哲学家罗素认为，保罗"输入了一种全新的婚姻观，即婚姻的存在并不是为了生儿育女，而是为了防止私通之罪"②。保罗在这段话中完全没有提到孩子，也许在他看来，婚姻的生物目的无关紧要。婚姻的目的就在于使那些软弱的人免受诱惑。不过，保罗在此没有回避男女情欲的问题，不管怎样，嫁娶总比情欲无着无落为好。在他看来，婚姻好过通奸和淫乱，婚姻内的性关系总是好过婚姻外的性关系，因为它是一条满足人的性欲的合法出路。换言之，婚姻是对肉体软弱性的合理合法的退让。

其二，保罗肯定夫妻双方性权利的不可剥夺和"同房"的重要性，他说得很清楚："妻子没有权柄主张自己的身子，乃在丈夫；丈夫也没有权柄主张自己的身子，乃在妻子。夫妻不可彼此亏负，除非两相情愿，暂时分房，为要专心祷告方可；以后仍要同房，免得撒但（旦）趁着你们情不自禁，引诱你

---

① 《圣经·哥林多前书》7:1—9。
② 伯特兰·罗素：《婚姻革命》，靳建国译，东方出版社1988年版，第30页。

们。"保罗在此肯定了夫妻双方在性需要方面的相互的责任与义务。

其三，人不一定非要结婚，如果一个人有坚强的意志和信念，那么就像保罗一样过独身的禁欲生活也未尝不可，把灵魂献给上帝；如果自知定力不够，那么就过一种有道德的婚姻生活。换言之，无论独身还是结婚，都是"各人领受上帝的恩赐"，不过是领受的方式不同罢了。保罗的这些看法与耶稣的看法类似，如前所言，耶稣也曾告诉门徒，不娶妻"这话不是人都能领受的，惟独赐给谁，谁才能领受。因为有生来是阉人，也有被人阉的，并有为天国的缘故自阉的。这话谁能领受，就可以领受"①。

其四，保罗更倾向于独身。他说："因现今的艰难，据我看来，人不如守素安常才好。你有妻子缠着呢，就不要求脱离；你没有妻子缠着呢，就不要求妻子。你若娶妻，并不是犯罪；处女若出嫁，也不是犯罪。然而这等人肉身必受苦难，我却愿意你们免这苦难。"②这段经文明显针对男性而言，因为接着保罗就说："弟兄们，我对你们说，时候减少了。从此以后，那有妻子的，要像没有妻子的；哀哭的，要像不哀哭；快乐的，要像不快乐……因为这世界的样子将要过去了。"③显然，他在此所持的是一种末世论的看法。

保罗在谈到关于人们是否嫁女儿时说，"这样看来，叫自己的女儿出嫁是好，不叫她出嫁更是好。"④保罗在论及寡妇是否可以再嫁时说："丈夫若死了，妻子就可以自由，随意再嫁……然而按我的意见，若常守节更有福气。"⑤保罗在此明确表达了独身好过结婚的观点。保罗还阐述了独身好过结婚的理由，在他看来，"我愿你们无所挂虑。没有娶妻的，是为主的事挂虑，想怎样叫主喜悦；娶了妻的，是为世上的事挂虑，想怎样叫妻子喜悦。妇人和处女也有分别。没有出嫁的，是为主的事挂虑，要身体、灵魂都圣洁；已经出嫁的，是为世上的事挂虑，想怎样叫丈夫喜悦。我说这话是为你们的益处，不是要牢笼你们，乃是要叫你们行合宜的事，得以殷勤服侍主，没有分心

---

① 《圣经·马太福音》19:11—12。

② 《圣经·哥林多前书》7:26—28。

③ 《圣经·哥林多前书》7:29—31。

④ 《圣经·哥林多前书》7:38。

⑤ 《圣经·哥林多前书》7:39—40。

的事。"①保罗在强调独身的福分的同时,也并没有强行要求寡妇守节不嫁。他在提及年轻的寡妇时说过:"我愿意年轻的寡妇嫁人,生养儿女,治理家务,不给敌人辱骂的把柄。"②

《哥林多前书》第七章可视为保罗为基督徒所写的关于婚姻和性伦理的大纲,此大纲中既有明确的原则,也有务实的做法。他尊重婚姻,肯定性关系对婚姻的重要性;与耶稣一样,他也反对夫妻离异,除非不信的一方提出这样的要求。他鼓励人持守独身,因为这样可以更自由地侍奉上帝,但他也明白这不会成为大多数人的选择。可见,他并不回避男女情欲的问题,他对男娶女嫁与寡妇再嫁都持较为开放及正面的态度。他也引用了耶稣的教训来阐明它对基督徒婚姻和家庭中美好行为的看法。

保罗的上述观点与看法若放在他所生活的那个时代,不难理解。他生活在公元1世纪的罗马帝国时代,当时罗马帝国虽正处在自奥古斯都时代以来三百年的和平与繁荣时期,但业已出现了衰落的征兆,帝国社会风气的败坏日甚一日,从罗马共和国晚期开始,随着罗马人成为地中海世界的主宰,罗马社会在方方面面都发生了巨大的变化,奢靡与放荡之风逐渐侵蚀了从前罗马人那种质朴的生活,在婚姻与家庭生活中尤其如此,罗马的家庭纽带渐渐趋于松弛,通奸与离婚成了司空见惯的现象。罗马的这种奢靡与放荡之风无疑会渐渐蔓延到帝国的其他地区,就拿哥林多这座城市来说,它是罗马帝国的亚该亚行省的首府,地处希腊半岛,有东西两港,是古代地中海世界商业及东西文化交流的重镇。据说同性恋、鸡奸、乱伦等现象在这座城市也普遍存在,该城可算是当时希腊诸城市中道德败坏最甚的。

哥林多教会是保罗亲手建立的,保罗从哥林多得到的口头报告与信件中,知道教会中有些人行了不合宜的事,如犯奸淫、拜偶像等,教会中还出现了结党分派的现象,甚至彼此告状、相互指责。难怪乎保罗在《哥林多前书》中痛心疾首地说:"风闻在你们中间有淫乱的事。这样的淫乱连外邦人中也没有,就是有人收了他的继母。"③保罗还说:"无论是淫乱的、拜偶像

---

① 《圣经·哥林多前书》7:32—35。
② 《圣经·提摩太前书》5:14。
③ 《圣经·哥林多前书》5:1。

的、奸淫的、作娈童的、亲男色的、偷窃的、贪婪的、醉酒的、辱骂的、勒索的，都不能承受神的国。你们中间也有人从前是这样。"①从保罗书信不难看出哥林多的社会风气对哥林多教会已造成不良影响。

罗马帝国社会风气的败坏使得许多人对此深恶痛绝。如在当时思想界影响很大的新斯多葛派，深受古希腊柏拉图灵肉二元论哲学的影响，发挥了斯多葛派鄙视物质欲求、追求心灵安宁的思想，新斯多葛派的代表人物、与保罗同时代的塞内卡曾说："要知道，肉体上的快乐是不足道的，短暂的，而且是非常有害的，不要这些东西，就得到一种有力的、愉快的提高，不可动摇，始终如一，安宁和睦，伟大与宽容相结合。"②新斯多葛派的另一代表人物爱比克泰德说："神的本质是什么呢？——肉体？决不是。土地？名誉？决不是。智慧？知识？健全的理性？当然是的。"③他认为人分为神圣的肉体的两部分，其中神圣的部分是宇宙理性的一部分，也即属神的一部分，人的理性应服从神或宇宙理性，因为这关乎至善和美德，也关乎人的终极幸福。为达到这一目标，人们应该苦行和禁欲。

新斯多葛派对基督教所产生的影响，最明显地表现在诺斯替（Gnosticism）教派④的观点上。该派把柏拉图哲学与波斯的善恶二元论结合起来，认为精神与物质、灵魂与肉体、光明与黑暗的对立就是善与恶的对立，该派还声称肉体本身是罪恶的，并表现出对性的厌恶与恐惧，把守贞生活视为通向至善的途径，因而主张严格的禁欲。受这种观念的影响，许多已婚的诺斯替教徒甚至离开了配偶去过"贞节"的生活。诺斯替教派的上述思想当然也影响到哥林多教会，因而该教会有一些坚定的禁欲主义者，他们认为婚姻是不必要的，因为婚姻会带来性行为，只会使人污秽不堪，在末世应保持童贞。也许正是他们在给保罗的信中，提出了"男不近女"的主张。

---

① 《圣经·哥林多前书》6:9—11。

② 塞内卡：《论幸福的生活》，《西方哲学原著选读》上卷，商务印书馆1997年版，第190页。

③ 阿里安：《爱比克泰德谈论集》，《西方哲学原著选读》上卷，商务印书馆1997年版，第192页。

④ 罗马帝国时期希腊—罗马世界的一支秘传宗教。产生略早于基督教，公元初年开始为人们注意。基督教产生后，该教的有些派别吸收了某些基督教观念而形成基督教诺斯替派，二三世纪盛行一时，后被基督教正统派视为异端，并于基督教国教化后受到迫害而见衰。

由此可见,正因为哥林多教会既存在受社会的纵欲风气影响的人,他们对淫乱的事司空见惯,对婚外情、不忠于配偶或淫乱的事持无所谓的态度;也有受诺斯替教派思想影响的坚定的禁欲主义者,从保罗书信来看,他们两方"彼此相争"、"彼此告状"①,并都请保罗来进行仲裁,这就使保罗陷入两难境地。

保罗是有智慧的人,他出生于罗马帝国基利家行省的首府大数城,父母虽是犹太人,但都是罗马公民。大数城是当时著名的有希腊及罗马文化背景的学术中心,从保罗书信中可以看出他有较深的希腊与罗马文化的造诣。据说他在雅典时,曾与伊壁鸠鲁派、新斯多葛派的学者进行过辩论;保罗也受过正统的犹太教教育,他少年时就被送到耶路撒冷,师从当时犹太教的著名拉比迦玛列,因而他对旧约历史与摩西律法等均很精通。保罗的青年时代即以信仰正统、憎恨基督徒著称。上述两种文化的背景使他既了解自柏拉图以后思想界中的各种思潮、流派及演变,也清楚旧约及耶稣对于婚姻、家庭的看法,因而他既尊重和鼓励独身生活,也不排斥与反对婚姻生活,非常聪明地给出独身更好,婚姻亦可的回答。保罗的这个回答被在他之后的拉丁教父们所接受,而且被夸大,可以说,保罗关于婚姻与独身的观点对于基督教禁欲主义的兴起有一定的直接影响。

(二)夫妻的彼此顺服

保罗在《以弗所书》②中,对于夫妻关系,以耶稣与教会的关系相比照,明确提出了"彼此顺服"、基督徒的家庭生活应按基督的爱来塑成的观点。他说:"又当存敬畏基督的心,彼此顺服。你们作妻子的,当顺服自己的丈夫,如同顺服主。因为丈夫是妻子的头,如同基督是教会的头,他又是教会全体的救主。教会怎样顺服基督,妻子也要怎样凡事顺服丈夫。你们作丈夫的,要爱你们的妻子,正如基督爱教会,为教会舍己。要用水藉着道把教会洗净,成为圣洁,可以献给自己,作个荣耀的教会,毫无玷污、皱纹等类的

① 《圣经·哥林多前书》6:1、7。
② 有学者认为,《以弗所书》、《歌罗西书》与《腓利门书》是保罗在同一时期、同一地点的著作。这3封信与《腓立比书》合称为"监狱书信"。

病,乃是圣洁没有瑕疵的。丈夫也当照样爱妻子,如同爱自己的身子,爱妻子便是爱自己了。从来没有人恨恶自己的身子,总是保养顾惜,正像基督待教会一样,因我们是他身上的肢体。为这个缘故,人要离开父母,与妻子连合,二人成为一体。这是极大的奥秘,但我是指着基督和教会说的。然而你们各人都当爱妻子,如同爱自己一样;妻子也当敬重她的丈夫。"①

保罗这段话中,引人注目地有以下几点:

其一,妻子和丈夫的"彼此顺服"。保罗在此强调,夫妻双方尽管有不同的"顺服"方式,但彼此顺服是上帝的命令。既然是上帝的命令,它就含有神圣性与绝对性,是"非得如此"而不是"理应如此"。

其二,妻子和丈夫彼此如何相互"顺服"? 保罗以耶稣与教会的关系作比喻来予以阐释。就妻子而言,顺服丈夫,当"如同顺服主",此处的顺服不等于臣服,而是一种心甘情愿的出于内心的渴慕与自然流露,而且妻子"顺服"丈夫的标准或比照,是以教会顺服基督作标准或作比照,即"教会怎样顺服基督,妻子也要怎样凡事顺服丈夫"。就丈夫而言,顺服妻子,当"如基督爱教会,为教会舍己",简言之,丈夫应像耶稣一样有牺牲的精神。耶稣爱教会,为教会舍命,他这样做并不是为使教会服从他,而是要使教会成为荣耀、美好和纯洁的教会。这是丈夫们应效仿的。因而丈夫顺服妻子的标准,是要做到像耶稣一样完全地谦卑,并有舍己的爱。耶稣曾说过:"你们中间谁愿为大,就必作你们的用人;谁愿为首,就必作你们的仆人。正如人子来,不是要受人的服侍,乃是要服侍人,并且要舍命,作多人的赎价。"②。耶稣从不为自己求什么,他"反倒虚己,取了奴仆的形像,成为人的样式;既有人的样子,就自己卑微,存心顺服,以至于死,且死在十字架上"③可以说,彼此顺服的生活是建立在耶稣伟大的榜样上。只有这样的彼此顺服,才能使两个不完全的人和谐地生活在一起,使婚姻持久与幸福。由此看来,保罗的"彼此顺服"有其深刻的道理。正如他所言,这是个"极大的奥秘"。应指出的是,在保罗所生活的时代,也许妻子顺服丈夫本是习以为常之事,但要

①　《圣经·以弗所书》5:21—33。
②　《圣经·马太福音》20:26—28。
③　《圣经·腓立比书》2:7—8。

求丈夫爱妻子像爱自己的身子一样,且有舍己的爱,且总是保养顾惜,则不多见。这在当时不能不说是一个"大胆"与"有创意"的主张。

其三,如何理解"头"与"身"的关系,保罗明确讲"丈夫是妻子的头",无疑"身"是听"头"指挥的。保罗将丈夫喻为头、妻子喻为"身",这与古希腊哲学家柏拉图将男人与理性相连,女人与身体相连的观点或许有类似之处。如果我们了解保罗对希腊罗马文化的了解及对犹太教的精通,特别是犹太教对女性学习"托拉"的反对,就会明白保罗为什么说这番话了。但另一方面,保罗也强调头与身的一体性,如同基督与教会的一体性一样。男人做头并不表示男女之间的不平等,恰恰相反,做头必须与平等相符,因为男女之间的平等,就如同圣父与圣子是平等的一样。值得注意的是:保罗在这段话中用了两个例子来说明"头"与"身"的关系,第一个例子是基督对他的身体——教会的态度;第二个例子是人出于自然本能对自己身体的保养顾惜。从第一个例子来看,"丈夫是妻子的头,如同基督是教会的头;他又是教会全体的救主",基督教中常把基督与教会的关系比喻成新郎与新娘的关系,虽然基督是教会的头,但他爱教会有如爱自己的新娘,他"为教会舍己,要用水藉着道把教会洗净,成为圣洁,可以献给自己,作(做)个荣耀的教会,毫无玷污、皱纹等类的病,乃是圣洁没有瑕疵的"[1]。由此可见,基督作教会之头最重要的本质,是对她的牺牲之爱而不是对她的统治。

从第二个例子来看,"丈夫也当照样爱妻子,如同爱自己的身子;爱妻子便是爱自己了。从来没有人恨恶自己的身子,总是保养顾惜,正像基督待教会一样,因为我们是他身上的肢体。""肢体"二字更是说明了"头"与"身"的不可分,这很明显地有旧约中夫妻"二人成为一体"的意思在里面。而"保养顾惜"的词更是有珍视与爱惜的含义。结合上下文来看,保罗在此所用的一些词都有比较深刻的涵义。由此可见,丈夫做妻子之头最重要的含义不是对妻子的统治与控制,而是含有对妻子的照顾与责任,含有对妻子的舍己的爱,如此才能称作"像基督一样"。

保罗像耶稣一样重申旧约中夫妻"二人成为一体"的观点,强调夫妻的

---

① 《圣经·以弗所书》5:25—27。

互敬互爱。保罗在《歌罗西书》中再次强调说："你们作妻子的,当顺服自己的丈夫,这在主里面是相宜的。你们作丈夫的,要爱你们的妻子,不可苦待她们。"①这更说明:"头"与"身"的关系,在保罗这里并不是上对下的统治或下对上的臣服,更不是尊卑关系,就如同耶稣与教会的关系也是一种"头"与"身"的关系,但也决不是上对下的统治或下对上的臣服及尊卑关系。由此可见,保罗将夫妻关系理解为"头"与"身"的关系,其主旨仍是强调彼此的顺服、爱与不可分离性。

在新约的《彼得前书》②中,也提到了"彼此顺服",经文是:"你们作妻子的要顺服自己的丈夫。这样,若有不信从道理的丈夫,他们虽然不听道,也可以因妻子的品行被感化过来,这正是因看见你们有贞洁的品行和敬畏的心。你们不要以外面的辫头发、戴金饰、穿美衣为妆饰,只要以里面存着长久温柔、安静的心为妆饰,这在神面前是极宝贵的。因为古时仰赖神的圣洁妇人,正是以此为妆饰,顺服自己的丈夫,就如撒拉听从亚伯拉罕,称他为主……你们作丈夫的也要按情理和妻子同住,因她比你软弱,与你一同承受生命之恩的,所以要敬重她,这样,便叫你们的祷告没有阻碍。"③在这段经文中,作者以撒拉为例说明女性的美不在于外表而在于内在的长久温柔与安静的心及对丈夫的顺服和尊重,具有这样"品行"的妻子最终能"感化"不听道的丈夫。与此同时,做丈夫的也要体恤自己的妻子,因为夫妇是"一同承受生命之恩"。注意:这段经文中的"因她比你软弱"这句话,在希腊文的原文中,"软弱"一词原为"精美的瓶子",可见作者在此并不含有贬低女性之意,也许正因为"瓶子"的精美与高贵,才需要特别的精心呵护。丈夫若是如此对待自己的妻子,其祷告才会没有阻碍;反之,其祷告不会蒙神悦纳。

保罗不止一次地提到男人要随处祷告,女人要圣洁自守,如"我愿男人无忿怒,无争论,举起圣洁的手,随处祷告。又愿女人廉耻、自守,以正派衣裳为妆饰,不以编发、黄金、珍珠和贵价的衣裳为妆饰,只要有善行,这才与

---

① 《圣经·歌罗西书》3:18—19。
② 《圣经·彼得前书》的作者自称为"耶稣基督的使徒彼得",许多人接受彼得为作者。也有人认为这是一封冒名的信,主要因为其中的内容与保罗的关联性很强。
③ 《圣经·彼得前书》3:1—7。

自称是敬神的女人相宜。"①保罗在此对丈夫和妻子都提出了要求,但他好像尤为强调女人的妆饰和衣着及仪态上的端庄、沉静和温良。在《提多书》中,他要提多"劝老年妇人举止行动要恭敬,不说谗言,不给酒作奴仆,用善道教训人,好指教少年妇人爱丈夫,爱儿女,谨守、贞洁,料理家务,待人有恩,顺服自己的丈夫,免得神的道理被毁谤"②。这或许也与当时教会所处的环境相关,受罗马帝国的奢靡之风气的影响,当时许多女性喜欢穿奇装异服,女子的妆饰和衣着有的甚至与拜偶像的习俗相关,自然有人把这种风气也带到了教会,从而在教会中产生了一些不良的影响,对此保罗不得不予以特别的关注。

从保罗关于妻子与丈夫相处之道的上述言语中,我们可以体会到保罗对婚姻持比较严肃的态度,他不仅强调丈夫与妻子之间的"彼此顺服",还多次强调丈夫与妻子之间的彼此忠诚,并明确地表示了他对离婚的不赞成。他说:"至于那已经嫁娶的,我吩咐他们,其实不是我吩咐,乃是主吩咐说:'妻子不可离开丈夫,若是离开了,不可再嫁,或是仍同丈夫和好。丈夫也不可离弃妻子。'"③注意:保罗在此特别强调"其实不是我吩咐,乃是主吩咐说:妻子不可离开丈夫……丈夫也不可离弃妻子",这就强调了夫妻任何一方都不可主动离婚,强调了夫妇间的忠诚与婚姻的神圣性。

保罗还说:"丈夫活着的时候,妻子是被约束的;丈夫若死了,妻子就可以自由,随意再嫁"④,又如"就如女人有了丈夫,丈夫还活着,就被律法约束;丈夫若死了,就脱离了丈夫的律法。所以丈夫活着,她若归于别人,便叫淫妇;丈夫若死了,她就脱离了丈夫的律法,虽然归于别人,也不是淫妇"⑤。显然,这些话语仍然表达了夫妇间的忠诚与婚姻的神圣性的观点。只是在丈夫死了后,作妻子的才有"随意再嫁"与"归于别人"的权利。在罗马帝国道德风尚的败坏日甚一日之时,保罗强调夫妇间的忠诚与婚姻的神圣性,无

---

① 《圣经·提摩太前书》2:8—10。
② 《圣经·提多书》2:3—5。
③ 《圣经·哥林多前书》7:10—11。
④ 《圣经·哥林多前书》7:39。
⑤ 《圣经·罗马书》7:2—3。

疑有其重要的意义。这就特别使得基督徒对夫妻关系以及婚姻的处理不同于一般的世人。即使在今天，保罗对婚姻的上述看法也仍有其积极意义。总之，从耶稣到保罗，都视婚姻为神圣与圣洁，正因为如此，"婚姻，人人都当尊重，床也不可污秽，因为苟合行淫的人，神必要审判"①。

尽管保罗倾向于教内婚，因为这有利于同是基督徒的夫妻双方的协调与沟通，如果一方是基督徒，另一方不是，该怎么办呢？针对当时哥林多教会中有些信徒的担忧和顾虑，即以为，如果配偶不信，若结合下去而有儿女，那儿女就不洁净了。保罗的回答是："倘若某弟兄有不信的妻子，妻子也情愿和他同住，他就不要离弃妻子；妻子有不信的丈夫，丈夫也情愿和她同住，她就不要离弃丈夫。因为不信的丈夫就因着妻子成了圣洁，并且不信的妻子就因着丈夫成了圣洁。不然，你们的儿女就不洁净，但如今他们是圣洁的了。"②

显然，保罗认为不信的一方可因配偶成为圣洁，他们的儿女也是圣洁的了。保罗的这一番话有其针对性，当基督教逐渐传开之后，基督徒与非基督徒的婚姻是个普遍现象，保罗在此强调的还是夫妻二人的彼此尊重，不离不弃，夫妻之间的信仰不一致不能成为夫妻之间分手的理由，不管是丈夫还是妻子，信的都可以使不信的成为圣洁。他劝勉在家庭中已信者应关心未信者的皈依与得救，而不是简单的采取夫妻因为信仰的不同就散伙的做法，他说："你这作妻子的，怎么知道不能救你的丈夫呢？你这作丈夫的，怎么知道不能救你的妻子呢？"③当然，保罗也认为婚姻的关系不可勉强，尤其是一方信了主，而另一方不信的人主动坚持要求离去的话，在这种情况下，离婚也是不得已的选择。所以保罗接着又说："倘若那不信的人要离去，就由他离去吧！无论是弟兄，是姐妹，遇着这样的事都不必拘束。"④

《彼得前书》中也有与《哥林多前书》中一致的赞同基督徒与异教徒之

---

① 《圣经·希伯来书》13：4。该书作者不详。但其精通希伯来圣经，对希腊思想也非常了解，有人认为该书的作者可能是巴拿巴、亚波罗或其他人，如腓利、路加等。

② 《圣经·哥林多前书》7：12—14。

③ 《圣经·哥林多前书》7：16。

④ 《圣经·哥林多前书》7：15。

间的婚姻的表述,该书建议那些丈夫不是基督徒的女性要顺从自己的丈夫,这样,"他们虽然不听道,也可以因妻子的品行被感化过来,这正是因看见你们有贞洁的品行和敬畏的心"①。因此丈夫或许会被妻子感化而归信基督教。保罗和彼得"都希望基督徒能把自己的配偶带进基督教,但二者似乎都没有丝毫担心过基督徒会因与异教徒结婚而悖教或归信异教……早期教会在信众间培养的高度委身使得她们与异教徒的结合不会威胁到其信仰的坚定"②。事实上,在早期教会的历史上,这种基督徒与非基督徒之间的婚姻是比较普遍的,这种婚姻的实际好处即是如上所讲能的使非基督徒归信基督教。有社会学家将这种一方受到另一方的影响而皈依其信仰的称为"继发性归信",而"继发性归信在罗马上层社会的发生非常普遍。因为许多已婚的上层社会女性成为基督徒后都设法使她们的配偶归信了基督教,这在公元4世纪时尤其普遍"③。

(三)女性在教会中的职事和行为规范

首先,无可置疑,无论男女,只要是基督徒,他们在教会里就都是平等的。如同保罗所说:"你们受洗归入基督的,都是披戴基督了。并不分犹太人、希腊人、自主的、为奴的,或男或女,因为你们在基督耶稣里都成为一了。你们既属于基督,就是亚伯拉罕的后裔,是照着应许承受产业的了。"④这即是说,在基督教会的新群体中,无论是什么人,即无论是犹太人、外邦人、自由人、奴隶、男人或女人,都不会再有任何分别,大家都是平等的。社会身份与性别身份都已经不重要了,所有的人都只有一种身份——"基督徒"的身份,即上帝的儿女的身份,他们都属于基督,都是亚伯拉罕的后裔,因而都能平等地进入救恩,平等地领受来自上帝的福分与恩典。在这一点上他们没有任何分别与差异。

---

① 《圣经·彼得前书》3:1—2。
② [美]罗德尼·斯塔克:《基督教的兴起——一个社会学家对历史的再思》,黄剑波、高民贵译,上海古籍出版社2005年版,第138页。
③ [美]罗德尼·斯塔克:《基督教的兴起——一个社会学家对历史的再思》,黄剑波、高民贵译,上海古籍出版社2005年版,第139页。
④ 《圣经·加拉太书》3:27—29。

其次,保罗很具体地提出了女性在教会中的行为规范。如前所言,保罗是接纳女性在教会的事奉的,他不仅重视与女信徒在"同工"中所建立的相互信任与友谊,也尊重女性在教会中的领导地位。保罗的关于女性在教会中的行为规范的言论,主要涉及两个内容,即关于女人在教会中是否应当蒙头与禁止女人讲道。保罗书信中关于这方面的经文,主要集中在《哥林多前书》、《提摩太前书》两篇书信中。

1.关于蒙头

保罗说:"我愿意你们知道,基督是各人的头,男人是女人的头,神是基督的头。凡男人祷告或是讲道,若蒙着头,就羞辱自己的头;凡女人祷告或是讲道,若不蒙着头,就羞辱自己的头,因为这就如同剃了头发一样。女人若不蒙着头,就该剪了头发;女人若以剪发、剃发为羞愧,就该蒙着头。男人本不该蒙着头,因为他是神的形象和荣耀,但女人是男人的荣耀。起初,男人不是由女人而出,女人乃是由男人而出。并且男人不是为女人造的,女人乃是为男人造的。因此,女人为天使的缘故,应当在头上有服权柄的记号。然而照主的安排,女也不是无男,男也不是无女。因为女人原是由男人而出,男人也是由女人而出,但万有都是出乎神。你们自己审察,女人祷告神,不蒙着头,是合宜的吗?你们的本性不也指示你们,男人若有长头发,便是他的羞辱吗?但女人有长头发,乃是她的荣耀,因为这头发是给她作盖头的。若有人想要辩驳,我们却没有这样的规矩,神的众教会也是没有的。"①

显然,这很长的一段话成为保罗对女性有歧视与偏见的证据,无疑,中世纪的天主教会对这段话也做了夸大的引申。保罗为什么要求女性在教会中蒙头?我们当如何理解保罗的这段话?一般人或许以为"蒙头"即是用头巾把头蒙起来。有学者曾对"蒙头"问题作过专门研究,认为旧约中没有蒙头的律法,保罗所讲的"'蒙头'与'不蒙头'是指束发与披发的区别,而并非指戴头巾与否。从亚述时期直至他勒穆时期,犹太女子在家中、公众场合及日常集会中都不蒙头。"②具体在上述经文中,对于保罗的"蒙头"的理解

---

① 《圣经·哥林多前书》11:3—16。
② 转引自杨克勤:《女人:一个神学问题》,香港文字事务出版社2004年版,第105页。

应是:"保罗并不是命令女子要蒙起头来,而是不许她们披发,她们必须把头发妆束起来……在当时长发往往是与同性恋相联系的。因此,这里所关注的是发型的问题,并非是蒙头。"①即保罗所关注的"是指发型是否合乎传统。传统上妇女的发式是将头发梳起来,或在头顶梳成辫子,而不是披着长发"②。显然,保罗在这一段经文中所表达的是当时社会的正统看法,特别是犹太人的正统看法。

笔者以为,保罗坚持女人"蒙头"即合宜的发式,或许有传统的、社会规范的或神学的等方面的考虑在内,就传统的考虑来看,古代的女人一般蓄长发,剪发或剃发是不正常的现象,而且它们原属于举哀悼丧的一类行为,譬如在战争中掳来的女俘若被人娶为妻,她就得剃去头发,哀哭父母。③ 所以保罗说:"女人有长头发,乃是她的荣耀。"从社会规范的考虑来看,从犹太人的社会习俗来看,犹太人中已婚的女子必须束发,如果有不贞的事,祭司就会叫不贞的妇人蓬散头发,喝致诅咒的苦水。④ 而女人在犹太人的会堂等比较正式庄严的场合中参与崇拜时的束发,被认为是合宜的,因为它体现了女性在公众场合所应持有的端庄和朴素。著名的犹太学者芬克斯在读了《塔木德》后,得出结论说:妇女的头发,尽管不是每一根头发,都必须包裹起来。事实上,《塔木德》时代的犹太拉比之所以不允许妇女将头发裸露在外,还有一个重要的原因,就是担心妇女的性诱惑。有鉴于此,后《塔木德》时代的犹太教要求已婚妇女必须将所有的头发都包裹起来。若是剃了头发、剪短头发或披散头发,则被视为不合规范或不成体统。要知道,在当时罗马帝国的许多异教的庙宇内,许多女祭司是庙妓,她们不仅披头散发,而且头上还有很多妆饰,妖艳诱人,显然,保罗认为教会内的女基督徒应该与这些异教庙宇的庙妓们有所分别。

---

① 转引自杨克勤:《女人:一个神学问题》,香港文字事务出版社 2004 年版,第 106 页。

② 转引自杨克勤:《女人:一个神学问题》,香港文字事务出版社 2004 年版,第 106 页。

③ 《圣经·申命记》21:11—13 节说:"若在被掳的人中见有美貌的女子,恋慕她,要娶她为妻,就可以领她到你家里去,她便要剃头发,修指甲,脱去被掳时所穿的衣服,住在你家里哀哭父母一个整月,然后可以与她同房。"

④ 参见《圣经·民数记》5:16—31。"祭司要叫那妇人蓬头散发,站在耶和华面前……祭司手里拿着致诅咒的苦水,要叫妇人起誓……"

从神学的角度来看,保罗从上帝造人讲起,对女性应该"蒙头"的问题给出了一大段神学的理由与解释。在他看来,女人蒙头是表明顺服,表明对男人的顺服,因为"男人是女人的头",男人"是上帝的形象和荣耀;但女人是男人的荣耀",理由是"起初,男人不是由女人而出,女人乃是由男人而出;并且男人不是为女人造的,女人乃是为男人造的"。这无疑是根据《创世记》的第二章而言的,在《创世记》的第二章里,上帝造人才有造男造女的先后次序,而且表明女人是为男人而造的。①

保罗的解释无疑有令人费解之处,因为:其一,在《创世记》的第一章,上帝造人乃是照着他的形象同时造男造女,上帝不仅委托男人也同时委托女人来管理万物。其二,虽然女人由男人而出,却只有夏娃是如此,但以后所有的男人都是从女人而出,甚至上帝的儿子耶稣基督道成肉身,也为女人所生。因此以造男造女的先后次序来构成神学的理据,似乎不太充分。其三,如果蒙头是女人顺服男人的记号,那么男人顺服上帝,又以什么为记号呢?况且既然基督是教会的头,男女信徒应同时顺服他们的头——基督,那么在上帝的家即教会里的次序就不应该是:上帝—基督—男人—女人,而应是:上帝—基督—男人和女人才对。保罗还有一个神学的理据,即"女人为天使的缘故,应当在头上有服权柄的记号"。这句经文更是令人费解。然而接着这句话保罗又说:"然而照主的安排,女也不是无男,男也不是无女,因为女人原是由男人而出,男人也是由女人而出;但万有都是出乎上帝。"显然,保罗在此又再次肯定了女人和男人之间的彼此需要、相互依靠、缺一不可的关系以及神与包括男人女人在内的所有人类的关系。

保罗的上述关于蒙头的神学解释或许表明了保罗维护传统和教会内的性别关系的正常秩序。如前所言,在哥林多教会中,有许多信徒,尤其是一些女信徒受到诺斯替教派思想的影响。其中有些人认为,凡属灵的基督徒都已经与基督一起做"王"了,因而不再有男女之别,她们甚至认为外在的行为和服饰上也不应再有男女之别,因此她们在举止装束上刻意摹仿男性,穿男服或披散头发就是这种刻意摹仿的表现。此外,这些人还在教会中乱

---

① 《圣经·创世纪》2:18 中耶和华神说:"那人独居不好,我要为她造一个配偶帮助他。"

发议论,叽叽喳喳、喋喋不休,她们也许可以算是那个时代的女权主义者。这些人的表现显然引起了许多信徒的不满。这当中也包括许多坚守传统的女性,因此"我们应当留意保罗所回应的会众至少包括了两群人:一群是披散头发的女权主义者,另一群则在发式上持守传统规则的人"①。显然,保罗既坚持性别之间的有所区分,女人不一定要变得像男人,因此女人应有合宜的端庄的发式,也坚持两性之间的相互依靠性。

2.禁止女人讲道

如今女性在教会中角色的重要性已是不争之实,但妇女可否讲道或承膺圣职,直到今日仍是一个争议性颇多的论题。这个议题已争论了两千多年。不过,今天的教会中无论反方、正方都不否认,从神学、教牧学、社会学或文化人类学以及传教的观点来看,女性的地位,特别是女性在教会中的角色是正面的、是重要的、是不可缺少的,更是永恒的。

如前在述及耶稣的性别意识时,笔者曾明确表述了耶稣向当时犹太教禁止女性公开参与宗教事务立场的反对与挑战。按照耶稣时代的犹太教的律例,拉比是不得与家族外的任何女子在公开的地方相处、交谈。但耶稣竟然公开的收了女门徒;并允许她们跟随他到处布道,让伯大尼的马利亚与门徒们一样的坐在他脚前听道②,又公然的接受妇女的私人财物作生活供应;更破天荒的派定抹大拉的马利亚和一群妇女作为第一群传他复活信息的使者!③

《圣经·使徒行传》中提到了耶稣复活升天以后包括耶稣的母亲玛利亚在内的有些妇女与其他使徒们同心祷告见证圣灵的降临。④ 而彼得在五旬节圣灵降临后的证道更特别的提过约珥书中圣灵的降临是给仆人和使女。"在那些日子,我要将我的灵浇灌我的仆人和使女,他们就要说预言。"⑤这就正面的说明了五旬节圣灵降临时,也有妇女们在场,她们也都

---

① 杨克勤:《女人:一个神学问题》,香港文字事务出版社 2004 年版,第 100 页。

② 参见《圣经·路加福音》10:39。

③ 参见《圣经·路加福音》24:9—10。

④ 参见《圣经·使徒行传》1:12—26。

⑤ 《圣经·使徒行传》2:18。

有份。

就保罗而言,前面提到,可以说,保罗对女性在教会的事工是持肯定和赞赏态度的。保罗在《哥林多前书》第11章至少对女性讲道也持认可态度①,但后来他的态度是有明显变化的。直至今天,反对女性在教会中讲道的常拿出保罗的相关论述来,这些论述所涉及到的主要有3处经文,其中有两处经文在哥林多书信中,一处在提摩太前书中,可见3处经文针对的是哥林多教会和以弗所教会。

在《哥林多前书》第14章中,保罗说:"妇女在会中要闭口不言,像在圣徒的众教会一样,因为不准她们说话。她们总要顺服,正如律法所说的。她们若要学什么,可以在家里问自己的丈夫,因为妇女在会中说话原是可耻的。神的道理岂是从你们出来吗?岂是单临到你们吗?"②但如从14章整篇来看,保罗其实指出了本乎崇拜的安静和秩序要求,他明确要求教会中不可有三种声音:第一,没有意义的语言声音。("舌头若不说容易明白的话,怎能知道所说的是什么呢?这就是向空说话了……我若不明白那声音的意思,这说话的人必以我为化外之人,我也以他为化外之人。"③)第二,没有悟性不造就人的口音或方言。("所以那说方言的,就当求着能翻出来……我说方言比你们众人还多,但在教会中,宁可用悟性说五句教导人的话,强如说万句方言。"④)第三,不按秩序叫人混乱的先知讲道。("至于作先知讲道的,只好两个人、或是三个人,其余的就当慎思明辨。若旁边坐着的得了启示,那先说话的就当闭口不言,因为你们都可以一个一个地作先知讲道……因为神不是叫人混乱,乃是叫人安静。"⑤)所以紧接着的上述第34节禁止妇女讲道的经文应放在整章的情境和文脉中来解读。

如果说这段经文只是不许女人在听道时发问而已,那么在《提摩太前书》中,则有一段明确不许女人讲道的论述。他说:"女人要沉静学道,一味

---

① 参见《圣经·哥林多前书》11:5。"凡女人祷告或是讲道,若不蒙着头,就羞辱自己的头。"
② 《圣经·哥林多前书》14:34—36。
③ 《圣经·哥林多前书》14:9—11。
④ 《圣经·哥林多前书》14:13—19。
⑤ 《圣经·哥林多前书》14:29—30。

地顺服。我不许女人讲道，也不许她辖管男人，只要沉静。"①

　　显然保罗的这段经文比前面所引用的经文更为保守，对女性更为制约。前述关于蒙头的经文至少肯定女性可以在公众崇拜中祈祷或宣讲上帝的信息，只要她蒙头便行②；而这段经文则明确禁止女人在教会中讲道。"讲道"原意为"教导"，在保罗看来，女人只可听道，不可教导人。按照犹太人的规矩，教导者是由专人担任的，比如拉比，不是谁都可以担任此责的，更何况女性。这段话中的"我不许女人讲道"的"我"究竟是指神，还是指保罗自己，如果"我"代表神，那就是来自至高者的绝对命令；如果是指保罗自己，那只是他个人的意见。联系上下文来看，笔者以为，此处的"我"应该是指保罗自己。或许在保罗看来，如果女人在教会中担任教导一职，就有可能因其"教导"取得教会内的领导地位，甚至来辖管男人，而这正是保罗所顾虑的。所以紧接着"我不许女人讲道"这一句的后面的一句就是"也不许她辖管男人"。

　　若是仔细考察初期教会所处的环境，不难发现保罗在此处理的仍然是关于教会秩序的问题。要知道，《提摩太前书》是针对以弗所教会的实际情形而言的，这封信是保罗指示当时正在以弗所教会担任牧养之职的年轻的提摩太③如何处理该教会的一些棘手问题而写的，以弗所教会与哥林多教会的情形类似，作为哥林多人的提摩太在此目睹了与哥林多城一样的光景。如两个城市均有许多异教的神庙，这些庙里有许多庙妓，她们专门以色相勾引男人敬拜偶像，引诱男人堕落在放纵无度的淫乱生活之中。以弗所城的一大特色就是该城的亚底米女神庙，为古代世界七大奇观之一，传说庙内的亚底米女神像是从天上掉下来的，以弗所人就以女神的看管者自居。④ 以弗所教会同样也因之受到了或多或少的冲击。因为有些常在庙里生活的男

---

①　《圣经·提摩太前书》2：11—12。

②　参见《圣经·哥林多前书》11：5。"凡女人祷告或是讲道，若不蒙着头，就羞辱自己的头。"

③　提摩太似乎是保罗最亲密的同伴之一，保罗视他如同儿子，称他为亲爱、忠心的儿子。见《哥林多前书》4：17。"因此我已打发提摩太到你们那里去，他在主里面，是我所亲爱、有忠心的儿子。"提摩太后来成为以弗所的教会领袖。

④　参见《圣经·使徒行传》19：35。"以弗所人哪，谁不知道以弗所人的城是看守大亚底米的庙，和从宙斯那里落下来的像呢？"

男女女,听了福音成了基督徒后,他们把一些不好的社会风气和生活习惯带到教会,更有甚者,有人竟把教会当作了庙会,混乱了教会正常严肃的崇拜秩序,特别是一些女信徒有如异教的神庙里的女子一样(根据查考,外邦女人在敬拜时,必以欢笑怪声和突然怪叫哀号敬拜他们的神;男人一般却只静坐观望。近代考古挖掘出,在哥林多发现这种礼仪石碑),自称被鬼灵附身,受托讲话,她们在教会的公开崇拜中喜欢站起来滔滔不绝地教训人,乱发议论,叽叽喳喳、喋喋不休,干扰了教会的正常秩序。更有甚者,有些极端的"女权主义者"以为女人是男人的启蒙老师,女人有如上帝的权柄管辖男人,而真正的女人是不生孩子的。所以,保罗要藉这封信提醒年轻的提摩太应如何教导教会里的基督徒。他讲这番话的主旨是要维持教会里正常崇拜的秩序,他的动机是为了教会大众的益处。保罗上述言语中的"沉静"(hesuchia)原意为宁静、不扰乱与安分守己之意。保罗的语言虽然较为严厉,但这既是出于维护秩序的考虑,也是出于对教会中其他来听道的会众的关怀。这样看来,教会禁止妇女在会中发声喊叫是很合理的事。

以弗所教会所面临的还有另外一个棘手问题即"假师傅"问题。在该封书信中,保罗开宗明义地点明写此书信的目的,"我往马其顿去的时候,曾劝你仍住在以弗所,好嘱咐那几个人不可传异教,也不可听从那荒渺无凭的话语和无穷的家谱;这等事只生辩论,并不发明神在信上所立的章程"①。"嘱咐"原文其实是"命令",无疑这是一个严肃的字眼,可见保罗写此信时的沉重心情。

有一些假师傅甚至倡导不可以结婚,也不可以吃某些食物,"他们禁止嫁娶,又禁戒食物,就是神所造、叫那信而明白真道的人感谢着领受的"②。教会的很多女性还真的听信了这些假师傅的教训,有的女性在教会担任一定的职位后,又以这种教训去教导别人,显然,这种教导是不容于罗马帝国传统社会的。

这些假师傅的问题还不单单是神学的错误而已,且涉及到人格道德的

① 《圣经·提摩太前书》1:3—4。
② 《圣经·提摩太前书》4:3。

问题,保罗在该信以及《提摩太后书》中均明确指出了假师傅人格道德的败坏,"这是因为说谎之人的假冒;这等人的良心如同被热铁烙惯了一般……"①,他们"不服从我们主耶稣基督纯正的话与那合乎敬虔的道理,他是自高自大,一无所知,专好问难,争辩言词,从此就生出嫉妒、纷争、毁谤、妄疑,并那坏了心术、失丧真理之人的争竞。他们以敬虔为得利的门路。"②更为严重的是,"那偷进人家,牢笼无知妇女的,正是这等人。这些妇女担负罪恶,被各样的私欲引诱,常常学习,终久不能明白真道"③。由此来看,以弗所教会假师傅的问题比较复杂,这些假师傅"传异教、贪财和诱骗勾结教会中的妇女",假师傅已成为当时教会团体面临的最大威胁。故此,保罗授意提摩太的处理方法是严峻的,不单命令这些假师傅不可传异教,同时禁止以弗所教会中妇女的讲道及领导事工,以堵塞以弗所教会两个严重的破口。

当然,也不排斥初期教会中一些很有领悟力的女性,她们也许经历圣灵充满,对带领会众或教会所开展的活动有特别的看法,她们勇敢地展示自己在信仰中得到自由和真理的一面,她们的特立独行,引起了教会内外人士的怀疑与批评;她们之所以成为被指责的对象,也说明这群人不在少数。而保罗作为初期教会的领袖,他最为关注的是如何将初期教会从异教文化背景中清楚地分辨出来,同时还要为保留教会的生存空间而作出相应的社群协调。为此,他要求那些在教会中比较特立独行、有个性的女性遵守一些规则不是不可以理解的。面对争论不休的教会会众,最直接的解决办法当然是叫引起争论的人停止其引起别人争论的举动。保罗的这段话中拿出了"律法"的依据("正如律法所说的……"),这也反映了犹太传统对他的影响。要知道,在使徒时代,除了家庭教会外,利用犹太会堂传讲上帝的信息也是很普遍的,保罗初到一个地方,常常先在犹太会堂讲道,他很清楚犹太会堂的崇拜秩序以及信徒的行为规范,而在犹太人的崇拜中,女人是习惯于"听"而不是习惯于"说"的。

① 《圣经·提摩太前书》4:2。
② 《圣经·提摩太前书》6:3—5。
③ 《圣经·提摩太后书》3:6—7。

保罗在这段不许女人讲道的经文的后面紧接着就说:"因为先造的是亚当,后造的是夏娃,且不是亚当被引诱,乃是女人被引诱,陷在罪里。然而,女人若常存信心、爱心,又圣洁自守,就必在生产上得救。"①有学者认为:"基督教关于夏娃(女人)应对原罪承担责任的主要基调正是从此开始的。"②夏娃在创造中的第二位置和在罪中的第一位置成为主张女性在教会中处于附属位置的重要理据。

如前所述,为什么保罗在《哥林多前书》第11章至少对女性讲道持认可态度,而在这同一封信的第14章保罗就明确反对女性在教会听道时说话,这明显有自相矛盾之处。或许《哥林多前书》不是保罗一气呵成地写成的,我们今天只能猜测保罗对女性是否可以在教会中讲道有一个思考过程,无论这个思考过程是长是短。可以肯定的是,保罗的思考越来倾向于得出女性最好不要在教会中讲道的结论。所以在《提摩太前书》中保罗明确提出了"我不许女人讲道,也不许她辖管男人"。保罗的这些言语不仅是对女信徒所提出的宗教生活的行为规范,也是其世俗生活的行为规范。这些言语毫无疑问反映了犹太教父权制传统的思想与习俗对其的影响。犹太人认为一个有才德的女人首先是一个敬虔的人,其次是一个有善行的人,再次是一个温柔沉静的女人,那种只重视外表的妆饰、走到那里咋咋呼呼、在男人面前指手画脚的女人在犹太社会中普遍不受欢迎,并受到指斥。

不过,笔者以为,保罗或许还有更深层的考虑,保罗虽具有犹太文化的背景,但他所要处理的是许多深受希腊、罗马文化背景影响的一些教会中的事件。如前所述,在罗马帝国晚期,随着奢华生活的普遍流行,以及人们价值观念与生活方式的变化,类似哥林多、以弗所之类的城市教会无疑受到罗马时尚的极大影响,而且这种影响也随着一些女子皈信基督教而带进了教会,因而引起了一些虔诚的基督徒对教会秩序和教会的淳朴性的担忧。一些深受传统思想影响的男性对女性在初期教会中的一些诸如与男人一样的说预言、讲道之类的作为也非常不满,因而设法贬抑女性在教会中的作用。

① 《圣经·提摩太前书》2:13—15。
② D.L.卡莫迪:《妇女与世界宗教》,四川人民出版社1989年版,第130页。

从保罗时代至公元2世纪,女性在教会中的事奉和地位问题始终是教会内部一个争论不休的话题。对女性某些活动的禁止,或许正可反映出教会内部在意见做法上的分歧。保罗所关注的是如何在新兴的教会中确立正常的教会生活的秩序以及男女信徒关系的处理,他无疑很想把他所熟悉的犹太教的会堂中的崇拜秩序与男女在会堂中的关系引进到新兴的教会中来。

何况当时这些城市教会还有来自罗马世俗社会的压力。公元1世纪时,基督教在罗马帝国中传播得很快,基督教传播到外邦人中去后,主要是在人口较为集中的城市发展会众,保罗布道所去的都是一些重要的城市而不是农村,基督教在城市的传播既缺乏来自政府层面与罗马文化背景的支持,当时基督徒常被指控为无神论者,因为他们不参与异教的敬拜。也不敬拜罗马帝国的皇帝,而这恰恰是是否向皇帝和帝国效忠的试金石。对基督徒而言,敬拜皇帝便等于放弃了对上帝和基督的忠心,两者有所冲突。而早期基督教的秘密聚会又使得世人对教会的状况充满了误解,如常有民间传闻说基督徒在夜间的聚会上沉湎于食人肉喝人血者,因为据说他们吃基督的身体、喝基督的血;加之初期基督徒之间彼此常常亲嘴问安,并互称弟兄姊妹(今天教会中的基督徒也仍是互称兄弟姊妹),这种家庭称谓的比喻用法对于罗马帝国来说是全新的,他们因之又被指控为纵欲者和乱伦。不仅许多未受过教育的老百姓相信这种传闻,而且许多有文化的人和社会上层的人也听信了这种谣言,因之教会的宗教活动在罗马人眼里被视为一种旁门左道的妖术和伤风败俗的恶行。这就使基督徒在其眼里变得非常危险。因此,为了消除民众对基督教的误解,也为了避免一些来自政府或方方面面的麻烦,作为初期基督教会的领袖,保罗当然要求基督徒的行为要更加谨慎,更加不要让人抓住把柄,更加符合传统的道德与伦理,因为犹太文化和古典地中海文化都视女性的从属地位为天经地义。

为了服人,保罗在明确地给出他的观点的同时,还给出了他的理据,即"因为先造的是亚当,后造的是夏娃,且不是亚当被引诱,乃是女人被引诱,陷在罪里"。女人被后造以及女人被蛇引诱的事实,在保罗这里成了女人应被男人辖管的理据。如果说保罗在《加拉太书》中是从神学或理论的角度强调男女信徒在信仰与救赎上的平等,而在《哥林多前书》、《提摩太前书》等中所强调的是在现实的宗教和世俗生活中男女终究还是有别。保罗的这种态度也是初期教会中教导与实践之间出现的矛盾的体现,教会在理念上所认信的是在基督里不分种族、主仆、性别的平等,但在实践中、在面对来自方方面面的压力时,教会领袖所强调的是顺服于固有的传统和价值。《哥林多前书》与《提摩太前书》主要是为平息传到保罗耳中的信徒的纷争而写的,显然保罗在这个"平息"的过程中,又站在了传统的立场,男性的立场上。

保罗一方面公开称赞和衷心感激与他一起劳苦共事的姊妹,另一方面又严厉地警诫女性在公众聚会中的表现;一方面肯定婚姻、性和夫妻的平等和相互责任,另一方面又指控女人为始祖犯罪的始诱者,只有靠生育孩子得救。这是一件既有趣也值得人深思的事实。

(四)耶稣与保罗的性别意识的比较

不难看出,耶稣是先知与导师,保罗却是初期教会的创立者与组织者;耶稣是一个性情自然的人,他没有受过任何正规的教育,尤其是拉比教育和训练的影响,而保罗既有希腊罗马文化的背景,又是法利赛人,还在当时最著名的拉比迦玛列处接受过严格与正式的犹太教的神学训练,因而他较为保守或遵守传统。耶稣主要是在犹太人的范围内传福音,而保罗却是把福音传到外邦人中,从而使基督教日后成为世界宗教的重要人物之一,因而他所面临的传教背景更加复杂,他所要处理的初期教会的许多问题也更加棘手,因而他在处理这些问题上不得不小心和谨慎。

不过即使他们两人有上述分别,但就他们对女性的交往与看法而言,还是有许多共同之处。这表现在:

其一,他们在与女性的具体交往中并没有表现出看不起或歧视女性,他们表现出的都是非常正面与友善的态度,女性既是他们的亲密朋友,也是他们事业的同工,不管他们去到哪里传讲福音,都接受过许多女子的真诚善意的接待与帮助。

其二,他们都关心如何使女性从身心的困苦和捆绑中"解放"出来,但也许两人的关注点不大一样,耶稣所关注的是如何使个人得到身心释放的自由,而保罗所关注的则是教会生活的正常秩序。要知道,保罗书信是他用来教导众人的文件,而且他的书信也不单单写给某个人,"保罗书信有公众性、团体性或教会性"①的特点。他之所以写信给提摩太,就是希望在其所属的以弗所教会确立一些原则,让基督徒的生活有规范可以遵循。正如他自己在信中提及他写信的理由时所说的:"我指望快到你那里去,所以先将这些事写给你。倘若我耽延日久,你也可以知道在神的家中当怎样行,这家就是永生神的教会。"②为此他不得不兼顾到教会中群体的因素,兼顾到各方面的妥协与协调。我们若明白如哥林多或以弗所教会等当时的境况,就知道保罗的一些针对女性的严厉的言语是针对教会具体问题的回应,而不是有意在建立普世适用的神学原则。但就信徒个人的生活而言,保罗并没有忽略个人的需要与关怀,尤其在他关于婚姻的论述中,可以看出他是尊重个人抉择的自由的。

其三,他们皆肯定男人与女人在上帝的国中有相等的价值与尊严,但在将原则应用到具体的生活场景中时,耶稣也许显得比保罗更为自由,保罗则较为传统与保守。保罗关于女性的许多话语中反映了其所深受的犹太与希腊罗马传统的影响,反映了其父权的意识形态的取向,也许正是在这一点上,他给后来的神学家们留下了沿着其取向可发挥的空间,并走向中世纪天主教会对女性的极为歧视的方向。保罗的神学成为日后教会男尊女卑神学的基础。这或许是保罗所始料不及的。

笔者以为:一方面,保罗书信有它自己的历史背景和上下文语境;另一方面,当代人在解释保罗书信时又有自己所面临的"问题"处境,因此人们不能生搬硬套地、机械地理解、诠释和传递经文的信息。即在处理当代人遇到的问题时,我们不能采取那种硬是直接地不加分析地从保罗书信中寻找答案的做法。如女性的讲道问题,保罗曾在特定的语境中说过,"我不许妇女讲道"③。今天的时代和处境与保罗当年已经大相径庭,如果教会仍然不许女性上台讲道的话,显然不合时宜。

---

① 约翰·鲍克:《圣经的世界》,刘良淑、苏西译,台北猫头鹰出版社 2000 年初版,第 406 页。
② 《圣经·提摩太前书》3:14—15。
③ 《圣经·提摩太前书》2:12。

保罗从来不回避他遇到的种种问题，而且他对不同的教会其教导也是有针对性和不同的。但即使不同，保罗也并未打算在耶稣教导的基础上建构自己的一套神学体系，他在基督教历史上的重要性在于他以自己的毕生精力去传播上帝的纯正福音，捍卫上帝真理的纯洁性。在保罗所传的信息中，重要的不是保罗个人的思想观念，而是关于上帝救赎的福音。他要传的始终是关于"上帝的真理"，而不是他自己的"思想"。

笔者在此尤其要强调并一再的指出：保罗的书信是特别针对当时的教会写成的，他的许多教导都是针对教会具体问题的回应，这些书信可以让我们一窥主后 50 至 60 年代初期教会的情况，反映出基督教传到犹太人以外的希腊罗马社会中所带来的问题、信仰上的困惑、异端的挑战等。正因保罗书信多半是其对当时教会处境的回应，所以不是计划周详的神学作品（当然，保罗的书信虽非神学论著，但因其在神学上有许多精辟的见解仍有其权威性），所以书信中偶尔也会有断句、枝节句的出现，所以今天的读者对其书信的上下文语境以及当时教会面临的问题要有足够的了解。保罗书信的这个重要特色是今天我们在读这些书信时要特别注意到的。不同的时代有不同的处境，不同的教会有不同的问题。我们也应当负责任地回应我们自己的时代处境和问题，而不必取那种硬是直接地不加分析地从保罗书信中寻找答案的做法。

五、比较文化视野下的对儒家经典与
《新约》的性别意识的比较

从本章的论述中，人们不难发现，《论语》、《孟子》、《荀子》、《礼记》、《易传》与《六德》等儒家经典中的性别意识是在春秋战国的"乱世"之时对殷周制度所确立的礼制日益遭到破坏的一种自觉反省；而《四福音书》中耶稣的性别意识与保罗书信中的性别意识所提出的背景则是：公元前后基督教作为一种新兴宗教在罗马帝国的统治下在以色列社会内部兴起、成长并向以色列人以外的"外邦人"逐渐传播之时。尽管儒家经典和新约的性别意识所面临的"问题处境"不同,但都自觉地从理性或神学的层面上对其性别意识予以深厚的根基,而在具体的应付问题的方式和方法上则有很大的不同。

(一)儒家经典的性别意识的理性根基

就儒家经典的理性根基而言,最重要的莫过于《易传》,可以说,《易传》为儒家的性别意识奠定了最为完备的性别形而上学。其主要内容是:其一,现实生活中的男女关系不是单纯的男人女人的问题,它涉及宇宙和人类社会生活的基础,男女之道即是阴阳变化之道,人伦即是天伦也。这就是古代中国的性别关系一定要通过阴阳的概念和关系来理解的原因所在。阴阳是表述和理解古代中国性别关系的关键概念和专门术语,离开了对阴阳的把握,对古代中国的性别关系的理解就会不得要领。

其二,既然阳刚(或刚健)阴柔(或柔顺)、乾刚坤柔、天刚地柔,那么按照"男法天、女法地"的思路,男刚女柔则也是天经地义的了,刚健柔顺由此成为理想的男人女人所应具备的气质。刚柔在此并无褒贬之意,只是指事物所具有的不同性质罢了。《易传》在阐释男女的各自气质和天性自然"有别"的基础上,进而阐释由此"别"所决定的男女在家庭中各自的职责与角色上的"有别",即"男主外、女主内"。这儿的内外是相互配合之意,这种分工是与当时具体的历史条件即当时的中国是一个农业社会相关,男耕女织的家庭经济模式本身就决定了夫妇的职责范围。

其三,《易传》既强调阴阳之别,也强调阴阳之和;既强调男女之别和内外之别,主张"分阴分阳,迭用柔刚"①,也强调在"别"的基础上达到"合和"之境界。即"阴阳合德而刚柔有体。以体天地之撰,以同神明之德。"②合和,即是自然界的阴阳与人类社会的男女两性之间的理想关系。显然,《易传》所注重和强调的是阴阳的合和与互动的和谐关系。

其实,上述以阴阳的概念与关系来理解性别关系并不是先秦儒家的独

---

① 《易传·说卦》。
② 《易传·系辞下》。

创,也不是儒家的专利。倒是儒家受到了如道家学派等在内的诸子百家的影响与启发。先秦的黄老之学中本来就有比较丰富的关于阴阳的思想,如果说儒家的旨趣是人间秩序的话,道家关切的则是自然宇宙秩序。道家之"道"是万物存在的总根源与总根据。如老子云:"道生一,一生二,二生三,三生万物"①,学者们常将"一生二"的"二"理解为阴阳,不无道理。庄子云:"至阴肃肃,至阳赫赫。肃肃出乎天,赫赫发乎地,两者交通成和而物生焉。"②如前所述,《黄帝四经》的《称》则明确地提到了属阳与属阴的自然事物的划分与属阳与属阴的不同的人群划分,并明确提出了"男阳女阴"。《称》最后说:"诸阳者法天……诸阴者法地,地【之】德安徐正静,柔节先定,善予不争。此地之度而雌之节也。"男法天,女法地,由此成为天经地义之法则。

　　儒家受到上述道家思想的影响,但在此基础上又有自己的发挥与创造,即儒家要把道家建立在宇宙论基础上的阴阳概念落实到人间的阴阳即男女关系中来,落实到现实生活中的家庭与社会秩序中来,以达到其"列君臣父子之礼、序夫妇长幼之别"③的要旨。

　　有了如是之理解,人们就不难明白儒家经典中关于性别意识的一些共同特点:其一,重视男女的结合,并将男女结合的婚姻与宇宙、社会及人类社会的延续联系起来,孔子曾以较为简练的语言(孔子云:"天地不合,万物不生。大昏,万世之嗣也……"④)极为深刻地揭示了男女结合的婚姻礼仪与社会、人类以及整个宇宙的不可分割的关系。婚姻是"天道"在"人道"上的体现,因而婚姻具有神圣性与永恒性。这样的婚姻观其实与《圣经》中视婚姻为神圣的观点接近。不仅如此,先秦儒家还把男女的结合放在与"父子"、"君臣"关系的同等地位,作为治理国家之本和根本之要。如荀子云:"君臣、父子、兄弟、夫妇,始则终,终则始,与天地同理,与万世同久,夫是之

---

① 《老子·四十二章》。
② 《庄子·田子方》。
③ 《史记·太史公自序》。
④ 《礼记·哀公问》。

谓大本。"①如是才有了对婚姻的礼仪持"敬慎重正"之态度,对媒妁之言、婚姻的禁忌、婚姻的六道程序(纳采、问名、纳吉、纳征、请期与亲迎)的重视,均是这种"敬慎重正"的体现。先秦诸子百家中,儒家是最讲究礼仪的,这是因为表现于外在规则的礼仪在儒家看来有其深刻的象征意义,它象征了一种上下有差别、等级有次第的社会的秩序。没有对包括婚姻在内的礼仪的敬畏和尊重,就不可能有人的道德和伦理的自觉,而社会的秩序也就无法得到确认和遵守。

其二,对"男女有别"的重视与强调,并且基于这种重视与强调,划定了男人与女人的活动空间,划定了男人和女人在家庭和社会中的主从位置,并赋予了男人和女人不同的社会价值观。由于男人与女人的活动空间的划定,政治、武功与教育等均成为男人的专利,而女人的活动空间则局限在家庭的圈子里。从《礼记》所规划的性别角色教育中可以明显地看到这一点。先秦儒家立场鲜明地表示了对女性参与政治和社会公共事务的反对态度,而男人和女人不同的社会价值观的赋予,则使得人们对怎样做男人、怎样做女人有了清楚明晰的了解,即男人要在社会上做大丈夫,"立德、立功、立言"②,女人则要在家庭中表现得温柔顺从与贤良,侍奉好公婆,料理好家事,生下传宗接代的儿子等。也正是由于男人和女人在家庭和社会中的主从位置的划定,"男率女、女从男"成为儒家理想的家庭等级秩序的一条原则。

其三,先秦儒家最为关心的是家庭和社会的正常秩序。他们并不一味地反对和仇视女性,这与古希腊哲学将男人与精神、灵魂相联系,将女人与身体、感性相联系从而贬损女人以及西欧中世纪早期天主教会认为女人的性欲望妨碍了男人的灵性追求,因而提倡禁欲主义,并对女性有许多诋毁是完全不同的。中国的哲学向来是强调"中庸"而不走"极端"的,因此,儒家一再强调在夫妻各就其位、各尽其义的基础上,夫妻之间还要"有义"和"有敬"。儒家希望所有的人无论男女,都要各就其位、各尽其义,恪守自己的

---

① 《荀子·王制》。
② 《左传·襄公二十四年》云:"'大上有立德,其次有立功,其次有立言。'虽久不废,此之谓不朽。"

本分与职责,并在此基础上建立起一个和谐有序的社会,一旦有人逾越了自己的位置和界限,没有恪守自己的本分与职责,就会遭到他们的反对,如"女祸说"中被攻击的妹喜、妲己与褒姒。

先秦儒家的上述主张有其实际的意义,因为这有助于建立稳定与和谐的家庭秩序。在儒家看来,有了稳定与和谐的家庭秩序,才有稳定与和谐的社会秩序。所谓"修身齐家治国平天下","齐家"一定是在"治国平天下"之前。所以,《礼记·礼运》中论到"十义"时,是将"夫义"置于"妇听"前,即"父慈、子孝、兄良、弟悌、夫义、妇听、长惠、幼顺、君仁、臣忠,十者谓之人义"①。《左传》中在论及"礼"时,是将"夫和"置于"妻柔"前。如:"礼之可以为国也,久矣,与天地并。君令、臣共,父慈、子孝,兄爱、弟敬,夫和、妻柔,姑慈、妇听,礼也。君令而不违,臣共而不贰;父慈而教,子孝而箴;兄爱而友,弟敬而顺;夫和而义,妻柔而正;姑慈而从,妇听而婉:礼之善物也。"②这里也是将"夫和而义"放在"妻柔而正"之前。儒家还主张"敬妻",并强调"敬妻"的重要性,如同孔子所云:"不能敬其身,是伤其亲;伤其亲,是伤其本;伤其本,枝从而亡。"③

上述儒家性别意识的产生,当然与产生这种意识的历史环境密切相关。先秦的中国社会,是一个以农耕为主的社会,人们靠天吃饭,最为关注的是农作物的成长,由农作物的成长进而关注到自然界包括人在内的所有生命的"生生不息",关注到自然界的四时更替和阴阳消长,人们的生产和生活,是围绕自然界的四时更替和阴阳消长展开的。而且,在这样一个以农耕为主的小农经济社会里,男女的性别区分与合作是必须的,"一夫不耕,或受之饥;一女不织,或受之寒"的生产生活方式,从根本上决定了男女双方在生产领域中都拥有着不可或缺的重要地位,女性所担任的工作如养蚕织布不仅对于家庭的经济,而且对于国家的经济都有着重要的意义。"男乐其畴,女修其业,事各有序"④,这是男耕女织的理想治国模式。从先秦的各诸

---

① 《礼记·礼运》。
② 《左传·昭公二十六年》。
③ 《礼记·哀公问》。
④ 秦始皇三十二年碣石刻石铭文,《史记·秦始皇本纪》。

侯国以及秦始皇统一中国后的奖励耕织到清代满清政权对"女织"的强调，莫不如此。无疑，自然界的阴阳和谐会给人们带来丰收的期盼，人间的男女和谐会给人们带来家庭的兴旺，即人们常说的"家和万事兴"。不言而喻，家庭对每一个社会成员而言都有着非常重要的意义。

（二）新约性别意识的神性根基

如果用一个字来概括《四福音书》中耶稣的性别意识的神性根基的话，这就是"爱"。当一个法利赛人为要试探耶稣，问他律法上的诫命哪一条是最大的时候，耶稣对他说："你要尽心、尽性、尽意，爱主你的神。这是诫命中的第一，且是最大的。其次也相仿，就是要爱人如己。这两条诫命是律法和先知一切道理的总纲。"①要知道，犹太人律法的诫命有613条，这两条诫命本不连在一起，第一条诫命见于《申命记》："耶和华我们神是独一的主。你要尽心、尽性、尽力爱耶和华你的神。"②第二条诫命见于《利未记》："要爱人如己。"③耶稣将律法上的这两段经文放在一起，视为"最大的诫命"。他或许是第一个将爱神与爱人如此并列的人。

耶稣以自己的行为与教导显明了人当如何去爱神爱人。在爱"人"中，就包括了对不同性别、不同身份、不同阶层、不同文化背景的各类人在内的所有人的爱。正因为如此，耶稣才在一个以男性为主导的社会，经常表明其对女性的重视、关怀和爱，和对女性追求真道的尊重、鼓励与肯定。

保罗书信中的性别意识的神性根基同样是基于爱，保罗说过："凡事都不可亏欠人，惟有彼此相爱，要常以为亏欠，因为爱人的就完全了律法。像那不可奸淫，不可杀人，不可偷盗，不可贪婪，或有别的诫命，都包在'爱人如己'这一句话之内了。"④当然，保罗书信的许多内容都似乎是为他所帮助建立的新教会而立下的规章，并给与这些教会以明确的指导和吩咐，"但他也提出一般性的原则，即：一切行为都要出于爱（希腊文 agape），这是哥林

---

① 《圣经·马太福音》22:37—40。
② 《圣经·申命记》6:4—5。
③ 《圣经·利未记》19:18。
④ 《圣经·罗马书》13:8—9。

多前书13章所说'最妙的道',也与耶稣的教训吻合。基督徒再没有新的律法,只需要将掌控一切的爱之原则应用出来。在这一点上,保罗十分接近耶稣的生活与教导。"①保罗说过:"你们受洗归入基督的,都是披戴基督了。并不分犹太人、希腊人、自主的、为奴的,或男或女,因为你们在基督耶稣里都成为一了。你们既属乎基督,就是亚伯拉罕的后裔,是照着应许承受产业的了。"②

(三)比较文化视野下的对儒家经典与《新约》的性别意识的比较

1.针对对象与目标的不同

儒家经典的性别意识所针对的是春秋战国这么一个"礼崩乐坏的乱世",是一个"失序"的社会。所要达成的目的是"天下之治",即一个有秩序的社会,而这个有秩序的社会是经由男女的性别关系、夫妇关系开始的。有学者说:"中国哲学的原初问题,不重求知自然实物之相,也不重反省为知识立根的问题,先秦哲人所追探的是人间秩序之法则……"③而人间的社会秩序要从家庭的秩序开始,正如孟子所说:"天下之本在国,国之本在家,家之本在身。"④而家庭的秩序要从家庭内部的男人女人的性别秩序开始。换言之,性别关系只是社会的总体关系格局中的一个局部,而且其对性别关系的思考一定不离对社会所应建立的整体的正常的关系格局的思考。这就是为什么性别关系在儒家经典的语言表述中,常以夫妇关系来指代,而且在论及夫妇时,常常要同时论及父子、君臣。在儒家看来,当作为个人的男人女人以夫妇的身份进入家庭、宗族或国家的政治体制的关系网络内时,他们之间的关系就不再是纯粹两个个体之间的事,而是事关家庭、宗族、或国家的全局,而这个全局的和谐与稳定正是建立在上下尊卑有序的基础上。儒家的这种思路既是社会的现实,也是儒学的哲学精神与人文关怀使然。

---

① 约翰·鲍克:《圣经的世界》,刘良淑、苏茜译,台北猫头鹰出版社2000年11月初版,第409页。

② 《圣经·加拉太书》3:27—29。

③ 梁燕城:《哲学与符号世界——古代宗哲的精神资源》,华汉文化事业公司1995年版,第177页。

④ 《孟子·离娄上》。

从儒家的哲学精神与人文关怀来看,当"哲学精神从以往仰仗苍天转而面向自己生存于其中的社会,首先关注的,应该是现存社会中那些最普遍、最大量、最常见、因而也是最为人熟悉的东西,因为从这些东西中提取出来的一般原则,必然地最具有普遍意义,最能为人们的日常经验普遍地接受"①。而在先秦儒家看来,"最普遍、最大量、最常见、因而也是最为人熟悉的东西",就是"人的生存的族内群体性以及在这种生存方式下酿成的族内亲情。"②而族内亲情中,最为核心的是纵横两种关系。就纵的关系来看,其主要涵义是指父子关系,这种关系最主要的体现就是"孝",孔子、孟子对谁要孝?为什么要孝?怎样谓之孝?怎样谓之不孝?均有许多论述。就横的关系来看,其主要涵义是指夫妻关系,这种关系最主要的体现就是"别",这就是男女有别、夫妇有别、甚至父母也有别,如《礼记·表记》云:"母,亲而不尊;父,尊而不亲。"同样,上述儒家经典中对谁要别?为什么要别?怎样谓之别?怎样谓之不别都有诸多论述。

本来,"周礼"的最为核心的内容就是"长幼有序"与"男女有别"。而"长幼有序"与"男女有别"正是父子关系和夫妻关系在纵横两方面关系的体现,这表明了先秦儒家的性别意识对周代礼制的认同性。先秦儒家对周代礼制的认同,并不表明其欲将社会倒退到周代去,只是表明其在乱世之时对何以达到乱世之治的摸索与探讨,表明其所致力的目标与周代的礼制一样,即一种井然有序、有条理的生活方式和社会秩序,儒家文化的理性化的特点无庸质疑。表面上看,先秦儒家对周代礼制的认同是向后看,其实不然,儒家文化除了"理性化"的特点外,还有"入世和积极进取"的特点,"向后看"的目的是为了更好地"向前看"。

如上所述,先秦儒家从族内亲情出发,从处理好纵横的父子、夫妻关系入手,"借助于人的心理同构性和家与国的体制同构性,向社会作纵横两个方向的推达、发散"③,期望以此建立起一个有秩序的亲族内外纵横关系和谐的社会。性别之关系的处理,说到底是要落实到总体的社会关系的格局

---

① 冯达文:《早期中国哲学略论》,广东人民出版社 1998 年版,第 54 页。
② 冯达文:《早期中国哲学略论》,广东人民出版社 1998 年版,第 54 页。
③ 冯达文:《早期中国哲学略论》,广东人民出版社 1998 年版,第 54 页。

与秩序中。在今人看来,男女之间的关系是一种政治关系,是一种"性政治",其实先秦的儒家在某种意义上也是如此来理解男女之间的关系的,因为儒家所关心的秩序说到底也是一种政治秩序,这种秩序既关乎家庭的稳定与和谐,也关乎到社会与国家的稳定与和谐。

在《新约》中,如果说《四福音书》的针对对象主要还只是犹太社会的民众的话,保罗针对的对象则主要是基督教建立在外邦人中的的教会了。在耶稣的时代,在罗马帝国统治下的犹太社会的民众普遍怀有一种对"弥赛亚"①的高度期待的情绪,人们期望这个"弥赛亚"能引导他们奋起反抗、从而摆脱罗马帝国的统治、重新获得民族的独立和自强,使神的国得以完全重建。公元 1 世纪时期,犹太人经常与罗马人起冲突,甚至还有几次大规模的战争,在这种形势下,耶稣却把人心静悄悄地引向天国、引向饶恕、引向"爱"。而保罗则面临的是比耶稣更为复杂的环境和问题,尤其是保罗书信的针对对象和背景,已突破了以色列人的范围,已涉及当时的政治、社会、文化等诸多领域,涉及以色列人和外邦人的关系问题以及基督教群体和罗马帝国的关系问题、教会内部的男性和女性的关系问题、奴隶和自由人的关系问题等等。保罗从来没有回避过这些,这些话题在保罗书信的文本及其理解中均起着至关重要的作用。显然,保罗所致力的是早期教会的正常秩序和基督教在罗马帝国内部的正常与顺利的发展。

2.达到目的的途径不同

就先秦儒家而言,其达到目的的途径是从"正名"入手来解决社会秩序包括两性关系的重建问题。儒家希望"正名"来"正实",即借助对名义的规定来确认或迫使社会确认一种秩序的合理性,在其看来,各色人等以正其名来正其实,然后各安其位,就是有条不紊、上下有序、协调和睦的社会秩序的重建之始。

---

①　当时的犹太人普遍相信,神会差遣一位弥赛亚即"被神所膏立者"(中文常称为救世主)来拯救以色列人脱离外族或其他国家的压迫,而这位弥赛亚一定会生在"大卫"家。新约是用希腊文写成的,而希腊文中的"基督"(Christos),意思就是弥赛亚。耶稣的门徒称他为"基督",表明他们认为它就是弥赛亚。

当季康子问政于孔子时，"孔子对曰：'政者，正也。子帅以正，孰敢不正？'"①孔子认为政治就是正名。又有一次，子路问他，"卫君待子而为政，子将奚先？"子曰："必也正名乎！"这也说明"正名"在其心目中是最为优先的。接着，孔子还对子路说了一大堆理由："名不正，则言不顺；言不顺，则事不成；事不成，则礼乐不兴；礼乐不兴，则刑法不中；刑法不中，则民无所措手足。故君子名之必可言也，言之必可行也。"②

"正名"既然如此重要，那么怎样正名？孔子对此给与了解答。"齐景公问政于孔子。孔子对曰：'君君，臣臣，父父，子子。'公曰：'善哉！信如君不君，臣不臣，父不父，子不子，虽有粟，吾得而食诸？'"③孔子的意思是：人无论处在什么位上，是君、是臣、还是父、是子，就必须履行为君、为臣、为父、为子的职责，其行为举止要合乎自己所处之位所要求的礼，这样才有或为君、或为臣、或为父、或为子的名分，才配称作君、臣、父、子。礼即规范，处在不同名位的人，角色不同、礼数不同，但都各各正名循礼。如此才有井然之社会秩序。正如《礼记》所云："礼之于正国也，犹衡之于轻重也，绳墨之于曲直也，规矩之于方圆也。故衡诚县，不可欺以轻重；绳墨诚陈，不可欺以曲直；规矩诚设，不可欺以方圆；君子审礼，不可诬以奸诈。是故隆礼、由礼谓之有方之士；不隆礼、不由礼谓之无方之民，敬让之道也。故以奉宗庙则敬，以入朝廷则贵贱有位，以处家室则父子亲，兄弟和，以处乡、里则长幼有序。孔子曰：'安上治民，莫善于礼。'此之谓也。"④

也许正因为如此，先秦儒家的经典中不厌其烦地表述：

"君君，臣臣，父父，子子……"（《论语·颜渊》）

"父父，子子，兄兄，弟弟，夫夫，妇妇……"（《易经·家人·象》）

"故夫夫，妇妇，父父，子子，君君，臣臣……"（郭店楚简《六德》）

由上可见，先秦儒家没有为个人设置统一的人格，而是为处于不同位置、居于不同身份的人设置了不同的位格，君有君的位格，臣有臣的位格，父

---

① 《论语·颜渊》。
② 《论语·子路》。
③ 《论语·颜渊》。
④ 《礼记·经解》。

有父的位格,子有子的位格,夫有夫的位格,妇有妇的位格,每个人都各有其位,每个位上都有其位所属的格,每个人只需要在其所处的位格上履行自己的职责就是做到了"正名",做到了"正名",才会有家庭和社会秩序的有序与和谐。

也许由于先秦儒家注重"正名",过分注重社会上的各色人等的位、职、德,因而使得先秦儒家原典在论及性别关系时,一个明显的特点或者说一个明显的基调就是过于注重与强调性别之"别",而对性别之间应有怎样的亲密关系少有涉及。在古希腊和古印度的古典文献中,有《爱经》和《欲经》之类的书,专门讨论如何博取异性的爱和如何在性生活中得到肉体和灵魂的最大愉悦;而先秦儒家的经典中则鲜有讨论两性之间如何有从肉体到心灵的彼此愉悦,而对"男女授受不亲"的论述倒是有许多,儒家显然有意识地削弱了夫妻关系中的浪漫之情。这或许也是一般中国人在表达异性间的情感时,总有一种拘谨、含蓄、内敛的性格、习惯与表达方式的最为深层的原因吧,因为文化塑造了我们的性格、习惯和表达方式。

而在《新约》中,"新约作者们从来没有将他们对伦理的看法,以系统性、哲学性的方式写下来,也没有对道德行为的哲学基础作抽象式的思考。他们乃是要读者进入新的生活,而有时也会说明,某些人当如何活出这种生活。新约中有许多处境式的吩咐,指出在某些事上当有的举止,这些举止是对圣经和以色列历史彻底的重新解释,而其根据乃是耶稣的生、死与复活……新约中对特定事件的教导,是要帮助罗马帝国内各个城市、乡镇教会的信徒,活出基督门徒的生活。因此,新约的教导乃是一些智慧之语和吩咐,一方面缘于以色列的道德传统,另一方面也从希腊和罗马文化中撷取精髓。所有的教导,都是透过耶稣的故事与教训之镜片折射而来,并加上基督徒聚会敬拜时,从圣灵所得的指教。"①

当然,耶稣与保罗的途径也不尽相同。如果说耶稣的主要途径是通过他的教导和他的行为来表现的话,如耶稣被钉于十字架就表现了他的爱人

---

① 约翰·鲍克:《圣经的世界》,刘良淑、苏西译,台北猫头鹰出版社 2000 年初版,第 466—467 页。

就爱到底,这是一种完全的彻底的舍己的爱、牺牲的爱;他在十字架上所说的"父啊,赦免他们! 因为他们所作的,他们不晓得"①,也表现了他的饶恕人就饶恕人到底。而保罗的途径则除了自己的以身作则外,就是通过他给各地教会的书信来指导建立教会生活和基督徒生活的规范。

3.儒家经典和圣经的性别意识的影响

显然,先秦儒家经典中的性别意识和《圣经》中的性别意识在中国的历史和世界历史中都分别产生过深远的影响。

不过,先秦儒家的性别意识在当时究竟有多大的影响? 今人很难有一个确切的统计和评估。不过,可以肯定的是:在当时那种社会的各种纷争和五光十色的变化,旧的制度、规范与准则不断受到冲击的情况下,"与时势的变化、时代的进步合拍的,不是人对人的良心、同情心、怜爱心,不是人对原有族内整体的责任心和献身精神……不是义,而是利;不是善,而是恶;在政治统治上,不是温和的德,而是冷酷的法"②。

先秦儒家的性别意识在春秋战国时代似乎显得有点不合时宜,如果说在春秋前期,传统的制度、伦理道德、礼仪规范等多少还具有形式上的约束作用,那么到了春秋后期及战国时期,传统的制度、伦理道德、礼仪规范已经受到强烈的冲击,这就是为什么儒家的包括性别意识在内的各种观点和看法遭到先秦道家和其他各家的批评和非议的原因所在。

众所周知,汉代以后,包括性别意识在内的儒家思想与传统在中国获得了"独尊"的地位,儒家的性别意识遂成为官方主导的主流的性别意识形态,在中国历史上产生了广泛而深远的影响。但即便如此,在中国历史上的不同时段、不同地域、不同阶级和阶层,儒家的性别意识的影响有很大的差异,不可一概而论。以往人们对传统女性之真实处境的研究过于笼统和概念化,不够具体细致。事实上,夫唱妇随、三从四德,尤其是夫死不嫁、夫死从子、贞节自守等"礼"在中国历史上的许多时段,如从先秦到宋元,并非普遍,即使在像《红楼梦》中的贾府那样的钟鸣鼎食之家,这些准则也并非都行得通。

---

① 《路加福音》23:34。
② 冯达文:《早期中国哲学略论》,广东人民出版社 1998 年版,第 84 页。

如果对礼教在社会生活中所起的实际影响不进行深入的验证,只是根据儒家典籍中性别意识的某一倾向,根据礼教中种种限制和歧视女性的说法,根据史家对某一特定群体的女性如贞节烈妇的记载(为女性的立传常常与官方对这类女性的旌表贞节有关,这是一种强化国家主导的性别论述的制度体现,因此这一类的材料以及地方史志中往往缺少对普通女性的常态生活的记载)来认定中国古代女性的生存处境和地位显然是有问题的。如两位美国学者 Patricia Ebrey 和 James Watson 合编的论文集《公元 1000年至 1940 年的中国亲族组织》(Kinship Organization in Late Imperial China,1000—1940),收集了 7 位史学家和 1 位人类学家研究过去一千年来中国各地家族制度的专文,从北宋至清末民初若干个小片段,探讨亲族组织的异同。文集中虽然没有一篇是集中讨论妇女的,但在好些章节,都有论及妇女。Watson 在总结中指出,过去一般学者以为中国妇女在宗族社群的结构里没有地位,因而对宗族的财产继承和人力物力的运用等,都没有权力,最多只有非正式的一点影响力;但近年的研究,包括本集的文章,则发现从宋代到清代之间,不少妇女(特别是辈分较高的寡妇),对族内财产的处置,以及族内关系的协调,都有相当的权力。这些妇女在个人和家族的事务上,往往都是自主的,而不是任由族中的男子摆布的。①

Patricia Ebrey 还根据《明公书判清明集》和当时人的家规、笔记、碑传等材料,探讨外嫁女儿与本生家族的关系。她发现外嫁女儿并非与娘家断绝关系。当时习俗,女儿有权获得嫁奁,或有权分享父亲遗产的一部分……出嫁以后,女儿与娘家往往仍有经济互动、互相扶持的关系……妇女的本身家族与她维持终身的联系,就能透过女儿夫家的关系,享有更广泛的亲戚网络,在社交上和业务上都有益处。在上层家族或许这种现象较为普遍。②

人们常以为明清以后程朱理学对女性的束缚和压迫具有无所不在的支配与控制力,明清以后鼓励以至强迫寡妇守节是常有之事,但有美国学者根

---

①　参见张妙清、叶汉明、郭佩兰主编:《性别学与妇女研究——华人社会的探索》,台北稻香出版社 1997 年版,第 80 页。

②　参见张妙清、叶汉明、郭佩兰主编:《性别学与妇女研究——华人社会的探索》,台北稻香出版社 1997 年版,第 81 页。

据明清两代律例、方志、随笔、小说等材料,指出再嫁或招郎入舍都是相当普遍的事情。还有学者认为,清代县志资料显示,寡妇守节的现象,不是数百年不变的,而是在 18 世纪大幅度增加的……清政府旌表寡妇守节的政策,一向是针对中下层的。这政策既可以表现满洲皇帝的儒家化,同时也可以发挥一点作用,保护决心守寡的妇女免受亲族男子的性骚扰。①

近年来的研究还表明,官方和道学家鼓吹贞节最积极的时代,往往也是色情泛滥、纵欲之风最盛行的时代。在明清的出版物中,与四书五经并行而成为社会销路最大的书籍恰恰就是各种艳情小说和春宫画册,当时的娼女和娈童充斥于各种娱乐场所,服食春药风靡一时,江南青楼与名士风流为人们所津津乐道,人们想方设法寻求各种新奇的性刺激。

要说明的是,我们以往鉴定女性地位的标准是 18 世纪以来的西方思想,即有关独立、平等、自由等启蒙信念。严格说来,这些信念乃是评价个体之自我实现的标准,而不是单就女性而制定的标准,因此,轻易地以此为出发点来说明中国女性的"地位"或"生存处境"也是不合适的。"这种西方自以为是的种族优越观念,无视妇女处境及'父权制'的地方性和复杂性,以至容易流入'传统'与'现代'对立的困境。"②

另外,中国学术界对于女性研究的定位,有着很深的民族主义政治历史的情结。对中国女性研究的发端之初,正值中国近代史上遭遇外强侵略的激烈变动之时,"对作为整体的中华民族的政治解放也对中国进入现代世界来说,女性启蒙成了一个先决条件。总之,受父权压迫的女性,成了旧中国落后的一个缩影,成了当时遭受屈辱的根源,受压迫的封建女性形象,被赋予了如此强烈的民族主义情绪,以至最终变成了一种无可置疑的历史真理。"③1903 年,曾参加反清反满"爱国学社"的金一先生写作了《女界钟》,旨在警醒世人、唤醒女人。第一部中国妇女通史是反清革命家徐天啸于1912 年所写的《神州女子新史》,作者在书中无不痛惜地指出:"中国之女

① 参见张妙清、叶汉明、郭佩兰主编:《性别学与妇女研究——华人社会的探索》,台北稻香出版社 1997 年版,第 81—82 页。

② 转引自[美]高彦颐:《闺塾师》,李志生译,江苏人民出版社 2005 年版,第 3 页。

③ 转引自[美]高彦颐:《闺塾师》,李志生译,江苏人民出版社 2005 年版,第 2 页。

子,既无高尚之旨趣,又无奇特之思想;既无独立之主义,又无伟大之事业。廉耻尽丧,依赖性成,奈何奈何。"①

　　1917 年出版的对中国女性史研究影响很大的陈东原的《中国妇女生活史》,作者在"自序"中痛心疾首,"三千年的妇女生活,早被宗法的组织排挤到社会以外了。妇女总是畸零者! 妇女总是被忘却的人! 除非有时要利用她们,有时要玩弄她们之外,三千年来,妇女简直没有什么重要。你细看看她们被摧残的历史,真有出乎你意想之外的。"②陈东原认为他的书担负着引导女性从父权的压迫中解放出来、奔向新生活的重任。他说:"我现在燃着明犀,照在这一块大压石上,请大家看明白这三千年的历史,究竟是怎样一个妖魔古怪,然后便知道新生活的趋向了!"③

　　再后来,政权、族权、神权与夫权是束缚中国女性的四条绳索的说法被人们广泛认同和接受,如是,人们将儒家思想斥责为与现代性思想尖锐对立的封建"孔家店",被简约化为"吃人的礼教"而成为毋庸讨论的默定共识,中国女性似乎一直在礼教的压迫下生活在无尽的苦难中。人们轻易地就接受了关于中国女性的固定的模式化的描写。如此,就有了新文化运动中鲁迅笔下祥林嫂的悲惨人生,祥林嫂成了中国女性几千年受父权压迫的符号与象征。如是,"打倒孔家店"之类的极端的非学理的态度竟成为五四时期及以后知识界的共识。这样一来,先秦儒学在中国现代化的语境中早已不是原生型态的儒学了,先秦儒学的真实面貌以及先秦儒学的性别意识早已被"遮蔽"。可以说,五四时期对"吃人的礼教"的批判,与其说是揭露了传统社会女人被压迫的本质,不如说是这种批判本身就是基于一种政治和意识形态的建构。

　　无可否认,包括先秦社会在内的中国传统社会,就性别关系和性别的等级秩序而言是男尊女卑,但这种男尊女卑是建立在阴阳相济相和的思想基础之上的。男女之别、尊卑之别如同宇宙间有天地、日月、阴阳、雌雄的分别

---

① 徐天啸:《神州女子新史正续编》,上海神州图书局民国二年(1913)版,第 2 页。该书被称为是首部有系统研究自古至清末民初的中国妇女史。

② 陈东原:《中国妇女生活史》自序,台湾商务印书馆 1986 年 10 月第 8 版。

③ 陈东原:《中国妇女生活史》自序,台湾商务印书馆 1986 年 10 月第 8 版,第 20 页。

一样,但这种分别不是绝对的,而是阳中有阴,阴中有阳,"上下无常,刚柔相易,不可为典要,唯变所适"①。由于性别与家庭、家族、国家在"宇—宙—论"上的联系,由于阴阳、乾坤在最终极的意义上相互需要,"阴"与"女性"的地位就不会在根本处被轻贱,正如《周易》中一再提到的"二女同居,其志不同行"②。所以,卑不等于对女性的敌视与轻看,对于传统社会的大多数男人而言,家庭是个人生命保障与精神寄托的最重要的所在,人生的乐趣不外乎是妻子好合、兄弟既翕、儿孙融融,即所谓天伦之乐。而在此天伦之乐中为妻的重要性不言而喻。

关于《新约》的性别意识的影响,其积极的方面不言而喻,如耶稣对女性的精神追求的鼓励和尊重,耶稣和一些女信徒的亲密关系等。还有,如保罗的传教事业中的许多女性同工,保罗对这些女性同工的赞赏与尊敬等,耶稣与保罗对男人与女人在上帝的国中有相等的价值与尊严的肯定等。当然人们也可以不假思索地找出一些比较对女性不利的论述,如保罗书信中容易引起歧义的性别意识的相关内容,保罗书信中或多或少反映了其父权的意识形态的取向,也许正是在这一点上,他给后来的神学家们留下了沿着其取向可发挥的空间,并走向中世纪尤其是中世纪早期天主教会对女性的极为贬低和歧视的方向。保罗的神学成为日后教会男尊女卑神学的基础。这也许是保罗本人所始料不及的。当然,也有人从保罗的书信中得出与上述看法大相径庭的结论,而这需要仔细甄别初期教会所处的具体历史环境与语境。或许这种"甄别"是比较费事但却是重要的。

不管怎样,随着基督教成为世界宗教,随着西方中世纪基督教文明的确立以及随着进入近代后西方文明对全世界的不同肤色、不同民族、不同文化的影响,《新约》的性别意识的影响,则更是不言自明。而且,耶稣和保罗关于男性、女性、以及男性和女性相处的许多教导,至今仍是许多基督徒以及他们的家庭成员中相互关系的准则,这些教导无疑对于其建立一个健全、温情和幸福的家庭有积极的意义。

---

① 《易传·系辞下》。
② 《周易·暌·象》。

第四章　儒家经典和圣经中的智慧对于现代人类生活的"光照"

当今是一个经济全球化的时代,也是一个精神困境全球化的时代,同样也是男女相处越来越感觉困难的时代。20 世纪或更早的女性主义研究和性别研究的理论和观点虽大都朝向实现男女平等、建构自觉的女性独立意识、纠正地球上所有不平等现象与制度的目标,无疑,这些理论和观点对于推动人类思维方式的转换、对于建立人类关于两性关系的新认识、新的精神立场与价值观念等具有深远意义。但女性主义研究和性别研究的理论在促进女性发展和两性平等的同时,同样也面临许多理论的和实践的困境。这就决定了我们仍然需要静下心来认真读读经典、去体味和理解经典中的智慧。人类历史本来就是一条无法切割的涌动不息的滔滔之流,经典中的智慧对于我们探讨今天所面临的各种问题的和困境仍是有意义的。

一、欧美女性主义和性别研究的简短回顾

20 世纪初,中国知识分子引进英文 Feminism 时,译为女权主义。时至今日,许多学者在使用这个词时,一般译为女性主义(为了方便,本书中统一采用"女性主义"的译法——笔者注)。从"权"字到"性"字的译变,实际上已折射出欧美近代以来从女权主义运动到女性主义研究的发展轨迹。"女权主义"是与欧美妇女运动第一阶段争取政治和法律权利的斗争相适应而意译出的;而女性主义研究和性别研究的兴起,则是女权主义运动产生

和发展的自然而然的过程,是政治运动深入到文化领域的结果。笔者在此不嫌啰嗦地将欧美女性主义运动的三个时期和女性主义的主要理论流派做简要的回顾,以使我们进一步明了人类为争取两性的平等走过了怎样的道路以及我们今天还需体味经典启示的必要性。

(一)欧美女性主义运动的三个时期和女性主义的主要理论流派简介

学界一般认为,欧美的女性主义运动分为三个时期或三次浪潮。第一时期的女性主义运动始于 19 世纪中期,历时七十余年,到第一次世界大战时达到高峰。

追根溯源,女性主义运动的源头来自启蒙运动和法国大革命平等思潮的影响。法国大革命时期,巴黎出现了一些妇女的俱乐部,她们要求教育权和就业权。1791 年 9 月,奥林普·德·古日(Olympe de Gouges)公开发表《妇女与女公民权利宣言》(简称《妇女权利宣言》),这是世界历史上第一部完整的要求男女平等权利的宣言。宣言开宗明义,主张妇女与男人有同样的天赋人权:"妇女生来就是自由人,和男人有平等的权利,社会的差异只能建立在共同利益的基础之上。"这种天赋的权利应包括"自由、产业、安全,尤其是反抗压迫"①。这份宣言的目的是唤起妇女的觉悟,使其意识到1789 年人权宣言只不过是"男人"的权利宣言,妇女也应享有同等权利。该宣言采用了与 1789 年人权宣言几乎完全相同的形式(一个前言和 17 项条款)和内容,但其中以"妇女"、"女公民"取代了"男人"和"男公民"。古日从法国大革命的《人权宣言》中借得天赋人权的灵魂,主张在法律、政治面前,男女应当平等。这篇宣言是国际妇女史上的一个里程碑。

与此同时,英国的玛丽·沃尔斯通克拉夫特(Mary Wollstanecraft)也深深地感受到了启蒙运动和法国大革命所带来的冲击,她于 1792 年发表了《女权辩护》一书,该书将启蒙的概念运用到了女性身上,抨击了卢梭等启蒙作家的性别偏见。众所周知,卢梭曾慷慨激昂地发表有关自由、平等、公

---

① 转引自闵冬潮:《国际妇女运动——1789—1989》,河南人民出版社 1991 年版,第 33 页。

正的言辞和著述,但其实他的思想中却包含着根深蒂固的西方男权中心主义,其"天赋人权"中所说的"人",其实是不包括女人在内的。卢梭在论证"天赋人权"符合人的"自然本性"的同时,认为男尊女卑也是出于自然,是上帝的安排。他认为,上帝给了男人会思考的大脑,给了女人会分泌乳汁的乳房。男女在生理上的这种差别决定了两性在社会中扮演的角色不同——男人成为公民,女人成为妻子和母亲,所以女性最重要的事情是对丈夫的奉献和自己母性的发挥,所以她们不能与男性一样平等地参与公共事务,唯有在家庭中侍奉丈夫、养育后代。卢梭还武断地说,女孩子不喜欢读书和写字,但却喜欢学习缝纫,所以应当训练男孩有理性的公民意识,同时训练女孩如何取悦男性,为他们生儿育女。玛丽猛烈地批判了这种性别观念,她否认女性在理性和理智方面的能力低于男性。她说:"不仅男女两性的德行,而且两性的知识在性质上也应该是相同的,即使在程度上不相等;女人不仅被看作是有道德的人,而且是有理性的人,她们应该采取和男人一样的方法,来努力取得人类的美德(或者说是完美)。"①因此,她主张男女两性应享有同等的理性教育,并鼓励女性发展自己的智力和理性。

　　玛丽在书中还分析了女性的处境,要求改善压制女性的教育、法律和经济制度。针对女人只关注琐碎事情的说法,她尖锐地指出:"妇女,事实上没有任何政治权力,而且作为已婚的妇女,除了刑事案件外,是不被作为公民存在的,因而她们的注意力自然就从社会利益转移到琐碎事情上去,虽然社会中任何成员的个人责任如果不与公共利益联系起来就必然履行得不完全。妇女生活的大事就是取悦于人,而且她们由于政治和法律上的压迫不能参加更重要的事物,所以多愁善感成了大事,使其行为超出正常情况。假如她们的理智能有比较广阔的活动范围,她们也就不会表现出这种缺点。"②她还认为,男性强加给女性的教育不是真理和知识,而是要把她们教育成男性的附属物。而对女性施以这样的教育的结果将会使人类知识和美

　　①　[英]玛丽·沃斯通克拉夫特:《女权辩护》,王蓁译,《珍藏本汉译世界学术名著丛书》,商务印书馆1995年版,第54页。
　　②　[英]玛丽·沃斯通克拉夫特:《女权辩护》,王蓁译,《珍藏本汉译世界学术名著丛书》,商务印书馆1995年版,第207页。

德的进步停滞下来,因为女性在社会中充当着子女启蒙教育的角色,要使女性为文明作出贡献,就必须为此做好教育上的准备。

19世纪30年代,美国兴起了轰轰烈烈的废奴运动,广大女性积极投身其中,妇女们还成立了全国妇女废奴组织——"妇女反奴隶制联合会",但她们的热忱和行动却没有得到男性同事们的支持。许许多多的事实使众多女性明白其实自身和奴隶有相似之处,即都处在受压制和无权利的状态。1848年7月19日,美国第一届妇女权利大会在田纳西州塞尼卡·福尔斯村召开,会上通过了一份《权利和意见宣言》,宣言以美国《独立宣言》为蓝本,并模仿"人生而平等"的句式指出,所有的男人和女人都是生而平等的,反对在道德上的男女双重标准。此宣言列举了社会、经济和法律中种种对女性的歧视现象,提出了15项女性在工作、财产、受教育方面的平等要求。大会还通过了要求给予女性以选举权的决议。这次大会的召开标志着美国女权运动的正式开始。此宣言的起草者伊丽莎白·斯坦顿(Elizabeth Cady Standon)还收集了圣经中所有有关女性的经文并予以重新阐释,她于1895年将其研究成果以《妇女圣经》的命名出版。她认为,圣经是透过男性作者的意识形态、写作以及诠释下启示的书。这或许是关于女性神学的最早表述之一。

美国第一届妇女权利大会的召开标志着美国独立的、有组织的女权运动的开始,随之英国、法国、北欧诸国也先后发动了独立的女权运动。被视为这一时期女权运动经典之作的还有约翰·斯图尔特·穆勒(John Stuart Mill)于1869年出版的《妇女的屈从地位》(穆勒就女权问题曾经写过3本书:《承认妇女的选举权》、《妇女的屈从地位》和《妇女的参政权》,而《妇女的屈从地位》是3本书中流传最广、影响最大的,被译成多种文字)。穆勒认为,现代世界的主要特点是"人不再是生而即有其生活地位并不可改变地被钉在那个位置上,而是可以自由地运用其才能和有利的机会去获取他们最期望的地位"[①]。穆勒把女人是否拥有和男人一样的平等权利看作检

---

① [英]约翰·斯图尔特·穆勒:《妇女的屈从地位》,汪溪译,《珍藏本汉译世界学术名著丛书》,商务印书馆2009年版,第301页。

验这个世界是否是"现代"的标准之一。根据这个标准,他有力地论证了当下妇女普遍的屈从地位是"不合法的"。他说:"妇女的社会的从属性就这样成了现代社会制度上一个孤立的事实,成了唯一违反其基本法律的事实。"①他明确地提出一个"规范两性之间的社会关系的原则———一个性别法定地从属于另一性别———其本身是错误的,而且现在成了人类进步的主要障碍之一"②。他认为女性的能力看上去确实低于男性,但这是长期的社会压迫和错误教育的结果,是压抑一方激励另一方的结果。他还认为,女性没有理由被排除在领导职位之外,并提出只有在女性有了选择自由之后,才能知道她们的"自然"能力是什么样的。

顺便一提的是,穆勒还是推动妇女参政的发起人之一,1866 年他组织了 1500 多名中产阶级女性在参政请愿书上签名,他亲自将此请愿书递交议会,他还是世界上第一个妇女参政促进会(1868)的发起人之一。

不难看出,随着自由资本主义制度的确立以及以个人主义、自由、平等为核心的启蒙思想与理性潮流的崛起,上述杰出的思想家们鲜明地提出了女性选举权、受教育权与就业权等基本人权问题,她们的观点和主张激起了普遍的社会反响。19 世纪末,新西兰和澳大利亚的女性首先赢得了选举权。第一次世界大战以后,大多数欧洲国家的女性先后取得了投票的公民权。20 世纪 20 年代初,美国女性也获得了完全的选举权。经过长达一个世纪的追求,西方女性终于迈进了一向由男人主宰的政治领域的大门。除了获得政治选举权外,西方女性还逐渐获得了男女平等的教育权利、自由的工作权、财产权以及其他权利。此后,各种层次的女性教育广泛开展,女性就业大大增加,女性获得了经济独立和一定的社会地位。可以说,第一波的女性主义运动使得欧美女性在选举权、教育和就业方面取得了较大成就。不过,这一时期的女性主义运动主要是中产阶级的女性向男性统治者要求具体平等权利的运动,对于传统的性别角色规范的文化批判则少有涉及。

①　[英]约翰·斯图尔特·穆勒:《妇女的屈从地位》,汪溪译,《珍藏本汉译世界学术名著丛书》,商务印书 2009 年版,第 305 页。

②　[英]约翰·斯图尔特·穆勒:《妇女的屈从地位》,汪溪译,《珍藏本汉译世界学术名著丛书》,商务印书 2009 年版,第 285 页。

　　第二时期的女性主义运动发生在20世纪60—70年代,最早兴起于美国,并一直持续到80年代。这次女性运动的高涨同美国的黑人民权运动、反越战的抗议行动、法国1968年的学生运动等密切相关。在黑人民权运动中,作为运动的积极参加者的女性很快就发现,白人和黑人的男性解放主义者(Liberationlist)拒绝把他们的消除种族歧视的理想扩大到女性受压迫的问题上。这使得广大女性在对处于被压迫阶层的人群的地位认同和对自己在实际生活的受压抑现状的体悟中,更加体会到独立的女性运动的必要性与重要性。她们的不满和觉悟,终于导致了对整个政治文化,即现存的父权制文化的强烈不满和质疑。因而这一时期的女性主义运动的基调是对于传统关于两性差别(这种差别被视为造成女性对男性从属地位的基础)的理论批判。

　　有两本书值得一提。一本是西蒙娜·德·波伏娃(Simone de Beauvoir)的《第二性》,此书虽发表于1949年,但她对第二波的女性主义运动起了推波助澜的作用。全书大约六十多万字,围绕着一个基本思想:即女人不是天生的,她是被造成的——是按照男性中心的观念、愿望及意志被造就出来的。波伏娃在书中指出男人如何将自己定义为自我(self),而将女人定义为他者(other);如何以男性为主体,以女性为非主体。波伏娃详尽分析了"(男)人造女人"的历史,并力图破除将女人"第二等级"的社会身份本质化的神话。《第二性》被认为是讨论女人的最健全、最理智、最充满智慧的一本书,是20世纪最具意义的女性主义理论文本。

　　另一本有较大影响的书是美国女记者贝蒂·弗里丹(Betty Friedan)于1963年发表的《女性的奥秘》,所谓女性的奥秘就是指女性所受到的束缚,该书以第二次世界大战之后美国中产阶级女性的生活状况为研究对象。自第二次世界大战以后的二三十年之内,美国中产阶级女性被各种力量引导进入家庭中,她们放弃了在公领域中所从事的活动,回归家庭成为家庭主妇;而男人——包括那些自战争结束后从战场上退回来的男人却把持了公领域的活动,中产阶级家庭女性在物质生活上的舒适安逸并不能消除她们在此种生活之下所产生的精神空虚,她们在价值选择上开始显得无所适从,但又不知道问题出在何处。

　　弗里丹通过大量的调查,她访问了各种人物,包括中产阶级家庭主妇

（在此书中弗里丹用谈话、访问、问卷、座谈会等最直接的方式，追踪调查了从母校史密斯女子大学毕业十五年的 200 位女校友，这些人尽管都受过高等教育，各有专长，却有 89% 的人做了家庭主妇）、在校女大学生、教育工作者、报纸刊物的主编、商业界的人士等，她发现，中产阶级女性那种生活状态的形成是各种社会因素——媒体工作者、社会科学家、教育家、牧师等以及商业人士等或有意或无意"合力"塑造的结果，这些因素共同作用于女性的思想意识，使她们离开公共生活领域进入家庭，由于女性所从事的私领域，即家庭生活领域的各种活动在整个社会的价值体系中往往被看作是低于公领域的活动，女性所面临的是一个被社会看作是缺乏价值意义的领域。长久下来，她们意识到自己生活意义的"弱化"。这是其精神空虚的原因所在。可见，成为所谓幸福的女主人公——家庭主妇，实际上构成了对女性的一种束缚，所以弗里丹呼吁女性进入公共生活领域，投入到公共事务中去以实现自我，从而摆脱束缚于家庭生活的沉闷状态。

弗里丹在书中还抨击了女性应成为贤妻良母的论调，对弗洛伊德对女性的偏见也做了有力批判。她认为普通女性过于强化了贤妻良母的家庭角色，把自己的命运完全寄托在丈夫和孩子的成功上，使得自己的形象借助于他人，长此以往对女性心智的成长肯定是不利的。弗里丹在书中指出："对于当今妇女来说，那种不可名状问题的实质不在于性，而在于身份——在于女性之谜长期造成的对女性成长的阻碍，或女人对这种成长的逃避。"[①]此书的出版好比一石激起千层浪，在社会上引起了强烈反响。1966 年，全美妇女协会成立，弗里丹任主席，这一组织迅速成为西方最大的妇女组织。其宗旨是：献身于这样一种信念，即妇女首先是人，是个像我们社会中的其他人一样的人，妇女必须有机会发展她们作为人的潜能；立即行动起来，使妇女充分参与到美国社会的主流中去，享有真正平等伙伴关系的一切特权和责任。

第二波的女性主义运动波及了欧美各主要发达国家。在其推动下，1979 年，第 34 届联合国大会通过了《消除对妇女一切形式歧视公约》。与

---

① ［美］贝蒂·弗里丹：《女性的奥秘》，程锡麟、朱微、王晓路译，四川人民出版社 1990 年版，第 70 页。

此同时,各种维护女性权益的政府机构和民间妇女组织在各国如雨后春笋般成立。到70年代末期,仅英国就有9000多个妇女协会。美国、加拿大也有许多妇女组织。有些国家还修改了宪法和法律。如墨西哥于1979年修改了80个法律,去掉了原条款中有关歧视妇女的内容。奥地利修改了《家庭法》,规定夫妻双方在维持家庭方面具有同等的权利和义务。挪威的《男女工作平等法案》于1980年7月开始正式生效。

值得注意的是:女性主义运动有着鲜明的非暴力的特色,即运动的目的在于提高广大女性自身对自我地位和潜力的认识,这便自然导向一种文化批判,因此在欧美逐渐形成了一个女性研究的热潮。女性研究作为正式的研究领域于60年代首先在美国和英国出现,随着女性研究的著作和论文的出版与发表,相应的女性出版社和女性刊物也不断地涌现出来,在短短的几十年间,女性研究在西方学术界已经发展成为一个颇有气势的研究领域。可以说,女性研究本身就是女性主义运动的延伸。

女性研究形成了不同的理论流派,女性主义理论一词在英语中是复数形式,这就说明女性主义理论本身包容了相当广泛和多样化的理论立场,它不具有完整性与连续性,其理论的出发点和立足点以及所采用的方法、视角和框架结构也各不相同,而且即使在某一种女性主义理论内部也还有不同的流派,因此当人们在刚开始接触和了解女性主义的理论时,可能会感到众说纷纭、无所适从和迷惘,但这也许正是女性主义理论的迷人之处,它不完整却具有启发性;它没有任何预先确知的目标,却因此而留下了思考的空间,激励对此有兴趣的人去思考她或他自己的想法,各种各样的思想与理论都是对真理的探求,因而也都是有意义的。

众多的女性主义理论流派中,除了自由主义女性主义①产生于19世纪

---

① 自由主义女性主义认为对女性的压迫来源于男女间的不平等,她们关注在教育、政治、法律、军事、职业等方面女性与男性拥有同等的权利,强调在现存的经济、社会结构下女性要与男性一样受到同等对待,反对传统的在理性上男优女劣的观点,否定将两性间的能力、兴趣、差别看作是天然的这一说法,坚持认为是教育方面的机会不均等造成了两性的不平等。她们认为,为消除这种不平等,首先应在社会教育方面实行机会均等,如果获得与男性同等的教育机会,女性就会在理性、抱负和力量等方面等同于男性。尽管未来社会两性在生理上的差异会依然存在,但性别心理的差异会因男女之间受教育机会的均等而消失。因此,她们反对强调性别的差异,反对夸大女性特征的特点,而更多地强调两性间在本质(人性)上的相似性。

以外,大多数的女性主义理论流派均产生于 20 世纪,这些理论流派的大致观点如下:

1.存在主义女性主义

西蒙·德·波伏娃是存在主义思想大师让·保罗·萨特的亲密伴侣,他们在其生命的几十年中一直保持着心智上的亲密联系,在波伏娃的所有作品中都可以清楚地看到存在主义思想与理论的印迹,她用存在主义来解释女人的文化身份和政治地位,在《第二性》的"作者序"中指出在一个父权制的文化氛围里,男人是怎样以男性为主体,以女性为非主体;如何将自己定义为自我,而将女人定义为他者;怎样将男性或男性化定为积极的、标准的,而将女性或女性化则定为消极的、非主要的、反常的。"定义和区分女人的参照物是男人,而定义和区分男人的参照物却不是女人。她是附属的人,是同主要者(the essential)相对立的次要者(the inessential)。他是主体(the subject),是绝对(the absolute),而她则是他者(the other)。"①波伏娃指出,女性之受压迫源于她的他者性质,女性是他者,因为她不是男人。男人是自由的、自我决定的存在,他给自己的存在定义;而女性是他者,是对象,她作为对象的意义是被决定的。这即是说,女性的"他性"是被强加的,女人是依据男性主体的观点来定义的人。

人们也许不禁要问:女人是如何成为他者的? 波伏娃在《第二性》的前三章"动物的性生活:生物学的论据"、"性一元论:精神分析学的妇女观"、"经济一元论:历史唯物主义的妇女观"中对此进行了逐一探讨。她承认,从生物学的角度,女性由于自身的生物和生理结构,其在生育中的作用相对于男人来讲是首要的,女性的体力相对于男人来讲肯定是较弱的,女性在性生活中相对于男人来讲是比较被动的,然而,尽管如此,人们赋予以上事实多少价值,完全取决于作为社会存在的我们自己。

波伏娃认为弗洛伊德的精神分析学把文明解释为仅仅是压抑性冲动或性欲升华的产物的观点也过于简单,文明比这要复杂得多,男人和女人的关

---

① 西蒙娜·德·波伏娃:《第二性》(全译本)第一卷,陶铁柱译,中国书籍出版社 1998 年版,第 11 页。

系也是如此。弗洛伊德的精神分析学把女人比男人的社会地位低归于女人没有"阴茎",而波伏娃坚持认为女人对阴茎的羡慕并不表明女人想要阴茎本身,它只表明女人渴望得到社会给予阴茎拥有者的物质和心理特权。对阴茎的羡慕可以由"父亲的统治权"来解释,女性作为他者不是因为她们缺少阴茎,而是因为她们缺少权力。

当波伏娃转而思考马克思主义关于性别的社会分工决定了男女的不同经济地位及政治地位的思想时,她觉得同样不能令人信服,她认为从资本主义到社会主义的转变并不会自动改变男女关系,女性即使在社会主义社会也依然可能是他者,这是因为女性受压迫的最根本原因并非仅仅在于经济,它更是本体论的。波伏娃强调说:"如果人的意识不曾含有他者这个固有的范畴,以及支配他者这种固有的愿望,发明青铜工具便不会导致女人受压迫。"①

波伏娃还对男人所创造的种种控制女性的神话进行了分析,并对五位享有盛名的男性作家如劳伦斯和司汤达等人的作品进行了剖析,她强调神话和男作家的作品表明了男人总在寻找理想的女人,在他们笔下,理想的女人都有一些共同特征,即她们或忘掉自我,或拒绝自我,或以某种方式否定自我,并奉行为男人牺牲就是自己义不容辞的责任的原则。更糟糕的是,许多女性潜移默化地接受和内化了男人对什么是理想女人的神话与观点。波伏娃对女性在当代社会生活中的各种处境、对女性的各种角色(如结了婚的女人、母亲、社交中的女人、妓女、自恋者、情妇、修女等)做了详细论述,她指出,这些处境与角色从根本上来说都不是女性自己创造出来的,女性是被男人建构、被他的社会结构和制度建构出来的。女性获得自由的障碍不是其生理条件,而是政治、法律、文化及习俗等的限制。"在生理、心理或经济上,没有任何命运能决定人类女性在社会的表现形象。决定这种介入男人与阉人之间的、所谓具有女性气质的人的,是整个文明。"②女性对自己

① 西蒙娜·德·波伏娃:《第二性》(全译本)第一卷,陶铁柱译,中国书籍出版社1998年版,第63页。

② 西蒙娜·德·波伏娃:《第二性》(全译本)第一卷,陶铁柱译,中国书籍出版社1998年版,第309页。

"他者"地位的接受是悲剧性的。波伏娃把这种接受称之为女性的"神秘"，且代代相传。

波伏娃很清楚，女性若要摆脱社会、文明习俗与男人强加于她的限制、定义和角色并不那么容易。不过也并非不可能，她乐观地认为女人像男人一样，没有所谓先定的本质，她能够成为主体，能够在社会中从事积极的活动，也可以创造她自己的自我而不再作为第二性和他者，为此她必须克服环境的力量。波伏娃强调尽管现存的性别压迫是结构性的，但解决问题最重要的还是得靠个人战胜环境的努力。因此她尤为看重女性的每个个体的独立和努力，而非女性整体的行动。她认为女人必须把自己当成一个自主的个体，以创造性的设计构筑自己的未来。

波伏娃对女人怎样构筑自己的未来提出了四条途径，这即是：第一，参加社会工作。尽管工作会给女性带来工作和家庭的双重负担，但它毕竟为女性的发展敞开了可能性，而这个可能性是她不工作就得不到的。只有通过工作，女性才能成为积极的有价值的人，从而真正掌握自己的命运。第二，成为知识分子，追求知识的精神活动，因为这毕竟是人进行思考、观察和定义的活动，而不是使自己成为被思考、被观察、被定义的对象。第三，参与对社会进行的社会主义改造中去，以争取工作条件的公平与平等，这有利于对主体与客体、自我与他人的冲突的最终解决。第四，为了超越对自我的限制，女性应该拒绝社会强加于她的"他者"性（因为接受他者的角色就是接受自己作为对象的地位），拒绝通过社会里占统治地位群体的眼睛来认同自己，因为"他者的凝视"使得女性忙于照顾自己的身体而无暇去完善自己的精神。如果女性要成为自我、主体，她必须像男人一样超越所有那些限定她存在的定义、标签和本质，她必须而且应该努力使自己成为她所希望成为的任何人。

读《第二性》，我们不得不钦佩波伏娃的理性的思辨力和穿透力，她的许多见解都是清晰和透彻的，并常常把读者带入掩卷深思的境地……

存在主义女性主义还有一个重要分支，即 20 世纪 70 年代于美国产生的女性主义神学，有辞典关于女性主义神学的定义是："由当代妇女运动和女性主义所引起并定型的国际普世教会运动。妇女们以此反映其在父权制社会及支持这一社会的教会中受到心理、社会和经济压迫的体验,并试图从这种为基督教所习惯的非成熟状态中解放出来,以便形成其自治,能生活在精神、灵魂和肉体的整体统一之中。而与之常相随的则是其反对多种压迫形式的社会使命,包括反对男人以其性别上的压制而取得的成就与统治。"①词典的上述定义并不那么精确和恰当,但还是粗略地表述了女性主义神学产生的背景、内容及希望达成的目标。

女性主义神学与同一时期产生的解放神学和黑人神学有许多相似之处,即都是出自对社会不公与多种压迫的一种特定经验的反响,它们都对传统神学作出了深刻的批判,因而有学者将它们归于政治神学之列。不同的是女性主义神学的重点放在批判性别歧视与追求妇女解放的目标上。其实,女性主义神学也许还可以追溯得更早,甚至可以追溯至 15 世纪的文艺复兴末期,当时就有女性作家开始描述教会内部的性别歧视。前面提到过,曾经为美国第一届妇女权利大会起草了《权利和意见宣言》的伊丽莎白·斯坦顿于 1895 年发表的《妇女圣经》也被认为是关于女性主义神学的表述。正是在六七十年代如火如荼的女性主义运动与解放神学、黑人神学蓬勃发展的影响下,许多教会女性根据自身的经验,结合女性在教会和社会中所处的从属地位和不公境遇以及教会中长期流行的关于女性的传统和主流观点进行深入思考,如威廉·达尔拉斯(William Douglas)在一篇题为《教会中的女性》的文章中指出,基督教对女性的看法受到了犹太人父权文化的影响,该文鼓励教会的女性应响应女性主义运动的呼召,对教会内部男女不平等的事实表示不满,并要求教会任用女性担任领导角色。② 歌丝黛(Valevie Saiving Goldstein)在《人类的处境:一个女性的观点》中提出了"神学家的性别影响他的观点"的看法,她认为历史上的神学均建立在男性的观点基础上,他们不仅忽视了女性的经验,而且强化了女性从属于男子的地位。她强调在神学讨论中应将女性的经验包括在内。她还认为,神学家或教会不能单以男性的观念从事神学研究,必须对神学研究重新作出反思和

---

① 法尔布施:《宗教与神学袖珍辞典》第二卷第 96 页,转引自卓新平《当代西方新教神学》,上海三联书店 1998 年版,第 322 页。

② William Douglas, "Women in the Church", *Pastoral Psychology*, Vol. 12 (1961), p.15.

重构,否则神学将不切题。① 从她开始,大批女性主义神学家开始涌现出来。

1968 年,美国天主教会修女玛丽·戴利(Mary Daly)发表了《教会与第二性》一书,戴利认为教会以上帝之名欺骗女性,正是教会强化并助长了男尊女卑思想。她还直接指出了存在于教会建制中的基本矛盾:一方面,宣告人在上帝的恩典中,享有尊严;另一方面,却高举男权主义,在其制度、神学及信条中无视或贬低女性的地位。从而使教会成为了压迫女性的工具。她甚至提议凡与女性主义不和的神学都应加以修正。② 戴利的这本书被认为是第一部明确含有女性主义思想的神学著作。

戴利于 1973 年发表的《超越上帝圣父》被认为是第二次女性主义运动中最有影响的著作之一。戴利深受 20 世纪最有影响的两个存在主义的新教神学家保罗·蒂利希(Paul Tillich)和马丁·布伯(Martin Buber)的影响,特别是马丁·布伯的代表作《我与你》对其影响尤为深刻,因而她的《超越上帝圣父》被认为从头到尾都浸润在存在主义神学的精神与传统中。戴利接过马丁·布伯的"人神关系是基本的人类关系"的观点,但她否认神是一个固定的、至高无上的男性形象,她认为人们在犹太教、伊斯兰教、特别是在基督教里遇到的超验的上帝,是如此遥远和冷漠,戴利希望以一个新的、置身于宇宙和世界之内的上帝来取代"遥远和冷漠"的上帝。在这个新的上帝面前,女人与男人是平等的,戴利将这个上帝称之为"存在"(being)。

80 年代以后,女性主义神学纷纷涌现,女性主义神学的主要思想与观点有如下几方面:

第一,重新审视上帝的性别身份。这是因为上帝的男性身份为父权制神学提供了最深厚的理论基础。而在女性神学看来,上帝不仅是天父,也是我们的母亲。E.M.温德尔(E.M.Wendel)指出:在希伯来文里,上帝的慈爱意味着子宫,而勾勒出这种形象的基础正是《圣经》,在《圣经》中,上帝对待以色列的态度,他的忠诚和他的救助往往以母亲的形象表现出来,如"难道

① V. Saiving Goldstein, "the Human Situation: a Feminine View", *Journal of Religion*, 40(1960), pp.100 - 112.

② Mary Daly, *the Church and the Second Sex*, Boston:Beacon, 1968, p.188.

一个女人可以忘记自己的孩子,一个母亲可以忘记自己的儿子吗?"这个号召他的子民去战斗的战士耶和华有时是以女性的形象出现的,如"现在我要喊叫像难产的妇人"①。菲丽丝·特丽波(Phllis Trible)致力于发掘圣经经文中天父阴柔的一面,在其《上帝及性别的修辞》一书中,也是藉着希伯来词语"母腹"和"悲悯"之隐喻化的关联中,寻找上帝的女性形象。

第二,批判传统神学的二元论,即传统神学中把灵与肉、精神与肉体相分离的原则。在基督教的传统神学中,男与女的二元对立落实在如下的二元划分上:宗教公共事务领域与私人领域、神圣与世俗、灵魂与肉体等。毫无疑问,宗教公共事务、神圣、灵魂等与男人相关,而私人领域、世俗、肉体等则与女性相连。女性独担肉体的罪责,男性的灵魂及其所代表的神圣只有不断克服或控制女性所代表的感性、欲望及性的侵扰,才能最终有所成就。反映在教会里或在神学研究中,男性从事高尚的远离世俗的属灵生活,而女性则不得进入这个领域。著名的女性主义神学家萝特(Rosemary Ruether)对此多有批评,她认为:"性别歧视起源于西方思维方式中的错误的二元论:心与身、生与死、灵与肉等,这些从早期教会时期起就成为希腊思维方式的组成部分并体现在教会的信条和教义手册中的二元论,在社会上就使有关男性和女性的观念刻板化。女性被认为是低级的自我即身体、肉欲和死亡,并因此断定比男性低劣。所以只有克服这种二元论的思维方式,性别歧视才会被根除。"②

第三,重新诠释经典,挖掘出或重拾被传统神学所歪曲、所淹没了的对女性肯定与赞美的内容。如萝特编辑的《属灵的妇女:犹太教与基督教传统中的女性领导》是一本许多女性主义神学家的论文选集,这些女性主义神学家都试图恢复教会历史中一直被男性学者所忽视的有关女性所发挥的作用与影响的历史真实,当然,她们不只是揭示出被埋没的有关女性在教会中的角色的历史资料,而是要寻找支持女性在现在与将来的教会中可以担当领导角色的根据和支持。又如八十至九十年代最有影响的女性主义神学

---

① 《圣经·以赛亚书》42:13—14。
② 转引自[美]D.W.弗姆:《当代美洲神学》,赵月瑟译,四川人民出版社1990年版,第124—125页。

家菲奥伦察（E.S.Fiorenza）的《纪念她》，以《圣经·马可福音》中一个女性用珍贵的香膏膏了耶稣的头①这个象征性的例子开始自己的释经学。她认为，女性主义释经学要做的就是重读经典文本，要追讨回这段男人和女人共同的历史，女性应该成为福音传统的重要部分。她认为由于男性解经家的影响和父权制的传承，这部分长期被教会忽视了，因此重塑早期基督教的女性历史是很重要的。

第四，男性的解经者忽视了女性的信仰经验。如在基督教神学讨论中所谓人的经验，在结构的取向及定义上，一般均以男性为主，女性的信仰经验不被重视。伯拉斯高（Judith Plaskow）在其所著的《性、罪与恩典》中就提到在许多男性神学家如蒂利希等人的神学中要么缺少女性的信仰经验，要么对女性的信仰经验不敏感。而她认为，女性的信仰经验既然是人类经验中的一个不可或缺的部分，就应理所当然地包括在神学的讨论之中。

值得一提的是：在女性神学方面颇有建树的还有包括非洲、亚洲在内的女性主义神学家，如华人的女性主义神学家郭佩兰在其《后殖民主义处境和女性主义神学》中，基于亚洲的历史实际、政治多样性、宗教文化多样性等，试图运用后殖民主义方法论来阐释和建构亚洲的女性主义神学。她认为大多数神学是在西方话语统治权下建立的，因此亚洲的女性主义神学所面临的任务之一就是去殖民化，在神学的阐释中力图去除殖民主义的偏见和架构。

除了以上几方面的努力之外，女性主义神学还为基督教的神学思想带来了一些颇为新鲜的的角度，如"重新唤起被遗忘的范围，对感觉、心理、身体、幻想的范围的感性，这些范围在理智的抽象神学中几乎没有什么地位。女性主义神学以未曾见过的方式赋予神学以人性……责问神学的男性形象，男性外壳（《圣经》），责问神学的等级制的结构（教会）。这样，女性主义神学便开始了对神学的真正革新"②。女性主义神学的学术研究与其作

---

① 耶稣说："我实在告诉你们：普天之下，无论在什么地方传这福音，也要述说这女人所作的以为纪念。"——《圣经·马可福音》14:9。

② ［德］E.M.温德尔：《女性主义神学景观》，刁承俊译，生活·读书·新知三联书店1995年版，第74页。

为实践神学的社会效应为教会也带来了新的气象,如许多新教教派陆续向女性敞开了神职的大门,就连一向以保守著称的英国圣公会也在 1993 年通过主教会议决议,也接受女性担任圣职。显然,女性主义神学除了在当今世界基督教思想领域中享有重要的一席之地以外,还成为基督教福音事业与全球妇女争取两性在各方面平等权利的重要力量。

2.激进女性主义

激进女性主义的理论形成于 20 世纪 60 年代末、70 年代初,从"激进"这一词语中,人们或许能朦胧地感觉到这一派理论的尖锐锋芒。早期的激进女性主义理论主要体现在 1970 年问世的两部著作中,其一是凯特·米利特(Kate Millett)的《性政治》,其二是舒拉米斯·费尔斯通(Shulamith Fire-stone)的《性辩证法:女权主义革命案例》。米利特曾是哥伦比亚大学英国文学与比较文学专业的博士研究生,《性政治》是其博士论文的修订版。她在《性政治》的第二章"性政治理论"中说:"在引进'性政治'这个术语时,我们必须首先回答以下这个不可回避的问题:我们可以从政治角度来认识看待两性关系吗?答案取决于人们对政治的定义。本书对政治的定义不是那种狭义的只包括会议、主席和政党的定义,而是指一群人用于支配另一群人的权力结构关系和组合。"[①]她指出:"在对两性关系的制度进行公正的调查后,我们发现,从历史上到现在,两性之间的状况,正如马克斯·韦伯说的那样,是一种支配与从属的关系。在我们的社会秩序中,基本上未被人们检验过的甚至常常被否认的(然而已制度化的)是男人按天生的权利统治女人。一种最巧妙的'内部殖民'在这种体制中得以实现,而且它往往比任何形式的种族隔离更为坚固,比阶级的壁垒更为严酷,更为普遍,当然也更为持久。"[②]

米利特认为:"男权制根深蒂固,是一个社会常数,普遍存在于其他各种政治、社会、经济制度中,无论是阶层或阶级制度,封建主义或官僚主义制度;它也充斥于所有主要的宗教中。"[③]米利特将权利关系引申到男女两性

---

① [美]凯特·米利特:《性政治》,宋文伟译,江苏人民出版社 2000 年版,第 32 页。
② [美]凯特·米利特:《性政治》,宋文伟译,江苏人民出版社 2000 年版,第 33 页。
③ [美]凯特·米利特:《性政治》,宋文伟译,江苏人民出版社 2000 年版,第 34 页。

关系,继而将两性关系看做政治关系,不管人们是否认同米利特的这种看法,可以肯定的是:男女两性关系是政治关系以及"性政治"的观念现在已被越来越多的人所了解。

而男权制如何构成了性别压迫以及男权制与性别压迫的关系正是激进女性主义最关注的问题。米利特认为男性对公众和私人领域的控制构成了男权制,而男权制的意识形态夸大了男女之间生物学上的差异,它明确规定了男性永远担任统治的或男性气质的角色,而女性永远担任从属的或女性气质的角色。男权制意识形态通过教会、家庭和学术等场所或制度合理化和强化了女性对男人的屈从,结果使得大多数女性从内心接受或内化了自己比男人低等卑下的感觉。因此大男子主义制约着女人,使她们为男性服务并接受为男性服务的角色。

米利特认为,男权制的意识形态充斥于文化的每个角落,并影响着我们的生活的每个方面——甚至是最私人化的生活,即使是女性最私人最隐秘的经验,也是由拥有特权地位的男性原则的制度和结构造成的。家庭(家庭在米利特看来是社会权力结构的中心部分,是灌输意识形态的重要源头,因而对男权制的再生产是必不可少的)和性这两者都是父权制统治的重要工具。米利特举出著名的男作家 D.H.劳伦斯、亨利·米勒以及诺曼·梅勒等人的作品中对女人的性凌辱的怪诞描写,作为其一系列的"性政治实例",以此来突出个体领域中的政治关系,即"性政治"。

米利特认为女性若要得到解放,就必须消除社会中既存的关于男女特定的性地位、性角色和气质禀赋的设定(因为这些都是在男权制下建构出来的意识形态),就应对所有的男性气质特征和女性气质特征作出彻底评估,在肯定男性气质和女性气质分别都有价值的前提下,通过一种新的文化整合即把那些值得肯定的男性气质和女性气质结合到雌雄同体的个人素质中,如将传统上与男性相联系的刚毅勇敢和传统上与女性相联系的同情悲悯结合在一起,如此来造就理想的人。

不同于经典的马克思主义理论从经济的角度寻找受压迫的根源,也不同于许多女性主义者否定女性的依从地位有其生物学基础的观点,费尔斯通的《性辩证法》则认为女性受压迫的物质基础不在经济方面,而在生物学的原因中。在其看来,性别是最根本的阶级问题,女性跨越了政治、文化和种族等差异,构成了一个独特的阶级。她从性别压迫源于性别差异这一前提出发,认为女性受压迫的根源不在经济方面,而在于性别分工,女性的生殖功能是造成这种分工的主要原因,即男性统治和女性屈从这种性政治的意识形态植根于男女的生育角色,这才是征服女性的性政治意识之物质基础。正是"性别间自然的生育差异直接导致了作为阶级根源的第一次劳动分工,同时造成了等级制的典范"①。

费尔斯通指出,由于婴儿的成熟期较长,这便决定了婴儿要有较长一段时间依赖于成人,特别是要依赖母奶才能生存,而生育使女性的体质变弱,使她们要依赖男人才能生存。由这一逻辑推演下去,费尔斯通的结论是:女权主义革命要想取得成效的话,必须依靠生育方式的革命,即依靠现代医学提供的生物技术进步,使女性免于生养之苦,如通过人工(子宫外)繁殖即以试管受孕和试管胚胎的方式来替代自然(子宫内)繁殖,如此来结束与育儿密切相关的性别角色分工。换言之,这种生育方式的革命使得生育过程脱离子宫,使得婴儿的养育过程脱离人奶,以此途径来消除女性对男人体力的依赖,因为这一依赖恰恰是女性依从地位的生理基础。② 显然,费尔斯通的上述结论有偏颇和"前卫"之嫌。

费尔斯通还认为,建立在生物学分工基础上的文化不仅将男性气质与女性气质尖锐地对立起来,而且还造成了科技和艺术之间的分裂。人们常常把科技与男人联系在一起,把人文艺术与女人联系在一起。所谓"男性气质的回应"就是"技术的回应",它是"客观的、逻辑的、外向的、现实的、关注自觉的头脑(自我),理性的、机械的、务实的、脚踏实地的、稳定的"③;所谓"女性气质的回应"就是"美学的回应",它是"主观的、直觉的、内向的、一厢情愿的、梦想的或幻想的、关注潜意识(本我)、感情的、甚至是情绪不稳

---

① 转引自约瑟芬·多诺万:《女权主义的知识分子传统》,赵育春译,江苏人民出版社 2003 年版,第 204 页。

② 参见贾格尔等:《女权主义理论概览》,《国外社会学》1989 年第 1 期。

③ Firestone, *the Dialectic of Sex*, New York, 1970, p.175.

定的(歇斯底里的)"①。费尔斯通乐观地相信:女性一旦从生物学(繁殖生育)的社会性别角色里解放出来,她们就不再非得是被动的、接受的和容易受伤害的,男性和女性都可以按照自己所喜欢的任何方式去融合与配搭男性气质和女性气质的行为和特征,人类因此可以成为雌雄同体的人,所有的文化也因此成为雌雄同体的文化。

不难看出,激进女性主义把男性对女性的压迫视为统治的最基本最普遍的形式,视为女性在所有的社会都处于受压迫和从属地位的最普遍现象,有人还以此为依据提出了整个女性群体"殖民化"的问题,她们认为"妇女普遍的殖民化,即普遍屈从于父权制的压迫"②,其他形式的压迫如种族主义、阶级压迫等,全都与性别压迫有关。而且这种压迫形式并不是依靠消除阶级社会之类的社会变革就可以根除的。因为女性是作为一个群体同男性利益相对立的。显然,激进女性主义的上述观点以及对两性生理差异的过于强调,受到了许多人的批评,虽然用父权制的理论来分析女性受压迫的机制在一定程度上是有效的,但它过于宽泛和概括了,过于把男女两性的区分状态固定化了,其观点也就真的难免有"激进"之嫌而遭人诟病。

3.社会主义女性主义

社会主义女性主义产生于 20 世纪 60 年代末、70 年代初,这一派受到空想社会主义学说和马克思恩格斯观点的影响(尤其是马克思的劳动和资本主义理论,异化劳动、实践和经济价值论等学说。恩格斯的《家庭、私有制和国家的起源》被认为是一篇女权理论的经典篇章),擅长从经济的角度剖析两性关系的实质。但这一派对正统马克思主义是有批评的,她们认为,马克思恩格斯的理论存在着社会性别盲点,在马克思恩格斯的眼中,也许女性的受压迫远不如工人的受压迫那么重要,因而忽视了妇女问题。马克思主义的概念范畴,就像资本本身,是没有社会性别视觉的。

社会主义女性主义似乎更多受到了 20 世纪思想家路易斯·阿尔都塞(Louis Althusser)和于尔根·哈贝马斯(Jürgen Habermas)等人的影响,她们

---

① Firestone,*the Dialectic of Sex*,New York,1970,p.175.

② S. Smith and J.Waston, eds, *De/Colonizing the Subject*, Minneapolis, 1992, p.19.

坚持认为，女性受压迫的根本原因既不全是"阶级歧视"，也不全是"性别歧视"，而是资本主义与父权制错综复杂的交互作用，她们力图阐明，资本主义如何与父权制交互作用，对女性施加了比男人更异乎寻常的压迫。这一派的最重要的代表人物朱丽叶·米切尔(Juliet Mitchell)首次从理论上对马克思主义经典著作中的妇女理论进行了批评，她在其著作中既从经济学的角度对资本主义进行阐述，也从意识形态的角度对父权制进行阐述，且把这两者很好地结合起来，她认为"旨在推翻阶级社会的马克思主义革命，必须与旨在消灭性/社会性别制度的具体的女性主义革命相结合"①。

社会主义女性主义主要关注的是：其一，女性受压迫源于私有财产制下的经济结构，女性之受压迫与资本剥削劳动具有相同的形式，把"阶级"仅仅用来区分与生产资料有关的不同集团过于狭窄。女性也是一个阶级，性别压迫与阶级压迫一样属于最基本的压迫形式。因此，使女性摆脱压迫的道路就是要克服女性的异化和消除劳动的性别分工，最终目标是使社会上男女阶级的划分归于消失。她们赞同马克思主义关于推翻剥削制度、实现社会解放是妇女解放的首要条件这一观点，承认女性地位的改善同政治斗争紧密相连。主张不应当有一个独立于全体政治之外的女权主义政治，女性最终的解放之路与阶级斗争及其政治革命密切相关。

其二，确定"家庭"在资本主义社会中的作用，许多文章围绕着家务劳动问题以及它对资本主义的贡献而展开。加拿大的玛格丽特·本斯通(Margaret Benston)在1969年发表的《妇女解放的政治经济》一文中指出，在任何经济劳动分析中必须认真对待家务劳动，不能把它视作边缘的、甚至是不存在的状况(如马克思和恩格斯的态度)。她强调在资本主义制度下，恰恰是妇女在延续着使用价值的生产，而这些使用价值被她们的家庭消费掉了。由于这种劳动不能赚钱，因此它在人们的眼中是微不足道的，是没有价值的，甚至算不上什么劳动，这种现象正是"妇女地位卑下的物质基础……在一个金钱决定价值的社会里……做着这种无价值的事情的女人几

---

① 转引自[美]罗斯玛丽·帕特南·童：《女性主义思潮导论》，艾晓明等译，华中师范大学出版社2002年版，第171页。

乎无法期望像那些为赚钱而工作的男人一样受到重视"①。本斯通的文章引发了对于家务劳动与异化、与资本主义的关系以及家务劳动的作用与价值等方面的热烈讨论。

其三,强调社会解放只是妇女解放的首要条件,而不是唯一条件,即使实现了社会解放,废除了生产资料私有制,在满足物质需要方面实现了男女大致平等,但这并不意味着性别歧视就会自然而然地消除了,为达到妇女的真正解放,还必须发动一场社会文化革命,开展对社会的文化批判,彻底改变人们的意识形态。只有彻底消除男女二元对立的传统观点,才能使女性真正从压迫她们的力量中解放出来。

在社会主义女性主义的主要代表人物中,有三个人的著作是我们应当加以关注的。一是前文述及的朱丽叶·米切尔,她在《妇女:最漫长的革命》中提出,女性的被压迫是通过四个领域来进行的,即生产、生育、儿童的社会教化和性关系,这四个领域既相对独立又相互依存,而传统的马克思主义的错误在于,它将生产以外的其他三个领域全都缩减为经济因素。米切尔认为人们以为以推翻资本主义秩序为目标的经济革命就能带来男女平等的想法过于天真。在其看来,只要女性和男人的心理依然在父权制意识形态的支配之下,对待女性的态度就不可能有真正的改变。为了使社会真正充满人性,为了女性的真正解放,必须将资本主义制度和父权制度一起推翻。② 米切尔也反对自由主义女性主义者关于通过社会改革给女性提供更多受教育和就业机会,以此使女性与男人平等的观点,在她看来,固然这些可以起到一定作用,但不能彻底改变女性的整体地位。米切尔还反对激进女性主义者提出的生育技术的进步是女性解放的关键之观点,认为纯粹生物学的解决方法不能从根本上解决心理方面的问题。

第二个应当关注的人物是艾里斯·杨(Iris Young),她在《超越不幸的结合:对二元制度理论的批评》一文中提出,"阶级"是一个有社会性别盲点的范畴,因为这个范畴无法对压迫女性的具体情况作出具体的解释。如果

---

① 转引自约瑟芬·多诺万:《女权主义的知识分子传统》,赵育春译,江苏人民出版社2003年版,第108页。

② Jiliet Mitchell, *Psychoanalysis and Feminism*, New York, p.415.

社会主义女性主义者也继续以"阶级"观念作为她们分析的中心范畴,那么就不能解释为什么社会主义国家的女性和资本主义国家的女性一样受压迫。她提出用"劳动分工"范畴来代替"阶级"范畴,即以劳动分工分析来代替阶级分析。艾里斯·杨还提出了在资本主义制度下女性的边缘化问题。她说,"资本主义最重要和基本的特征就是女性的边缘化,这个现象随之而来的结果是:女性沦为次要劳动力。"①她通过追溯历史指出,随着前资本主义经济向资本主义经济的转变,女性的地位不是提高,而是相对下降了。因为在前资本主义时期,婚姻是"经济上的伙伴关系",妻子们通常保留自己的财产,在以家庭为基础的经济活动中,妻子们往往与丈夫一起劳动,甚至在同等条件下与丈夫一起参加行业协会。但资本主义制度使丈夫与妻子之间的经济伙伴关系解体,因为资本主义把工作场所与家庭分隔开来,资本主义的标准将男人作为"主要"的劳动力资源而送到工作场所,而将女人作为"次要"的劳动力资源限制在家中,女人变成了劳动力的后备军。因此,当新的工厂开工时,女性通常被雇佣去填补开工时的空缺;当男人们必须去打仗时,女性立即接受工厂的工作,而男人们一旦从战场返回,女性就只得回家。

第三个值得关注的人物是阿利森·贾格尔(Alison Jaggar),她坚持唯有社会主义的女性主义是最独特的,因为它致力于把压迫妇女的各种各样的形式联系起来,给予全面观照。她在《女性主义政治学与人性》一书中特别强调,异化是居于性别之间的体验②,不同于传统的马克思主义认为只有直接参与资本主义生产关系的人才被认为是真正异化的观点,她认为不赚工资的女性也同样经历异化,并且挣工资的女性所体验到的异化也完全不同于挣工资的男人。在"性、母职与精神智力"的标题下,贾格尔阐述了其关于女性的异化和分裂的思考。她认为,女性与自己的身体疏离,其方式与挣工资的男人和自己的劳动产品疏离的方式是一样的,女人不停地在自己身上加工——拔去这些眉毛,刮掉那些汗毛,消除这块赘肉,增大那个乳房,涂

---

① 转引自[美]罗斯玛丽·帕特南·童:《女性主义思潮导论》,艾晓明等译,华中师范大学出版社 2002 年版,第 175 页。

② Alison M. Jaggar, *Feminist Politics and Human Nature*, Totowa, 1983, p.308.

这片指甲,紧那段腰身,目的是为了取悦男人。女人为了赢得男人的青睐与嘉许,还得与其他女人竞争。

贾格尔不无尖锐地指出,或许一个女人会强调她的节食、锻炼和打扮的目的是愉悦自己,但事实上她可能是为了取悦男人而修饰自己的身体,因为她知道她的身体会遭遇男人的目光凝视。母职对女性而言也是异化的体验,不仅生几个孩子由不得女性(当社会对劳动力的需求增大时,女性被鼓励多生育;在人口多被视为经济负担的社会,女性想要多生孩子则得不到鼓励,许多女人则只能坠胎或绝育),而且随着生育技术如试管受精等的发展,女性很有可能在生育过程与结果中疏离。养育孩子同样也可以变成疏离的体验。贾格尔详细解释了当代的育儿方式如何最终使母亲异化、疏远了与孩子的关系。贾格尔接着不无忧伤地指出,许多女性不仅与她们自己的性、与生儿育女、与履行母职的过程疏离,而且她们的精神智力也异化了,她们缺乏自信,不敢在公众场合表达自己的观点与想法,即使已跻身于学术殿堂,她们也同样不自信。在其看来,当思想和话语的条款是由男人设定时,女人们永远也不会轻松自如。最后,贾格尔强调,女性必须理解在资本主义父权制的结构内,对女性的所有压迫采取了女性与所有事物、所有人,特别是与她们自己疏离这种异化形式。她们应当而且必须明白自己不幸福的真正根源。

4.后现代女性主义

女性主义理论在20世纪80年代最重要的发展可能来自后现代主义对它的重大影响。可以说,后现代主义观念从思路到话语创新,对女性主义研究产生了启发性影响,后现代主义与女性主义研究的相遇、碰撞并相互渗透,使其在思维方式和表现形态上形成了与传统女性主义研究迥然不同的格局,并促生了80年代后现代女性主义研究的兴起,其兴起也被一些学者认为是第三次女性主义运动兴起的标志。

后现代女性主义的主要思想与观点有如下几方面:

第一,消解中心或本源,破除男性与女性二元对立的思维模式。后现代的宗旨之一就是打破"逻各斯中心主义"和消解"语言中心主义"。"逻各斯"即语言的内在理性,也是人类和自然的理性,语言和文字的二元对立关系在西方的哲学传统中被演化为精神和物质、主体和客体、心灵和身体、本质和现象、自为和自在、意义和文本、男人和女人等对子的二元对立。在上述对子中,第一个词比第二个词更受重视,它处于优先的中心地位,而第二个词是第一个词的补充和附庸,处于边缘地位。如在男人与女人这一对对子中,"女人是对立项,是男人的'他者'。她是非男人,有缺陷的男人……男人之成为男人是由于不断排除这个'他者'或对立项,因此他是相对于她来规定自己的"①。可见,二元对立模式所坚持的是所有女性都必须处于作为男人的"他者"位置。后现代主义的理论为女性主义研究提供了新方向,并对女性主义分析"女性"如何变成"他者"及被压制在男性的文本和社会之下提供了强有力的理论支撑。在其理论影响下,后现代女性主义从根本上反对二元对立的思维模式,并将之运用到男性/女性等级对立的范围内。她们认为,我们所生活的这个世界是一个男性中心思维模式所统治的世界。她们要通过对男性/女性这一二元对立的解构来瓦解父权制建立的一整套象征秩序。

第二,关于话语即权力的理论。后现代女性主义认为,在人们的普遍观念中,女性是看重事物而不看重话语的,女性不太关注自己在历史文献中被置于边缘地位的问题。因此后现代女性主义者主张在女性运动内部实行一个"模式转换",即从只关注事物到更关注话语。显然,这种观点是受到了后现代的思想大师米歇尔·福柯(Michel Foucault)的影响。

关于话语,米歇尔曾指出:话语是由符号组成的,但它们不可能归结为语言和言语,话语的作用远远超过了语言和言语。福柯在话语的实际运作中看到了权力关系,话语在内部进行的调查、赋予内部事物的秩序与意义,本质上便是赋予它有产生意义的权力及获得进入特定秩序的权力。简言之,影响和控制话语运动的最根本因素就是权力,而真正具有特殊效应的权力,也是通过话语来执行的。人们作为社会存在物进入社会秩序就是进入话语的权力系统。权力总是通过话语即话语权表现出来。福柯因而指出了

---

① [英]特雷·伊格尔顿:《二十世纪西方文学理论》,伍晓明译,陕西师范大学出版社 1997年版,第 146 页。

真理的特殊历史背景:真理都是相对的,没有什么绝对真理。他说:"由于它们是被造出来的,它们就能被毁掉,假定我们知道它们是怎样被制造出来的。"①福柯对西方话语所作的分析,其主要攻击目标是西方关于社会、历史与政治的宏观理论,其中最主要的是自由人文主义与马克思主义这两大理论传统。他认为这两大理论传统都是建立在有关人性、经济、人类历史、力比多(性动力)等总体理论之上,都是建立在本质主义之上,都是建立在话语权力模式之上的。福柯为后现代女性主义提供了如何看待既存理论的视角以及从权力作用的角度来分析它们的方法。福柯还提醒人们,所有的权力都制造反抗,以反面话语的形式产生出新的知识,制造出新的真理,并组成新的权力。

借用福柯的理论,在后现代女性主义看来,在父权制社会的文化领域里,男性具有文化符号体系的操作权,话语理论的创作权和语言意义的解释权。而处于边缘地位的女性要获得这种话语权,就必须丧失自己作为女性的主体,丢弃自己女性特有的生存方式、体验方式和言说方式,而不得不用男性社会已经僵化的、制度化的、理性化的口吻、词汇、意向和符号去说话,从而失去自己的一些女性特性,以便进入准男性的话语机制。女性在文化领域中的这种失败,被拉康(Jacques Lacan)解释为一种"阉割的焦虑",解释成一种丧失了"笔"的非写作存在物,而被置于社会的谱系和文化语境之中。可以说,在很长一段历史时期里,女性虽有自己的生物性别,却丧失了自己的文化性别和精神性别。

受后现代思想大师们的影响,后现代女性主义的雄心之一就是要发明女性的话语。她们指出:"这个世界用的是男人的话语。男人就是这个世界的话语。""我们所要求的一切可以一言以蔽之,那就是我们自己的声音","男人以男人的名义讲话;女人以女人的名义讲话","我们必须去发明,否则我们将毁灭"②。她们希望藉着所谓的女性语言把女性从男性霸权话语中解脱出来。法国女作家艾琳·希苏(Helene Cixous)为此发起成立了

---

① C. Ramazanoglu, ed, *up against Foucault*, *Explorations of Some Tensions Between Foucault and Feminism*, Routledge, London and New York, 1993, p.180.

② J. A: Kourany, et al. ed., *Feminist Philosophies*, New Jersey, 1992, pp.362 – 363.

女性书写中心,她本人的作品成为女性书写最早的范例。在其看来,在西方文化的词语中,男性总是与逻各斯、文化、白昼、主动等词组相关,女性总是与情感、自然、黑夜、被动等词组相关,她进行写作的任务就是要通过"写作"这一语言实践活动,来动摇二元结构的稳定性以颠覆男性中心主体的特权。要说明的是,后现代女性主义力图发明女性话语的目的并不是为了与男性争夺统治话语权,而是希望对话互补,由抹杀女性的单一的中心化语言,到形成一种多元的性别话语场。

第三,否定所有的宏大理论体系,更加关注差异以及文化、历史的特殊性与多元性,并提出了整合的思维模式,如多元的模式、差异政治的模式(其中包括种族、民族、阶级、性别和性倾向的差异)、重视他人的模式、为女性赋予价值的模式等。在历史上,女人一直被认为缺乏把握规模宏大的法则和原理的能力。后现代女性主义则认为:应当对我们的社会合法性而建立的所有法则和原理做重新的审视。在其看来,那些规模宏大和涵盖一切的宏大理论体系都是以男性为其标准的,完全忽略了女性的存在。自由主义和启蒙主义的话语,从洛克到康德,从来就没有把女性包括在内。

受后现代思想大师们的启发,后现代女性主义认为对种族、民族、阶级与性别等分类都过于宏观与概括了,她们甚至认为就连"女人"、"父权制"这类概念都大有问题,因为实际上每一个类别的内部都是千差万别的,同是女性,由于身份地位的不同,情况也各不相同。如在一个国家内部,如在美国,每一位女人作为美国女人,她所经历的压迫都是不一样的,这不仅是因为她有自己的性取向、年龄、宗教信仰、受教育程度、职业、婚姻状况和健康状态等,而且也因为她所属的阶级和族裔不同,白人女性、黑人女性、亚裔女性、土著女性、具有拉美或西班牙血统的女性、同性恋女性、老龄女性、残疾女性等,她们都有自己各自需要面对的问题。

正是基于这种对女性之间的差异的强调,许多女性主义学者对"白人"女性主义表示了不满与批评,这当中以黑人女学者的批评最为系统和广泛。有学者指出,以黑人女性的生存状况为例,那些早期的理论基于所有的女人全都依赖和被禁锢在"私人领域"之内的假设,是从那些白种中产阶级女性自身的经验出发,对其他阶层的女性所作的错误的推测。黑人女作家贝尔·胡克斯(Bell Hooks)在其《女性主义理论·从边缘到中心》①中指出,走出家庭,争取社会工作权利这样的女权要求在美国只能代表白人中产阶级女性的利益。从美国历史上看,参加家庭以外的社会劳动对黑人女性来说,从来就不是什么要争取的"权利",不论是当日棉花种植园的女奴,还是今天要养家糊口的劳动女性,她们生存的第一条件就是工作。因此,争取工作权只代表了被丈夫当作玩偶宠物闲置在家里的白人中产阶级女性的要求。胡克斯进而指出,至今为止,现存的女性解放理论,由于阶级局限和文化误解,不能解释女性经验的复杂性和多样性,也不能代表受压迫最深的黑人劳动女性。

1979年,一些黑人女学者发表了一篇后来被视为黑人女性主义经典之作的《黑人女性主义者的声明》,这一声明指出:黑人妇女的生活结构是多层次的,其所受的压迫不仅建立在种族和性别的基础上,而且建立在阶级、年龄和性倾向的基础上。目前的政治理论不适合用以解释黑人妇女的处境。如传统的马克思主义只讲"不考虑种族和性别的工人",忽视了工人之间的利益冲突,因而说明不了黑人妇女的真实境况;激进女性主义关于两性冲突的理论也只是以性别为基础分裂人类,忽视了黑人妇女和黑人男子的共同利益。黑人妇女所受压迫的复杂性使其不能认同于任何只强调压迫的一两个侧面的群体。她们认为,衡量女性主义理论适用性的唯一最重要的标准应看其能否解释黑人妇女的境况,"如果黑人妇女获得了自由,那便意味着人人都获得了自由,因为我们的自由要求消灭所有的压迫制度"②。

在后现代女性主义看来,笼而统之的分类,忽略了不同女性所面临的各不相同的性别歧视形式。抽象并试图包罗万象的话语忽略了女性中的差异。因此,后现代女性主义提醒人们应注意到在不同肤色、不同种族、不同阶级、不同性偏好、不同民族、不同地区的女性之间都具有差异性,注意到各各不同的女性的特殊性,以避免化约和普遍化的概念模式,因为这种普遍化

---

① Bell hooks, *Feminist Theory, from Margin to Center*, Boston, 1984.
② 参考贾格尔等:《女权主义理论概论》,《国外社会学》1989年第1期。

模式往往过度荣宠了白人的、第一世界的、受过高等教育的女性的经验。①
正如南希·弗雷泽(Nancy Fraser)、琳达·尼科尔森(Linda Nicholson)在
《非哲学的社会批判——女性主义与后现代主义的相遇》中强调的,"后现
代女性主义理论还应当是非普遍意义的。当它涉及跨文化的问题时,它的
模式应当是比较主义的,而不是普遍意义的;应当是适用于变化和差异的,
而不是适用于'总体规律'的。最后,后现代女性主义理论应当是一种历史
的理论;它应当用多元和综合建构的社会认同概念取代单一的'女性'和
'女性气质的性别认同'的概念;它应当把性别当作其他许多概念中的一
种,同时关注阶级、种族、民族、年龄和性倾向问题"②。上述这种坚持对于
女性之间的差异的关注与强调,又被人称为多元文化女性主义。

第四,关于"身体"的思想。在后现代主义思想的影响下,"身体"已成
为当代哲学、宗教、社会学和人类学分析最喜爱的题目。后现代女性主义借
用了福柯关于身体的思想,认为所谓女性话语是和女性的身体、女性真实的
生理和心理体验紧密联系在一起的。安妮·莱克勒克(Annie Leclere)十分
细腻地阐述了女性身体快乐和女性话语之间的关系。她说:"我身体的快
乐,既不是灵魂和德行的快乐,也不是我作为一个女性这种感觉的快乐。它
就是我女性的肚子、我女性的阴道、我女性的乳房的快乐。那丰富繁盛令人
沉醉的快乐,是你完全不可想象的","我一定要提到这件事,因为只有说到
它,新的话语才能诞生,那就是女性的话语"。她还说:"我要揭露你想掩盖
的每一件事,因为对它(身体快乐)的压抑是其他一切压抑的起始。你一直
把我们所拥有的一切都变成污物、痛苦、责任、下贱、委琐和奴役。"③

前面提到过的法国女作家艾琳·希苏所倡导的"女性书写"其实就是
女性身体写作的一种实验形式,她本人的作品成为身体书写最早的范例。
在她看来,既然历史与文化对女性的钳制是与对她身体与欲望的钳制紧密

① Steven Best Pouglas Kellner, *Postmodern Theory*: *Critical Interrogations*, The Guilford Press, 1991, p.208.

② 李银河:《妇女:最漫长的革命——当代西方女权主义理论精选》,生活·读书·新知三联书店1997年版,第148—149页。

③ J. A. Kourany, et al. ed., *Feminist Philosophies*, New Jersey, 1992, p.303.

联系在一起的,为要使女性获得解放,首先得使其回归身体与心灵,女性可以而且应该通过自己的身体来表达所思所想。因此"写作,这一行为将不但'实现'妇女解除对其性特征和女性存在的抑制关系,从而使她得以接近其本原的力量;这行为还将归还她的能力与资格、她的欢乐、她的喉舌,以及她那一直被封锁着的巨大的身体领域;写作将使她挣脱超自我结构,在其中她一直占据一席留给罪人的位置"①。她还说:"是生活用我的身体造就文本。我即文本。历史、爱情、暴力、时间、工作、欲望,把文本记入了我的身体。女性写作就是要消解语言中的男性成分,让女性的身体发言。"②希苏认为文本的欢愉(textual jouissance)有如女性性欲,是无法被定义、被符码化和理论化的。一言以蔽之,女人没有自己的语言,唯有身体可以依凭。希苏等人倡导的身体书写,体现了通过摈弃男性的视角、经验与表达,建构女性自身话语的努力。

第五,关于惩戒凝视的观点。福柯认为,整个社会就是一个大监狱,举凡军营、工厂、机关、学校、医院等,无不充斥着监督与惩罚。人人都处于社会的凝视之下,不可越轨。社会通过纪律管束着人的身体;通过话语来定义何为正常,何为反常;通过标准化或正常化过程来要求人对规范的自觉遵从。后现代女性主义借用福柯的关于标准化或正常化及惩戒凝视的思想,说明女性生活在两种压力之下,即来自社会和自我的压力,女性的身体被呈现为男性凝视的对象,女性不仅要服从谁观看/谁被看的男权文化的压力,而且还要自觉遵从其规范,自己制造出自己驯服、使人悦目的身体。英国当代最有影响力的艺术批评家约翰·柏格(John Berger)曾说过一句著名的话:男人看着女人,女人看着男人眼中的自己。譬如拿许多女人喜欢做隆胸术这件事来看,它既是男性文化压迫的结果,也是女性自我遵从规范的结果。正如福柯所说:"用不着武器,用不着肉体的暴力和物质上的禁制,只需要一个凝视,一个监督的凝视,每个人就会在这一凝视的重压之下变得卑微,就会使他成为自身的监视者,于是看似自上而下的针对每个人的监视,

---

① 张京媛主编:《当代女性主义文学批评》,北京大学出版社1992年版,第194页。
② 吉庆莲:《法国当代女性小说创作扫描》,《当代外国文学》1999年第3期。

其实是由每个人自己加以实施的。"①

由上可见,后现代女性主义的观点与话语,业已汇同"后学"理论对当代的话语言说有重要的变革意义。当然,仅仅是话语的变革还是远远不够的。从"话语"到"存在的现实",仍然要求女性主义研究去作艰苦的跋涉。另外,我们还要注意到这样一个事实,即后现代主义与女性主义研究本身,也有内在对立紧张之处,试举一例,女性研究将性别看作是大多数社会文化经验与实践中的一个具有重要意义的现象,后现代主义则对"性别"概念本身提出了挑战,后现代主义思想怀疑性别在社会与个人存在中是否具有真实的基础,它强调人的多重身份以及这些身份从话语的多重性中所表露出来的方式,这就否定了将性别作为有意义的和共有的社会政治类别的观念,从而对女性主义和女性研究的存在本身及合法性提出质疑。

另外,针对后现代主义过于理论化,有轻视女性主义的政治作用的倾向,南希·哈特萨克(Nancy Hartsock)在其《福柯论权利,为女人服务的理论?》中说:"只有将女性视为一个社会群体,女性主义才有其存在的意义。过分强调女性内部的差异将导致女性主义自身的毁灭。解构'女性'观,无异于颠覆女性主义政治。"②

5.生态女性主义

生态女性主义作为一个女性主义的理论流派是女权运动和生态运动相结合的产物,它也是在 20 世纪 70—90 年代的第三次女性主义运动中出现的。1974 年,法国女性主义者埃奥波尼(Francoise d Eaubonne)在其《女性主义或死亡》一书中第一次使用了生态女性主义这个术语,这标志着欧美生态女性主义理论研究的开端。80 年代至今,生态女性主义研究日趋繁荣,出现了各种各样的生态女性观。不仅如此,生态女性主义还超越了学术研究的范围,成为新闻界关注的大众政治活动,它包括了妇女权益、科技发展、环境保护、动物待遇与保护、反对战争、反对核技术等诸多方面,目前,生

---

① C. Ramazanoglu (ed.), *up against Foucault, Explorations of Some Tensions Between Foucault and Feminism*, Routledge, London and New York, 1993, p.191.

② Nancy Freizer, *Foucault on Power, a Theory for*? in Linda Nicholson, ed., Feminism/ Postmodernism, New York, 1990.

态女性主义在欧美发达国家,尤其在法国、荷兰、德国和美国的女权运动和环境保护运动、环境哲学和生态伦理学中,越来越受重视,并产生了相当广泛的影响。

生态女性主义既有理论的层面,也有行动的层面。从理论的层面来看,它从各种角度研究女性本性和男性本性的差别,探讨女性角色和女性价值,进而对父权制进行更深入的分析和批判。与此同时关注男性统治和当代社会对大自然的掠夺这两者之间的关系,集中思考人类控制非人类世界或自然界的企图,在埃奥波尼创造生态女性主义这一术语大约十年之后,卡林·J.沃伦(Karen J. Warren)详细阐述了生态女性主义的核心假设,她指出:"(1)对女性的压迫与对自然的压迫有着重要联系;(2)理解这些联系的本质对于充分理解女性和自然所遭受的压迫是十分必要的;(3)女性主义的理论和实践必须包括生态学的视觉;(4)生态问题的解决必须包含女性主义的视觉。"[1]概括起来,生态女性主义的主要内容包括:

第一,强调生态运动与女性的本性之间有着特殊的关系。从"生态女性主义"这一术语本身,人们不难看出这一女性主义流派特别注重的是女性与自然的关系。毫无疑问,女性比男性更接近自然是生态女性主义的一个主要信念。生态女性主义认为需要强调女性与自然的关系。有些生态女性主义者认为若从较"女性"的视觉(如女性角色即其生殖角色、女性原则即与保护和养育相关联的原则、女性直觉因女性有生养抚育孩子的能力因而对生命所具有的一种直觉、女性价值即指关怀、同情、非暴力及对生命的给予者与创造者的崇拜等)去看待自然和环境,将有助于解决生态危机。在她们看来,深刻的生态学意识是一种女性意识。女性比男性更适合于为保护自然而努力,更有责任消除人征服和统治自然的欲望,克服人与自然的日益严重的疏离状态,这些正是生态运动为之奋斗的目标。因此,生态女性主义者对地球上正在发生的日渐严重的生态破坏痛心疾首,她们说,"我们在和自己作对,我们不再感到自己是这个地球的一部分,我们把其他造物视

---

① Karen J. Warren, "Feminism and Ecology", *Environmental Review* 9, No.1 1987(spring):pp.3 - 20.

为仇敌,很久以前我们就已放弃了自我","我们的生活方式正在毁掉环境,毁掉我们的肉体,甚至毁掉我们的遗传基因。"①

第二,对传统的西方哲学与文化的重新审视与批判。在生态女性主义者看来,从柏拉图哲学开始,决定欧洲人世界观的二元思维明确地将男人与理性、精神、文化、自主性、自信和公众领域相联系;而女人则与情绪、身体、自然、相关性、被动性和私人领域相联系。很明显,这种二元思维容易导致这样的结论:既然理性、精神、文化高于情绪、身体与自然,女性因而是比男性低贱的人。由此可见,西方的哲学和文化把人类引入了虚伪的、毁灭性的二元世界;女性有责任帮助人类逃离这个世界,必须对一系列构成西方主流哲学理论主要成分的二元对立提出异议和批判。而且西方文化传统中理想的人(也许这种人可以称之为作为主人的男性精英),不仅体现性别排斥的规范,而且体现人种、阶级和物种排斥的规范,这种人性的理想的关键是征服、控制、利用、解构、夺取和吞并,是对自然(以及被当作自然的女性及其他)的统治,这种统治模式是一种"主人模式"②。二元对立的世界观的问题不在于承认对立双方的差别,而在于它使差别变成了等级关系,它建构了中心的文化概念和本体,因而使得平等和互助完全不可设想。

正因如此,一些后来的生态女性主义者对前述那种寻求加强女性与自然之联系的观点持批判态度,她们认为所谓女性与自然的特殊联系不过是由社会建构并由意识形态强化的,她们强调所有的男性与女性均须理解,他们既是自然的,同时也是文化的。况且在父权制社会中形成的女性角色、女性原则和女性价值等本是性别压迫的产物,是要置疑和批判的,至少是需要重新审视的。如果说早期的生态女性主义比较强调女性与自然的联系,而近年来更多的学者则致力于分析批判女性与自然联系的概念,从而对坚持统治逻辑和二元对立的西方哲学和文化中的理性主义、机械论、男性中心主义、人类中心主义等持批判态度。在这个意义上,生态女性主义可以说已远远超越了性别的层次,进入了更深刻的哲学理论层次。

---

① Plant, J. (ed.), *Healing the Wounds: the Promise of Ecofeminism*, Philadelphia, PA, 1989, pp.1 - 8.

② V. Plumwood, *Feminism and the Master of Nature*, Routeledge, 1993.

第三,基于对西方传统哲学和文化的批判,生态女性主义者提出了以相关性、转化、包容、关心和爱来代替西方父权主义主张分立、异化、对立的二元论和主张,它的主要内容如下:承认自然界每样东西都有价值,尊重和同情自然界的所有生命;以更广泛的生物中心观代替人类中心观、工具理性观和机械论;强调地球上的所有生命是一个相互联系的网,强调所有生命过程的相互关联,人类彼此是相互关联的,人类和非人类世界,如动物、植物等也是相互关联的,反对对生命做等级划分,主张改变基于权力的关系和等级结构,建立以相互尊重为基础的伦理观。重新理解人与自然(自身肉体与非人自然)的关系,建立一个更为健康和平衡的生态体系,其中包括人与非人在内,都应保持多样化状态。

从行动的层面来看,许多生态女性主义者在世界各地的环境保护或生态保护运动中发挥了积极的作用。大部分生态女性主义活动家,不管她们自己是否认同某一政党、某一运动和某一意识形态,都积极投身于生态保护和环境保护的运动中。1980 年 11 月和 1981 年 11 月,生态女性主义者们在美国华盛顿市发动并领导了两次规模较大的示威活动——即"妇女的五角大楼行动",她们在集会中发表了和平宣言,呼吁"维护妇女的社会、经济和生育的正当权利",并强烈谴责军备竞赛和"出于私利无节制剥夺自然资源、破坏生态环境的行为"。

正是这两次行动以及其后蓬勃不断的生态女性主义运动,使得生态女性主义由学术研究的热点扩展为强劲的社会思潮。许多生态女性主义活动家力图制止片面追求经济发展而破坏环境的政策的通过及实施,并为保护环境作出了广泛持续的努力,如在瑞典,她们把用受污染的浆果做成的果浆送给议员,以抗议在森林中使用除草剂。在肯尼亚,她们积极植树,以使沙漠变成绿洲。德国的女性帮助建立绿党,使之成为寻求国家及地球的绿色未来的讲坛。英国的妇女抗议核导弹对地球上生命的威胁。在印度,她们积极参加"抱树"运动,以阻止毁坏森林地带的发展规划的实施。

另外,许多生态女性主义者在实践中对"发展"这一概念提出了质疑,她们认为这个概念是基于西方父权制和资本主义关于经济进步的概念而形成的,以为发展必须走线性发展的道路;从文化的角度讲,这个概念带有霸权主义的特征,因为它不尊重个体,不重视社区层面,单纯从经济角度评估社会的进步。在她们看来,发展本身已成为问题,因为资本主义和父权制是泯灭差异的制度,无论发展到哪里,这些制度无不顽固地复制自身,复制它们的观念和产品。女性的"欠发展"不在于她们对发展的参与不够,而在于"不良发展"使她们付出了代价却没有得到她们应得到的利益。而且,"发达"世界中实力雄厚的银行和跨国公司正在通过集中的、大规模的计划推进"不良发展",之所以是不良发展,是因为这些计划通常缺乏"可持续发展"的通盘考虑,因而都会对本地区的生态完整造成损害。她们提请人们关注这样一个事实,即女性是环境和生态问题的最大受害者。在单纯追求发展的目标下带来了森林、水源和空气等的污染,它给女性带来了最为直接的伤害。

一位印度物理学家范德娜·希瓦(Vandana Shiva)是生态女性主义的代表人物,她尖锐地指出,在西方强加给第三世界的殖民主义经济模式中,男人被迫投入到商品生产中,而女人则以汲水、拾柴、采集、养殖、耕种等维持家庭生计的劳动继续参与生态循环,创造和保全生命。但第三世界的经济发展不幸成了西方殖民过程的延续,这种发展占用和摧毁了自然资源,也严重地影响了妇女维护家庭生计的能力,这样的发展是建立在剥削和排斥妇女、掠夺并破坏自然界和本土文化的基础上,造成发达国家对第三世界的剥削,以及第三世界国家的精英阶层对下层民众的掠夺,这样的发展破坏了生物圈,因此在短暂繁荣之后随之而来的生态危机甚至会引起更严重的人类生存危机。希瓦称这种"不良发展"是西方父权主义的新策略,她认为西方强加于发展国家的现代发展模式本质上是父权主义的,因为它支离破碎、反生命、反对多样性,是统治性的并建立在自然的解体和女性的屈从基础上的进步。希瓦认为,第三(发展中)和第四(尚未开发的乡土)世界的女性应该有选择本地区自力更生还是融入全球经济的权利。

6.心理分析女性主义

心理分析女性主义有时又被称为精神分析女性主义。众所周知,由弗洛伊德创立、并由荣格、拉康等人发展的精神分析学说是20世纪颇有影响的理论之一,它是心理分析女性主义理论的一个重要来源。

　　心理分析女性主义相信：女性的心理与女性的行为方式有内在的联系，因而从女性的心理出发，能找出对其行为方式的根本解释，仅用两性的生理区别来解释目前社会中的两性关系是无效的，两性的区别主要属于心理范畴，这种区别是在儿童的社会教化过程中形成的，男性对女性的压制造成了女性比男性低下这一心理的内化。根据弗洛伊德诸如前俄狄浦斯阶段以及俄狄浦斯情结这些概念，心理分析女性主义指出，男女两性的不平等植于一系列早期的童年经验，这种经验使得人们逐渐形成了父权制社会有关男性气质与女性气质的固定看法，并且认为前者比后者更好。

　　弗洛伊德也许没有料到，他的理论既被心理分析女性主义直接套用，同时也是遭到心理分析女性主义批判的一个靶子，其中一个重要原因就是在心理分析女性主义看来，弗洛伊德的理论主要围绕男性的性欲发展过程而展开，男性的成长历史就是人类的成长历史，他忽视了对作为主体的女性及其性欲的研究。有人对此批评道："最能代表弗洛伊德自己的男性支配社会的地方，莫过于他对女性性行为感到迷惑不解——他曾把女性的性行为称作'黑暗的大陆'。"①法国专攻精神语言学的精神分析学者露丝·伊瑞格瑞（Luce Irigaray）认为，精神分析的论述与其它的论述一样，是被历史与文化所决定的。精神分析只处理"父亲"到"儿子"的传承，处理的永远是男系系谱，精神分析是父权与阳具中心主义的，它尚未充分承认母亲或女性性欲的角色。

　　有些心理分析女性主义对弗洛伊德的女性阴茎羡慕、女性自恋和女性天生有受虐的倾向等理论颇为反感。如就从弗洛伊德的女性阴茎羡慕的观点来看，弗洛伊德武断地认为，阴茎隐喻着创造力，女性因为没有男性生殖器而被定义为"匮乏"，"匮乏"的女性则不具备创造的能力。很明显，弗洛伊德是从"男性中心"的立场来界定女性，他使人们错误地相信，女性是有缺陷的，这种缺陷是造成女性在肉体、经济、感情等方面被动性的主要原因。在心理分析女性主义学者看来，女性和男性的社会性别身份、性别行为和性取向等不是生物学事实的结果，相反，它们是父权制社会文化的产物。换言

---

　　①　转引自张岩冰：《女权主义文论》，山东教育出版社1998年版，147页。

之,女性的被动性、自卑感或自怨自艾等并不是基于生物学的事实,而是基于文化对它们的阐释。在父权制的社会文化环境中,两性关系是不对等的,在这种不对等的两性关系中,持续不断地顺从男性权威,其结果就造成了女性的自我意识比男性的自我意识弱。如果女性一旦明白是社会而不是生物性造成了女性的现状,一旦觉悟到如果把她们自己看作与男人平等的人,社会对女性的影响就会很有限。当然,女性心理的改变还有赖于构成文化的法律、政治、经济和社会结构的改变。

又如弗洛伊德对于儿童的心理意识的发展和分化过程的分析没有提及两性的区别,有人便对此进行了探索。南茜·乔道罗(Nancy Chodorow)的《母性的再造:精神分析学和社会性别学》(此书是80年代女性主义研究中比较有影响的一本书)对前俄狄浦斯阶段男女婴儿性别意识形成时的差异作了详细的论证和分析,她指出,在传统的以母亲为主的家庭教养模式中,儿童第一个热爱和惧怕的人是母亲。儿童都有既爱恋、崇拜母亲、又厌恶母亲管束的矛盾心理,而女孩发展自我的过程或性别意识的形成过程是一个不断与母亲的认同过程,形成与母亲相似或相关的性别心理或自我表现意识。而男孩则在"恋母情结"的作用下,强化对父亲的求同,他们的自我意识和独立人格的形成是以压抑对母亲的依恋为代价的,他们性别意识的确定是一个与母亲相对照的否定过程。女孩对自身身份的困惑是在俄狄浦斯阶段之后,由于男权和男性文化霸权将性别差异扭曲之后才造成的。因此乔道罗在书中提出男性应和女性一起共同承担养育子女的责任,以改变男孩与女孩性格上的差异和对女孩性格的扭曲。而且双亲共同养育子女将会彻底打破性别分工,男人"做父亲"的时间和女人"做母亲"的时间同样多,这将有利于女人在上班时间和男人并肩工作,使得女人和男人一样在公共领域和私人领域都能胜任自如,而且被父母双方共同抚育的男孩或女孩,在其成长过程中能发展出同样的独立和与他人相融的能力。[①] 更重要的是,他们不会再将家庭看作女性的领域,把公共世界看成男人的领域,并知道如

---

① Nancy Chodorow, *the Reproduction of Mothering*: *Psychoanalysis and the Sociology of Gender*, Berkeley, 1978, p.218.

何把时间分配于家庭和工作。

再如就弗洛伊德的女性天生有受虐的倾向之说,对于心理分析女性主义来说,这是个比较敏感的问题,在其看来,如果承认女性的受虐倾向是天生的,那么男性统治的社会结构就有了生物学的基础。有人认为,虐待狂是仇视女性的男权文化的必然表现,它利用女性内心最深处的性欲来强化男性的统治。不过,也有个别学者接受女性天生有受虐倾向的观点,甚至有人将虐恋定义为一般意义上的性自由,而寻找性快乐和性自由基本属于人权的范围,因此女性主义内部不应对虐恋持批评和否定的态度。

7.第三世界女性主义

所谓第三世界女性主义,即指第三世界国家的女性和欧美发达国家中的有色种族女性反对性别歧视和性别压迫的意识形态,常常也被称为全球女性主义或有色人种女性主义或后殖民女性主义,它与欧美发达国家主流社会里中产阶级女性反对性别歧视和压迫的意识形态有所区别。

有学者认为,20世纪50年代第三世界国家的民族解放运动、60年代美国国内黑人的民权运动和欧美国家第二次女权运动是推动70年代以来第三世界女性主义运动与研究形成并蓬勃发展的巨大推动力。另外,肇始于70年代末西方学术界的后殖民研究也是第三世界女性主义研究的一个推动力,第三世界女性主义从后殖民研究如爱德华·赛义德(Edward Said)的经典之作《东方主义》中获益不少,同时她们又不满于后殖民研究中对女性历史和社会性别问题的忽视。

毫无疑问,第三世界女性主义与欧美发达国家的女性主义之间有较大分歧,最主要的分歧是在对女性受压迫的根源的认识上,许多第三世界女性主义的学者认为,欧美发达国家的女性主义只是对性问题感兴趣,只在乎提出理由证明,性别歧视是女性所经历的最恶劣的压迫形式,把女性受压迫受歧视的根源归结为父权制。第三世界女性主义的学者则提请人们注意在殖民过程中性别、阶级、种族等之间的关系并非是相互分割和独立的,它们之间是一种交叉互动的关系。并特别强调,妇女是第一世界还是第三世界的公民,是来自发达国家还是发展中国家,是生活在殖民者国家还是被殖民国家,她们对压迫的体验各不相同。相对于性的问题,她们更为关注的是政治和经济问题,在她们的经验中,她们作为第三世界国家的人民所受到的压迫比她们作为女性所受到的压迫更严重得多,发达国家与第三世界国家在政治、经济和文化上的统治与被统治的关系,以及第三世界国家中不平等的权力结构是第三世界国家的女性受压迫和歧视的根源。

在 1984 年 10 月为筹备 1985 年内罗毕世界妇女大会在坦桑尼亚召开的联合国非政府组织预备会议上,17 个非洲国家的 25 个非官方的妇女组织一致认为阻碍非洲妇女发展的主要障碍有二:一是遍布非洲的日益加剧的贫苦,二是当代世界经济格局中发达国家与第三世界国家之间不平等的权利关系。有学者指出,在第三世界国家中,廉价劳动力中有相当一部分由年轻的、贫苦的女性所构成,她们集中于一些报酬低的行业中,她们所受到的剥削、歧视和压迫不仅是性别造成的,还与阶级、种族、民族等因素密切相关。① 正因为如此,许多第三世界女性主义学者把消除性别歧视与反对阶级压迫、种族歧视、性压迫、经济剥削甚至同反对新殖民主义的斗争联系起来。

第三世界女性主义学者对西方女性主义者对第三世界的女性所持有的一些偏见进行了尖锐的批评,她们指出,有些西方女性主义者太过强调性文化和性生活对女性的影响,她们对第三世界国家的一些特有的风俗习惯如非洲妇女中流行的外阴部和阴蒂切除术、中东女性戴面纱、中国女性过去的裹小脚等表现出特殊的兴趣。如埃及女作家娜瓦尔·依·萨达维(Nawal el Saadawi)曾抱怨说,西方发达国家的一些女学者常常喜欢去苏丹这些国家看阴蒂切除术,但她们对跨国公司是如何剥削这些国家中的包括女性在内的廉价劳动力则毫无兴趣。② 又如西方研究非洲妇女阴蒂切除术的权威之一弗兰·霍斯肯(Fran Hosken)认为,阴蒂切除术的目的是不让女人在性交时有快感,她由此得出结论,在那些盛行阴蒂切除术的国家里,妇女的性欲以及生育权是被男人控制的,父权通过对性行为的控制来统治妇女地位,

---

① 玛丽·埃·萨万:《妇女的另一种发展》,《发展对话》1982 年第 1 期。
② Angela Gillian, "Women's Equality and National Liberation", *Third World Women and the Politics of Feminism*, p.218.

使她们依赖男人。① 在1982年召开的非洲研究年会上,许多学者反对霍斯肯这种把阴蒂切除术作为判断非洲国家妇女地位标志的说法,她们认为性文化、性风俗的研究不应该与社会的政治、经济和文化环境分离,西方某些学者以优等文化自居,断言类似阴蒂切除术等野蛮的风俗是由于非洲和阿拉伯文化落后造成的,实际上反映了其种族主义和新殖民主义的立场。有人尖锐地抨击说,美国妇女愿意参加抗议阴蒂切除术的活动,但她们未必愿意参加抗议跨国公司的活动,后者是付给她或她丈夫大笔工资的,她们对自己也在经济和政治上参与了对第三世界国家妇女(和男人)的压迫缺乏觉悟。

第三世界女性主义对西方女性主义批评的另一个方面是关于非西方女性和非白人女性之间的差异的忽略,第三世界女性主义与后现代女性主义一样关注女性之间的差异性的问题,尤其是对"普遍的"女性经验的怀疑。近年来越来越多的第三世界女性主义者强调从各自的学科出发用后殖民视野审视女性之间的诸多差异,如种族/族裔背景、社会阶级位置、性取向及国家界限等。在其影响下,许多西方世界的白人女性主义学者开始自觉反思女性主义研究中的一些关键性的概念与术语,如包括象单复数的"妇女"、"社会性别"等概念,也反思自己对第三世界女性的写作和再表现,并开始把自己的关注面从相当狭隘的只关心白人中产阶级讲英语的妇女转向不同国家和文化背景下的妇女。

第三世界女性主义在对西方主流女性主义研究进行批评的同时,自身也参与了后殖民理论的探讨,尤其在一个日益全球化和日渐跨国化的时代,她们的探讨比较集中在殖民/后殖民背景下社会性别、种族、阶级的互动,女性主义与后殖民主义的关系,边缘化处境中女性的主动性与能动性,女性的身体与国家话语等方面。许多从第三世界去到发达国家的女学者不仅关切西方以外的第三世界女性的身份,而且注意到自身即生活在西方的第三世界女性混杂的身份尤其是文化身份,从而确立起自己思考的位置,即从她们自身的性别、种族、文化以及作为美国人的多重身份的角度来进行思考的位

---

① Fran Hosken, "Female Genital Mutilation and Human Rights", *Feminist Issues* 1, No.3, 1981.

置。玛丽·约翰（Mary John）在其《女性主义、理论与后殖民历史》一书中描述了她作为生活在第一世界的第三世界女性主义人类学家的多重主体位置，她说她既是一个移民、反馈知识的人类学家，又是人类学这一学科的土著信息提供者。① 尤为可贵的是一些活跃在第一世界和第三世界的女学者，通常发起跨国性的女性主义合作项目，以《女权主义谱系、殖民遗产、未来民主》一书为例，该论文集共收集了 15 位第三世界女性主义活动家和学者的文章，并在一个跨国框架和全球背景之下思考世界各地的女性主义理论和实践，探究殖民主义的历史遗产和现今资本主义经济的全球性扩展以及在这种扩展的背景下其对女性主义反对经济、社会、政治、性及文化支配的影响。

（二）女性主义研究的特征

若是要对上述种种女性主义的理论流派作出简短的评述，那么就女性主义研究的特征而言或许可以归纳出如下四个方面：

其一，现实性。西方女性主义理论是和西方女性主义运动相伴而生的，它不仅是女性主义运动自身发展的结果，在相当程度上亦受到其所处时代的各种思潮的影响，尽管女性主义运动在其发起之时，就有着明确的社会目标和价值取向，即希望实现社会公正原则，给女性以自由与平等。女性主义理论的目标和价值取向同样是要求男女平权的社会公正，其理论旨趣与学术界之外的女性运动以及与目前男权依然统治社会的状况直接相关，因而其研究有着鲜明坚定的女性立场，它所捍卫的是女性原则和女性的权益，这使得女性主义理论研究具有直接现实性的理论品格。

其二，多元化。女性主义研究在不同的社会阶段和文化背景中呈现出不同的特征与姿态，形成了不同的理论流派，这些各不相同的理论流派都有一个共同的主旨，即探讨女性在人类历史长河中受压迫的深层原因，探索女性获得身心自由与解放的途经。虽然各个理论流派关于性别歧视的起源、性质等有各不相同的见解，对于女性是否应该否认性别压抑的存在、求同于

① Mart John, *Discrepant Dislocations: Feminism, Theory and Postcolonial Histories*, University of California Press, 1996.

男性生活方式;抑或确认基于生理差异的独特性气质,以谋求女性的解放之路,也有不尽相同的观点,这些见解和观点对于人们进一步了解自身、了解他人、了解两性之间的关系、了解与自己不同的人群之间的差异,从而建立一个更加公平合理与和谐的美好社会无疑大有益处。

其三,批判性。女性主义研究的每一个理论流派都涉猎许多学科和领域,吸纳了许多现代或当代欧美的理论话语的学术思想资源(如马克思主义之与社会主义女性主义,精神分析学说之与精神分析女性主义,后现代理论、后结构理论之与后现代女性主义、后殖民研究之与第三世界女性主义等),但与此同时这些学术思想资源本身又会成为女性主义研究所批评的对象与靶子。

其四,复杂性。这种复杂性比较突出的表现在分类的困难上,特别是一些比较著名的女性主义学者的思想与见解既可以归于这一类,也可以归于那一类,如在前面关于存在主义女性主义的介绍中提到过的戴利,她写了好几本有影响的著作(如《超越父神上帝》、《妇科学:激进女权主义的元伦理学》、《纯粹的欲望:女性主义哲学精要》等),有人将她归为存在主义女性主义,也有人将她归为激进主义女性主义,还有人将她归为后现代女性主义。类似这样的例子还可以举出很多。

总而言之,女性主义研究经历了一个从现代到后现代的跨越,经历了一个从政治、意识形态的批判到文化建构的变迁(而且这种理论转轨仍在持续地进行着),这种文化建构无疑具有积极意义。其意义不仅表现在学术研究与实际工作中,女性主义视角和性别分析方法越来越被强调和突出,还对政府决策也有重大影响。此外,女性主义研究还表现在它具有极大的涵盖性和影响力,纵贯东西方文化,深及思想意识形态,它大大拓展了人类的视野,改变和正在改变人类的思维方式。尽管女性主义研究仍有许多不尽如人意之处,仍有许多粗糙、尚待商榷的地方,但其发展态势却是人们必须而且应予以密切关注的。

(三)关于社会性别或性别研究

关于社会性别或性别研究,笔者曾在本书的"引言"中指出,20世纪后半期以来,经由波伏娃和福柯等人的努力,有关性别的研究引起了学术界的广泛重视。福柯从研究性与性行为入手,探讨了权力与话语、权力与知识之间的联系,同时揭示了产生性与性经验的社会文化机制。当然,有关社会性别和性别研究的理论也是 20 世纪下半期欧美女性主义研究深入开展的产物,女性主义理论和女性运动是社会性别研究产生的基础,这就使得女性主义理论和女性运动与社会性别研究之间存在一种内在的深刻联系,性别研究的立场和选题不可避免地受到女性主义各种理论的影响。

具体而言,"社会性别"的概念产生于 20 世纪 70 年代,"指由社会文化形成的对男女差异的理解,以及社会文化中形成的属于女性或男性的群体特征和行为方式"①。1972 年,英国社会学家安·奥克利(Ann Oakley)在其出版的《性别、社会性别和社会》一书中,论证了生理上的性别(sex)与心理、文化上的社会性别(gender)之间的差异。1975 年,美国人类学者盖尔·卢宾发表了论文《女人交易——性的"政治经济学"初探》一文,提出了"性/社会性别制度"的概念,在审视了西方三大学术理论——马克思主义的政治经济学、弗洛伊德的精神分析学和列维·施特劳斯的结构人类学之后,盖尔·卢宾提出"性/社会性别制度"是一种与政治经济制度密切相关但又有自身运作机制的人类社会制度。在文中的最后,她指出:"若把性的制度完全孤立起来,那是不能理解它的。对某个社会中的妇女或历史上任何社会中的妇女作大规模的分析,必须把一切都考虑进去:女人商品形式的演变、土地所有制、政治结构、生存技术,等等。同样道理,经济和政治的分析如果不考虑妇女、婚姻和性文化,那是不全面的。"②从上述话语中,人们不难得出性别制度是妇女从属地位的根本原因的结论。

1976 年,美国历史学家琼·凯利·加多(Joan Kelly Gadol)发表了《性别的社会关系》一文,主张把"社会性别"看作如同阶级和种族一样的一种分析社会制度的基本范畴。1986 年,美国史学理论家琼·W.斯科特(Joan W.Scott)在《社会性别:一个有用的历史分析范畴》一文中进一步论证了把性别作为一个分析范畴来思考的重要性,斯科特强调:"性别是社会关系的

---

① 谭兢常、信春鹰主编:《英汉妇女与法律词汇释义》,翻译出版公司 1995 年版,第 145 页。
② [美]佩吉·麦克拉肯主编,艾晓明、柯倩婷副主编:《女权主义理论读本》,广西师范大学出版社 2007 年版,第 77—78 页。

构成要素,它是以人们所接受的两性差异为基础的。性别分析的范畴包括以下四个要素:文化象征的多种表现;规范化的解释、对象征的阐释;政治学概念和对社会体制、社会组织的指涉;主体身份是在历史、文化的影响下具体地形成的……性别是表示权力关系的重要方式……斯科特还以性别与政治的关系为例,说明政治是如何利用性别关系来巩固统治的。她提出,为了促进变革,要把男性和女性的对立作为问题来考虑,而不是作为已经有答案的现象来接受;作为问题它需要根据社会文化的历史背景重新定义、作为关系它需要经常不断地重新建构。"①不难看出,社会性别的概念深刻揭示了男女两性不平等的社会文化根源。

这以后社会性别的分析视角在学术研究和社会实践中逐渐发展起来,如今社会性别概念已成为被学界广泛接受的、并被用来作为阐释和分析社会现象的一种基本方法和重要工具,社会性别的概念已被引入人文学科的各个领域,成为国际人文社科研究领域中的一个重要范畴。如早期倡导这个概念的学者所愿,此概念已经成为像"阶级"、"民族"、"种族"、"族裔"等一样被学术界经常使用的常识性概念之一,不同学科的学者都能娴熟地从社会性别的视角对政治、经济、文化、历史、宗教等方面的各种社会现象进行分析,从而改变了众多学科对人类社会的认识和阐释。性别研究终成"显学"。或许正因为社会性别的概念在各领域的研究中运用得如此之多,才使一美国学者发出如此感叹:"今天任何评论者要对一篇文章进行全面的评价,都必须考虑到社会性别;同样,社会科学研究也必须思考社会性别怎样形成和影响了研究者使用的数据材料。"②

无疑,性别研究理论的提出,为人们跳出纯女性的视角、从男性和女性即两性的视角去认识性别问题以及解决女性在发展问题上的很多困境提供了帮助。1995 年,联合国世界妇女第四次大会在北京召开,由 189 个国家和政府签署的《北京宣言》强调:作为政府,我们特此通过和承诺以下《行动

---

① ［美］佩吉·麦克拉肯主编,艾晓明、柯倩婷副主编:《女权主义理论读本》,广西师范大学出版社 2007 年版,第 188 页。

② Carol Christ, *the American Universities and Women's Studies*, Mayfield Publishing Company, 1999.

纲领》，"确保我们在所有的政策和方案中体现社会性别观点"，而行动纲领则更明确地提出了"将社会性别意识纳入决策主流"的观点。此后，联合国还多次在会议上一再强调将性别意识纳入决策的主流。站在社会的角度，自觉地从性别视角，去观察和认识当前的社会政治、经济、文化和环境，对其进行性别分析和性别规划，以实现社会性别的公正与公平。从这层意义上理解，性别意识如同人权意识、生态环保意识、人口意识等一样，成了一种现代意识。欧洲的各种官方统计中，都注意到了对男女两性分别进行资料统计的必要性，注重应用性别指标来体现欧洲的性别发展状况。2001 年，世界银行发表了《世界银行性别主流化计划书》，提出了世界银行在各种援助项目中必须要运用性别研究的观点，这些观点促进了社会性别不仅在学术界，而且在政府和社会的决策层和管理层的渗透。

笔者以为，或许人们还应当认识到，站在个人的角度，自觉的经过反省的性别意识其实可以提升人的精神境界和生活质量。男人和女人不仅应警醒自己的有意识、潜意识的性别意识，而且还应去学习和体会什么是比较正确或合理的性别意识，自觉摆脱传统的、二元对立的性别角色刻板印象的束缚，承认并尊重包括不同性别在内的所有人基本权利的平等。只有在男女两性个体人格平等的前提下，才能形成男女相互尊重、相互理解、相互独立、相互信任、相互扶持、相互包容与宽容的伙伴关系和合作平台。

二、今日中国在性别问题上面临的窘境

女性主义已经"走过"了一百多年，从起初的微弱呼声到今日影响力的无远弗届，回头去看，今天世界上许多国家的女性基本上都争取到了政治、经济、教育、法律等方方面面的平等权利，随着社会现代化程度的提升和人类文明的不断进步，女性的社会角色也得到了广泛的调整，女性从家庭内部走出来，得以实现其在家庭之外的价值。性别平等从社会的表面来看比以前更加规范，社会的进步不用质疑。但人们若是去进行深入考察的话，谁也不敢说性别平等已经在地球上完全实现。就中国而言，中国经过三十多年的改革开放,在各方面取得的进步全世界有目共睹。毋庸讳言,如今的中国社会依然存在着显性或隐性的性别歧视现象,社会性别的鸿沟依然存在,在某些方面社会性别的歧视不仅明显,而且在程度上甚至有所加深,方式上也更为隐蔽。今天的人们在现实生活中依然面临着性别窘境的问题。试举几例众所周知的事实:

第一,传统农业社会中的重男轻女的性别观念依然存在,这种观念又和现代化性别鉴别技术相结合,导致了新生儿出生性别比例严重失衡,这在广大的农村地区尤其明显。

第二,女性政治参与边缘化,女性参与国家与社会事务管理的程度偏低。中国今天仍然是男权为主的社会。放眼看中国各行各业的高层,特别是各级权力决策中心,男女比例严重失调。在中国的各级领导干部中,女性领导干部副职多、虚职多,难怪有人说中国的女性参政多是出于"需要有比例"的考虑,不像欧美国家的女性参政实实在在是女性自己"打拼"出来的。

第三,男女就业差距较大。就女性的就业来看,下岗女工明显高于男工;女大学生、女研究生就业难早已是不争的事实,许多用人单位在招人时就明确表示只招收男生或者男生优先。从女性的找工作之难到女性在工作环境中的压力之大、升迁之难,或许正是由于女性在职场中打拼的重重困难,使得一些女大学生认同"干得好不如嫁得好"。而与之相对照的是,很多行业利用女性作为其业务和产品的载体,房展、车展、会展等都用美女作为陪衬,年轻美貌而不是智识能力已成为许多行业女性职业进入的门槛。就职业待遇来看,在普通劳动行业中也很难说完全做到了同工同酬。

第四,市场经济条件下大众传媒中的性别话语。与市场原则相匹配的消费主义文化意识形态正随着全球化的浪潮裹挟而来,并借助大众传媒的数码传播技术迅速成为社会生活的主流,这种消费主义文化通过媒体和广告的示范作用正在极大地影响人们的日常生活和价值观念。消费时代的一个重要特征就是对感官享乐的推崇,而女性被最大程度地"身体"化了,如许多广告刻意展现经过包装的女人的婀娜的身姿、勾人的媚眼、丰满的胸脯、光滑的肌肤等,向男性传达释放出"性"息,女性的角色实际沦为以色悦人的性对象。这就在不知不觉中以男性的眼光和品位塑造出女性的"美丽"形象,女人仍然是后现代女性主义所批评的被观看的对象,广告的"性"息效应可谓一箭双雕,既满足了男人的欲望和消费,又以男性的眼光和品位引导着更多"自觉自愿"塑造出女人的"美丽"的女人们。

此外,还有诸如女童失学大于男童、家庭暴力(家庭暴力的受害者大部分无疑为女性)等,笔者在此不一而足。以上所列举的不过是国人都知晓的事实罢了。令人忧心的是,对于上述社会现象许多人是熟视无睹,甚至还有人认为中国的女性已经"解放"得过头了。

男女两性相处越来越困难的莫过于表现在爱情与婚姻领域,如果说离婚率过低未必表明了社会的文明和进步,如文革前的离婚率低是以压抑人性为前提的;而近些年来离婚率的不断往上攀升,表明一向崇尚"家和万事兴"的中国正在遭遇婚姻动荡的冲击。离婚率的不断往上攀升一方面表明了随着社会的开放包容度的扩大,人们普遍有了追求婚姻生活质量的愿望与要求,这既表现出了社会的文明和进步,但另一方面也在某种程度上正好折射出两性的相处之难,越来越难。人们不得不感叹现如今人们婚姻安全感与以前相比明显下降。当然,婚姻安全感下降的原因是多方面的,这既与社会现实过分加剧了婚姻的物质属性,使得许多人在婚姻中过于看重物质利益相关,也与婚姻之外的诱惑太多,人们的责任感越来越淡漠,对自己的约束与自制不够相关。

两性的相处越来越难,或许与男人女人们对"性别平等"的认识也不无关系。因为性别平等意识既是一种观念的表达,同时也是一种生活方式,是家庭中的男女双方在真心认同基础上的身体力行,是两个完全不同的个体之间的深度信任、相互体贴和共同承担。人们有时太过表面或浅层次地理解"男女平等"的口号,却忽略了在"男女平等"的口号下所要达到的是更深层次的男女之间的合作、平衡与和谐。显然,"忽略"的结果、彼此不买账的结果就是离婚。

一些女人的智识、才能与事业的成功更是使她们不得不远离婚姻和家庭。在当今的社会中,事业失败或许会使男人失去魅力,而事业成功(包括政界、学界、商界等)的男人会有机会占据更多的"性"资源,甚至可以随心所欲地换妻换情人,而事业成功的女人在某种程度上在人们眼中则失去了所谓的女人魅力,男人心里或许永远很难接受比自己成功的女人。这就使得事业成功的女人相比于事业成功的男人而言是独居的多、未婚的多。不言而喻,今天的人们每天都面对各种传媒信息的"狂轰滥炸",而大部分信息传递给心智还未真正成熟的年轻人的都是关于金钱、名誉、地位及追求人生奢华的各种享受,甚至为了追逐这些而造成的男男女女之间的"分分合合",在男女关系尤其是情人关系、夫妻关系、家庭伦理上,人们自由而随意,少了神圣与庄严。

我们的教育在培养身心方面多多少少也是不够注重、不够完善和有缺陷的,无论社会、学校、家庭和包括男人女人在内的个体,普遍看重的是个人的"成功",个人的功名利禄。许多人将受教育看成是获得身份和显赫地位的阶梯和途径,而没有注重寻求生命的真谛或者改善与提升生命的品质。无疑,教育在帮助人们学习与践行什么是两性关系中的体面和有尊严的相处之道方面也有欠缺,这就使得许多年轻人更执迷于对物质的索取,更满足于自我的生理感官需求,他们甚至不懂得如何为了个人、家庭和社会的福祉去进行富有成效的生活,也不懂什么是生活的平衡和意义,更别谈什么两性关系中的"体面和有尊严的相处之道"了。

现如今的人们追求性别正义或平等却不自觉地日益加深了男女的分离与冲突,这正是今日人们在性别问题上面临的窘境所在。尽管女性主义和社会性别研究的各种理论和观点对于促进和改善现实社会中的性别关系都是有意义的,但人们也不得不正视,今天女性主义和社会性别研究的研究仍然只是少数学者、小圈子的兴趣焦点,这既与女性主义运动和欧美主义女性研究中表现出的某些激进方面不无关系,同时也与许多人对女性主义和社会性别研究的片面理解或误解相关。

法国哲学家、精神分析学家、"女性主义者"露丝·伊瑞格瑞(Luce Irigaray)曾指出:"性别差异是我们时代主要的哲学问题之一,如果我们不是只有一个问题的话。海德格尔说,每个时代都有一个问题要思考,而且只有一个。性别差异就是我们这个时代的问题,如果我们思考它的话,就可能成为我们的'救赎'。"①伊瑞格瑞的上述表述或许有点夸大了"性别差异"

————————

① Luce Irigaray, *an Ethics of Sexual Difference*, Ithaca: Cornell University Press, 1977, p.5.

的问题,表述有过头之嫌,但也从一个侧面、某种程度上说明了性别问题是一个值得引起关注和重视的问题。

三、儒家经典和圣经中的智慧对于现代人类生活的"光照"

当人类进入 21 世纪时,地球上各地各方的人类都面临许多共同的问题。如异常的气候、灰朦朦的天空、流行病的威胁、地震、海啸等自然灾害的频频发生,水体污染和淡水资源的日益减少,不断飙升的石油价格,还有物价上涨、通货膨胀以及经济危机与宗教极端主义给人们带来的焦虑与压力等等。有人说,现代的人类社会面临五大冲突,就是人与自然、人与社会、人与人、人与自我心灵以及不同文明之间的冲突,由这五大冲突造成了生态、社会、道德、精神以及价值的五大危机。这五大冲突和五大危机时时刻刻在困扰着我们的社会和困扰着我们每一个人。在这个生活越来越丰富多彩、人性束缚越来越少的全球化时代,女人有女人的烦恼和心累,男人有男人的烦恼和心累,一样的焦躁和烦闷,一样的压抑和忧虑,一样的孤独和自卑,人们心灵的困惑与精神的迷茫仍然与从前佛陀、孔子和耶稣生活的时代一样多,甚至有过之而无不及。正如《圣经》所言:"已有的事,后必再有;已行的事,后必再行。日光之下,并无新事。岂有一件事人能指着说这是新的?哪知,在我们以前的世代,早已有了。"[1]在这个全球化时代,不管身处何方,或许只要是地球人,都常常不免会感到困惑与迷茫。

有人痛心疾首地指出,当今的中国正处在"道德滑波、信仰危机、理想破灭"的境地中,环境保护、文化多元、社会公平与正义以及女性主义与性别研究等的各种理论,都在探讨人类社会如何与自然保持和谐共处的关系,人如何追求生活的意义和境界,又如何达到自身身心灵的和谐以及两性的和谐以及社群的和谐等。

---

① 《圣经·传道书》1:9—10。

　　而单就男女两性的相处而言,发掘儒家思想和基督教思想中关于两性相处的宝贵的思想与精神资源肯定是有积极意义的。这个意义就是:能给我们带来什么是在两性关系中体面的和有尊严的相处之道的启示,并在此基础上达成相互的理解、尊重与和谐。20世纪伟大的思想家之一马丁·布伯认为,现代社会存在一个"对话的危机"。他说,在现代,存在一个"对话的危机"。现代人大多拒绝聆听传统,现代性的最大特点就是"对话"的缺失。① 其实,"对话的危机"不仅表现在现代与传统的对话缺失,也表现在不同文明、不同思想传统、不同宗教信仰之间的对话缺失。笔者以为,若想在两性关系中学到什么是体面和有尊严的相处之道,在我们眼下没有找到更好的良药妙方以前,不如静下心来,学习经典,聆听传统,敬畏神圣,看看圣人、先知和受到过神启示的人究竟在经典中说了些什么,它们传递了来自上天和上帝的一些怎样的信息。现代人比较缺乏的精神品质就是聆听和敬畏,即对传统与神圣事物的聆听与敬畏。

　　其实,不管是儒家文明还是犹太文明、基督教文明,都有其"现代的"甚至"后现代"的品质,这是因为他们都关注人与自然、人与社会群体、人与人、人与自我的心灵世界的和谐关系。它们中有许多天人合一、人神和谐、人际和谐以及个人的身心灵平衡的内容。从这层意义上来讲,圣人之言和圣经之言是不过时的,正如耶稣所说:"天地要废去,我的话却不能废去。"②所以圣人之言和圣经之言对我们今天的生活仍有指导或引导的意义。因为它们既是来自上天、来自上帝,也是人类智慧的结晶,它们会一直照亮着人类的心灵。

　　当然,先秦儒家经典和《圣经》说到底还是出自男人之手,还是男人们的性别意识,尤其是男人中的精英知识分子们的性别意识,这当中自然很少反映出女人自己对性别意识的想法。这也难怪,文字自从被发明以后,基本上就成为强势群体表达其思想观念、记录和传播其历史记忆的工具,男性的声音和男性的经历从来都是知识领域的主体。所以无论儒家经典还是圣经

---

　　①　转引自[德]马丁·布伯:《论犹太教》,刘杰等译,傅有德主编《汉译犹太文化名著丛书》,山东大学出版社2002年版,第29页。

　　②　《圣经·马太福音》24:35。

中都含有对女性的藐视或歧视、家庭与社会生活中对男女的不平等规定的内容,这是很自然的。女人在传统的主流的意识形态中多半是缄默不语的,在漫漫的历史长河中多半也是沉默的,因为她们没有话语权。即使少数受过教育的女人能留下自己的作品,但在其作品中反映出女人自己的性别意识却比较少见,其实,什么是女人,或属于女人的的性别意识? 可能是女人自己也说不清楚的。

问题是:我们是否因为传统中没有属于女人的性别意识,就非得创造出一个独特的完全不同的属于女人的性别意识出来,并根据这种女人的性别意识来解放女性自己? 事实上,以性别为中心的任何话语都存在一种危险。我们今天反省批判传统文化与传统社会中隐含的性别"男性中心主义"并不是为了将其置换为"女性中心主义",而是为了杜绝任何"性别等级关系"的再生产,在今人的性别平等的前提下重新思考男女关系和新的社会生活秩序。因此,重要的不是建立"女性的"话语,而是要超越两性偏见,告别"男性的"和"女性的"二元对立,在两性和谐一体的基础上来思考两性和谐相处的问题。如果从上述角度来理解的话,这就需要我们在阅读经典时仔细加以甄别经典中的哪些内容带有时代的历史的烙印,带有以男性为中心的父权文化的痕迹,而哪些内容又能给我们今天这个时代提供启示、带来亮光。

概而言之,笔者以为,先秦儒家经典和《圣经》至少能让我们从以下几方面得到两性之间"体面和有尊严的相处之道"的启示与智慧:

(一)天人关系与神人关系

就先秦儒家的天人关系而言,隐含着某种人与自然、宇宙、人与人之间的某种"相关性或相连性"的思想,用今天的语言表述,这可以被看成是一种将人与人、人与世界、宇宙的诸多部分之间,建构紧密的联系性关系的一种思维方式。这种思维方式认为在宇宙的各部分之间都有一种相互沟通或交互渗透的关系,部分与全体之间也是一种有机的、牵一发而动全身的关系。先秦儒家的这种思想或思维方式在我们本书所讨论的儒家经典中一再得以清晰具体地呈现出来。这种思维方式或许是最具有中国特色且对现代最具有启示意义的。

先秦儒家常常在天与人、天德与人伦的相互关系的框架中来讨论人生与社会问题,如郭店楚简的《成之闻之》云:"天降大常,以理人伦。制为君臣之义,作为父子之亲,分为夫妇之辨。是故小人乱天常以逆大道,君子治人伦以顺天德。"①可见天德与人伦的和谐统一才是君子之道。先秦儒家常喻夫妇关系如天地的关系,正如《礼记·中庸》云:"君子之道,造端乎夫妇,及其至也,察乎天地。"夫妇之生子,就如天地之生人与万物;天地与万物之关系的缩影,就如同家庭的夫妇父子之关系所放大。

正因如此,所以先秦儒家认为现实生活中的男女关系绝不仅仅是单纯意义上的男人女人的问题,丈夫与妻子的问题,它涉及宇宙和人类社会生活的基础,夫妇之道不但是人伦之始,而且与天地同德,具有某种神圣的特征。男女之道即是阴阳变化之道,人伦即是天伦也。正因为夫妇关系是最直接、最常见的阴阳关系,所以在中国的思想史语境中才要通过阴阳的概念和关系来理解性别关系,探讨两性的关系就一定会涉及对阴阳的探讨,并且要从对阴阳的探讨入手,离开对阴阳的探讨,对两性关系的探讨就会不着边际,就会落入空泛而不得要领。当然,阴阳变化之道、天伦又都蕴涵着神圣、不可违之意,人不得不对此要有十二万分的敬畏。由此可看出在中国的文化传统中,男女这两个主要性别的社会关系主要不是(夫妻/男女)一一对应的权力关系、简单的二元对立关系,而是你中有我、我中有你,就像自然界的天与地、太阳与月亮、火与水等一样的阴阳兼济、互补共存的关系。中国人都知道的"阴阳太极图"就是这种关系的最形象表达。这个图是一个圆圈,中间有两条黑白不同、彼此相拥的鱼,其中黑鱼的眼睛是白的,白鱼的眼睛是黑的,两条鱼沿顺时针或逆时针方向旋转。这个"太极图"充分体现了"阴中有阳,阳中有阴;阴阳运化,生生不息;共生共存,天地人和"的和谐哲学思想。难怪"太极图"又叫"太和图"。

就神人关系而言,从基督教的精神与思想资源中,我们最需要继承的是关于两性关系的神圣启示以及对于这种启示的敬畏感。世界是由上帝的创造而来,男人和女人也是由上帝的创造而来,男人和女人的结合即人类社会

---

① 李零:《郭店楚简校读记》,北京大学出版社2002年版,第122页。

的产生也是经由上帝的安排而来,上帝创造了夏娃之后,亲自"领她到那人跟前"①。人从存在的那一刻开始,便处于神人关系之中,神是创造主,人是受造物;神至高至上、唯一绝对。所以,不论男女,首先他们是与上帝关系中被造的存有。上帝是绝对的"他者"②,而男之于女、女之于男则是相对的"他者"。神人关系既决定了人的存在与人的本质,也决定了人与人相处的准则与精神。因为上帝所创造的,并非男人和女人而已,更包括了他们的相互关系。而且既然男人女人均为上帝所造,他们就要按照上帝的旨意行事。上帝的旨意是绝对命令和最高原则。

在男人和女人的关系中,上帝的旨意是什么呢? 笔者曾在第一章中指出:奥古斯丁在《上帝之城》中曾就"上帝为什么不同时造亚当、夏娃,而要用亚当的一根肋骨造夏娃"的问题给出了一个解释:"人类从一个个体中繁衍出来,为的是使人类能够保持和谐……上帝使人类从一个人中衍生出来,为的是表明上帝有多么重视众多之统一。"奥古斯丁还说:"上帝只造了一个人,但并没有让这个人独居……要记住我们所有人都是来自一个祖先,没有任何东西能比记住这一点更适宜防止或医治不和……人们由此得到告诫,要在众多的人群中保持团结。还有,女人是用男人的肋骨造出来的这一事实,十分清楚地象征着夫妻之间应当具有何等骨肉之亲。"③奥古斯丁在此强调的是男女两性的亲密关系,而不是从属关系。托马斯·阿奎那也说过:"神没有从男人的头造出女人来辖制他,也没有从男人的脚造出女人来由他践踏,神却从男人的肋旁造出女人,与之平等,在他的臂下受保护,贴住他的心受疼爱。"④这两位大思想家如此的释经或许是想传达出这样的意思:早在上帝创世时,上帝所创造的男人女人之间的关系本来就是相依相

---

① 《圣经·创世记》2:22。

② 基督教历代的思想家,从中世纪的经院学者安瑟伦(Anselm,1033—1109)、托马斯·阿奎那(Thomas Aquinas,1225—1274)直到20世纪的基督教思想家卡尔·巴特(Karl Barth,1886—1968)、奥特(Heinrich Ott,1929—　)等,总是不厌其烦地论证上帝这位"他者"及其存在方式。可参阅奥特的《上帝》中译本,香港社会理论出版社1990年版,第35—46页。

③ 奥古斯丁:《上帝之城》(中册)第12卷第28章,王晓朝译,道风书社2004年初版,第164页。

④ 转引自《创世启示——创世记——三章深度解释》,台北中华福音神学院出版社2000年5月初版,第134页。

伴、"二人成为一体"的亲密关系。

如果将上帝与男人、女人的关系看作一个等边三角形的话,上帝是在三角形的顶端,男人、女人则在三角形的下方的各一端。他们是平等的,上帝与之的连接既确保了他们分别与上帝的联系,也确保了他们彼此之间的联系,这种"联系"若用一个字来表达的话,那就是"爱"。这就是上帝爱世人,世人爱上帝,世人之间(既包括同性、也包括异性)彼此的爱。所以,爱情是美善的、婚姻是神圣的。男人女人之间本应当相互尊重和有爱。

(二)人伦与契约

就儒家思想而言,曾有许多学者指出,与希腊哲学相比较,儒家有更注重生活而非形而上学的思考之特征。梁漱溟先生在论及东西文化的差异时指出,欧洲从希腊时就关注认识宇宙万物的问题,而中国人关注的则是生活本身。孔子学问的基本点就是讲人生的道理,讲生活。孔子讲人,看重的是世俗生活,解决的是如何和谐有序、仁爱地生活在社会中。可以说,从生存世界出发,面向生活世界是先秦儒学的本质特征,它的理论重心在"形而下"的"人间世",因此它是一种"生活儒学"的理路。为此,先秦儒家具体提出了按当时社会结构所需要处理的五种人际关系,包括父子关系、君臣关系、夫妇关系、长幼关系和朋友关系,即所谓"五伦"。"五伦"的内涵其实就是在强调人的"角色伦理"。

值得注意的是,先秦儒家所说的"五伦",是一种相互对待的关系,它具体规定了每一种社会角色的权利与义务,而不是象汉代以后那样只是要求一方绝对服从另一方。就先秦儒学倡导的整个社会的伦理关系而言,既有严格尊卑、亲疏、有差异的宗法等级秩序,同时又强调家庭和社会亲密关系中的德行,追求家庭和社会的和谐,倡导"礼之用,和为贵",鼓励人们营造同舟共济、休戚相关、相互和谐的人际关系。这即是《国语·郑语》中所讲的"和实生物,同则不继",以及孔子所讲的"君子和而不同,小人同而不和"[1]。这些观念可以启发我们去重新思考家庭作为人生美好生活的价值

———————

[1] 《论语·子路》。

和意义。

汉学家安乐哲在其《和而不同：比较哲学与中西会通》中专辟一章，探讨"中国的性别歧视观"，有意思的是，作者在本章中一开始就批评了一些学者套用西方女权主义理论的做法。他说："移植当代西方模式、语言以及事实标准来解释和评价中国人的经验。这种移植虽说是无意的，却是拙劣的。这种研究还显示了对文化和历史环境的忽视……忽视这种环境的结果是非中国的观念被提出来当作中国问题加以讨论……这些学者似乎真诚地相信，西方传统中的自我实现模式可以用来最终解救困窘中的中国妇女，就像她们的美国姐妹所有的那种经历一样。我们不禁要问，今天西方解决这类问题尚未取得多大进展，我们是否有理由如此之快地把我们的办法推销给其他文化呢？"[①]安乐哲的上述批评是中肯到位的，说明了他对中国文化的深刻理解以及对中国古代之性别关系的深刻把握。

安乐哲并就西方文化与中国文化的性别思考之不同进行了比较，他认为"sexual"（性）差异体现的是跨文化现象，而"gender"（性别）却具有文化的独特性。在做了这种辨析后，他认为西方文化的性别观是一种二元论的性别歧视观，而中国文化的性别观是一种关联式的性别歧视观，后者虽然有它的消极和应该否定的内容，但他也同意："儒家解决男女性别冲突的方法有三层：功能分离，承认等级，以及理想化的告诫，即男人与女人彼此在他们的关系中融入爱与尊重。"[②]笔者以为，这三层中前两层今天可能很难适用，但至少"理想化的告诫"还是适用的。之所以"理想化的告诫"还是适用的，是因为先秦儒家既主张"分阴分阳，迭用柔刚"[③]。也强调在"别"的基础上达到"合和"之境界，即"阴阳合德而刚柔有体。以体天地之撰，以同神明之德"[④]。

正因为如此，以孔子为代表的先秦儒家在给出现实社会生活中男人应该怎样做男人、女人应该怎样做女人，男女之间的关系应该是怎样的具体伦

---

① 安乐哲：《和而不同：比较哲学与中西会通》，北京大学出版社 2002 年版，第 148、151 页。
② 安乐哲：《和而不同：比较哲学与中西会通》，北京大学出版社 2002 年版，第 179 页。
③ 《易传·说卦》。
④ 《易传·系辞下》。

理规范后,仍然强调和注重两性在天然差别基础上的和谐关系。在儒家看来,修身齐家治国平天下的君子之道是从夫妻关系开始的,如《礼记·中庸》所云:"君子之道,造端乎夫妇。及其至也,察乎天地。"儒家的典籍从《易经》、《尚书》、《诗经》,到《论语》、《孟子》、《礼记》、《六德》等,一以贯之的是以小家论天下,家道正而后天下平,所以孔子说:"治家者,不敢失于臣妾,而况于妻子乎。"①孔子主张夫妻"共牢而食,合卺而酳。所以合体同尊卑以亲之也"②。合和——即是自然界的阴阳与人类社会的男女两性之间的理想关系。显然,我们今天所要继承的正是儒家思想传统中所注重和强调的阴阳的合和与互动的和谐关系。

其实,对于中国传统社会的大多数男人而言,家庭其实是个人生命保障与精神寄托的最重要的所在,人生的乐趣不外乎是"妻子好合,如鼓琴瑟。兄弟既翕,和乐且耽。宜尔室家,乐尔妻帑"③的天伦之乐和"家和万事兴"。

性别关系的处理,说到底是要落实到总体的社会关系的格局与秩序中。在今人看来,男女之间的关系是一种政治关系,是一种"性政治",儒家的性别意识在某种意义上也是如此来理解男女之间的关系的,因为儒家所关心的秩序说到底也是一种政治秩序,这种秩序既关乎家庭的稳定与和谐,也关乎到社会与国家的稳定与和谐。当然,我们也应当看到,随着时代的变迁,社会环境和生活空间的变化,儒家关于男女的不同活动空间的判定,如男主外女主内,男女有别等不合情理的硬性规定和戒条,女人不应关心社会公共事务和参与公共政治生活等,以及女人以顺从为美德等已显得不合时宜;但两性之间的阴阳兼济、互补共存却不会过时,两性总是需要合作共进的。儒家重视婚姻与家庭的价值观也是我们今天应该继承的。

不同于凸显和重视人伦的先秦儒家思想,契约观则是犹太教—基督教的核心观念之一。无论旧约还是新约,其所强调的是"约"的双方之间的"法定"关系,即人与神,人与人之间的"法定"关系,无论是人与神,还是人

①《孝经·孝治章》。
②《礼记·昏义》。
③《礼记·中庸》。

与人之间的关系是以"契约"为依据而不是以血缘为依据。显然,无论男人、女人,只有遵守与上帝的"约",才能得到上帝的应许与祝福。如果说在《旧约》中,人遵守与上帝的"约"是靠遵行律法的话,新约则完全超越了"律法",新约是爱的约定,是神与人"里面"的约定(当然,爱的约定不是不要律法,而是强调主体对于律法的内在自觉和超越)。

如果说犹太教的律法是人遵行与神之间的"约"的前提与保障的话,那么在基督教中,"约"的思想与"人的有限性"观念则紧密相联。人皆有"原罪"是基督教的基本主张,但"原罪说"的精神实质并非指人道德上的恶,而在于指出"人之有限性"。在基督教看来,人的堕落就是人要与上帝相分离。伊甸园里夏娃、亚当误用自己的自由去偷食禁果,为的就是想超越自身的有限,把自己变成像上帝那样的人,自做主宰,自做上帝。在此所谓人犯罪的含义是指所有人的生存状态。罪的希腊文原意是"射箭未射中",即指射箭没有射中目标。所谓世人都有罪,是指世人都没有按照上帝所树立的目标去生活。结果就会如同耶稣所说:"就是从人心里,发出恶念、苟合、偷盗、凶杀、奸淫、贪婪、邪恶、诡诈、淫荡、嫉妒、谤渎、骄傲、狂妄。这一切的恶,都从里面出来,且能污秽人。"①人的犯罪和与上帝的背离,其所造成的罪的后果就是人神关系的破裂,即人与神之间的"约"的破裂。随着人神之间的"约"的破裂而来的是人与自然、人与他人关系的破裂(当然也包括两性关系的破裂)。因为人在把自己变成上帝的过程中,以自我生存为中心,在满足私欲的行为中彻底毁灭了人与自然之间的和谐和人与人之间(包括男人和女人之间)的和谐。正是在这层意义上,保罗说世人都"亏缺了神的荣耀"②。人不再仰望上帝——那绝对的无限和超越者,而只是凝视自我,在意自我。

基督教认为,人性既已堕落,人自身从已堕落的人性中不可能行出让上帝满意的行为,人在道德上无法自救。人若要提升自己的生命,需要借助外力来医治已堕落的人性(《新约》中的"拯救或救赎"Sozo,就有医治之意),

---

① 《圣经·马可福音》7:21—23。
② 《圣经·罗马书》3:23。

这个"外力"即是人要接受从上帝而来的恩典即上帝通过耶稣为世人代罪赎死,且从死里复活所完成的救恩,并把此恩典融入到个人生命中去。一方面,人因信称义,罪得赦免,蒙上帝接纳。另一方面,人因信其心、其性、其情都得着改变。换言之,首先,人要转向神,与神重新建立和谐的关系。其次,效法基督,让基督的生命在人里面成长,上帝怎样爱我们,我们也要怎样去爱别人。在此过程中与他人、与自然重新建立起和谐的关系。只有如此,才能使自己转变成新人、重生的人、有新生命的人。

由此可见,基督教的道德源头是上帝,人通过信仰获得一种道德的可能性。人之所以能够为善,是因为人与上帝的"约",即人要通过自己与上帝的关系,通过信仰的途径,使自己的道德逐步获得提升。因为只有人是上帝按自己的"形象"和"样式"来造的,人因而具有自由的超越的秉赋,为此,人就应当"效法"上帝,这种"效法"其实就是《旧约》中人应"效法上帝"和《新约》中人应"效法基督"的根本依据。通过这种"效法",人与自然、人与人(包括男人和女人)的关系才能得到改善,人神之间才能各守其约,人才能在此生的生命中得到上帝的祝福。

(三)礼与律法

不言而喻,先秦儒家之礼与圣经犹太律法是世界上两个古老民族宝贵的精神遗产。殷周之际,周公制礼作乐,提出了礼治纲常,后经过孔孟提倡和完善,礼乐文明成为儒家文化的核心,成为了维系家庭角色关系的重要纽带,它泽被深远,惠及四方。中华民族以礼仪之邦闻名于世,做君王的为要治国安民,做百姓的为要安身立命,都得以礼为准则,如荀子所言:"故人无礼则不生,事无礼则不成,国家无礼则不宁。"[1]其实,儒家的"礼"不是仅仅依凭个人的良心理性、道德自觉就行了,儒家的"礼"有一套比较严格的制度,这一套制度绝不等于礼貌,更不等于"吃人的"礼教(若把先秦儒家的"礼"仅是理解为万世不变的"吃人的"礼教,甚至混同于汉代以后尤其是宋代以后那种带有国家意识形态特征的儒家的礼教那就太浅薄无知,太没有

[1]　《荀子·修身》。

历史的"自觉"了),而是社会和人与人相处的一整套规范。

当然,儒家之礼的核心是"亲亲、尊尊"之类的宗法纲常,礼制的目标是要达到君臣有位、尊卑有等、贵贱有别、长幼有序。这种礼制根植于中国古代的宗法血缘家庭、自然经济和以男耕女织为特征的农业社会的深厚土壤中。不言而喻,在今天这个时代,礼制的一些具体内容已经过时,但礼所强调的和礼所蕴含的人与人、人与社会、人与自然的和谐、人性的平衡等还是具有普世价值,礼乐教化的人文精神还是应该发扬光大的。尤其要指出的是,礼的习得其实也是一种人文教养与精神气质的培养过程,孔子说过:"不学礼,无以立。"①孔子还说过:"兴于诗,立于礼,成于乐。"②"六艺"之教,即礼、乐、射、御、书、数,礼排序第一,说明礼的重要性。礼乐教化说明了以孔子为代表的早期儒学的原初本怀。③ 孔子说过:"移风易俗,莫善于乐;安上治民,莫善于礼。"④而"教化"是从日用生活实际入手的,正所谓:道理初无玄妙,只在日用人事间。

犹太先民以律法为保证宗教信仰和维持民族统一的前提条件,神教和律法是以色列民族特有的符号象征,在律法书中耶和华神则是人类法律和道德规范的制定者,因此律法面前人人平等,遵守律法人人有责,君王、祭司、平民百姓等,概莫能外。违背律法就会受到神的惩处。以一代君王大卫为例,大卫看中了赫人乌利亚的妻子拔示巴,并与她同房,使之怀了孕,为了得到拔示巴,大卫竟用计派乌利亚去前线最危急的地方打仗,使之"阵亡",然后娶拔示巴为妻。神对此"甚不喜悦",于是派先知拿单去谴责大卫,并宣布了他将受到的惩罚,"你为什么藐视耶和华的命令,行他眼中看为恶的事呢?你借亚扪人的刀杀害赫人乌利亚,又娶了的他的妻为妻……所以刀剑必永不离开你的家……我必从你家中兴起祸患攻击你……你在暗中行这事,我却要在以色列众人面前、日光之下报应你"⑤。神对大卫王的惩罚正

---

① 《论语·季氏》。

② 《论语·泰伯》。

③ 关于这点,详见冯达文的《作为人文教养的早期儒学》一文,载于《中山大学学报》(社会科学版)2003 年第 4 期。

④ 《孝经·广要道章》。

⑤ 《圣经·撒母耳记下》12:9—12。

是因为他违背了"摩西十诫"中的第七条"不可奸淫"和第十条"不可贪恋人的妻子……"

《摩西五经》中的 613 条律法是以色列—犹太人日常生活各方面的指南。全备的律法有十诫、礼仪律、民事律，圣经中对此有大量细腻深入的阐述与讲解，律法显明了耶和华神的属性，即公义、圣洁、良善，而且人在履行宗教诫律的同时也是在生活中践行自己的道德义务。律法的许多条款都是保护弱势群体的，如孱弱和贫穷人、孤儿寡妇、仆役和外邦人等。正因为如此，以色列女性与同时代近东地区的其他民族的女性相比，其无论在家庭还是在社会中的境况中还是要好很多。

在新约中，耶稣虽然对在形式上刻板僵硬地死守律法的法利赛人多有批评，但他并没有否认遵行律法的必要性。他说："莫想我来要废掉律法和先知；我来不是要废掉，乃是要成全。我实在告诉你们，就是到天地都废去了，律法的一点一画也不废去，都要成全。"①

耶稣还把律法的总纲概括为"爱神爱人"。他说："你要尽心、尽性、尽意，爱主你的神。这是诫命中的第一，且是最大的。其次也相仿，就是要爱人如己。这两条诫命是律法和先知一切道理的总纲。"②

不难看出，先秦儒家的礼与圣经的律法都包含着规范、秩序、扶弱、崇义等因素，都具有管理、规范与协调的功能。如果说儒家礼的本质是"分"，是等级、是秩序的话，旧约圣经律法最核心的精神就是公义。而在等级、秩序与公义的背后，即礼与律法要达至的目标仍是人与人、人与社会之间的和谐。

（四）仁与爱

礼在孔子的思想体系中是同"仁"分不开的。孔子说："人而不仁，如礼何？"③"仁"在汉字中是一个复合字，"仁"由"人"与"二"两个单字组成，可见其本意就是指人与人之间的亲密协和关系。（笔者在此不揣冒昧地提出

---

① 《圣经·马太福音》5:17。
② 《圣经·马太福音》22:37—40。
③ 《论语·八佾》。

一种猜想,或许这个"仁"字中最初的俩人就是指代表一阳一阴的男人和女人,有了男人和女人,才有了家,才有了社会。)孔子把"仁"作为自己哲学的核心范畴,在《论语》中"仁"字出现了 109 次,孔子还把"仁"的本质解释为"爱人",即"仁者爱人"。常有学者说先秦儒家的仁爱主要是人伦之爱,也是有差等的爱,这种爱带有宗法等级制的烙印,它主要发端于孝亲爱人的血缘关系,并由此推展开去。这种看法不无道理。但若将孔子的"仁"停留在此似乎是过于浅薄,孔子云:"泛爱众,而亲仁。"①这里的"仁"已突破了血缘之亲,是"博施于民而能济众"②,"仁者爱人"已具有普遍的大爱之含义,因而也就具有了普世性、普适性。

为了更好地实现"仁者爱人",孔子还提出了两条基本原则,一是"忠",即"己欲立而立人,己欲达而达人"③;二是"恕",即"己所不欲,勿施于人"④,正是这一条构成了 1993 年 9 月在美国芝加哥通过的《全球伦理宣言》的基石。孔子的这句箴言,被认为是从观念层面上为现代人提供了有效地调节人与人之间(也包括男人和女人之间)彼此关系的伦理底线,是恰当地处理人际关系的"黄金律"。

对于犹太教与基督教而言,上帝是世界、是人、是人的历史的起点与终点。人生命的价值和意义,就是要顺从、顺服上帝的心意,过神所喜悦的生活。那么在两性关系的相处中怎样才合乎神的心意呢?什么是男人与女人相处的原则与精神?上帝不言,人们对于圣经的文字也就有了不同歧义的解释,有人可以从中找出有关男尊女卑的解释,如从保罗的书信中不难找到这方面的内容;有人也可以从中找出男女平等的解释,如从四福音书中耶稣的言行中。这就是人们为什么可以按照自己的立场和观点在《圣经》中各取所需。

即使如此,《圣经》中还是有一些最重要的原则和精神是谁也不能否认的。在笔者看来,这些最重要的原则和精神就包括:其一,无论男女,都是上

---

① 《论语·学而》。
② 《论语·雍也》。
③ 《论语·雍也》。
④ 《论语·颜渊》。

帝的创造物,他们与上帝的关系都是一样的,男人不比女人更接近上帝,女人也不比男人更接近上帝。接近上帝与否与个人的追求分不开,而不是与性别相关。所以,上帝的国是男女都有份的。如同保罗所说:"你们受洗归入基督的,都是披戴基督了。并不分犹太人,希腊人,自主的,为奴的,或男或女,因为你们在基督耶稣里都成为一了。你们既属乎基督,就是亚伯拉罕的后裔,是照着应许承受产业的了。"①其二,今天或许不再像古代那样用体力、用力量来谋取生活资料,所以男性的主导、女性的配合不再那么绝对,但他们的彼此配合、相互配搭在哪个时代都是一样的,在今天仍然没有改变。其三,也是最重要的,就是人要爱上帝。爱上帝是犹太教和基督教的最基本的要求和原则。只有爱上帝,才能保证人与人之间的爱与尊重。

为什么人要爱上帝?理由很简单,因为上帝先爱了人,贯穿整部圣经的爱的理念都是建立在上帝先爱了人的这一根基之上。在《旧约·圣经》中至少可从两方面来描述上帝的爱,即立约的爱与拣选的爱。就立约的爱而言,希伯来文旧约中的"hesed"一词,就是用来描写上帝立约的爱,即专用于描写上帝对以色列立约的爱。在以色列先知们的笔下,这种爱是上帝恒久、永不改变、决定性的爱,这种爱超过了人世间的任何一种爱。就拣选的爱而言,耶和华曾对以色列民说:"因为你归耶和华——你上帝为圣洁的民,耶和华从地上的万民中拣选你特做自己的子民。"②人们从耶和华单拣选以色列民而不拣选别的民族,况且从旧约历史可以清楚地看到以色列民常常是悖逆上帝的事实中不难感受到,上帝对以色列民的"拣选的爱"的没有道理与不可思议。

新约圣经是用希腊文写的,希腊文中有许多"爱"字,常为人提起的有"agape"与"eros"。有人统计,agape一词在新约中出现了120多次,它的动词形式agapan更在130次以上。③ agape主要是指从上到下的爱,而其所爱的对象是不值得爱的,如上帝对人类的爱。"eros"是一种想望"好"的爱,是

---

① 《圣经·加拉太书》3:27—29。
② 《圣经·申命记》14:2。
③ 巴克莱(William Barclay):《新约原文字解》,邓肇明译,香港基督教文艺出版社1983年版,第5页。

一种力量促成人与他或她期待的目标联合的爱,男女之间的性爱就属于这一类别。这个字常用在一个值得爱的对象上。难怪乎常有人将"agape"译成"圣爱",将"eros"译成"互爱",这是有道理的。

所以,新约圣经中描述上帝所赐给人的爱的用字是"Agape",即从上到下的爱。诚如《新约·约翰福音》所说:"上帝爱世人,甚至将他的独生子赐给他们,叫一切信他的,不至灭亡,反得永生。"这段经文说明了基督的降生之目的,即上帝爱世人①,"唯有基督在我们还作罪人的时候为我们死,上帝的爱就在此向我们显明了"②。这段经文说明耶稣在十字架上的受难,以无罪之身作全人类的赎价,在此更是显明了上帝的爱。正是藉着耶稣的死和他的宝血,一个上帝与人之间崭新的约立定了。那么,人怎样回应上帝的爱呢?那就是如耶稣所言"爱神爱人",践行这个"律法和先知一切道理的总纲"。如此,爱在犹太教和基督教中均具有本体论上的绝对意义,上帝对人的爱和人对上帝爱的回应以及人与人之间的爱,就构成了犹太教和基督教伦理观的核心。当然,在夫妻生活中,"爱"并不是一件容易的事,所以《圣经·马太福音》、《圣经·马可福音》和《圣经·以弗所书》中耶稣和保罗都不断地引用《圣经·创世记》中"二人成为一体"的相关经文。这种"成为一体"如同保罗所说"是极大的奥秘",其中必有上帝的祝福。

综上所述,儒家文明与基督教文明在不同的领域既有差异也有共性,在本书所探讨的性别意识领域内也是如此,而最重要的共同点都是为了达成人与人之间、男人与女人之间的和谐共处。在全球化的时代背景下,儒家文明与基督教文明更是需要加强对话、沟通和了解。对话应该成为当代人的一种生活方式。当然,对话的前提条件就是人先要谦卑下来,学会倾听,人们通过倾听来拓展自己的视野,也拓展自己的思考,增强自我反思的能力。人们通过倾听、对话与讨论来认识、欣赏、通融不同的文明对某一问题如性别意识有怎样的不一样的言说方式,而在不一样的言说方式中又有怎样的共同点,即找到核心价值与普世价值。笔者以为,只要人们静下心来,认认

---

① 《圣经·约翰福音》3:16。
② 《圣经·罗马书》5:8。

真真读经典,不管是儒家的经典还是《圣经》,人们都会找到在家庭里、在社会上建立两性和谐关系的幸福之道以及通往这条道路的途径和坐标。

儒家经典与圣经的时代离我们已经很久远了,但二者的影响和贡献已经跨越时空、超越民族性局限而凸显世界性和普世性。放眼人类文明的历史长河,不难发现,一个民族的历史要保持悠长的生命力,必须要有坚实厚重的文明根基,而文明根基的坚实厚重与民族的智慧密切相关。或许知识可以过时,但是智慧,尤其是关于生命的智慧却是永远不过时的,儒家经典与圣经就是我们生命的智慧,生命的智慧就是我们活在世上的生命的光。没有生命的光照,我们就在黑暗中行走,没有方向,没有目标。人只有在光中才能看到我们要看的东西,生活中最深最远的东西,才能知道我们要去的地方,与我们相关的万事万物也只有在光明中才能显现自身。正是在这层意义上,《圣经·约翰福音》说:"生命在他里头,这生命就是人的光。"①此处的"他"是指上帝,此处的"生命"(life)不是仅指人的肉体和生物活动,而是指被生命的智慧之光即上帝之光照亮,使人能真正成为人的"生命"(life)。

总而言之,正是因为人的有限性,人的心智、道德能力和行善意志的有限性,人才需要聆听传统、敬畏神圣,而经典,不管是儒家经典还是基督教的经典,在心灵的滋养、情感的慰藉、精神的提升以及生活的指导方面,为我们提供了丰富的精神资源,经典就是智慧的神圣之光源。正如存在主义思想家克尔凯郭尔所言:"生活始终朝着未来,而悟性则经常向着过去。"②在这层意义上,经典就是我们"智慧的心灯",点亮智慧的心灯,它就会照亮我们的人生之途,使我们昏暗的心灵重现光明,帮助我们提升对生活的观察力、理解力、判断力、思想力和行动的能力。如此,才能活出每个个体的生命质量,提升我们的精神与灵魂;如此,才能活出两性关系中的"体面和有尊严的相处之道",才有两性的和谐和理想的伙伴关系的建立。

当我们今天反省批判传统文化与传统社会中的"男性中心主义"时,人

---

① 《圣经·约翰福音》1:4。

② 转引自阿巴·埃班:《犹太史·前言》,阎瑞松译,中国社会科学出版社1986年版,第1页。

们尤其要注意在性别平等的前提下重新思考男女关系和新的社会生活秩序。要超越两性偏见,告别"男性的"和"女性的"二元对立,在两性本应是和谐一体的基础上来更理性地思考两性如何和谐相处的问题,而和谐社会的建构一定离不开两性的和谐相处的伙伴关系的建立。

　　近代学者辜鸿铭曾在其《中国人的精神》一书的"序言"中开宗明义的提出如下看法:"在我看来,要估价一种文明,我们最终必须问的问题,不在于它是否修建了和能够修建巨大的城市,宏伟壮丽的建筑和宽广平坦的马路,也不在于它是否制造了和能够制造出漂亮舒适的农具,精致实用的工具,器具和仪器,甚至不在丁学院的建立,艺术的创造和科学的发明。要估价一种文明,我们必须问的问题是,它能够生产什么样子的人(What type of humanity),什么样的男人和女人。事实上,一种文明所生产的男人和女人——人的类型,正好显示出该文明的本质和个性,也即显示出该文明的灵魂。"①辜老先生这段话在今天读来还是那么地意味深长、发人深省……

　　让我们用经典的智慧之光点亮心灯……

---

① 辜鸿铭:《中国人的精神》,陕西师范大学出版社 2011 年版,第 2 页。

附录一 《黄帝四经》的性别
意识及其哲学基础[①]

  20 世纪后半期以来,经由波伏娃和福柯等人的努力,有关性别的研究引起了学术界的广泛重视。福柯从研究性与性行为入手,探讨了权力与话语、权力与知识之间的联系,同时揭示了产生性与性经验的社会文化机制。"社会性别"的概念产生于 20 世纪 70 年代,指的是社会文化形成对男女两性差异和行为特征的理解。如英国社会学家安·奥克利在《性别、社会性别和社会》(1972)一书中,论证了生理上的性别与心理、文化上的社会性别之间的差异;美国人类学者盖尔·卢宾在《女人交易——性的"政治经济学"初探》(1975)一文中,提出了"性/社会性别制度"的概念,认为性别制度是妇女从属地位的根本原因;美国历史学家琼·凯利在《性别的社会关系》(1976)中,主张把"社会性别"看作如同阶级和种族一样的一种分析社会制度的基本范畴。迄今社会性别的概念已被引入人文学科的各个领域,成为国际人文社科研究领域中的一个重要范畴,从而改变了众多学科对人类社会的认识和阐释。在这些思想的影响下,西方对传统性别意识的反思批判也渐成时尚,性别研究终成"显学"。

  然而事实上,男人女人及两性关系是人类历史上一个永恒的话题,且总是与每一个时代的哲学、历史、宗教、政治等息息相关,甚至与生活在这个世界上的每一个男女密切相关。显然,一个人成为社会性别意义上的男人或女人,是文化、心理、宗教等因素综合作用的结果,是社会关系或社会文化建

---

① 该文已发表于《哲学研究》2009 年第 1 期。

构的产物。由于"社会性别"是"文而化之"的结果,而"文而化之"的前提又与性别意识和观念密切相关,因此,建立特定的性别意识与观念是将人塑造成特定的"性别人类"的基础。正因为如此,古往今来的人们都不可避免地要思考性别问题并建立特定的性别意识与观念。看看《圣经》,看看柏拉图、亚里士多德的著作,这方面的论述比比皆是。在此意义上可以说,有关性别的思考不是 20 世纪下半叶欧美女性主义研究的专利,而是古已有之的思想文化现象。在中国先秦的哲学著作中也不乏对男人女人、两性关系以及这种关系对社会秩序乃至宇宙秩序的影响与作用的论述。本文拟对成书于战国早中期的《黄帝四经》中的性别意识及其哲学观念,做一些初步的剖析与阐释。

一

《黄帝四经》中关于阴阳男女的许多论述,不仅为战国中晚期的道家所继承,也为同时代的儒家所继承。可以说,它提供了道家和儒家关于阴阳男女许多原初观念的思想资源,从而对千百年来普通中国人的性别意识的形成产生了极为深远和深刻的影响。细察之,《黄帝四经》中出现的与性别意识相关的内容大致有如下诸方面:

1.强调辨雌雄之节与"尚柔"

众所周知,"崇阴尚柔"是老子哲学的重要特征。陈鼓应先生在其《道家易学建构》一书中指出,"《老子》中'阴阳'、'牝牡'、'雌雄'、'静动'的排列序次,如'万物负阴而抱阳,冲气以为和'、'牝常以静胜牡,以静为下'、'牝牡之合而朘作'、'知其雄守其雌'、'……浊以静之……安以动之……'、'静为躁君'、'静胜躁'等等,这种崇阴尚静的阴性词在前、阳性词在后的排列序次于先存古籍中独见于《老子》。"①《老子》一书中还常用"牝"、"雌"、"母"一类的性别语词来喻其"道"。有学者将老子的这一类用字或

———————

① 陈鼓应:《道家易学建构》,台湾商务印书馆 2003 年版,第 19 页。

词统称为雌性比喻,并就老子为什么要用这一类的比喻来喻其道做了解释:"其意义恐怕在于'雌'、'牝'的说法既可与动物甚至与万物相通,有广泛的普遍性,又可隐含男女之别,引发人们对社会生活的联想,对人类的社会生活有较为直接的暗示意义……'雌'、'牝'的比喻超越男女之事,又隐含男女之行为,这恰好可以说明老子哲学关切人类之社会行为,又要达到超越具体行为的普遍哲理的层次。"①《黄帝四经》明显吸收和继承了老子的思想,也多用雌性比喻来喻其道和讲明道理,如《黄帝四经》中之《经》篇专门有"雌雄节"一章(书中所提及的"阴节"、"柔节"、"弱节"、"女节"等都是"雌节"的别称),将雌节与雄节进行比较,且明确地表示了对前者的推崇与对后者的贬抑:

何谓"雄节"? 曰:"宪敖(傲)骄居(倨),是胃(谓)雄节。"意思是:强悍傲慢、倨傲不逊这种行为就是雄节。何谓"雌节"? 曰:"共(恭)验(俭),是胃(谓)雌节。"意思是:委婉曲至、谦恭卑下这种行为就是雌节。作者接着评论道:"夫雄节者,涅之徒也。雌节者,兼之徒也。夫雄节以得,乃不为福,雌节以亡,必得将有赏。"意思是:按雄节行事者,是自满的徒属;按雌节行事者,是谦柔的徒从。按雄节行事而有所得,并不为福;按雌节行事即使有所失,也必将得到上天的报偿。作者的结论是:"夫雄节而数得,是胃(谓)积英(殃),凶忧重至,几于死亡。雌节而数亡,是胃(谓)积德,慎戒毋法,大禄将极……先而不凶者,是恒备雌节存也。后(而不吉者,是)恒备雄节存也。先亦不凶,后亦不凶,是恒备雌节存也。先亦不吉,后亦不吉,是恒备雄节存也。"

文中还给出了"好用雄节"与"好用雌节"的不同后果:"凡人好用雄节,是胃(谓)方(妨)生,大人则毁,小人则亡,以守不宁,以作事(不成,以求不得,以战不)克。厥身不寿,子孙不殖。是胃(谓)凶节,是胃(谓)散德。凡人好用(雌节),是胃(谓)承禄。富者则昌,贫者则谷。以守则宁,以作事则成,以求则得,以单(战)则克,厥身(则寿,子孙则殖,是谓吉)节,是胃(谓)

---

① 刘笑敢:《关于〈老子〉之雌性比喻的诠释问题》,台北"中央研究院"《中国文哲研究集刊》第23期。

绔德。"《经·行守》云:"刑于雄节,危于死亡。"可见,《黄帝四经》认为"雄节"是"凶节",不足取,故而提倡"雌节"。

关于"尚柔",《经·顺道》云:"安徐正静,柔节先定……刑于女节,所生乃柔……守弱节而坚之,胥雄节之穷而因之。"《经法·名理》云:"以刚为柔者栝(活),以柔为刚者伐,重柔者吉,重刚者灭。"《经法·四度》云:"柔弱者无罪而几,不及而翟,是胃(谓)柔弱。"

《黄帝四经》在提倡"尚柔"的同时,也力主刚柔相济,《经·三禁》云:"人道刚柔,刚不足以,柔不足寺(恃)。刚强而虎质者丘。"意思是:人之道有刚有柔,刚与柔都不足以单独依恃。秉性刚强而像老虎那样好勇斗狠者就会遭殃。

除了强调辨雌雄之节与"尚柔"外,《黄帝四经》也同样强调与坚持老子所看重的处下、虚静、无为等原则。与尚柔守雌相关联,老子主张"为而不争",恪守"不争"的人生信条,《黄帝四经》中也有这方面的表述,如《经·顺道》云:"好德不争,立于不敢,行于不能。"《经法·四度》云:"静则安,正治,文则(明),武则强。"《经·十大》云:"静翳不动,来自至,去自往。"但《黄帝四经》较《老子》而言似乎更能正确地看待"争"、"静",如《经·姓争》云:"作争者凶,不争亦毋(无)以成功……争(静)作得时,天地与之。争不衰,时静不静,国家不定……静作得时,天地与之。静作失时,天地夺之",肯定了"争"乃是取得成功的必要条件,因而没有把"不争"的原则绝对化。

由上可见,《黄帝四经》没有把人们通常认为的雄、刚之类的"男性品质"和雌、柔之类的"女性品质"绝对化,它只是对女性品质有所肯定和赞美,而不像西方古典哲学那样总是将男性和女性的品质设定在理智与情感、灵魂与肉体、坚强与柔弱绝对对立的基础上,并认为前者对后者有绝对的优越性。应当说,理智与情感、灵魂与肉体、坚强与柔弱等只是人性的不同方面,如果硬要把它们分裂开来,并与不同的性别粘连在一起,事实上是把人性内部的冲突外化为人类两性之间的冲突;而如果男人和女人都只能履行给他们规定的性格和气质的话,这不仅会使女性、也会使男性失去作为人的完整性;对女性品质的蔑视必定会导致人性完整性的缺失,也会导致理性对情感、灵魂对肉体的过度压制。《黄帝四经》的上述论述,恰恰表明了其在性别意识上的智慧和高明之处。

2.阴阳思想

在中国思想史上,阴阳观念起源甚早:从春秋时代开始,关于阴阳的观念似乎就逐渐被抽象而赋予了普遍的意义,并用于解释自然与人事。如《国语·周语》中记载,西周末年的周太史伯阳父以阴阳二气的升降来解释地震发生的原因;《老子》以阴阳来解释万物的构成等。与早期儒家经典中少有谈及阴阳不同①,作为最早的黄老道家作品,《黄帝四经》中关于阴阳的思想是比较丰富的。其内容大致如下:

(1)阴阳刚柔是宇宙间一对最基本的矛盾。

《黄帝四经》的作者认为阴阳是宇宙间一对最基本的矛盾,即《称》所云:"天地之道,有左有右,有牝有牡……凡论必以阴阳□大义。"在分析了大量的具体论证后,作者明确指出阴阳之间具有一种既相对立又相互依存、相反相成的辩证关系。《经·姓争》云:"刚柔阴阳,固不两行。两相养,时相成。"《经·果童》云:"是以有晦有明,有阴有阳。夫地有山有泽,有黑有白,有美有亚(恶)……两若有名,相与则成。阴阳备物,化变乃生。"《经·观》云:"无晦无明,未有阴阳。阴阳未定,吾未有以名。今始判为两,分为阴阳。离为四(时)……行法循□□□牝牡,牝牡相求,会刚与柔。柔刚相成,牝牡若刑(形)。下会于地,上会于天。"

(2)以阴阳来划分自然事物与人群。

《黄帝四经》的《称》篇明确地提到了属阳属阴的自然事物划分与属阳属阴的不同人群划分,如:"凡论必以阴阳□大义。天阳地阴。春阳秋阴。夏阳冬阴。昼阳夜阴。大国阳,小国阴。重国阳,轻国阴。有事阳而无事阴。信(伸)者阳者屈者阴。主阳臣阴。上阳下阴,男阳(女阴。父)阳(子)阴。兄阳弟阴。长阳少(阴)。贵(阳)贱阴。达阳穷阴。取(娶)妇姓(生)子阳,有丧阴。制人者阳,制于人者阴。客阳主阴。师阳役阴。言阳黑(默)阴。予阳受阴。"《称》在此明确提出了"男阳女阴",这可能是战国

---

① 陈鼓应认为:"早期儒家对于'天地阴阳'的概念毫不关注,大约是因其属于'怪力乱神'之列而不被重视,《论语》、《孟子》中均未出现过'阴阳'的概念。"

时代的文献中最早明确提出"男阳女阴"这一概念的。《称》最后说："诸阳者法天……诸阴者法地,地(之)德安徐正静,柔节先定,善予不争。此地之度而雌之节也。"男法天,女法地,由此成为天经地义之法则。

(3)阴阳刑德与四时教令。

《黄帝四经》把阴阳范畴引入社会生活与政治领域,提出了人事之理要依照四时的生长杀伐行事,人事之理顺天道则生,合理则成,逆天道则有灾祸生。《经法·论约》云："始于文而卒于武,天地之道也。四时有度,天地之李(理)也。日月星晨(辰)有数,天地之纪也。三时成功,一时刑杀,天地之道也。四时时而定,不爽不代(忒),常有法式,□□□,一立一废,一生一杀,四时代正,冬(终)而复始,(人)事之理也,逆顺是守。"

《黄帝四经》还强调君主对百姓的治理也要依据阴阳四时的变化,并提出了"阴阳刑德"、"先德后刑"的理论。所谓"阴阳刑德"、"先德后刑",就是把一年分为春夏和秋冬两段,主张"春夏为德,秋冬为刑",德与刑二者不可缺一,德先刑后。《经·观》云："夫民之生也,规规生食与继。不会不继,无与守地;不食不人,无与守天。是□□赢阴布德,□□□□民功者,所以食之也。宿阳修刑,童(重)阴□长夜气闭地绳(孕)者,(所)以继之也。不靡不黑,而正之以刑与德。春夏为德,秋冬为刑。先德后刑以养生……君臣上下,交得其志。天因而成。夫并时以养民功,先德后刑,顺于天。"这一段话是说百姓的生活无非饮食与生育而已,如果男女不能合和而生殖繁衍,君主就无法保有他的土地;如果百姓得不到温饱,君主就无法得到上天的佑助。所以,当自然的阴气达极盛之时,就应当布施德惠。等阳气转盛的春夏之际,天下的男女就可进行劳作、以获温饱。当自然的阳气达极盛之时,就应当开始准备刑杀。待阴气不断增长、万物凋零的秋冬季节,即是男女合和、婚配生育的时候。而君主则应顺应四时的德惠与刑杀,自然地规范百姓。四季之中,春夏居前,秋冬居后,春夏之际万物生长,是为自然的德惠,所以治道当以德为先;秋冬之时百草凋零,是为自然的刑杀,所以治道当以刑为后。德惠在先,刑杀继后,先德后刑,即是顺于天道。

《黄帝四经》还强调了不顺应天道的后果。《经·观》云："其时赢而事绌,阴节复次,地尤复收。正名修刑,执(蛰)虫不出,雪霜复清,孟谷乃萧

（肃），此才室（灾）□生，如此者举事将不成。其时拙而事赢，阳节复次，地尤不收。正名施（弛）刑，执（蛰）虫发声，草苴复荣。已阳而有（又）阳，重时而无光，如此者举事将不行。"这段拗口的文字的意思是：若在春夏万物生长之时，行秋冬肃杀之政，就会使阴气止而不退，地气回降；在这时修刑杀之令，就会出现蛰虫不出、雪霜交加、谷物枯萎等反常现象，从而带来灾祸，在此时若举兵兴师将不会成事。当秋冬万物肃杀之际，行春夏德惠之政，就会使阳气滞留不收，地气不能回降；在这时迟缓刑狱，就会出现不合时令的蛰虫发声、枯萎的草木重又繁茂等异常现象，自然的阳气已收敛，却在行阳德之政，违反时令节气，此时若举兵兴师也不会成功。

《黄帝四经》进而提出了"四时教令"的思想与主张。所谓"四时教令"，就是强调人们要遵循天地阴阳之序来安排农业生产和生活。《经法·道法》云："天地有恒常，万民有恒事……天地之恒常，四时、晦明、生杀、輮（柔）刚；万民之恒事，男农、女工。"这段话将由阴阳所引起的自然界的四时、晦明、生杀、柔刚的变化与人间的男农、女工对应起来，换言之，人间的生产与生活能否顺应自然界的阴阳变化至关重要。可以说，"四时教令"是将先民在长期的生产与生活实践中形成的对于季节变化同农业生产和人间生活的认识理论化、系统化的结果。阴阳刑德与四时教令的思想，是《黄帝四经》对阴阳思想的重要发展。由于阴阳刑德与四时教令的思想在《黄帝四经》中最先提出，其表述还不具体与圆熟；到了后来的《吕氏春秋》时，这种思想就表达得更加完备与成熟了，因而可以说，《吕氏春秋》中有关"阴阳刑德"和"四时教令"的论述是《黄帝四经》思路的深入和铺展。

不难看出，不以男女论男女，而是以阴阳或在阴阳的范围内论男女，这是中国古代性别意识的一个鲜明特点。男女社会性别的分工（如耕种、蚕织）、婚丧嫁娶乃至性生活的安排、社会的治理等，都是与阴阳的大化运行分不开的。阴阳讲的是平衡，而平衡是矛盾运动协调统一的结果。这种阴阳平衡里既包括了天与人的阴阳平衡，也包括了男人与女人在内的人与人的阴阳平衡，甚至包括了每个人身体内部的阴阳平衡。如此，阴阳就成为表述和理解古代中国性别关系的关键概念和专门术语；离开了对阴阳的把握，对中国古代的性别关系和中国人骨子里的性别意识的理解就会不得要领。

因此可以说,阴阳思想是理解中国古代性别意识的钥匙。

3.以天道推演人事

"道"的本义指道路,后来被引申为规律或规范。以天道推演人事,这是黄老学派一个重要的理论特征。《黄帝四经》坚持了老子道论的基本观点,即道是万物存在的总根源,是整个宇宙统一的根本法则。天地、阴阳、四时、日月、星辰、动植物包括人等皆源于道;道是万物包括人的绝对主宰,决定自然和人事的成败。《黄帝四经》中的《道原》是一篇关于"道"的专论,对道有一段精彩的描述:"是故上道高而不可察也,深不可则(测)也。显明弗能为名,广大弗能为刑(形),独立不偶,万物莫之能令。天地阴阳,(四)时日月,星辰云气,规(蚑)行侥(蛲)重(动),戴根之徒,皆取生,道弗为益少;皆反焉,道弗为益多;坚强而不撌,柔弱而不可化。精微之所不能至,稽极之所不能过。"老子强调人要顺道而行,效法天道,做到无欲、柔弱、处下、虚静、不争等,以与道相冥合,返回到自然状态,即万物存在的本质。《黄帝四经》也强调人要顺道而行,因为人的生活与社会秩序是天道在人间的表现,但《黄帝四经》关于阴阳刑德与四时教令思想的提出,却尝试着把自然界的阴阳变化与人间生产、两性生活与社会治理联系起来,把天道与人道相统一。如《道原》云:"抱道执度,天下可一也。观之大古,周其所以。索之未无,得之所以。"明白了天道,就能将之应用到社会生活的层面,《黄帝四经》中对这一观念有反复的强调。如《经·前道》云:"治国固有前道,上知天时,下知地利,中知人事。"如《经·果童》云:"观天于上,视地于下,而稽之男女。"如《经·姓争》云:"顺天者昌,逆天者亡。毋逆天道,则不失所守。"《经法·论约》云:"顺则生,理则成,逆则死。"由此可见,《黄帝四经》的性别意识是建立在宇宙论的基础上,并从宇宙论推衍落实到男人女人的社会生活之中;宇宙论是《黄帝四经》性别意识的哲学基础,而阴阳观念即是构建先秦宇宙论哲学的两根支柱。

4.等级名分思想

《黄帝四经》认为等级是天经地义的,名分是必须遵守的。在体悟天道、顺道而行的同时,《黄帝四经》强调效法天道的安位守事。《经法·道法》云:"天地有恒常,万民有恒事,贵贱有恒立(位),蓄臣有恒道,使民有恒度……贵贱之恒立（位），贤不宵（孝）不相放（妨）。蓄臣之恒道，任能毋过其所长。使民之恒度，去私而立公。"这即是说，人间的贵贱等级如同天在上地在下一样"恒常"，不可更改；人们要在对天道运行规律的体悟中，安于自己的所处之位，保持恒常的社会秩序。《经·果童》云："（贵）贱必谌，贫富又（有）等。前世法之，后世既员。"这即是说，贵贱贫富的等级与差别是必然和自然的，前世如此，后世也须承认这一既成事实。

在承认贵贱贫富的等级与差别的前提下，《黄帝四经》阐述了关于名分的思想。《经法·名理》云："天下有事，必审其名，名□□循名厩（究）理之所之，是必为福，非必为ネ才（灾）。"《经法·成法》云："吾闻天下有成法，故曰不多，一言而止，循名复一，民无乱纪。"《道原》云："分之以其分，而万民不争；授之以其名，而万物自定。"这些语言都清楚地表达了这样一种观念，即名分是非常重要的，人们须依照各自在尊卑贵贱的等级序列中的不同位置来确立自己应遵守的名分，继而根据这种名分来确定自己的行为方式，不作非分之想与非分之举，如此社会才能安宁有序，也才符合"道"，即"循名复一"。

出于上述考虑，《黄帝四经》对"顺逆"非常重视，于这方面有大量的论述。如《经法·大分》中对"六顺"与"六逆"的论述，还对后妃干预朝政提出了警告，其云："主两则失其明，男女挣（争）威，国有乱兵，此胃（谓）亡国。"又云："主两，男女分威，命曰大麋（迷），国中有师；在强国破，在中国亡，在小国（灭）。"所谓"主两"，即是指后妃拥有国君的威权。《韩非子·亡征》中也有类似的论述，如"后妻淫乱，主母畜秽，外内混通，男女无别，是谓两主。两主者，可亡也"。

《黄帝四经》认为，尊卑贵贱的等级名分之所以不可混淆，是因为它取法于天地阴阳。如果说老子仅是用阴阳来解释天地万物的生成变化，《黄帝四经》则把阴阳引入社会领域，用来论证社会政治与伦理。正是因为天地阴阳的基本关系即"贵阳贱阴"决定了人间的等级秩序，故为了维持这种秩序，所有属阳的事物都得效法天，所有属阴的事物都得效法地，即《称》所云："诸阳者法天……诸阴者法地"，就"男阳女阴"而言，则男人就应效法天，女人就应效法地。

正因为《黄帝四经》以阴阳观念来论证君臣上下、父子兄弟、男女长幼等人世间的各种关系,所以这一思想即成为"社会性别"认同的意识形态根源。性别的认同在某种意义上即是身份的认同,而身份的认同即是次序与名分的认同,次序与名分的认同也就是制度的认同,如此一来,性别、身份、次序与名分、制度就在"天道阴阳"的框架中整合在一起,形成了古代中国颇具特色的性别制度。这种以阴阳观念来论证天道人事的思路模式与其说为后来的思想家提供了重要的启迪,毋宁说是在本体论、宇宙论等形而上的层面,规范制约了未来中国思想文化乃至制度演变的内涵、情势与方向。

二

《黄帝四经》中的上述思想对稍后成书的《易传》和《吕氏春秋》有深刻的影响,《易传》与《吕氏春秋》不仅综合、融汇了儒、道等在内的先秦各家思想,还在宇宙论的基础上对儒道性别意识做了进一步的形而上的提升:这种提升表现在视阴阳为宇宙和人类两性关系与社会生活的基础,将阴阳的特性即刚柔视为男女两性的理想气质,在维护上下尊卑、贵贱有等的礼的基础上强调合和,认为这是天地、阴阳、刚柔以及男女两性关系的理想状态。因此,《易传》与《吕氏春秋》也是理解先秦性别意识的重要文献。

《易传》尤其发挥了《黄帝四经》的阴阳和刚柔相济的思想,《易传》中关于阴阳的表述明显表达了一个观点,即阴阳是宇宙和人类两性关系与社会生活的基础。《易传·说卦》中具体列举了分属阴阳的包括人在内的许多事物,其阴阳涵盖面比《黄帝四经》的《称》所列举的更多更广。概而言之:天为阳,地为阴;乾卦为阳,坤卦为阴;日为阳,月为阴;昼为阳,夜为阴;暑为阳,冬为阴;火为阳,水为阴;男为阳,女为阴;君为阳,民为阴;刚为阳,柔为阴;健为阳,顺为阴;明为阳,暗为阴;进为阳,退为阴;动为阳,静为阴;白为阳,黑为阴;崇为阳,卑为阴;生为阳,死为阴;奇为阳,偶为阴;贵为阳,贱为阴;伸为阳,屈为阴;暖为阳,冷为阴;辟为阳,阖为阴;山为阳,水为阴;等等。由此可见,但凡两两相对的因素,都被划归为阴阳范畴。上述划分有自然方面的,有社会方面的,也有物体属性方面的,还有数字方面的,总之天上地下乃至于人间,包揽众多。这表明作者通过阴阳的统筹,努力将纷繁复杂的大千世界纳入到自己可理解的范围之内。

《易传》的社会观或道德论是建立在其宇宙论的基础上的,而在这个宇宙论的基础上也建立起了性别的形而上学观。所谓"一阴一阳之谓道",即自然界的"道"从阴阳开始,从阴阳的关系开始。而人类社会的"道"也是从阴阳即女人和男人即两性的关系开始,《易传》对此表达得很清楚。《易传·说卦》云:"乾,天也,故称乎父;坤,阴也,故称乎母。"《易传·序卦》云:"有天地然后有万物,有万物然后有男女,有男女然后有夫妇,有夫妇然后有父子,有父子然后有君臣,有君臣然后有上下,有上下然后礼义有所错。夫妇之道不可以不久也,故受之以恒。"

《易传》的上述语言清楚地排列出天地→万物→男女→夫妇→父子→君臣→上下礼仪,即从自然到人类社会及礼仪制度环环递进的一体化衍生图。它表达了这样一种思想,即天与地是宇宙间的阴阳两性,男女是人类社会中的阴阳两性,万物的化生、人类的繁衍完全在于这阴阳两性的作用:在自然界中,阴阳体现为天地交合,天地交合为万物生成之本;在人类社会生活中,阴阳体现为男女交合,男女交合为人伦形成之本,男女结合构成家庭,因而才有了人类社会。从天地、万物、男女、夫妇、父子、君臣一直推演到社会的礼仪,反映了一种朴实、进化的自然观和社会历史观。

《易传》也更进一步深化了对阴阳刚柔的论述:刚乃刚健之性,柔乃柔顺之性,阳刚阴柔是自先秦以来的中国文化赋予男性与女性的理想气质。刚柔在《易经》中的具体展现就是《易经》中的第一和第二卦即乾卦与坤卦。这两卦在先秦以来就被称为"《易》之门户",是其他卦的基础,历代易学家解《易》无不极其重视乾、坤两卦。《易传·杂卦》曰:"乾刚坤柔。"刚有时也用"健"来表示,柔有时也用"顺"来表示,即阳健阴顺。《易传》因而又分别赋予乾卦与坤卦以"健"、"顺"的性质或功能。如《易传·系辞下》云:"夫乾,天下之至健也,德行恒易以知险;夫坤,天下之至顺也,德行恒简以知阻。"又如《易传·说卦》云:"乾,健也;坤,顺也。"曾有许多学者指出乾卦象征太阳(白天)、男性,具有运动、生长、活力、刚强等性质或功能;坤卦象征月亮(夜晚)、女性,具有抚育、接受、柔顺、安宁等性质或功能①。可见汉语中常将刚健、柔顺连用是有其原由的。《易传·系辞上》曰:"乾道成男,坤道成女。"既然乾卦的性质是刚健,那么男性的气质要求就自然应是刚健的,这样才合乎其本性或天性,正所谓"天行健,君子以自强不息"。而坤卦的性质是柔顺,那么女性的气质要求就自然应是柔顺的,这样才合乎其本性或天性。不过,就刚与柔的关系而言,《易传》中很清楚地主张,既要"分阴分阳,迭用柔刚"②,更要"阴阳合德而刚柔有体。以体天地之撰,以通神明之德"③,其所强调的是刚柔相应,即刚柔的相互合作与补充。如《周易·恒卦·彖》云:"恒,久也。刚上而柔下,雷风相与,巽而动,刚柔皆应,恒。'恒:亨,无咎,利贞',久于其道也。"可见刚柔相应是恒久之道。也许正因为如此,《易传·系辞下》云:"君子知微知彰,知柔知刚,万夫之望……《易》之为书也,不可远。为道也屡迁,变动不居,周流六虚,上下无常,刚柔相易,不可为典要,唯变所适。"

如果说《易传》着重发挥了《黄帝四经》中的阴阳和刚柔相济的思想,那么《吕氏春秋》则尤其发挥了《黄帝四经》中阴阳刑德、四时教令与等级名分的思想。同《易传》一样,宇宙论是《吕氏春秋》性别意识的理论根基。《吕氏春秋》将天地、阴阳、万物、人类等放在一个整体性的思考框架内,且将天地阴阳与人间的生产和生活,即自然世界与人事的关系,揭示得更为具体、系统和有条理。《吕氏春秋》将春夏秋冬四季中的每一季都分为"孟"、"仲"、"季"三纪,四季共十二纪,对应于一年十二个月;"十二纪"的内容包括每个月的天象特征、物候、农事、狩猎、林业、行政、军事、法律、祭扫、禁忌以及天子在当月的衣食住行等方面所应遵守的规定等,要求天子乃至百姓都要根据自然界的天地阴阳之变化来调整自己的行为与生活。

如与女性生殖相关的祭祀与仪式要与特定的时间相对应。举"仲春之月"为例,《仲春纪·仲春》云:"是月也,玄鸟至。至之日,以大牢祀于高禖。天子亲往,后妃帅九嫔御,乃礼天子所御,带以弓韣,授以弓矢,于高禖之

---

① 李泽厚:《中国思想史论》上册,安徽文艺出版社1999年版,第132页。
② 《易传·说卦》。
③ 《易传·系辞下》。

前。"《礼记·月令》中也有与这段话几乎完全一致的文字。孙作云先生对这段话的解释是:"为什么要特别礼敬后妃中有身孕者,并且在她身上挂着弓套、授以弓矢呢? 因为弓矢为男子之事,给她这许多武器,在于希望(感应)她将来生男孩子,可见高禖神的祭祀是为了求子。"①

又以"季春之月"为例,《季春纪·季春》云:"是月也,生气方盛,阳气发泄,生者毕出,萌者尽达,不可以内。"即是说,这时的生养之气正当旺盛,阳气开始发散,植物的新芽全都长出来了。为顺应时气,应发散财货,不可赋敛纳入。而且,"是月也……后妃斋戒,亲东乡躬桑。禁妇女无观,省妇使,劝蚕事,蚕事既登,分茧称丝效功,以共郊庙之服,无有敢堕"。

男女两性的性生活与阴阳的消长、时令的变化也有很大关系,如《仲夏纪·仲夏》云:"是月也,日长至,阴阳争,死生分。君子斋戒,处必掩,身欲静无燥,止声色,无或进,薄滋味,无致和,退嗜欲,定心气,百官静,事无刑,以定晏阴之所成。"又如《仲冬纪·仲冬》云:"是月也,命阉尹申宫令,审门闾,谨房室,必重闭。省妇事,毋得淫……是月也,日短至,阴阳争,诸生荡。君子斋戒,处必弇,身欲宁,去声色,禁嗜欲,安形性,事欲静,以待阴阳之所定。"《仲夏》篇与《仲冬》篇的内容有相似之处。可见,在"仲夏"("阴阳争、死生分")与"仲冬"("阴阳争、诸生荡")这种"阴阳争"的关键时候,君子要斋戒,无论是"止声色,无或进"还是"去声色,禁嗜欲",都是强调君子不要近女色,不要有任何性生活,不要盲动,安定心气,"以待阴阳之所定"。君子如此,百姓当然也要如此。

从《黄帝四经》到《吕氏春秋·十二纪》,人们可以看到一条清晰具体的发展线索,即《黄帝四经》把阴阳之理应用于社会生活领域,最先提出了阴阳刑德、四时教令的理论,这种理论的基本思路是把一年分为春夏和秋冬两段:"春夏为德"、"秋冬为刑";《吕氏春秋·十二纪》则更进一步把阴阳刑德、四时教令具体落实到每一个月,贯彻和完善了阴阳刑德、四时教令的理论,并且把阴阳、五行、天文、律历、习俗与政令等组织成一个完整的系统。《吕氏春秋》"在原理上终于把'天'与'人'之间的关节完全贯通:天地生

---

① 孙作云:《诗经与周代社会研究》,中华书局1966年版,第299页。

人,是阴阳化育,是自然而然,因而天与人有种种相似的状况"。①《恃君览·知分》对此讲得很清楚,即"凡人物者,阴阳之化也"。正因为如此,《吕氏春秋》强调人间社会生活的秩序须遵从宇宙之道,遵从天地阴阳的变化之理,并严守四时之序;强调人的行为如果违背了宇宙之道和天地阴阳的变化之理,后果则不堪设想。正因为如此,人与人的相处、男人与女人的相处与对待,都不只是人与人之间的事,也不是人可以随心所欲的,甚至连两性的嫁娶、性生活等也得与宇宙之道和天地阴阳的变化之理相配合、相适应。

至于《黄帝四经》中的等级名分思想,在《吕氏春秋》中也有诸多论述,这些论述集中反映了其作者对维护上下尊卑、贵贱有等的礼的重视。《审分览·审分》篇提出"审分"的思想,所谓"审分",即审分正名。此篇开宗明义即申明:"凡人主必审分,然后治可以至",并且反复强调"审分"的重要性:"王良之所以使马者,约审之以控其辔,而四马莫敢不尽力。有道之主,其所以使群臣者亦有其辔。其辔何如?正名审分,是治之辔已……故人主不可以不审名分也。不审名分,是恶壅而愈塞也。"这里所说的"分",当然是指君臣父子夫妇等六种身份以及各种爵位与官职。作者认为,如果君臣父子夫妇各安其分,按礼行事为人,高低贵贱有别,便可建立起上下尊卑有序的安定社会。《似顺论·处方》篇则提出"定分"的思想,所谓"定分",即确定上下尊卑的等级名分,使君臣父子夫妇名实相符。该篇反复强调"定分"的重要,并把它视为治国之本,认为只有君臣父子夫妇各安其分,社会才能安定。云:"凡为治必先定分:君臣父子夫妇。君臣父子夫妇六者当位,则下不逾节而上不苟为矣,少不悍辟而长不简慢矣。金木异任,水火殊事,阴阳不同,其为民利一也……同异之分,贵贱之别,长少之义,此先王之所慎,而治乱之纪也。""定分"即是关乎国家安定或混乱的关键。

由此可见,所谓"审分"和"定分",说到底是为了维护上下尊卑、贵贱有等的礼。正如《吕氏春秋·季春纪·圜道》云:"天道圜,地道方,圣王法之,所以立上下……万物殊类殊形,皆有分职,不能相为……主执圜,臣处方,方圜不易,其国乃昌。"君臣之间如同天地,只有上下分明才有国家的安定与

---

① 葛兆光:《中国思想史》第一卷,复旦大学出版社 2001 年版,第 242 页。

昌盛。《圜道》中虽只提到君臣而没有提父子夫妇,但父子夫妇也应如同天地一样上下分明、贵贱有等则是不言而喻的。

三

波伏娃曾经说过一句有名的话:"女人并不是生就的,而宁可说是逐渐形成的。"[①]其实,岂止女人是"形成"的,男人同样也是"形成"的:形成男人和女人的土壤就是人们生活在其中的社会文化传统。中国的男人和女人就是在包括《黄帝四经》、《易传》、《吕氏春秋》等在内的几千年的经典思想和社会文化传统中浸润而"形成"的。

但是,中国哲学传统中的性别意识与立足于"灵肉对立"信念的西方传统性别意识是有所区别的:欧美的传统性别意识偏于强调男性女性的二元对立,而中国历史上的性别意识则不能简单地用男性女性的二元对立来加以阐释。因为在中国的文化传统中,"性别"或"男女"从来不是自足独立的论述系统:无论男人或女人从出生起就被纳入到家庭、家族与宗族的社会关系网络里,也就是说,中国的哲学传统是在"关系"(无论是天与人、自然与人的关系,还是人与人的关系)的层面上,多从天地人是一个统一体的角度,来理解和谈论性别或男女的。战国中后期乃至汉代,儒家和道家的性别意识处在相互汲取和融合中:如果说《黄帝四经》的性别意识是这种汲取和融合趋势的较早体现的话,那么到了《易传》和《吕氏春秋》,儒道两家的性别意识在宇宙论的基础上进行形而上的提升就是水到渠成的事了。

中国哲学传统里这种重视阴阳天地和谐统一的思想,对于当代性别问题的研究具有启发意义。从根本上看,有关阴阳关系的理念以及天地人和谐一体的理念,是中国哲学传统中性别观念或性别意识的基础。阴阳观念不一定专指涉男女,但它可以解释包括男女在内的宇宙万物的各种潜在的

---

① 西蒙娜·德·波伏娃:《第二性》(全译本)第二卷,陶铁柱译,中国书籍出版社1998年版,第309页。

冲突与互补；这种阴阳观念所蕴含的性别意识不同于建立在心物二元论之上的西方传统性别意识，它强调人与人（包括男性与女性）、人与自然、人与社会的平衡与和谐，所以在今天仍然有一定的价值，对于我们建立和谐的性别文化是积极有用的思想资源。

附录二　《老子》哲学的性别意识探略[①]

《老子》一书中，有明显的崇阴尚柔倾向，陈鼓应先生在其《道家易学建构》一书中令人信服地指出："《老子》中'阴阳'、'牝牡'、'雌雄'、'静动'的排列序次，如'万物负阴而抱阳，冲气以为和'、'牝常以静胜牡，以静为下'、'牝牡之合而朘作'、'知其雄守其雌'、'……浊以静之……安以动之……'、'静为躁君'、'静胜躁'等等。这种崇阴尚静的阴性词在前、阳性词在后的排列序次于先存古籍中独见于《老子》。"[②]刘笑敢先生也说："《老子》中的'雌'、'牝'、'母'等词汇的出现和地位明显比'雄'、'牡'、'父'多而寓意深远，其'柔弱胜刚强'不仅是哲学和方法论的主张，而且也似乎有着某种性别暗示或性别取向。"[③]道家的这种崇阴尚柔倾向及所蕴含的性别意识，似乎使得道家思想与当代的女性主义似乎有着某种天然的亲和性。

一、《老子》哲学中的性别意识内涵

在中国的哲学传统中，如果说先秦儒家的哲学带有阳刚色彩的话，而道家哲学则无疑带有明显的阴柔倾向；如果说"阳刚"常与男性的理想气质相联系的话，"阴柔"则常与女性的理想气质相联系。细读《老子》，其崇阴尚

---

① 该文为 2011 年 6 月于湖南衡山召开的第七届国际道教学术研讨会所提供的会议论文。
② 陈鼓应：《道家易学建构》，台湾商务印书馆 2003 年版，第 19 页。
③ 刘笑敢：《关于〈老子〉之雌性比喻的诠释问题》，载于台北"中央研究院"《中国文哲研究集刊》第 23 期。

柔倾向中隐含的性别意识内容具体体现在：

（一）《老子》一书中的雌性比喻

《老子》全书中仅有一处明确提到"阴阳"二字①，但相关的语汇则很多，比如用来表示阴属事物的"牝"、"雌"、"母"、"水"等和表示这类事物性质的"静"、"柔"、"处下"、"无为"等。由此有人总结出老子哲学思想的一个鲜明特征即"崇阴尚柔"。在中国的文化传统中，"牝"、"雌"、"母"、"水"等和表示这类事物性质的"静"、"柔"、"处下"、"无为"等又常常和女性相关，难怪乎有学者将老子学说指认为"女性哲学"，认为老子大量吸收了女性智慧，对女性的处世经验加以概括和发挥，并将其作为基本命题融进自己的哲学思想体系中。②

不可否认，作为思想家的老子最为关注的并不是现实社会中男人和女人的关系，乃是一些较为宏观的问题，如宇宙与万物的生成、人类社会的生存状况、现实生活中人的安身立命及如何处世等等之类的问题。不过，这并不等于说老子对男女差别或两性之间相互对待与相处的问题没有观察和思考，只不过老子是以他的方式来谈论这一问题的，比如他对自然界中广泛存在的"男"与"女"即雄与雌、牝与牡之间的差别、相互对待与相处等的言说。而这种"言说"也正好反映了他的"性别意识"。

众所周知，"道"是老子哲学中最为根本的概念。"道"字在《老子》中出现有 73 次之多，"道"总揽宇宙全体而又具有宇宙本根本源和无限性的意义。但"道"究竟是什么？通篇《老子》都没有给出一种明确的解释。老子说："道可道，非常道；名可名，非常名。"③"吾不知其名，字之曰'道'，强为之名，曰'大'。"④"道常无名"⑤、"道隐无名"⑥。我们能体悟到"道"，却

---

① 《老子》第四十二章云："道生一，一生二，二生三，三生万物。万物负阴而抱阳，冲气以为和。"老子在此把阴放在前，阳置于后，反映了其阴重于阳的思想。

② 程伟礼：《〈老子〉与中国"女性哲学"》，《复旦学报》（社科版）1988 年第 2 期。

③ 《老子》第一章。本文中的《老子》原文均引自《王弼集校释》，中华书局 1980 年版。

④ 《老子》第二十五章。

⑤ 《老子》第三十二章。

⑥ 《老子》第四十一章。

不能给它下个定义。

不过,不能给"道"一个定论,不等于老子没有言"道"。其实,全部《老子》就是对"道"的言述,只不过是一种比喻性的言述。正是在此比喻性的"道"说中,我们可以看到老子性别意识的蛛丝马迹。如老子常用"牝"、"雌"、"母"等一类的性别语词来喻其"道",刘笑敢先生将老子的这一类用字或词统称为雌性比喻。老子为什么不用"男、女"二字而多用牝、雌之类的用字? 刘先生的解释是:"其意义恐怕在于'雌'、'牝'的说法既可与动物甚至与万物相通,有广泛的普遍性,又可隐含男女之别,引发人们对社会生活的联想,对人类的社会生活有较为直接的暗示意义……虽然,'雌'和'牝'一般用于鸟类和兽类,但并非完全不可以用于人类或物类……而男女二字仅限于人类之两性,不可用于动物或事物,缺乏普遍性意义,不适于描述宇宙和社会之普遍性和原则……'雌'、'牝'的比喻超越男女之事,又隐喻男女之行为,这恰好可以说明老子哲学关切人类之社会行为,又要达到超越具体行为的普遍哲理的层次。而'阴阳'、'男女'都无法恰切表达老子的这种既现实又普遍的关怀和主张。"①笔者赞同刘先生的上述看法,古人写东西,其实并不像现代人那么随意,老子不用"男、女"而多用牝、雌之类的用字,正是说明了老子的遣词用字的苦心积虑,说明他阐述其"道"时的慎重与考究。当然,这种苦心积虑、这种慎重与考究也清楚地传达出了他对这一类问题思考的倾向性。

就"牝"字而言,《老子》中有 5 次用到"牝"字,"牡"字只出现两次。

"牝"的第一次出现是在第六章中,原文是:"谷神不死,是谓玄牝。玄牝之门,是谓天地根。緜緜若存,用之不勤。"该章引人注目地"连续用谷神、玄牝、玄牝之门和天地之根逐层深入地比拟,描述宇宙及万物的起源和根据"②。显然,道作为万物之始被老子赋予了母性的特征,"道"被说成是谷神、玄牝、玄牝之门、天地之根。玄牝、玄牝之门和天地之根比较容易理

　　① 刘笑敢:《关于〈老子〉之雌性比喻的诠释问题》,台北"中央研究院"《中国文哲研究集刊》第 23 期。

　　② 刘笑敢:《关于〈老子〉之雌性比喻的诠释问题》,台北"中央研究院"《中国文哲研究集刊》第 23 期。

解。"牝"为女性生殖器官,朱熹注玄为妙,"玄牝"乃形容道生天地万物而无迹无形、玄妙莫测、幽深抽象,而女性生殖器官的神秘玄妙正在于其生命创生功能。"玄牝之门"、"天地之根"均是言生命之所从出者,体现的也是雌性的性别特征和生殖功能。

何谓谷神?旧注纷纭不一。如河上公将这两个字拆开解释,认为:"谷,养也。人能养则神不死,神谓五藏之神也。"(五藏即肝、肺、心、肾、脾)王弼注:"谷神,谷中央无者也。无形无影,无逆无违,处卑不动,守静不衰,物以之成而不见其形,此至物也。处卑守静不可得而名,故谓之玄牝。门,玄牝之所由也。"笔者认为王弼注比较有道理。可见"谷神"的"谷"其实也是指的女性生殖器,女性生殖器是中空的,所以称为谷。"谷神"的"神"有神妙莫测之意,如同"玄牝"一样,也是用以喻道的玄妙莫测、幽深抽象的。可见谷神、玄牝都代表着奥妙的母性和生殖本能,这种奥妙的母性和生殖本能也许具有永永远远自自然然的的生养能力,而这种无形而永存的能力当然就是玄牝之门、天地之根,即天地万物的总根源和总根据,就是"道"。在老子看来,原始大道如同一个虚空而有生育能力的母体,这个虚空而有生育能力的母体渊兮似万物之宗,恍惚之中有物有象,天地万物渐次而生。"他用女性生殖原理和母子关系来形象化地解说大道与万物的关系。'道'的最大特点是'道冲,而用之或不盈',道体虚空却能源源不断地生育万物。"①老子从而建立了以道为万物存在的本源和普遍根据的本体论。

可见,由于"道"的不可言说,由于语言在"道"面前表现得无能为力,谷神、玄牝、玄牝之门和天地之根均成为老子对于"道"的形象的比喻和描述。老子使用这些与雌性的生殖功能相关的词汇或许是为了更好地表述或喻指宇宙万物背后的那个形而上的最高最总的根源和根据。

"牝"的第二次出现是在第五十五章中,原文是:"含德之厚,比于赤子……骨弱筋柔而握固,未知牝牡之合而朘作,精之至也。"此章的要点是告诫人们返本复初,复归于婴儿,赤子即是婴儿。此处的"牝牡之合"当然是指动物和人的异性之间的交合之事。

---

① 牟钟鉴、张践:《中国宗教通史》上卷,社会科学文献出版社 2000 年版,第 30 页。

"牝"的第三次出现是在第六十一章中,原文是:"大邦者下流,天下之交,天下之牝,牝常以静胜牡,以静为下。"老子在此言大国若能自谦如水而处下流,就可为"天下之牝"。与第六章一样,老子在此仍是以"牝"喻"道",将之作为道生万物的形象化比喻。老子接着进一步用牝牡交配为喻,揭示牝近于道,以此说明大国自谦居下的意义,即"牝常以静胜牡"。这里,"《老子》将溪流汇入江河,水流交会的隐喻与雌性像江河一样总是居于低下位置的相关性的隐喻联系在一起。这里,他颠倒了传统雌雄力量对比的观念,认为雌性才是最后的强者。所以,圣王应该学习最终的征服者雌性的艺术而不是积极主动的雄性。"①著名的汉学家史华兹先生对"牝常以静胜牡"有精彩的解释,他说:"从根本上讲,在生殖过程中正是女性起着主导性作用。在性行为和生殖活动中,她都是以'不行动'而行动。因此,她代表着非断定性的、非计算性的、毋须深思熟虑的、无目的的生殖和生长过程——藉助于这一过程,'虚空'之中产生出'充满',静止之中产生出活跃,'一'之中产生出'多'。女性就是无为的缩影。"②

在第六章中,老子将"牝"誉为"玄牝之门"、"天地之根";在第六十一章中,老子将自谦如水而居下的大国比喻为"天下之牝",这在当时列国诸侯、尤其是大国强国的诸侯们穷兵黩武、持强凌弱、争霸称雄的时代更显出其智慧与积极的意义,显然老子是反对大国强国持强凌弱、以武力统一天下的。更应注意到,在春秋战国时期,人们已将经"静、动"划归为属阴、属阳类事物所具有的各各不同的性质,如《管子·心术上》云:"动则失位,阴则能治阳矣,静则能治动矣,故曰静乃自得。"《庄子·天道》云,"静而与阴同德,动而与阳同波",明确将静与动分属阴阳。就对"动静"的判断而言,老子显然认为静比动更胜一筹。老子说,"牝恒以静胜牡",在其看来,静是牝的主要属性,那么与牝相对的牡的主要属性则是动了,老子在此并没有明确提出"动"的概念,但"以静胜牡"是可以理解为以静制动、以静胜动的。

就"雌"而言,"雌"在《老子》中出现了两次。"雌"字第一次出现是在

① [美]艾兰:《水之道与德之喻——中国早期哲学思想的本喻》,张海晏译,上海人民出版社2002年版,第49页。

② 本杰明·史华兹:《古代中国的思想世界》,程钢译,江苏人民出版社2004年版,第209页。

第十章中,原文是:"载营魄抱一,能无离乎?专气致柔,能如婴儿乎?涤除玄览,能无疵乎?爱民治国,能无为乎?天门开阖,能为雌乎?明白四达,能无知乎?"本章主要讲人的身心修养问题,所强调的仍是虚静柔弱、被动专一的原则。此处的"天门"与前文中提到的"玄牝之门"有相同意义,即皆以门之空处比喻世界万物之所从出,以雌性空虚、开放的特点为正面价值,而其他各句也都与雌性柔弱、安静、被动等特点相一致。老子在此再次将雌性比喻与万物之所从出联系起来。

"雌"字第二次出现是在第二十八章中,原文是:"知其雄,守其雌,为天下溪。为天下溪,常德不离,复归于婴儿。"这里老子将雌与水(溪即溪谷)、与婴儿相联系(注意:雌与水=在中国的思想范畴中均被划归"阴"的范畴,而与女性相联系)、雌与水、与婴儿都属柔弱之物。老子在此用雌、水、婴儿的形象与比喻来喻指抽象的哲学理念,这与前文中老子第六十一章表达的意思大致相同,如果说第六十一章是针对"大国"而言,而第二十八章则是针对"雄者"而言,"大国"要处"下流也","雄者"则要"守雌"也。老子主张处"下流"或"守雌"当然不是指退让与软弱之意,而是指"大国"者和"雄者"处世当采取的姿态、方法与原则;采取这种姿态、方法与原则并不表明"大国"者和"雄者"的软弱无能,而是更表明其充分的自信与能力。因为只有以柔弱雌顺谦下的方式面对世界,处理问题,才能使大国小国都能和睦相处,才能达到天下和平的目的;采取这种姿态、方法与原则的"大国"者和"雄者"才能成为天下人的溪流,引导万民归向自己,这就如同诸水归向大海一样。

就"母"字而言,在《老子》中出现有7次,而"父"字仅出现1次。"母"字第一次出现是在第一章中,原文是:"道可道,非常道。名可名,非常名。无名天地之始;有名万物之母。"显然,老子在此以"母"喻"道","母"字的女性涵义比'雌'和'牝'更为明显。

"母"字第二次出现是在第二十章中,原文是:"……俗人昭昭,我独昏昏。俗人察察,我独闷闷。澹兮其若海,飂兮若无止。众人皆有以,而我独顽且鄙。我独异于人,而贵食母。"此处的"母"仍作"道"讲,而此处的"我"是指"有道之士",此章将俗人与有道之人作对比,强调有道之人"贵食母"

即对哺育万物的"道"的推崇与遵守。

"母"字第三次出现是在第二十五章中,原文是:"有物混成,先天地生。寂兮寥兮,独立不改,周行而不殆,可以为天下母。"①此处的"天下母"仍是指"道","天下母"与"万物之母""均是比喻世界万物之所从出,也就是'道'的雌性特征,这与'玄牝'的比喻一样反复肯定了宇宙之总根源和总根据的雌性特征"②。

"母"字第四次出现是在第五十二章中,原文是:"天下有始,以为天下母。既得其母,以知其子;既知其子,复守其母,没身不殆。"王弼注云:"善始之,则善养畜之矣。故'天下有始'则可以为天下母矣。又云:'母,本也。子,末也。得本以知末,不舍本以逐末也。"显然,此处的"母"指天下万物的根本,天下万物都从这个根本开始,而这个根本依然是指"道",即宇宙的总根源和总根据。此处的"子"指"末"、即从道而出的"万物",这几句话的含义是指人如果既知"道"为万物之母,又知万物乃道之所生,进而守道而存万物,崇本而举末,则可终身不危矣。

"母"字第五次出现是在第五十九章中,原文是:"治人事天,莫若啬。夫唯啬,是谓早服;早服谓之重积德;重积德则无不克;无不克则莫知其极;莫知其极,可以有国;有国之母,可以长久……"《韩非子·解老篇》云:"啬之者,爱其精神,啬其智识也……夫能啬也,是从于道而服于理者也……圣人虽未见祸患之形,虚无服从于道理,以称早服。"此处的"啬"有爱惜之意,它与老子主张塞兑闭门、不出户、不窥牖、蓄养精力的意思是一样的。"有国之母,可以长久。"此处的"母"仍是"道"之意,也可作"道理"讲,其意思是如果遵行掌握治理国家的道或道理,国家就可以长久。

由上不难看出,牝、雌、母一类的雌性比喻在老子思想的言说中占有非常重要的地位。它们的"重要性"体现在:其一,它们都是对老子哲学的最

---

① 高明在《帛书老子校注》第349—350页中列举诸家说法,并参考帛书的甲乙本,认为老子原作"可以为天地母",非为"天下母",今本多误。廖名春在《郭店楚简老子校释》第214页中指出:"'道'不但为'天地母',还'可以'为'天地'之外、天下所有一切之母……楚简与以王弼本为代表的今本不误。"清华大学出版社2003年版。

② 刘笑敢:《关于〈老子〉之雌性比喻的诠释问题》,台北"中央研究院"《中国文哲研究集刊》第23期。

高概念"道"的比喻与言说,这些比喻的运用使得老子的哲学更为生动、丰富、形象化,更易为人理解与接受。它们都反映了老子的"道"的母性特征,它们不是可有可无、而是不可缺失的。其二,牝、雌、母一类的雌性比喻的运用说明老子推崇女性特点的立场至为鲜明。

老子为什么会持如此立场?有学者认为这既与上古母系社会中的女性崇拜相关,也与上古文化中的生殖崇拜相关。① 当然,女性崇拜与生殖崇拜两者本身就是有关联的,尤其当把女性与生殖联系起来时更是如此。不过,刘笑敢先生断然否定了上述看法,他认为:"既然没有证据说明历史上存在过母系社会,那么,将老子哲学的雌性比喻归之于母系社会的影响自然就是空穴来风,不值得认真探讨……把老子的雌性比喻归结为女性家长制或生殖崇拜说到底只是揣测之辞,只是大胆联想的结果,没有任何确实的证据。"②笔者不赞同刘先生的这种断然否定。笔者以为,虽然由于考古学、社会学和人类学研究的发展,学者们对人类原初社会究竟是否存在过一个女性在社会政治、经济生活中占据主导地位的社会形态的问题提出疑问,但考古学、社会学和人类学的研究至今也没有发现确实的证据,完全否定人类原初社会确实存在过一个女性在社会政治、经济生活中占据主导地位的社会形态。在目前学者们对该问题还没有达成共识前,在没有更多的证据推翻巴霍芬、摩尔根、恩格斯等人的观点之前,最为稳妥的做法是将"母系社会的是否存在"这一问题悬置起来,不要急于做肯定或否定的结论,更不能将自己的研究直接建立在对此的肯定或否定的结论上。对此采取肯定"是大胆联想的结果,没有任何确实的证据";而对此采取否定又未必有任何确实的证据。因为"在文字尚未产生或流通极少、部落众多、交通不便的情况下,以口耳相传的方式把上古时期的家庭生活方式或性崇拜流传给老子……"未必就不是一种有效的方式。世界上许多民族的神话、传说甚至经典就是在很长的时段内以口耳相传的方式流传,到

---

① 持这种观点的代表人物和代表作有张智彦的《老子与中国文化》、萧兵和叶舒宪的《老子的文化解读——性与神话学研究》等。

② 持这种观点的代表人物和代表作有张智彦的《老子与中国文化》、萧兵和叶舒宪的《老子的文化解读——性与神话学研究》等。

文字产生后再通过文字记载下来,如希伯来人的《旧约圣经》的许多内容、印度婆罗门教最古老的经典四部《吠陀》等的产生莫不如此。不管怎样,人类社会确实曾存在过女性在社会和宗教中占有突出地位的某个时候也是不争的事实,所谓的"揣测之辞"并不是完全的空穴来风、胡思乱想。

也有学者指出老子思想与三《易》之一的《归藏》之间的联系,所谓三《易》,即一为《连山》,二为《归藏》,三为《周易》。如果说《连山》对于阴阳的看法比较隐讳,那么《归藏》与《周易》则有明显的思想倾向。《归藏》主阴,而《周易》尊阳。"据传《归藏》以坤为首卦……《归藏》相传为黄帝《易》,万物都归藏于地。地和女相对于天和男来说,属于阴性;相对于天和男的刚健来说,属于柔顺;相对于天和男的自强不息,则自然无为。后来道家贵柔尊阴,崇尚自然无为,发扬《归藏》阴柔的文化思想,尊崇与儒家'祖述尧舜,宪章文武'不同的黄老道统。"①或许,今人虽看不到《归藏》,但老子作为"史官"(司马迁在《史记》中说老子曾长时间担任过周守藏室之史,这个职务可能相当于现代的历史档案馆馆长之职吧),他可能看到过或听说过有关《归藏》的内容或思想倾向。此种看法虽不无道理,但也仍只是一种"有道理"的推测而已。

笔者以为,对生命的崇拜可能比"生殖崇拜"更能说明与老子思想的联系,《老子》一书中反映出其浓厚的对于人类生命的关怀意识,老子推崇女性特点的立场实则是其对生命的崇拜意识使然。无论是女性生殖崇拜还是男性生殖崇拜本质上都是对生命的崇拜。人类两性的生殖器官若无产生生命的功能,是不可能成为人们的崇拜对象的。中国先秦的哲学不同于古希腊的哲学,如果说古希腊的哲学是形而上学、是纯粹抽象的理性思辨、偏于知识理性的话,中国先秦的哲学则是"安身立命"之学。先秦儒家与道家的学说中均洋溢着一种浓郁的生命意识,"生"字就是这种浓郁的生命意识的体现。笔者以为"生"也是中国的哲学传统中最为重要和关键的概念之一。《易传·系辞上》云:"生生之谓易。"《易传·系辞下》云:"天地之大德曰

---

① 张立文:《周易与儒道墨》,台湾东大图书股份有限公司1991年版,第12—13页。

生。"老子的《道德经》81 章中就有 14 章出现"生"字,《道德经》五千言中"生"字的出现有 29 次之多,老子用以表达生命永恒的常见词语有"常"、"久"、"长"、"不死"、"不亡"、"不穷"、"不离"等,而这些词语所修饰的主语或主词不外乎是"道"、"母"、"天地"、"命"、"生"等。

中国的哲学传统对人应该如何生存的问题似乎有着特别的敏感、兴趣与责任。儒家也好、道家也罢,都关注人的现世生命,关心人在现实生活中的具体处境与行事为人,当然也关注整个人类的生存与发展,即社会的秩序和天下的和谐。不同的是,他们对人的现世生命、人在现实生活中的行事为人以及如何达到社会的有序和天下的和谐给出了不同的指引与路向,儒家强调阳刚,强调刚健中正,强调有为;道家则强调阴柔,强调虚静无为,强调谦下。尽管儒、道两家各有侧重,但他们所致力的目标即社会的有序和天下的和谐却是一致的。显然,在观察天地自然与人的生命现象产生的过程中,老子更为看重女性的生殖功能与特点,因为它更能确切地表达出老子的思想主旨,老子运用牝、雌、母一类的雌性比喻的真正用意可能就在于此。

(二)老子的水观

水,也是老子喜欢用来喻其"道"的一个比喻。

也许在现代人的知识系统中水是两个氢原子与一个氧原子的化合物,是日常生活与经济发展中必不可少的重要物质,是一种宝贵的"资源"。可在中国先秦哲人的思想中,"水"是一个很重要的"思"的对象或最重要的隐喻,今古文《尚书》、《诗经》、《易经》、《国语》和《左传》等中,有许多内容涉及到古人对水的认识和思考。如《尚书·洪范·九畴》中的第一畴是五行:水、火、木、金、土,水列为五行之首。屈原《九歌》中祭祀山神的只有《山鬼》一篇,却有《湘君》、《湘夫人》、《河伯》三篇是祭祀水神的。郭店楚墓竹简中有《太一生水》篇,把"水"引入其宇宙论思想的言说中。而老子、孔子、孟子、管子、庄子等哲人,更是对水都有一些鞭辟入里的名言。古人从对水的思考和对水的丰富多样的诠释中引出许多深邃的思想,而这些思想对中国传统文化的方方面面如音乐、文学、绘画、建筑等,甚至对男女两性的性别意识的形成(如中国文化中女人是水做的这一独特的观念①),都有着深刻的影响。

在先秦哲人对水的思考与论述中,尤以老子的水观比较特别和深刻。可以说,除了牝、雌、母外,"水"也是老子喻道常用的比喻与意象。正因为道无法言说,老子就通过借用"水"、"雌"、"牝"、"母"等一类的词汇和比喻来帮助人们多方面、多角度、多层次地理解和接近"道"。

《老子》有多处论到"水"。《老子》中的水除以"水"字直接出现外,有时也以"溪"、"谷"、"江海"、"渊"、"川"、"冰"等的字眼出现。概而言之,老子的水观有如下内容:

其一,上善若水。

"水"在《老子》的第一次出现是在第八章中,老子以"上善若水"作为本章的开始。原文是:"上善若水,水善利万物而不争,处众人之所恶,故几于道。居善地,心善渊,与善仁,言善信,政善治,事善能,动善时。夫唯不争,故无尤。"老子在这段话中对水有高度的赞扬,水是"上善",它滋养万物却不居功。老子还具体列举了水的七种善性,即"居善地,心善渊,与善仁,言善信,正善治,事善能,动善时"。作为七种善性之一的"与善仁"在帛书乙本中为"予善天"。高明在《帛书老子校注》第256页中就帛书乙本中的"予善天"和王弼本中的"与善仁"的不同阐明了自己的看法,他说:"'予'和'与'词义虽同,而'天'与'仁'意义迥别……'仁'字是儒家崇尚的行为,而道家视'仁'乃有为之表现,故甚藐视……十八章云'大道废有仁义',十九章云'绝仁弃义,民复孝慈',足见'仁'同老子道旨是抵牾的,经文不会是'与善仁'。"②笔者在此完全赞同高先生的见解。

显然,老子崇尚水的无为与不争,水的屈卑低下,水的渊深清明,水的润泽万物,水的如影照形、不失真实,水的净化污秽,水的能方就圆、曲直随形。

---

① 在神话传说中,水神属于寒冷而阴暗的北方,它同黑暗、冬季、阴间地狱有着密切联系,这个黑暗的阴间又同女性、母体有着象征性的替换联系。因此在中国的文化中,人们历来把女人喻为水,《红楼梦》中的贾宝玉就说过女人是水做的,因而玉洁冰清;男人是泥做的,因而混浊不堪之类的话。

② 《老子道德经河上公章句》,中华书局1993年版,第30页。

水的涸溢随时、随顺天时。正因为水具有上述七善，所以老子说人们对水没有怨尤。正如河上公所云："水性如是，故天下无有怨尤水者也。"①老子在此其实是以水喻道，以水性喻人性，这些语言充分体现了其睿智、大度的人生境界，这也是老子对理想人格的内在要求。

"水"的第二次出现是在第二十八章中，在此章中，"水"以"谿"（溪）、"谷"字出现，原文是："知其雄，守其雌，为天下谿……知其白，守其黑，为天下式……知其荣，守其辱，为天下谷。常德乃足，复归于朴。"《尔雅》释水："水注川曰谿，'谿'与'溪'同义，'谿'与'谷'也同义，皆水所归。"②老子在此推崇和强调的是尚柔、不争、谦退、处下等的思想与原则。如此，才能最后归于"朴"即宇宙本体也即是道。

"水"的第三次出现是在第六十六章中，在此章中，"水"以"谷"、"江海"的字眼出现。原文是："江海之所以能为百谷王者，以其善下之，故能为百谷王。是以圣人欲上民，必以言下之；欲先民，必以身后之。是以圣人处上而民不重，处前而民不害。是以天下乐推而不厌。以其不争，故天下莫能与之争。"此章所讲的意思与第八章大致相同，仍是强调水的不争、水的屈卑低下与水的吸纳包容。江海之所以能成为百谷之王，就是因为它们处于百谷之下。水甘心乐意地向下而流，更显出其品质的高洁。显然，老子假定人的行为与自然界的运动都遵循着共同的原则，他以水喻道，也以水喻修道，道既如水，修道者也当如水：如水一样甘处下位。圣人或圣王若能通过体察水的运动并从中抽取相似的道德准则，虚怀若谷，如此才能使得天下万民归顺。

其二、水的柔弱胜坚强。

"水"的第四次出现是在第七十八章中，原文是："天下莫柔弱于水，而攻坚强者莫之能胜，以其无以易之。弱之胜强，柔之胜刚，天下莫不知，莫能行。"如果说雌柔原则是老子为雄者、为强者、为大国所设计的，那么"柔弱胜坚强"则是老子为雌者、为弱者、为小国所设计的。其目的也许在于激励

---

① 《老子道德经河上公章句》，中华书局1993年版，第30页。
② 参见高明：《帛书老子校注》，中华书局1996年版，第370、372页。

处于弱势的雌者、弱者、小国等应该有足够的信心、耐心和切实的的努力去等待和争取变化。在老子看来,"柔弱"并不是"懦弱","柔弱"中若存有足够的信心、耐心和切实的的努力的话,就是真正意义上的强大。不是吗,水看上去是天下最柔弱的,然而,檐前滴水,水滴石穿;洪水猛兽一词更是极端祸患的形容。水能胜过天下最坚强的,无论水与何者相遇,它总是屈从不争,然而它从未被强者打败。老子通过水的比喻告诉了人们一个道理:即无比的大能可以以无比的柔弱来达成。另外,老子之所以如此崇尚水的柔弱,是因为这种柔弱与生命紧密相连,所谓:"人之生也柔弱,其死也坚强。草木之生也柔脆,其死也枯槁。故坚强者死之徒,柔弱者生之徒。是以兵强则不灭,木强则折。强大处下,柔弱处上。"①老子从人类和草木的生存现象中,说明其初生时都是柔弱的状态,而死亡时却是坚硬的状态,老子从万物由生到死的变化得出结论:坚强者死之徒,柔弱者生之徒。这个结论的含义是指明坚强的物体已失去生机,柔弱的物体则充满了生机。可见老子尚水,也是对水的柔弱不争之性中所蕴涵的顽强的生命力的崇尚。

当然,老子在强调"柔弱胜刚强"时,并没有否定刚强也可以胜柔弱,因为他的哲学是"反者道之动",所以,他在论述"弱之胜强,柔之胜刚"的道理之后,还不忘记加上一句"正言若反"。不过,在老子的心目中,柔弱的地位无疑大大高于刚强,这不仅因为柔弱可以胜刚强,更重要的是柔弱更接近于道。

读老子,你会渐渐品味出老子与世人相反的价值观与方法论,在世人都推崇力量、推崇强硬、推崇征服的春秋战国,老子却推崇柔弱、推崇柔弱胜刚强。除了以水来说明这个道理外,《老子》一书中有多处从多个角度与多个层次来论及这个主题。如第三十六章中,老子云:"将欲歙之,必固张之;将欲弱之,必固强之;将欲废之,必固兴之;将欲夺之,必固与之,是谓微明。柔弱胜刚强。鱼不可脱于渊,国之利器不可以示人。"老子此处的"柔弱胜刚强"似乎是一种取胜之道,而这种取胜之道又好似是一种权谋之术,这是老子就用兵、治国等问题提出来的一种策略,但老子提出此策略的主旨是强调

---

① 《老子》第七十六章。

物极必反、势强必弱、盛极而衰的道理,强调的是常胜之道乃柔弱也。老子显然反对大国持武力之强而征服小国。老子的上述话语对处于强势和强权的人、群体或国家而言,不可说没有警醒作用。

接下来的几章里,老子继续阐发他对于"弱"、"柔"、"柔弱"的看法,如第四十章中,老子云:"反者,道之动;弱者,道之用。天下万物生于有,有生于无。"老子在此表述了柔弱是道的运用的思想。第四十三章中,老子云:"天下之至柔,驰骋天下之至坚……"这是讲天下最柔弱的东西,能在天下最坚固的东西里穿行无阻。第五十二章中,老子云:"……见小曰明,守柔曰强……"所谓"守柔曰强",即是坚守住柔弱就是强,明白柔弱的道理的人就一定是很坚强的人。王弼注云:"为治之功不在大,见大不明,见小乃明。守强不强,守柔乃强也。"

从上述老子的雌性比喻和老子的水观中,老子性别意识中"崇阴尚柔"的立场卓然而立,这与儒家"崇阳尚刚"的立场形成鲜明的对比。《老子》的这些"言说"从而成为中国人骨子里根深蒂固的性别意识的另一源头。

二、老子性别意识的当代意义

如果说先秦儒家的旨趣是人间秩序、且倾向于将两性关系纳入家庭与社会的总体关系格局中来考虑的话,先秦以老子为首的道家关切的则是自然宇宙秩序、且倾向于将两性关系纳入到宇宙的整体框架中来思考。"道"的运行离不开关系,而这种关系就表现为阴阳的对立统一。这种"对立"既包含了对抗但又不仅仅只是表现为对抗,还可以表现为和谐。在道家的阴阳大化的宇宙里,天地阴阳,既对立又统一,谁也离不开谁,互为本质。正因为如此,先秦道家对属阴的一类事物及这类事物的性质如柔、虚静、无为、处下等才给予了如此的关注与重视,并将这种关注与重视运用到人间社会生活秩序的治理上来,先秦道家对属阴的一类事物及这类事物的性质的关注与重视,与汉代董仲舒所宣扬的"阳尊阴卑"是完全不同的。

先秦道家的重视阴、重视属阴的一类事物及性质的特征如如柔、静等对后世文化有直接的影响。以对中国人关于女性的性格、气质等的看法的影响为例，"女人是水做的"，"女人应柔情似水"等观念尤其对中国女性的心理品质产生深远影响，在某种程度上，这些思想已成为中国女性的集体无意识。千百年来，中国的女性，尤其是处于社会的草根阶层的女性，她们在艰难的生存处境中，真的是在其看似柔弱的状态下始终坚持着一种折不断压不弯的柔韧精神，她们哀而不伤，怨而不怒，契而不舍，甚至无言、默默地支撑起自己的家庭，也支撑起自己的男人和孩子。直到今天，仍然如此。真正能明白和懂得此的男人们的内心其实对这样的女人充满了敬意。不仅如此，《老子》中每每赞扬"柔"、"静"、"慈"、"曲"、"淡然"、"不争"、"谦下"、"守雌、以柔胜刚、柔弱胜刚强"等的美德，在中华文化史上对整个民族的人格、心态等的塑造也同样影响深远，如中国的文人们对儒道结合，外儒内道、刚柔相济等观念历来都是很欣赏的，许多人且常常自觉地身体力行就是最为显明的例证。

本文的开头曾说："道家思想与当代的女性主义似乎有着某种天然的亲和性"，其实也不尽然。要知道："女性主义"一词的复杂性，女性主义研究在不同的社会阶段和文化背景中呈现出不同的特征与姿态，形成了不同的理论流派，这些各不相同的理论流派都有一个共同的主旨，即探讨女性千百年来受压迫的原因，探索女性解放的途径。虽然各个理论流派关于性别歧视的起源、性质等有着极不相同的见解，对于女性是否应该否认性别压抑的存在、求同于男性生活方式；抑或确认基于生理差异的独特性气质、以谋求女性的解放之路，有不尽相同的观点，尽管这些见解和观点对于人们进一步了解自身、了解他人、了解两性之间的关系、从而建立一个更加公平合理和美好的社会大有益处。但不可否认的其中一些非常激进的观点却也是包含女性在内的许多人所不能同意和接受的。以女性为中心排斥男性，将"男尊女卑"改为"女尊男卑"，不过是交换了一下男女之间的主奴位置，它无助于建立和谐平等的两性关系，也与女性主义的终极关怀相背离。女性主义的真正目标应该正是男女平等、两性的合作与和谐。老子哲学所谓的"柔"、"静"、"慈"、"曲"、"淡然"、"不争"、"谦下"、"顺从"不仅是女性的特点，更是一种文化价值和生存态度，它不仅为处理两性关系提供了原则，也为处理人与自然、人与人、人与社会的关系提供了原则,这种原则就是绝不自立为统治者和中心。因此,老子的思想逻辑不仅反男性中心主义,也反女性中心主义。无论是男性中心主义还是女性中心主义都会导致奴役,都是要加以警惕的。

一些"聪明的"西方汉学家,如史华兹、安乐哲等人已经注意到从西方的思想资源中寻找男女和谐的出路是不够的,他们发现东方或中国传统文化提供了矫正西方传统性别意识的另一类文化资源。汉学家李约瑟在评述道家思想时曾专辟一节,题为"水与阴性的象征",他认为不健全的现代社会在一定的程度上是文化中阳性因素借助于父权制而过度发展的产物,纠正的策略在于发扬被压抑了的文化中的阴性成分,而老子思想正是这种成分。[①]

综上所述,《老子》一书中有明显的崇阴尚柔倾向与立场,其哲学中的性别意识内涵主要体现在"牝"、"雌"、"母"一类的雌性比喻和老子的水观中。《老子》关于牝、雌、母之类的雌性比喻和关于水的"言说"是中国人骨子里根深蒂固的性别意识的另一源头。《老子》的"言说"是老子的性别意识为我们今天思考人类社会中男女之关系、男人之行为原则以及男女之和谐等,有积极的启示意义。

---

① 参见李约瑟:《中国古代科学思想史》,陈立夫主译,江西人民出版社1990年版,第71页。

附录三　思想史中女人的位置与角色的断想①

——以先秦诸子为例

在中国思想史上,尤其在先秦时代,无论是儒家、道家,还是法家、墨家、名家、阴阳家等,各种派别的哲学叙述,都明显地带有男性指向。这和如下的事实紧密联系:绝大多数哲学叙述,都毫无例外地是由男人从男性视角来撰写的,他们关心的都是很宏观的问题,如社会的治理、国家的稳定、天下的安宁等,即使讨论夫妻关系、家庭的和睦也是从天下国家的大前提下出发的。在先秦的文学与哲学作品中,除了来自民间的《诗经》有一些出自女人的创作外,大部分经典都出自男性之手,诸子百家的作品中更是少有女人撰写的文字。因此,在经典的世界中听不到来自女性的声音。

这也难怪,文字自从被发明以后,基本上就成为强势群体表达其思想观念、记录和传播其历史记忆的工具,男性的声音从来就是知识领域的主题。诸子百家虽都没有公然地反对女性读书受教育,且春秋战国时代,正是"学在官府"的格局被打破,"学在私门"成为"善在皆在"的事实,这意味着有越来越多的人有机会受教育,但女性仍无缘从中受惠,诸子百家的弟子中很少听说有女弟子的,也很少听说有女子能像男子那样遨游四方、广交学友或展其辩才的。显然,推动"学在私门"向纵深发展的先秦诸子,其所从事的教育活动,均无一例外地发生和进行于男性的世界之中。由此可见,女性们未被当成精神上的平等对象来对待,她们缺乏那种向男人开放的种种教育机

---

① 该文已发表于《随笔》2011 年第 2 期。

会,这是当时社会的真相。也许这与周代礼制确立以来女人主要的被赋予家庭事务和传宗接代的角色、而不是从事精神创造的角色相关,而从事精神创造的角色主要由男人而不是由女人来承担。

普通女人无缘从教育中受惠,并不等于所有的女人都不断文识字,尤其是那些嫁给思想家们的女子,想必她们总还略通或粗通点文墨吧,那么,当那些思想家广收门徒、著书立说、忙于其思想的创造的时候,这些"嫁给思想家们的女子"在其丈夫创造性的精神活动中处于一个怎样的位置与角色? 起了什么样的作用? 笔者常对此怀有好奇之心,无奈历史上这方面的记载太少,笔者只能从非常有限的文献记载中、从零星的只言片语中做一点并非完全是虚妄的想象……

从孔子说起,他老人家关于女人说过一句最为有名的话即是《论语·阳货》中的"唯女子与小人为难养也,近之则不孙,远之则怨"。此话历来被认为是孔子瞧不起女人和贬损女人的确凿证据。不过,我常常想,虽再三表白自己"有教无类"和"自行束脩以上,吾未尝无诲焉"的孔老夫子,手下有弟子三千贤人七十,他与其中的一些高足是行则同车止则接席,但这些人中无一是女性,如果老夫子有一女高足,如海德格尔与汉娜·阿伦特,或一红颜知己,如萨特之于西蒙娜·德·波伏娃,他还会说这样的话吗? 孔子一生和女人没有什么瓜葛,更没听说他有什么艳遇,夫子一生中最浪漫的时刻也许就算与那位美而妖的南子夫人乘车在街上兜了一回,就这点事,还遭到了认真而呆板的子路的质疑,弄得老先生好不光火,指天发誓地来说明自己的清白。

仔细想想,孔子此说实在是对女人的不公平,因为"近之则不孙"几乎是人际关系中的一种常见现象,人与人之间若没有距离或各自的空间的话,很容易就彼此"不孙"起来,不独女人如此。不过,从孔子的"唯女子与小人为难养也,近之则不孙,远之则怨"的表述中,可见他已实在地体会到两性相处之难。

往深处去想,众所周知,孔子主张培养君子人格,而君子人格的特质就是"君子无怨"。孔子一而再、再而三地强调"躬自厚而薄责于人,则远怨矣"①,

---

① 《论语·卫灵公》。

又如"君子惠而不费,劳而不怨,欲而不贪,泰而不骄,威而不猛"①。再如"己所不欲,勿施于人。在邦无怨,在家无怨"②。可见,君子应该无怨、远怨。可不知为什么孔子却认定女人相对于男人而言容易生"怨",这是他不喜欢的。君子人格的另外一个特质就是"谦逊",所谓"君子义以为质,礼以行之,孙以出之,信以成之。君子哉!"③"奢则不孙,俭则固。与其不孙也,宁固。"④所以"不孙"和"怨"一样是远离君子人格的,也就是说"怨"和"不孙"是君子人格的两大忌讳,而在孔子眼中这两大忌讳在女人身上却是经常发生的事,所以女人注定与君子无缘。这或许恰好证明了孔子对女人的偏见。

不过,我们还是要问一句:为什么在孔子心目中"怨"和"不孙"会更多地发生在女人身上呢? 我们或许在此可以发挥一下想象力,回到孔子当年的生活场景中去,从孔子的表述中表明夫子并不是迂夫子,他对女性心理是有观察的,只是这观察从何而来? 那时并没有《第二性》或《女性心理学》这一类的书,他老人家一生且以复兴周礼为己任,无暇去做关于女性一类的研究专题,那么,结论就只有一个,这观察来自他的夫人。也许当孔子"志于道"而周游列国的时候,孔夫人独守空房,那时又没有电话、手机或电脑之类方便联络,孔夫人岂能没有幽怨之情,好不容易盼到丈夫归来,孔夫人当然想夫妻好好亲热一番,却没料到丈夫在外四处碰壁,颠沛劳累,因而心情沮丧,板着面孔,一副忧国忧民的圣人模样而非丈夫模样,孔夫人岂能不发埋怨之声。幽怨之情也好、埋怨之声也罢,这当中实实在在透露出女人的柔情与期待。对此,孔子不但不理解,反而怪女人"近之则不孙,远之则怨",并进而推论所有的女人都是难以伺候的,这恰恰除了说明孔子不懂女人外,还能说明什么呢。据说孔夫人在孔子 67 岁时病逝在鲁国,其时孔子正在外进行他的辛酸而艰难的"文化或政治的苦旅",所以夫妻二人没有见上最后一面。做有使命感的男人之妻终是不易,不知临终前的孔夫人有着怎样的

---

① 《论语·尧曰》。
② 《论语·颜渊》。
③ 《论语·卫灵公》。
④ 《论语·述而》。

哀怨……

当然，要求孔子懂女人，可能也太强其所难了，圣人忧国忧民，就是不忧女人，尤其不忧身边的女人。别说两千多年前的孔子，就是现代、后现代的男人，又有几个懂得女人呢？遗憾的是，孔子的"唯女子与小人为难养也，近之则不孙，远之则怨"的感慨常成为从古至今的男人们在遭到身边的女人的埋怨和指责后、冲口而出的聊以自慰的一句口头禅。由此我们大概可以得出这么一个推论：孔夫人在丈夫的创造性思想活动中，只是给他提供了一个对女性的认识、而且主要是负面认识的作用而已。倘若孔夫人能做到丈夫召之即来，挥之即去，谦逊有礼，克己自制，孔子也许就会对女人有另一番认识。只是这太难为孔夫人了。

再看亚圣孟子。孟子曾有在齐国做客卿的一段经历，不知孟夫人在孟子这段风光的日子中是否陪伴在侧，好像史料中不见有这方面的记载。不过，据《韩诗外传》卷九载：孟子妻独居，踞。孟子入户视之，谓其母曰："妇无礼，请去之。"母曰："何也？"曰："踞。"其母曰："何知之？"孟子曰："我亲见之。"母曰："乃汝无礼也，非妇无礼。礼不云乎：'将入门，（问孰存）；将上堂，声必扬；将入户，视必下。'不掩人不备也。今汝往燕私之处，入户不有声，令人踞而视之，是汝之无礼也，非妇无礼也。"于是孟子自责，不敢出妇。诗曰："采葑采菲，无以下体？"看来孟子是拘谨严肃之人，看见妻子在家中偶尔"放肆、休闲"的状态，就认为不成体统，以至于要休她，幸亏他的母亲比较明事理，这桩婚姻才没有破裂。在我等现代女性的眼中，孟子的上述反应简直就是"有病"。

孟子与孔子一样坚持"男女有别"，在其看来，男女的品德也是有别的，尽管他没有明言，但人们从《孟子》的字里行间不难看出这一点。如孟子把"以顺为正"看作是理所当然的"妾妇之道"。在《孟子·滕文公下》中，孟子在与景春讨论"何谓大丈夫"时明确地表达了"大丈夫"和"妾妇"之道的不同。这段话的原文是："景春曰：'公孙衍、张仪岂不诚大丈夫哉？一怒而诸侯惧，安居而天下熄。'孟子曰：'是焉得为大丈夫乎？子未学礼乎？丈夫之冠也，父命之；女子之嫁也，母命之，往送之门，戒之曰：'往之女家，必敬必戒，无违夫子！'以顺为正者，妾妇之道也。"但接着这段文字讲何谓大丈夫时,孟子说:居天下之广居,立天下之正位,行天下之大道。得志,与民由之;不得志,独行其道。富贵不能淫,贫贱不能移,威武不能屈,此之谓大丈夫!"孟子关于"大丈夫"的这段名言,可谓字字珠玑,在历史上曾鼓励了不少志士仁人,成为他们不畏强暴,坚持正义的座右铭。直到今天,当我们读这段文字的时候,似乎仍然可以感受到孟子那"大丈夫"掷地有声、金声玉振的凛然之音。

显然,在孟子看来,"以顺为正"是女人的道德操守,而这与堂堂大丈夫的道德操守不可同日而语。"以顺为正"的"妾妇"不可能有独立的思想与人格,更不可能成为"大丈夫"的志同道合的精神同伴。孟子的上述话语中明显含有对"妾妇"的轻视和低看。孟夫人在其夫的创造性思想活动中处于什么样的位置与角色可想而知。

孟子这样的"大丈夫"一生和女人似乎也没有什么瓜葛,更没听说他有什么艳遇,很难想象他有一个女性的知己。不过,我常想:放到今天的时代,孟子所讲的大丈夫不知能否过"美女"关。如此的大丈夫在"不得志,独行其道"的时侯,心灵一定很孤独,不知是否需要一个懂得"他"的女人陪伴在侧,哪怕到天涯海角,不管这个女人是他的妻子还是他的情人还是他的红颜知己还是他的……就像俄国十二月党人的妻子陪她们的丈夫流放到寒冷的西伯利亚一样,若大丈夫有这样的幸运,其"独行其道"的日子可能要好过许多。只是中国历史上少见有这样幸运的"大丈夫"。武侠小说中的一些"独行其道"的大侠们倒是有这种"际遇"的可能性。

再看老庄。曾有学者在其文中提及,在一次道家学术研讨会上,有人半开玩笑地说,世界女性主义大会应该高悬老子画像,奉其为鼻祖,此说当然与道家学说所提倡的崇阴尚柔倾向与当代的女性主义看上去有着某种天然的亲和性不无关系,今天做女性研究的人可以毫不费力地在《老子》一书中找到许多雌性比喻,并运用诠释学的理论来解释老子的雌性比喻的现代意义。不过,老子的"崇阴尚柔"虽然暗含对女性的尊重,暗含对女性某些特点优于男性之处的肯定,但老子哲学并不直接的与现实生活中男女平等的理论相关,也没有论及现实生活中男人与女人关系的处理与对待。

老子是史官,曾任东周王朝掌管图书的官职,可能相当于今天的国家档案馆的馆长一职吧,在寂寞的档案馆里青灯苦读的老子似乎参透了人生,他是否结过婚? 是否有过相爱的女人? 我们在文献中不得而知,只知道他后来是独自一人潇潇洒洒地骑青牛出潼关而去,他最后是云游四方还是隐居某处,我们再无从知晓。按理说,古代、尤其是先秦的男人没有家室是很少的,老子难道可以不完成他的繁衍后代的职责就可以去云游四方或隐居吗? 要知道,中国早在上古社会就有生殖崇拜的传统,进入西周以后,随着以嫡长子继承制为核心的宗法制度的确立,"有子有后"的观念更是深入人心,在当时的社会,一个男人不结婚、不生育后代是不可想象的。不像古代的印度,男人均要经过人生的四阶段历程,即学习期、家居期、林修期与苦行期。古代中国没有男人到了人生的某个阶段就会出家修行以追求解脱的传统。

许多学者认为,《老子》一书中有一些雌性比喻和女人的生育事实相关,如《老子》第六章云:"谷神不死,是谓玄牝,玄牝之门,是谓天地根。緜緜若存,用之不勤。"显然,道作为万物之始被老子赋予了母性的特征,这段话中的玄牝、玄牝之门和天地之根比较容易理解,"牝"为女性生殖器官,朱熹注玄为妙,"玄牝"乃形容道生天地万物而无迹无形、玄妙莫测、幽深抽象,而女性生殖器官的神秘玄妙正在于其生命创生功能。"玄牝之门"、"天地之根"均是言生命之所从出者,体现的也是女性的性别特征和生殖功能。

何谓谷神? 旧注纷纭不一。如河上公将这两个字拆开解释,他认为:"谷,养也。人能养则神不死,肾为五藏之神也。"(五藏即肝、肺、心、肾、脾)王弼注:"谷神,谷中央无者也。无形无影,无逆无违,处卑不动,守静不衰,物以之成而不见其形,此致物也。处卑守静不可得而名,故谓之玄牝。门,玄牝之所由也。"笔者认为王弼注比较有道理。可见"谷神"的"谷"其实也是指的女性生殖器,女性生殖器是中空的,所以称为谷。"谷神"的"神"有神妙莫测之意,如同"玄牝"一样,也是用以喻道的玄妙莫测、幽深抽象的。可见谷神、玄牝都代表着奥妙的母性和生殖本能。在老子看来,"道"如同一个虚空而有生育能力的母体,这个虚空而有生育能力的母体渊兮似万物之宗,恍惚之中有物有象,天地万物渐次而生。由此可见,由于语言在"道"面前表现的无能为力,老子就用女性生殖原理和母子关系来形象化地解说大道与万物的关系,使用这些与女性的生殖功能相关的词汇来表述、或喻指宇宙万物背后的那个最高最总的根源"道"。

我常常怀疑：在老子所生活的年代，并没有"人体生理学"或"妇产科学"之类的教科书，老子若是从来没有和女人有过接触或亲身体验，没有对包括女人在内的雌性生育有近距离的观察，他能想出如此生动、丰富且形象的"雌性比喻"来吗？如果说老子有亲身体验或近距离观察的话，那么他就多半是已婚之人。那么他的妻子呢？他的妻子在他西出潼关以后，她的日子怎么过？要么她在老子出关以前就已不在人世，看来我真是杞人忧天了……

道家的第二号人物庄子可能是先秦思想家中最为洒脱之人，其妻死了，不见其悲，反见其乐，乐得可以鼓盆而歌。他的好朋友惠子前去吊丧，见他这副情景，指责他不近情理，庄子却振振有词，"不然，是其始死也，我独何能无概然！查其始而本无生，非徒无生也而本无形，非徒无形也而无气。杂乎芒芴之间，变而有气，气变而有形，形变而有生，今又变而之死，是相与为春秋冬夏四时行也。人且偃然寝于巨室，而我嗷嗷然随而哭之，自以为不通乎命，故止也。"①想想庄子之妻，可能与庄子就没曾过过舒心日子，庄子一生没在达官贵人中混迹过，官也只做到漆园小吏，不知这在当时是几品芝麻官，可能比现在的乡长还小。庄子肯定也没有贪污受贿过，因为他住在破巷子里，常常饿得面黄肌瘦，据说他还有向监河侯借粮的记载，势利的监河侯竟巧妙地拒绝了他。庄子穷得没法，只好靠"织草鞋"来维持生计，这和近代荷兰的大哲学家斯宾诺沙靠"磨镜"过日子倒是有几分共同之处。这类人可以把物质生活的需求降到最低的程度，而致力于精神生活的提升。只是不知在过苦日子的时候，庄夫人是怎样安排一家老小的一日三餐或两餐的？庄夫人对这种穷乏困顿的生活是否有过抱怨？庄夫人是否在苦日子中也同庄子一样提升了自己的精神生活的层次与境界、并成为庄子的精神伴侣？庄子对妻子的逝去"鼓盆而歌"的过于豁达的举止，却并非我等俗女人所能接受；如果庄夫人地下有知，她对庄子的所为不知作何感想。荀子曾批

---

① 《庄子·外篇至乐第十八》。

评庄子"蔽于天而不知人"①,看来有那么几分道理。妻子已去,如今寄寓土屋的只剩下庄子一人了,他可能更加自由,却也更加无聊与落拓了。正所谓"而己反其真,而我犹为人猗"②。我敢肯定,庄子的日子肯定没有妻子在世时好过,看来我真是冤枉替古人操心了。

再看法家,韩非是荀子的学生,在我看来,这师生二人对女性有许多偏见和尖酸刻薄的评论。荀子曾要求君子"耳不听淫声,目不视女色,口不出恶言。此三者,君子慎之"③。鉴于对女性的性别偏见,荀子对女人参与政治与国事持不满与反对的态度。《荀子·解蔽》云:"昔人君之蔽者,夏桀、殷纣是也。桀蔽于未喜、斯观,而不知关龙逄,以惑其心而乱其行;纣蔽于妲己、飞廉而不知微子启,以惑其心而乱其行……此其所以丧九牧之地而虚宗庙之国也。"④在此,他将夏代、商代的灭亡都归结为其统治者受"女色"之"蔽",即夏桀"蔽于未喜",商纣"蔽于妲己"。又如《荀子·王霸》中谈到人主近习之人如"俳优、侏儒、妇女之请谒以悖之,使愚诏之,使不肖临贤,生民则致贫隘,使民则綦劳苦"。荀子在此将俳优、侏儒、妇女并列,认为他们对人主进言是导致百姓"贫隘、劳苦"的重要原因。《荀子·强国》则干脆云:"女主乱之宫。"

在家庭内,荀子特别强调夫妇之间的主从关系,如《荀子·君道》云:"夫有礼则柔从听侍,夫无礼则恐惧而自竦也。"这即是要求女人无论在何种情况下,都应该保持一种柔从、胆怯和被动的心态与形象。不知荀子在自己的夫妇关系中是否也以此要求自己的妻子。可以想象,一个妻子若在自己的家中保持如此柔从、胆怯和被动的心态的话,她在精神上很难说有自己独立的人格与意志,与自己的丈夫比肩而立。荀子是赵国人,他曾游学齐国十五年,广泛接触各派学说,任过列大夫的祭酒(即学宫领袖,相当于现在的社会科学院的院长一职吧),还到过秦国、燕国等,晚年还在楚国任过兰

---

① 《荀子·解蔽》。
② 《庄子·大宗师》。
③ 《荀子·乐论》。
④ 未喜即妹喜,夏桀的妃子。斯观是夏桀的宠臣,关龙逄是夏桀的大臣,因规劝夏桀而被杀。飞廉是商纣的宠臣,微子启是商纣的哥哥。

陵令(相当于县太爷一职吧),著书立说,直到逝世。荀子十五岁就离开家乡,最终也没有落叶归根,在他长期的游学与游历期间,不知他的夫人是否与他风雨同舟、同伴而行……

荀子的"性别偏见"也影响到他的学生韩非。本是韩国公子的韩非对上流社会的夫妻关系、性与政治的关系比常人看得更明白,他说,所谓"夫妻者,非有骨肉之恩也,爱则亲,不爱则疏"①。他还说:"后妻淫乱,主母畜秽,外内混通,男女无别,是谓两主;两主者,可亡也。"②韩非甚至还举出了许多国君因贪美色或淫欲过度而亡国遭祸的事例。而且他还列举了臣下得以实现奸谋的八种途径,第一种就是"美色"的途径。他说:"凡人臣之所道成奸者有八术:一曰在同床。何谓同床? 曰:贵夫人,爱孺子,便僻好色,此人主之所惑也。托于燕处之虞,乘醉饱之时,而求其所欲,此必听之术也。"③即做臣子的通过内线用金玉财宝贿赂那些能够蛊惑君主的姿色美丽的尊贵夫人、受宠宫妾,让她们趁着君主在安居快乐、酒醉饭饱的机会,来央求她们想要得到的东西,也即实现臣子的计谋。

韩非在论及人君的夫妇情感与国家政权之间的利害关系时,特别分析了在诸侯帝王之家,为什么后妃往往盼望她们的夫君早死? 他说:"且万乘之主,千乘之君,后妃、夫人、适子为太子者,或有欲其君之蚤死者。何以知其然……丈夫年五十而好色未解也,妇人年三十而美色衰矣。以衰美之妇人事好色之丈夫,则身死见疏贱,而子疑不为后,此后妃夫人之所以冀其君之死者也。唯母为后而子为主,则令无不行,禁无不止,男女之乐不减于先君,而擅万乘不疑,此鸩毒扼昧之所以用也。"④原来这些后妃担心由于自己失宠而使她们的儿子受到牵连,不得为继承人,所以她们宁愿丈夫在爱上下一个女人之前死掉,并不惜铤而走险地采取行动。

每每读到上述文字,总是心惊胆战,也不得不佩服韩非的火眼金睛对人性的洞察与毫不留情的揭露。韩非对其师荀子的"人性恶"可谓是有深刻

① 《韩非子·备内》。
② 《韩非子·亡征》。
③ 《韩非子·八奸》。
④ 《韩非子·备内》。

的理解和同感,他认为一切人都是不可信的,既然夫妻、父子关系都不足信,那么君臣关系和其他的关系则更不足信。他说:"人臣之于其君,非有骨肉之亲也,缚于势而不得不事也……夫以妻之近与子之亲而犹不可信,则其余无可信者矣。"①很难想象对人性如此悲观的韩非有可信赖、可推心置腹的朋友或亲人,更别说这个朋友或亲人是异性的了。

韩非口吃,但文笔犀利,他与秦国宰相李斯同学于荀子的门下,目睹韩国国政衰乱,曾"数以书谏韩王,韩王不能用",不得志的他转而发奋著书立说,其著作深得秦王嬴政的赞赏,于是用武力迫使韩王将韩非送到秦国,没料想比韩非早到秦国的学兄李斯嫉妒韩非的才能在己之上,他联合姚贾向秦王进谗言,秦王竟将韩非下狱,在入秦的次年韩非在狱中被迫服毒自杀。命运多舛的韩非,常令后人同情,不知他是否有过婚姻,如果有的话,韩夫人的命运可想而知。

再看墨子,文献中有关墨子的身世记述很少,不知司马迁是否对墨子没什么好感,他只是在《孟子荀卿列传》的最后,附带提及了墨子,权作敷衍:"盖墨翟,宋之大夫,善守御,为节用。或曰并孔子时,或曰在其后。"据说墨家是一个有严密组织和严格纪律的团体,其团体的首领称为"巨子"("大师"),巨子对本团体成员,操有生杀大权,墨子就是其团体的第一位"巨子"。墨子和他的追随者来自游侠,司马迁在《游侠列传》中对"游侠"有一番评价:"然其言必信,其行必果,己诺必诚,不爱其躯,赴士之厄困。"《淮南子·泰族训》中描写墨子的门徒时云:"墨子服役者百八十人,皆可使赴火蹈刃,死不旋踵。"在楚国吴起之难中,为阳城君守城殉难的墨者达一百八十六人。像墨子这样随时准备"赴士之厄困"的侠客,是否有正常的家庭生活,我们不得而知;如果有的话,墨子夫人肯定许多时候过的是一种独守空房并为丈夫担惊受怕的日子。

墨子主张"兼相爱,交相利","兼爱"之根本不在"爱"而在"兼",人常说,儒家讲"别",其爱是有差等的爱;墨家讲"兼",其爱是无差等的爱,"兼爱"可以理解为以同一标准去爱一切人,这种"爱"好似与基督教的"爱"有

---

① 《韩非子·备内》。

相同之处,但两者在发端之处却迥然有异:基督教的爱基于神对人的爱,正因为神爱世人,这种爱是无条件的爱,而人则要效仿这种爱去爱神爱人;但墨子的"兼相爱"是基于"交相利",是以功利为前提的。"兼爱"中是否包括了在"交相利"的前提下夫妻之间的相互之爱、平等互惠,《墨子》一书中对此好像没有论述。墨子力证"兼爱"可以实现,但此论证有点像孟子力证"人性善"一样,即吃力且又不讨好、也不服人。

我不想再往下去看名家、阴阳家等了,因为凭直觉,我可能也很难找到我所需要的关于思想家们的妻子或与之有密切关系之女人的文献资料了,之所以找不到,或许是因为这类资料根本就不存在。我这种推测并不是没有根据的。"男女有别"是西周礼乐文化的重要组成部分,其核心内涵就是划定了男人与女人各自的活动领域与范围,即所谓"男主外,女主内"。正如《易经·家人·彖》云:"家人,女正位乎内,男正位乎外;男女正,天地之大义也……"这清楚表明女人的活动领域与范围是在家中。男人在"外"要"立德、立功和立言",即《左传·襄公二十四年》所云:"大上有立德,其次有立功,其次有立言。"而"女人"则被局限于"内"的家务劳动中。《左传·昭公二十五年》云:"为君臣上下,以则地义;为夫妇外内,已经二物。"其外内有别的社会意义至为明确。

《国语·鲁语下》记载了公父文伯之母的一番话,详细而全面地介绍了自王及于庶人各级人士与其配偶间的角色分工的"古之制",她说:"是故,天子大采朝日,与三公、九卿、祖识地德,日中考证,与百官之政事、师尹、维旅、牧、相宣序民事,少采夕月,与大史、师载,纠虔天刑,日入监九御,使洁奉禘郊之此粢盛,而后即安。诸侯朝修天子之业命,昼考其国职,夕省其典刑,夜儆百工,使无慆淫,而后即安。卿大夫朝考其职,昼讲其庶政,夕序其业,夜庇其家事,而后即安。士朝而受业,昼而讲贯,夕而习复,夜而讨过无憾,而后即安。自庶人以下,明而动,晦而休,无日以怠。王后亲织玄紞,公侯之夫人加之以纮、綖,卿之内子为大带,命妇成祭服,列士之妻加之以朝服,自庶士以下皆衣其夫。"公父文伯之母且还一再强调,"寝门之内,妇人治其业焉",至于关乎于"民事"、"神事"、"官职"和"家事"的"外朝"与"内朝"之事,则非女流之辈"所敢言也"。

《礼记》中关于"男女之别"的记载俯拾皆是,从男女的出生到成长到结婚成家后都有许多具体的"别"的规定。以对男女分别进行的性别角色教育为例,男女之别从孩子一生下来就有了。如生了男孩,就要挂一张弓在侧室门的左边,弓是祝祷男孩将来的阳刚,左为"天道所尊";生了女孩,则挂一条佩巾在门的右边,佩巾是祝祷女孩将来的阴柔,右为"地道所尊";弓象征武功之事,佩巾象征家之事,弓和佩巾即表明了对男孩、女孩的不同期望,如同《诗经》中的"弄璋弄瓦"之说。孩子出生 3 天后,男孩由家人抱出门外,代行射礼,用 6 支箭分别射向天、地、东、南、西、北六方,表明将来的远大志向。女孩自然就不必行此礼了。稍大,男孩的佩囊用皮革,女孩用丝缯。即"男盘革,女盘丝",为的是表示武事与织纴的不同。从 7 岁起,男女不同席,不共桌。男孩 10 岁就出门跟随老师学习书数,13 岁学习诗书射御,20 岁行冠礼,表明已成年,30 可娶妻,40 可做官,50 可受命为大夫等等。而"女子十年不出,姆教婉娩听从,执麻枲,治丝茧,织纴组紃,学女事以共衣服,观于祭祀,纳酒浆笾豆菹醢,礼相助奠"。女孩 15 岁可以许嫁,20 就可以出嫁了。上述规定突出地显现了一个人是如何从一个生理学意义上的人(sex)成长为具有社会学意义的"男人"和"女人"(gender)的,人们始终处于一种性别角色的"场"中,自幼接受男女内容各异的熏陶、教育和训导,并在不同的活动空间,实现着社会对于性别角色的期盼与瞩望。

先秦诸子百家尽管在许多问题上"各引一端,崇其所善",但在关乎男女两性的职责与角色的问题上,都一致地赞同或推崇"男女有别",赞同或推崇"男主外,女主内",因而在诸子百家的经典中不难找到这方面的论述。难怪乎,在这样的社会文化环境中,"女子无才便是德",便成为从上流社会到草根社会的共识。不过,要说明的是:先秦诸子们最为关心的是家庭和社会的正常秩序,他们并不一味地反对和仇视女性,这与西欧中世纪早期天主教会提倡禁欲主义,因而对女性有许多诋毁是完全不同的。包括儒家在内的诸子百家仍然希望所有的人无论男女,都要各就其位、各尽其义,恪守自己的本分与职责,希望在此基础上建立起一个和谐有序的社会,当有人逾越了自己的位置和界限,没有恪守自己的本分与职责时,才会遭到他们的反对,如"女祸说"中被攻击的妹喜、妲己与褒姒。

　　或许正因为如此，先秦诸子们似乎并不轻看女人的"主内"，并强调男女在性别角色分工基础上的"合作"，即最终达成阴阳的相互合和。对于当时社会的大多数男人而言，家庭是个人精神寄托的最重要的所在，人生的乐趣不外乎是妻子好合、兄弟既翕、儿孙融融，而在此天伦之乐中为妻的重要性不言而喻，这就使得女人的富有意义的生存状态仍是有可能的。谁能说如今的女人和男人一样在外面的世界与男人一样打拼奋斗一定就比古代的女人生活得更有意义？谁能断定传统女人在平淡琐碎的家庭生活中就一定没有幸福可言？

　　当然，先秦诸子们对女人的职责与角色的"定位"，使得女人要成为有智识、有独立思想与独立人格的人就不那么有可能了。古人强调的是女人的贞德贤淑，至于智慧、知识与思想等，那是男人们应该注重的而与女人不相干，这也许就是我为什么找不到我所要的文献资料的根据。我想起了《红楼梦》中薛宝钗对林黛玉所讲的一番话，可谓是意味深长。薛宝钗说："咱们女孩家不认字的倒好，男人们读书不明理，尚且不如不读书的好，何况你我？连作诗写字等事，这也不是你我分内的事……至于你我，只该作（做）些针线纺织的事才是。偏又认得几个字，既认得了字，不过捡那正经书看也罢了，最怕见些杂书，移了性情，就不可救了。"薛宝钗显然是站在社会主流性别意识形态的立场上讲这番话的，如同班昭写《女诫》一样，女性一旦认同了主流的性别意识形态的话，写出来的话比男人们更"左"。或许女人读了书、尤其是读了杂书，"移了性情"，多半会在思想上产生对传统的叛逆，但这种"叛逆"对于社会的进步来说却未必不是好事。

　　比较一下古典时代的希腊，女性虽也缺乏那种像男人开放的种种教育机会，虽也未被当成精神上的平等对象来对待，但古希腊是有女诗人、女哲人和女教师青史留名的（中国的先秦却很难找出青史留名的女诗人、女哲人和女教师）。如女诗人萨福被柏拉图称为"第十位缪斯"。17 世纪末，有位名麦纳哲（Gilles Menage）的欧洲学者写了一部《女哲学家史》，收录了 20 位希腊女思想家的生平事迹，她们生活于公元前 12 世纪至亚里士多德去世（约公元前 322 年）期间，据说有女人们得到允许进入哲学家毕达哥拉斯的社团，她们的思想残篇保留了下来。柏拉图的母亲佩里克蒂奥娜

(Prediction）曾经也是毕达哥拉斯学派的成员。第欧根尼·拉尔修（Diogenes Liberties）在他的《著名哲学家评传》中,也提及了许多女人。

就女教师而言,据说苏格拉底就常常请教艺妓出身的阿斯帕西雅,她是雅典首席执政官伯利克里的情妇,苏格拉底声称自己从阿斯帕西雅那里学会了雄辩术。顺便说一句,古希腊的高等妓女多是艺妓出身,她们天生丽质,因其良好的教育、机敏的头脑、睿智的言辞和能歌善舞而赢得当时最杰出的社会名流——政治家、将军、哲学家、文学家、艺术家等的爱慕,社会名流们与之所进行的是智慧与理性的交谈,他们常常从她们那儿学到许多东西。柏拉图的《会饮篇》中,有苏格拉底回忆曼蒂尼亚的女人第俄提玛的教诲的专门一节。第俄提玛对苏格拉底的教诲是通过问答展开的,在该篇的末尾处,苏格拉底诚恳地对第俄提玛所给予的教诲表示了心悦诚服(第俄提玛这个人物,是否只是文学的构思,还是正如通常在柏拉图对话中那样基于某个真实的人物,学者们对此存在争议,笔者在此且存而不论)。而类似的哲人向女子请教的事例在先秦诸子的文献中则难以见到。

人们常以为在西方哲学史上开创哲学家独身传统的柏拉图对女性的看法很负面,在柏拉图的著作中的确不难找到这方面的佐证,如柏拉图的哲学强调灵魂与身体的对立、理念世界与现象世界的对立等,将柏拉图的“灵肉对立”模式应用在解释男女本性的时候,男人便与灵魂、与精神世界相联系;女人则与身体、与世俗世界相联系,不言而喻,灵魂、精神世界与身体、世俗世界之间有高下优劣之分。既然灵魂、精神世界高于身体、世俗世界,因而男性在自然本性上就高于或优于女性。柏拉图甚至为自己今生是男人而不是女人与奴隶感到欣慰,并为此感谢神。

尽管如此,柏拉图也有对女性的积极看法(未见有先秦的诸子们提出类似的看法),尤其是他主张给予女子与男子完全相同的教育,他甚至“激进”到在《理想国》中提出在担负国家职务方面不分男女,无论执政者还是军人,男女都可以成为候选人。在一国中,无一事专属男子也无一事专属女子。举凡医术、音乐、体育等,男女均有谙练与不谙练者。柏拉图还认为女人同样可以成为医生、音乐爱好者或者智慧的爱好者。当然,柏拉图的上述观点需要和他在理想国中不赞成家庭的观点联系起来考虑。在《曼诺篇》

中,柏拉图阐述了男女两性具有同一道德标准的思想,当对话展开后,当论及男人的美德是建立国家的秩序和使之免受伤害,妇女的美德则是料理家务和顺从丈夫时,柏拉图立即通过苏格拉底之口,对这种观点进行了驳斥,"健康和力量对于男人和女人是同样的,所以美德必然是相同的。如果节制和公正是男人的美德,那么不节制和不公正也不可能是女人的美德"。柏拉图否定了给男女两性树立不同的道德标准的习俗偏见,在这一点他显然比主张"以顺为正"是"妾妇之道"的孟子开明。柏拉图上述给予女性同等的受教育和参政权利的观念,是先秦诸子们闻所未闻的。

柏拉图的女性观是矛盾的。何止柏拉图,西方的宗教与哲学传统中历来都存在这种矛盾的女性观,但这种"矛盾"是真真正正建立在思想家、神学家们对"男"性、"女"性之本性进行深入探讨的基础上。中国的先秦诸子中对人性探讨比较深入之人当属孟子、荀子,但他们探讨的是"人"性而不是具体的"男"性、"女"性之本性。我一直纳闷:哲学本是"智者的学问","智者的学问"与智慧相关,可为什么在中东、西方的神话、宗教与哲学传统中,智慧总是与女性这个性别相关,智慧之神总是由女性来担任,即智慧女神。女性与智慧的结合可以追溯到非常古老的时代。如埃及女神伊希斯和希腊女神德墨忒耳以施与公正的教训、忠告和正义的圣人而著称。巴比伦的碑文中包括大量女祭司在伊希塔神庙中给予人们预言性忠告的内容。雅典娜是希腊的智慧女神,激发希腊诗人丰富的想象和创造热情的是缪斯女神。在德尔斐的阿波罗神庙解释神谕的是被称为皮提亚的女预言者,古希腊人在采取重要的政治、军事行动和殖民建邦之时,通常会到该神庙来请示神谕。

从《旧约·创世纪》中可以清楚地看到,夏娃并非完全被动地被引诱,而是因为喜欢智慧、羡慕智慧、渴求智慧。"于是,女人见那棵树的果子好作食物,也悦人的眼目,且是可喜爱的,能使人有智慧,就摘下果子来吃了;又给她丈夫,她丈夫也吃了。"①夏娃不仅自己吃,还把果子给丈夫吃了,这既说明了她将自己视为珍贵的东西和丈夫一起分享的美意,同时也表明了

---

① 《圣经·创世记》2:6。

她希望丈夫与她一样拥有智慧。即使在基督教后来的传统中,智慧的阴性传统也并没有完全消失,如不少早期的基督教文献视圣灵为阴性,特别是在正典外的福音书里。

相较之下,在中国的宗教与思想传统中,很少有智慧与女性相关的阐述,中国的神话中也有女神、女仙之类的,或许是我孤陋寡闻,却不知哪位女神或女仙是与智慧相关的。如果说在西方的宗教与思想传统中有一个女人的位置与角色被"边缘化"的问题,而在中国的思想传统中则不存在女人的位置与角色被"被边缘化"的问题,因为这种位置与角色从来就没有存在过,所以也就无从谈起"被边缘化"。女人在思想家们考虑家国天下的时候偶尔会成为其"思"的对象而不是"思"的主体,这是中国女人的悲哀还是中国传统哲学的悲哀,甚至抑或是某种"幸运"? 因为女人既没有被妖魔化,像夏娃那样对人类的原罪负上责任(只是可能要为国家的兴亡负上责任,如荀子笔下夏桀的妃子妹喜,商纣的妃子妲己等),也没有被圣洁化,像圣母玛利亚那样受到世世代代男人们的崇拜。天知道……

但丁在他的《神曲》中描绘了如此的场景:当他在他的梦中年届中年之时,在人生的路途中迷失了方向,这时他一生的恋人贝雅特丽丝现身出来为他指引方向、将其引向天堂,但丁于是吟咏出了他的名句:"永恒之女性,引导我们飞升。"歌德在其《浮士德》的结尾处也以这句名言作为结束。笔者以为"永恒之女性,引导我们飞升"的表述中似乎总有某种神秘和意犹未尽的韵味……

参 考 文 献

一、中文古代经典

1.《山海经》。

2.《淮南子》。

3.《太平御览》。

4.《风俗通》。

5.《艺文类聚》。

6.《列子》。

7.《汉书》。

8.《庄子》。

9.《国语》。

10.《左传》。

11.《论语》。

12.《礼记》。

13.《春秋谷梁传》。

14.《孟子》。

15.《论语》。

16.《周易》。

17.《韩非子》。

18.《荀子》。

19.《战国策》。

20.《春秋公羊传》。

21.《老子》。

22.《易传》。

23.《春秋繁露》。

24.《史记》。

二、近现代著述

1.葛兆光:《古代中国社会与文化十讲》,清华大学出版社 2002 年版。

2.陈来:《古代思想文化的世界——春秋时代的宗教、伦理与社会》,生活·读书·新知三联书店 2002 年版。

3.尹荣方:《神话求原》,上海古籍出版社 2003 年版。

4.王辉:《盘古考源》,《历史研究》2002 年第 2 期。

5.王明:《抱朴子内篇校释》,中华书局 1985 年版。

6.陈履生:《神话主神研究》,紫禁城出版社 1987 年版。

7.王晓朝:《希腊宗教概论》,上海人民出版社 1997 年版。

8.袁珂:《中国神话传说》,中华书局 1985 年版。

9.《创世启示——创世记一—三章深度解释》,台北中华福音神学院出版社 2000 年 5 月初版。

10.徐复观:《中国人性论史·先秦篇》,上海三联书店 2001 年版。

11.冯达文:《中国古典哲学略述》,广东人民出版社 2009 年版。

12.洪治钢主编:《王国维经典文存》,上海大学出版社 2003 年版。

13.赵东玉、李健胜编著:《中国历代妇女生活掠影》,沈阳出版社 2003 年版。

14.曹兆兰:《金文与殷周女性文化》,北京大学出版社 2004 年版。

15.葛兆光:《中国思想史:七世纪前中国的知识、思想与信仰世界》,复旦大学出版社 2001 年版。

16.吴光正:《女性与宗教信仰》,辽宁画报出版社 2000 年版。

17.《郭沫若全集·考古编》第一卷,科学出版社 1982 年版。

18.孙作云:《诗经与周代社会研究》,中华书局 1966 年版。

19.闻一多:《神话与诗》,古籍出版社 1956 年版。

20.王铭铭:《人类学是什么》,北京大学出版社 2002 年版。

21.牟宗三:《中国哲学十九讲》,台湾学生书局 1986 年版。

22.方东美:《原始儒家道家哲学》,台北黎明文化事业股份有限公司 1983 年 9 月初版。

23.冯达文:《早期中国哲学略论》,广东人民出版社 1998 年版。

24.黄善祺、张善文撰:《周易译注》,上海古籍出版社 1989 年版。

25.庞朴等编:《先秦儒家研究》,湖北教育出版社 2002 年版。

26.傅有德:《犹太哲学与宗教研究》,中国社会科学出版社 2007 年版。

27.朱维之:《外国文学史》(亚非部分),南开大学出版社 1991 年版。

28.张岱年:《中国古典哲学概念范畴要论》,中国社会科学出版社 1987 年版。

29.陈东原:《中国妇女生活史》,商务印书馆 1998 年影印本。

30.陈鼓应:《道家易学建构》,台湾商务印书馆 2003 年版。

31.李泽厚:《中国思想史论》,安徽文艺出版社 1999 年版。

32.朱伯昆:《易学哲学史》,北京大学出版社 1986 年版。

33.钱逊:《先秦儒学》,辽宁教育出版社 1991 年版。

34.安乐哲:《和而不同:比较哲学与中西会通》,温海明编,北京大学出版社 2002 年版。

35.李零:《郭店楚简校读记》,北京大学出版社 2002 年版。

36.丁四新:《郭店楚墓竹简思想研究》,东方出版社 2000 年版。

37.梁燕城:《哲学与符号世界——古代宗哲的精神资源》,华汉文化事业公司 1995 年版。

38.张妙清、叶汉明、郭佩兰主编:《性别学与妇女研究——华人社会的探索》,台北稻香出版社 1997 年 7 月版。

39.杨克勤:《女人:一个神学问题》,香港文字事务出版社 2004 年版。

40.闵冬潮:《国际妇女运动——1789—1989》,河南人民出版社 1991 年版。

41.卓新平:《当代西方新教神学》,上海三联书店 1998 年版。

42.李银河:《妇女:最漫长的革命——当代西方女权主义理论精选》,生活·读书·新知三联书店 1997 年版。

43.张京媛主编:《当代女性主义文学批评》,北京大学出版社 1992 年版。

44.张岩冰《女权主义文论》,山东教育出版社 1998 年版。

45.谭兢常、信春鹰主编:《英汉妇女与法律词汇释义》,翻译出版公司 1995 年版。

三、外国翻译著述

1.西蒙娜·德·波伏娃:《第二性》(全译本),陶铁柱译,中国书籍出版社 1998 年版。

2.《圣经》,中国基督教协会 2007 年版新标点和合本。

3.萝特:《性别主义与言说上帝》,杨克勤、梁淑贞译,香港道风书社 2004 年初版。

4.高罗佩:《中国艳情——中国古代的性与社会》,吴岳添译,台北风云时代出版股份有限公司 1994 年版。

5.[英]凯伦·阿姆斯特朗:《神的历史》,蔡昌雄译,海南出版社 2001 年版。

6.奥古斯丁:《上帝之城》,王晓朝译,道风书社 2004 年初版。

7.奥特:《上帝》,朱雁冰等译,香港社会理论出版社 1990 年版。

8.利奇德:《古希腊风化史》,杜之、常鸣译,辽宁教育出版社 2000 年版。

9.尼采:《悲剧的诞生》,李长俊译,湖南人民出版社 1986 年版。

10.魏勒:《性崇拜》,历频译,中国文联出版公司 1988 年版。

11.E.M.温德尔:《女性主义神学景观》,刁承俊译,北京生活·读书·新知三联书店 1995 年版。

12.约翰·鲍克:《圣经的世界》,刘良淑、苏西译,台北猫头鹰出版社2000年初版。

13.菲奥纳·鲍伊:《宗教人类学导论》,金泽、何其敏译,中国人民大学出版社2004年版。

14.詹·乔·弗雷泽:《金枝》,徐育新、汪培基、张泽石译,大众文艺出版社1998年版。

15.约翰·德雷恩:《旧约概论》,许一新译,北京大学出版社2004年版。

16.[德]利奥·拜克:《犹太教的本质》,傅永军等译,山东大学出版社2002年版。

17.莫达尔:《爱与文学》,郑秋水译,湖南文艺出版社1987年版。

18.《马克思恩格斯选集》,人民出版社1972年版。

19.亚伯拉罕·柯恩:《大众塔木德》,盖逊译、傅有德校译,山东大学出版社1998年版。

20.D.L.卡莫迪:《妇女与世界宗教》,徐钧尧、宋立道译,四川人民出版社1989年版。

21.蒙克利夫编:《圣殿下的私语:阿伯拉尔与爱洛伊丝书信集》,岳丽娟译,广西师范大学出版社2001年版。

22.约翰·鲍克:《圣经的世界》,刘良淑、苏茜译,猫头鹰出版社2000年11月初版。

23.[美]罗德尼·斯塔克:《基督教的兴起——一个社会学家对历史的再思》,黄剑波、高民贵译,上海古籍出版社2005年版。

24.伯特兰·罗素:《婚姻革命》,靳建国译,东方出版社1988年版。

25.《西方哲学原著作选读》上卷,商务印书馆1997年版。

26.[美]高彦颐:《闺塾师》,李志生译,江苏人民出版社2005年版。

27.[英]玛丽·沃斯通克拉夫特:《女权辩护》,王蓁译,《珍藏本汉译世界学术名著丛书》,商务印书馆1995年版。

28.[英]约翰·斯图尔特·穆勒:《妇女的屈从地位》,汪溪译,《珍藏本汉译世界学术名著丛书》,商务印书馆2009年版。

29.[美]贝蒂·弗里丹:《女性的奥秘》,程锡麟、朱微、王晓路译,四川人民出版社1990年版。

30.约瑟芬·多诺万:《女权主义的知识分子传统》,赵育春译,江苏人民出版社2003年版。

31.[美]罗斯玛丽·帕特南·童:《女性主义思潮导论》,艾晓明等译,华中师范大学出版社2002年版。

32.[美]D.W.弗姆:《当代美洲神学》,赵月瑟译,四川人民出版社1990年版。

33.[德]E.M.温德尔:《女性主义神学景观》,刁承俊译,北京生活·读书·新知三联书店1995年版。

34.[美]凯特·米利特:《性政治》,宋文伟译,江苏人民出版社2000年版。

35.[英]特雷·伊格尔顿:《二十世纪西方文学理论》,陕西师范大学出版社1997年版。

36.玛丽·埃·萨万:《妇女的另一种发展》,《发展对话》1982 年第 1 期。

37.[美]佩吉·麦克拉肯主编,艾晓明、柯倩婷副主编:《女权主义理论读本》,广西师范大学出版社 2007 年版。

38.傅有德主编:《汉译犹太文化名著丛书》,山东大学出版社 2002 年版。

四、英 文 文 献

1.Marilyn hickey, *Women of the Word*, *Harrison House*, Oklahoma, U.S.A, 1981.

2.Karl Barth, *Church Dogmatics*, Volume Ⅲ, The Doctrine of Creation, Part 2, Trans, Harold Knight et al. (Edinburgh: T. & T. Clark, 1960).

3.John H.Orwell, *and Sarah Laughed: the Status of Women in the Old Testament*, Philadelphia, 1977.

4.William Douglas, *Women's in the Church*, Pastoral Psychology, 1961.

5.V.Saving Goldstein, "the Human Situation: a Feminine View", *Journal of Religion* 40 (1960).

6.Mary Daly, *the Church and the Second Sex*, Boston: Beacon, 1968.

7.Mary Daly, *Beyond God the Father: toward a Philosophy of Women's Liberation*, Boston: Beacon, 1973.

8.Firestone, *the Dialectic of Sex*, New York Bantam Books, 1970.

9.Smith S. and Watson J. (ed.), *De/Colonizing the Subject*, University of Minnesota Press, Minneapolis, 1992.

10.Joliet Mitchell, *Psychoanalysis and Feminism*, New York Vintage Books.

11.Alison M. Jaggar, *Feminist Politics and Human Nature*, and Totowa, N. J.: Rowman & Allan Held, 1983.

12.Ramazanoglu C. (ed.), *up against Foucault, Explorations of Some Tensions between Foucault and Feminism*, Rutledge, London and New York, 1993.

13.Kourany J. A. et al.(ed.), *Feminist Philosophies*, Prentice Hall, New Jersey, 1992.

14.Bell hooks, *Feminist Theory, from Margin to Center*, Boston, 1984.

15.Steven Best Douglas Keller, *Postmodern Theory: Critical Interrogations*, the Guilford Press, 1991.

16. Nancy Freezer, *Foucault on Power, a Theory for?* In Linda Nicholson end Feminism/ Postmodernism, New York, 1990.

17.Karen J. Warren, "Feminism and Ecology", *Environmental Review* 9, No. 1 1987 (spring).

18.Plant J. (ed.), *Healing the Wounds, the Promise of Ecofeminism*, New Society Publishers, Philadelphia, PA, 1989.

19.V.Plum Wood, *Feminism and the Master of Nature*, Route ledge, 1993.

20.Stephanie Lehar, *Ecofeminist Theory and Grassroots Politics in Environmental Ethics*, McGraw-Hill, Inc.,1993.

21.Nancy Chodorow, *the Reproduction of Mothering*: *Psychoanalysis and the Sociology of Gender*, Berkeley, California, 1978.

22.Angela Gillian, *Women's Equality and National Liberation*, Third World Women and the Politics of Feminism.

23.Fran Hosken, *Female Genital Mutilation and Human Rights Feminist*, Issues 1, No. 3, 1981.

24. Mart John, *Discrepant Dislocations*: *Feminism*, *Theory and Postcolonial Histories*, California, 1996.

25.Carol. Christ, *the American Universities and Women's Studies' Mayfield*, Publishing Company, 1999.

26.Luce Irigaray,*an Ethics of Sexual Difference*, Ithaca: Cornell University Press.

后　记

本书"蹉跎"几年,终于完稿,几经修改,当审完最后一遍书稿时,我不禁长长舒了一口气。我是学历史出身,拿的是哲学博士学位,出于对人、对男人和女人以及对自身生命的困惑和终极意义的探寻,又时常兴致盎然地做着宗教与女性、与性别相关的研究,这就使得我在思考和下笔的同时,会更加关注宗教的超越指向、哲学的实践指向以及历史的时间指向。

这本书或许算是我个人的学习心得或读经心得,每当万籁俱寂的夜晚,当我手捧着《圣经》或儒家的经典时,经典的文字似乎能力透纸背,穿越时空,静静地同时又汹涌澎湃地在我心里激起层层涟漪,与神对话,与经典对话,与历史上的圣贤先知和伟人们对话,这是一件多么孤独又多么令人愉悦的事,且使我常有穿越时空之感,这个"时空"不仅指向过去,也指向现在和未来……

幸运的是,本项研究得到了国家社科基金后期资助项目、广东省社科基金后期资助项目的资助,虽然"结项"匆迫令人不爽,但"时限"的好处在于常常提醒人"打住"和"知止"。本来么,学无涯,思无涯,写也无涯,不是"结项"就能"了"的,只要生命还在,就得学,就得思,就得写;每个人都是这个世界的匆匆过客,或许学过,思过,写过,此生之"憾"就会少矣。我很喜欢苏轼的诗:人生到处知何似,应似飞鸿踏雪泥。泥上偶然留趾爪,鸿飞那复计东西。当然,我不是"鸿",但至少可以学学"鸿"的境界,既不在意在世上是否"留趾爪",人本来就是浩瀚广宇中一个孤独的灵魂,飞来飞去也无须"计东西"。

拙作得以完成,首先感谢业师冯达文先生,冯先生把我领进了"哲学门",其治学的严谨,为人的宽厚,为学为人的道法自然,使弟子获益良多。冯先生在其多部著作与论文中,一再强调原始儒学中的"情"的因素之重要,对中国哲学,尤其是明、清儒学"情本论"、"事本论"的概括与发挥,都对我的研究和思考有醍醐灌顶之功用。

还得感谢我的同事陈文海先生,在我申请国家社科基金后期资助项目、广东省社科基金后期资助项目之时,甚至在我即将"结项"的时候,他均给了我许多的指点、建议,甚至还奉献了他自己的"摹本",如果没有他的指点和建议,我都不知道如何去着手"申请"及完成这项工作。在我看来,这是比写论文还棘手的工作。

需要感谢的人还有很多,我的研究生孙宇、阮思勉、赵艳、王海云等为校对本书付出了不少心血,他们还通读全书,提出了一些富有见地的修改意见和建议。还有我的责任编辑詹素娟女士,我与她从未谋面,因此书结缘,她对该书的赏识与认真、对编辑工作的敬业与效力令笔者深深敬重。本书如果包括错别字、标点符号等在内的错误较少的话,完全是属于他们的功劳。谨此深致谢忱。

本人对上述诸位的感谢都是发自内心的真诚。本书缺失之处,概出于笔者的功力有限,诚请专家赐正。

书稿虽然已经完成,但对于人生、对于生命、对于宗教与性别的关系等的思考与体验却仍在继续⋯⋯

责任编辑:詹素娟

图书在版编目(CIP)数据

历史与性别:儒家经典与《圣经》的历史与性别视域的研究/贺璋瑢 著.
  -北京:人民出版社,2013.6
ISBN 978-7-01-012189-5

Ⅰ.①历… Ⅱ.①贺… Ⅲ.①儒家-研究②《圣经》-研究
  Ⅳ.①B2222.05②B971

中国版本图书馆 CIP 数据核字(2013)第 132675 号

历史与性别

LISHI YU XINGBIE

——儒家经典与《圣经》的历史与性别视域的研究

贺璋瑢 著

人民出版社 出版发行

(100706 北京市东城区隆福寺街 99 号)

北京市文林印务有限公司 新华书店经销

2013 年 6 月第 1 版 2013 年 6 月北京第 1 次印刷
开本:710 毫米×1000 毫米 1/16 印张:24.75
字数:400 千字

ISBN 978-7-01-012189-5 定价:58.00 元

邮购地址 100706 北京市东城区隆福寺街 99 号
人民东方图书销售中心 电话 (010)65250042 65289539